Henri Wallon

La Chambre de Commerce

de la

Province de Normandie

(1703-1791)

Rouen
Imprimerie Cagniard (Léon Gy, successeur)

1903

La Chambre de Commerce

de la

Province de Normandie

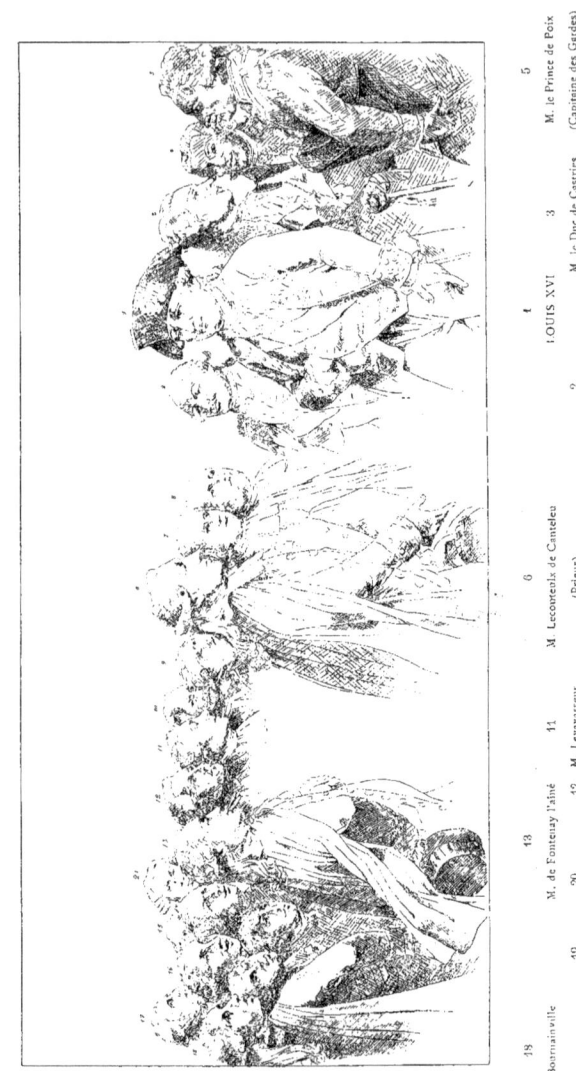

18 13 11 1 3 5
M. Bourmainville M. de Fontenay l'aîné M. Levavasseur LOUIS XVI M. le Duc de Castries M. le Prince de Poix
  19 20 12 6 2 (Ministre de la Marine) (Capitaine des Gardes)
 M. Hellot M. Le Picard M. Ribard père M. Lecomtesle de Canteleu M. le Duc d'Harcourt   4
  14   (Prieur) (Gouverneur de la province) M. de Villedeuil
 17   10   9 7   (Intendant de la province)
M. Victor Lefèbvre M. Méry père M. Lallemant M. Lézurier M. Dupont 8
  15   M. Prevel jeune
 16 M. de Lépine
M. de Montmorau
  21
 M. Elie Le Fébure

AUDIENCE DONNÉE PAR LE ROI LOUIS XVI

à la Juridiction consulaire de Rouen

et à la Chambre de Commerce de Normandie, le 28 Juin 1786

Henri Wallon

La Chambre de Commerce

de la

Province de Normandie

(1703=1791)

Rouen

Imprimerie Cagniard (Léon Gy, successeur)

rues Jeanne-Darc, 88, et des Basnage, 5

1903

AVANT-PROPOS

En la présente année 1903, la chambre de commerce de Rouen fête le bicentenaire de sa fondation. Créée par l'arrêt du Conseil d'État du 19 juin 1703, elle a été constituée le 23 juillet suivant. Nos archives possèdent, dans une série de vingt registres in-folio, les procès-verbaux des assemblées qui, depuis le jour de sa constitution, ont été tenues à Rouen, chaque semaine au moins une fois, par la chambre de commerce de la province de Normandie, jusqu'à la suppression des chambres de commerce du royaume par le décret de l'Assemblée nationale du 27 septembre 1791.

Le véritable hommage à rendre à ceux qui, pendant le premier siècle de la durée de la compagnie, ont servi les intérêts du commerce de la province, en remplissant les fonctions de syndics de la chambre de commerce de Normandie, eût été, par le dépouillement des délibérations contenues dans les vingt registres et par celui d'une cinquantaine de cartons de pièces, épaves du naufrage de la Révolution, de classer les questions variées qui s'y trouvent traitées, afin de donner un aperçu des idées de nos aïeux et de leur action dans le mouvement économique de leur époque : ouvrage difficile et long pour lequel faisaient défaut, outre la compétence de l'ouvrier, le temps de l'accomplir dans les délais nécessaires, et des matériaux assez complets pour la mise en œuvre.

On a dû se borner à faire un tableau des noms de ceux qui ont fait successivement partie de la chambre, en les extrayant des procès-verbaux qui portent leur signature, avec la date du jour où chacun a pris sa première séance après son élection comme membre de la juridiction consulaire, ou celle de l'assemblée générale de la compagnie dans laquelle ont été élus les syndics qui, au désir de l'arrêt du 19 juin 1703, devaient, avec les juges-consuls, compléter la chambre de commerce de Rouen.

Le tableau chronologique ainsi composé est accompagné d'une liste alphabétique qui donne, pour chaque syndic, la série de ses nominations, en rappelant la date de chacune.

Ces tableaux, qui reproduisent les noms les plus considérables du commerce de Rouen au xviiie siècle, intéressent l'histoire de notre cité, et un certain nombre de nos contemporains y trouveront le témoignage de la distinction de leurs ancêtres.

La reproduction de la signature que chacun a tracée sur les registres au bas des délibérations eût donné plus de caractère à ces tableaux en évoquant quelque chose de la personne : la répétition de la même signature aux différentes époques où son auteur a fait partie de la chambre eût montré, pour plus d'un, quelle fermeté sa main avait conservée à quarante ou cinquante ans de distance ; elle eût témoigné pour d'autres jusqu'à quel âge avancé ces honorables négociants avaient servi la communauté des marchands.

La nomenclature des deux cent quinze personnages qui se sont succédé dans les assemblées des Consuls de Rouen, au cours du xviiie siècle, pour le bien et l'avantage du commerce de la Normandie, est précédée de plusieurs chapitres qui retracent quelque chose de l'existence de la compagnie, sans avoir la prétention d'en donner l'histoire entière. On rappelle l'origine de l'institution ; on explique la formation de la chambre de commerce de Rouen ; on passe en revue les députés qui ont représenté la province au Conseil royal de commerce ; on fait assister aux assemblées générales où toute la compagnie consulaire, convoquée ordinairement pour élire juges, syndics, inspecteurs ou député, avait souvent à délibérer sur d'importantes questions ; on montre comment le logis de la juridiction consulaire, fort modeste au début, a pris, après l'adjonction de la chambre de commerce, une extension qui a développé sa façade sur toute la longueur de la rue des Consuls avec l'édification d'un vrai palais justement admiré. L'octroi des marchands, créé pour fournir à la chambre les ressources nécessaires pour son entretien et celui de son député, devient entre les mains de la chambre, qui en a la régie, une caisse précieuse où le gouvernement puise, indépendamment de l'aliment des frais de la chambre, qui restera toujours maigre, des sommes considérables pour divers objets d'intérêt public : un chapitre spécial a été consacré à cette institution, dont il n'y a pas eu d'autre exemple dans le royaume. L'inspection des manufactures de toiles, à laquelle la chambre de commerce a collaboré par la délégation annuelle de deux membres de la compagnie consulaire, a paru mériter aussi son chapitre particulier. Enfin, ne pouvant faire passer en revue les travaux de la chambre, en présentant ou une analyse de ses délibérations dans la suite du temps, ou leur classement méthodique dans l'ordre des matières, on s'est borné à donner, à l'aide de quelques épisodes de son existence, une idée de son activité et une vue de son esprit. On mentionnera seulement une manifestation remarquable de son initiative et de son désintéressement en parlant des phares qu'elle fit établir sur les côtes de la province et qu'elle administra : ils ont été l'objet d'une publication particulière.

On a clos le présent ouvrage avec un chapitre consacré au secrétaire de la chambre et à ses archives dont le secrétaire avait la garde, poussant cette histoire jusqu'au moment où l'ancienne chambre cessa d'exister en laissant subsister, après elle, le témoignage des services qu'elle a rendus, dans les papiers d'où on l'a exhumé pour le publier dans ce livre.

Sujet d'une vignette pour le livre intitulé Traité général des droits d'aides, *par Lefebvre de la Bellande, dessinée en 1759 par Cochin fils et gravée par B.-L. Prevost.*

La Justice avec ses attributs assise et appuyée du côté droit sur l'écusson de M. De Maléshérbes, une corne d'abondance servant de support à l'écusson, l'attitude de la Justice caractériseroit le repos et la sérénité. La Finance dans la partie droite de la Vignette tendroit une main secourable à l'agriculture qui, un genouil en terre, paroitroit soulever un fardeau avec peine, de l'autre main, la Finance sembleroit présenter l'Agriculture à Mércure & l'inviter à concourir avec elle, pour luy rendre son fardeau plus léger ; cette union de la finance, du commerce et de l'agriculture paroitroit l'ouvrage de la justice, qui laisseroit tomber sur ce groupe des regards de satisfaction et de bienfaisance : il faudroit que sa figure dominât sur les autres, & qu'elle fut plus saillante & plus éclairée. La finance pourroit être caractérisée par une riche draperie, et par une table qui seroit derrière elle chargée d'un recueuil de loix & de plusieurs piles de monnoye de différentes éspèces.

Entre la Justice & le groupe des autres figures on pourroit laisser voir dans le lointain un vaisseau & quélques attributs du Commérce ; dérrière la Justice, & au-dessus de la corne d'abondance, on laisseroit appércevoir dans l'espace le plus petit possible, des campagnes chargées de vignes & de bléds.

(La légende ci-dessus se trouve manuscrite au dos d'un cadre qui contient le dessin original de Cochin. Ce cadre, avec l'allégorie finement crayonnée du commerce d'un port, est resté par héritage la propriété d'un arrière-neveu de l'artiste, notre concitoyen M. Henri Frère, qui a eu la gracieuse pensée de le mettre à la disposition de la chambre de commerce de Rouen, à l'occasion du bicentenaire de sa fondation.)

CHAPITRE I

ORIGINE DE LA CONSULTATION DU COMMERCE

I. Premiers besoins du gouvernement de consulter le commerce. Commission royale de 1601. Chambre de commerce de 1629. Conseil du 3 août 1664. Edit de septembre 1664. Arrêt du Conseil du 29 juin 1700 : Conseil royal du commerce. — II. Arrêt du 30 août 1701 : chambres particulières de commerce. Constitution des chambres selon les usages des lieux et conformément aux délibérations des communautés des marchands de chaque ville.

Les chambres de commerce ont été instituées en France par l'arrêt du Conseil du 30 août 1701. Cet arrêt faisait suite à celui du 29 juin 1700, qui avait créé le Conseil de commerce.

Le besoin de consulter les intéressés sur les meilleurs encouragements à donner aux manufactures et au commerce, s'était manifesté aussitôt que, après l'époque troublée des guerres civiles, la paix avait rendu la sécurité aux travaux divers intéressant l'économie sociale. Dès 1596, un ensemble de mesures propres à restaurer dans le royaume le commerce et l'industrie avait été soumis à Henri IV par un ci-devant marchand qui avait la confiance du Roi (1). Barthélemy Laffemas avait représenté ses plans de réforme en un projet d'Edit, que le Roi donna à examiner à une commission établie par lettres patentes des 13 avril et 10 juillet 1601. Cette commission, originairement composée de seize membres, presque tous officiers du parlement ou de l'administration, fut reconstituée, par lettres patentes du 20 juillet 1602, au nombre de douze membres, aux délibérations desquels pouvaient assis-

(1) Voir sur le rôle de Barthélemy Laffemas, l'ouvrage de Gustave Fagniez : *l'Economie sociale en France sous Henri IV*. Paris, Hachette, 1897.

ter le prévôt des marchands de Paris, l'un des échevins et deux marchands élus par la communauté des marchands de Paris.

« C'est la première fois, dit M. G. Fagniez, que des intérêts, qui n'avaient jamais été envisagés que dans leurs rapports avec les corporations et avec le fisc, furent compris dans leur ensemble et avec le juste sentiment de leur importance et de leur influence sur l'économie sociale et la grandeur nationale ».

Cette assemblée n'avait été qu'une commission temporaire, chargée de préparer des règlements sur le commerce et l'industrie. Elle n'accomplit pas sans doute « la tâche de refondre l'organisation industrielle et commerciale, mais elle accueillit avec sympathie et patronna avec zèle, quand elle ne les provoqua pas, toutes les entreprises nouvelles. Il y eut toujours, entre le Roi et elle, une entente parfaite et comme une émulation de bon vouloir à l'égard des découvertes et des projets qui sollicitaient leur protection (1). »

« Richelieu, devenu grand maître de la navigation et du commerce, rétablit en janvier 1629, sous le nom de chambre de commerce, la commission de Henri IV, s'en réserva la présidence, et y appela quatre conseillers d'Etat et trois maîtres des requêtes. Ce Conseil ne paraît pas avoir fonctionné bien longtemps (2) ».

Colbert fit plus. Un arrêt du Conseil avait établi une commission d'enquête sur l'état du commerce, des manufactures et de la navigation, en vue de réformer les tarifs des droits affermés sur les marchandises. Mais le premier véritable conseil de commerce fut celui que le roi Louis XIV présida à Fontainebleau le 3 août 1664, dans lequel Colbert, ce ministre, fils de marchand, dont l'œuvre subsiste encore aujourd'hui dans les ordonnances sur le commerce et sur la marine, où il codifia les usages lentement mûris par la longue pratique des affaires, lut le mémoire, où il exposait le pitoyable état du commerce du royaume et proposait les moyens d'y porter remède. La France n'avait pas dans ses ports « deux cents vaisseaux raisonnables ». Tout le trafic maritime était aux mains des Hollandais, dont la flotte montait à seize mille navires. Les navires hollandais portaient à nos colonies leurs subsistances et en rapportaient les produits ; ils venaient chercher dans les ports de France les denrées du cru nécessaires à la consommation de leur

---

(1) G. Fagniez.
(2) Introduction de l'*Inventaire analytique des procès-verbaux du Conseil de commerce*. Impr. nat., 1901.

pays, et y laissaient en échange, au lieu d'argent comptant, les marchandises de nos colonies ou des leurs, les produits du Nord, ou les manufactures de l'Angleterre et des Pays-Bas; ils faisaient sur nos côtes jusqu'à la navigation de port à port, voiturant ce que nos provinces avaient à échanger entre elles. Colbert calculait les millions enlevés à la France par cette navigation étrangère, le tort fait à l'industrie du royaume ruinée par la concurrence des fabrications du dehors venues sur navires hollandais, et à ce triste tableau il opposait en ces termes les avantages d'une marine nationale :

« Outre ceux que produira l'entrée d'une plus grande quantité d'argent comptant dans le royaume, il est certain que, par les manufactures, un million de peuples qui languissent dans la fainéantise, gagneront leur vie; qu'un nombre considérable gagnera sa vie dans la navigation et sur les ports de mer; que la multiplication presque à l'infini multipliera la grandeur et la puissance de l'Etat. »

Et pour y parvenir, il propose les moyens suivants :

« Recevoir tous les marchands qui viendront à la Cour, avec des marques particulières de protection et de bonne volonté;

« Les assister en toutes choses qui concerneront leur commerce, les entendre quelquefois dans le Conseil de Sa Majesté, quand ils viendront pour affaires importantes;

« Les convier tous de députer quelqu'un d'entre eux pour être toujours à la suite du Roi;

« Donner ordre au grand maréchal des logis de leur marquer toujours à la suite du Roy un logis honneste ;

« Au défaut de députés, établir quelqu'un qui ayt pouvoir de tenir correspondance avec eux, recevoir toutes leurs dépêches, leurs plaintes et faire toutes les sollicitations pour eux, et leur adresser tout ce qui sera résolu pour leur bien et avantage; etc. »

« L'édit de septembre 1664 constitua régulièrement le Conseil de commerce, qui dut se tenir tous les quinze jours en la présence du Roi. Il se composait du chancelier, de deux secrétaires d'Etat, Lionne (affaires étrangères et marine) et Letellier (guerre), du chef du Conseil des finances et de trois conseillers à ce Conseil (Villeroy, Colbert, d'Aligre et de Sève). Il comprenait en outre des délégués des principales villes de commerce. Chaque année, aux termes d'un arrêt du 5 décembre 1664, les marchands des dix-huit centres les plus importants du royaume devaient élire deux d'entre eux :

le Roi choisissait trois des élus pour résider auprès de sa personne, correspondre avec les pays de leur région et donner avis de tout ce qu'il y aurait à faire pour l'augmentation du commerce. Les autres élus devaient s'assembler par tiers, le 20 juin de chaque année, dans trois villes désignées par le Roi pour examiner l'état du commerce et des manufactures. Un procès-verbal de ces assemblées devait être adressé à Colbert, alors intendant des finances.

« Les arrêts du Conseil de commerce, assez nombreux pendant les années 1665, 1666 et 1667, deviennent ensuite de plus en plus rares. Il est probable que Colbert, ayant centralisé entre ses mains, comme contrôleur général des finances et secrétaire d'Etat de la marine, la direction de toutes les affaires commerciales, jugea qu'il pouvait se passer du concours d'un conseil spécial (1) ».

Cette direction, partagée entre trois ministres, après la mort de Colbert (1683), fut de nouveau réunie, en 1690, entre les mains de Pontchartrain, en sa double qualité de contrôleur général des finances et de secrétaire d'Etat de la marine. Mais depuis quinze ans, il n'y avait plus ni Conseil ni députés du commerce. A la marine, un intéressé aux Fermes, J.-B. de Lagny, était chargé, depuis le mois de mars 1686, avec le titre de directeur général du commerce, des relations du commerce extérieur avec la Ferme générale. En 1695, Pontchartrain établit auprès du contrôle général une sorte de surintendance du commerce, à laquelle la direction de Lagny se trouva sans doute subordonnée, emploi qu'il confia à son cousin Henri Daguesseau, sans titre particulier.

« Cependant Pontchartrain avait manifesté le désir de devenir chancelier et de céder à son fils le sous-secrétariat d'Etat de la marine. La direction du commerce allait donc se trouver de nouveau divisée. Des conflits étaient à craindre entre les nouveaux titulaires de la marine et du contrôle général, Pontchartrain fils et Chamillart. Pour les prévenir Pontchartrain proposa au roi, au mois de mai 1699, le rétablissement d'un Conseil de commerce semblable à celui qui avait fonctionné trente ans auparavant, sous le ministère de Colbert. Malgré la sourde opposition de Chamillart, ce conseil fut créé, au rapport de Chamillart lui-même, par arrêt du Conseil en date du 29 juin 1700. Il se composa de deux conseillers d'Etat,

---

(1) Introduction de l'*Inventaire analytique des procès-verbaux du Conseil de commerce*.

d'Aguesseau et Amelot, du contrôleur général des finances, Chamillart, de deux maîtres des requêtes chargés des rapports, de douze députés des villes de commerce et d'un secrétaire. Deux intéressés aux Fermes, désignés par le contrôleur général, assistaient aux séances lorsque la nature des affaires le demandait (1) ».

« Le Conseil, dit l'arrêt, sera tenu au moins une fois dans chaque semaine, pour discuter et examiner toutes les propositions et mémoires qui y seront envoyés, ensemble les affaires et difficultés qui y surviendront, concernant le commerce tant de terre que de mer, au dedans et au dehors du royaume, et concernant les fabriques et manufactures, pour, sur le rapport qui sera fait à Sa Majesté des délibérations qui auront été prises dans ledit conseil de commerce, y être par Elle pourvu ainsi qu'il appartiendra. »

Les douze principaux marchands négociants du royaume appelés dans cette assemblée consultative devaient être deux de la ville de Paris, les dix autres pris chacun dans les villes de Rouen, Bordeaux, Lyon, Marseille, la Rochelle, Nantes, Saint-Malo, Lille, Bayonne et Dunkerque.

Le choix des députés devait être fait par le corps de ville et les marchands négociants qui s'assembleraient en chaque ville dans le mois de juillet. Les députés, élus pour un an, devaient être arrivés à Paris ou à la suite de la Cour à la fin du mois de septembre, pour commencer leurs fonctions au premier jour d'octobre.

Un arrêt du Conseil du 7 septembre 1700 avait permis aux Etats de la province de Languedoc de députer un des principaux négociants de ladite province pour assister au conseil de commerce.

Le 5 août 1700, l'assemblée de Rouen élut député du commerce, Nicolas Mesnager, ancien négociant, pourvu depuis le 13 juin 1692 d'une charge de secrétaire du Roi.

II

L'arrêt du Conseil du 29 juin 1700 fut suivi de l'arrêt du 30 août 1701, qui compléta l'établissement de la représentation commerciale par l'institution de chambres particulières de commerce dans les villes expressément désignées de Lyon, Rouen, Bordeaux, Toulouse, Montpellier, la Rochelle, Nantes, Saint-Malo, Lille et Bayonne : chambres auxquelles les marchands

(1) Introduction de l'*Inventaire analytique des procès-verbaux du Conseil de commerce*.

négociants des autres villes et provinces du royaume pourraient adresser leurs mémoires contenant les propositions qu'ils auraient à faire sur ce qui leur paraîtrait le plus capable de faciliter et d'augmenter le commerce, ou leurs plaintes de ce qui pouvait y être contraire, pour être lesdites propositions ou sujets de plaintes discutés et examinés par celle desdites chambres de commerce à laquelle lesdits mémoires auraient été adressés, et ensuite être par elles envoyés avec leur avis au conseil de commerce.

L'arrêt, respectant les habitudes particulières de chaque localité, disait : « Et comme les formes et usages sont différents dans presque toutes les villes du royaume, tant en ce qui concerne les assemblées générales des marchands, que les élections et nominations aux places de juges et consuls et autres fonctions qui doivent être exercées par les marchands, Sa Majesté, ne voulant apporter aucun empêchement auxdits usages, pour l'établissement desdites chambres particulières de commerce, mais procurer à chacune desdites villes ce qui peut lui être le plus convenable ; — ouï sur ce le rapport du sieur Chamillart, conseiller ordinaire au Conseil royal, contrôleur général des finances ; le Roi, étant en son Conseil a ordonné et ordonne qu'au plus tard dans le quinzième jour du mois d'octobre prochain, les marchands et négociants des villes ci-après nommées seront assemblés, savoir : à Lyon, devant les prévost des marchands et échevins ; à Lille, devant le magistrat, et à Rouen, Bordeaux, la Rochelle, Nantes, Saint-Malo et Bayonne, devant les juge et consuls, pour examiner et délibérer de quelle manière il sera plus convenable et avantageux à chacune desdites villes d'y faire l'établissement desdites chambres particulières de commerce, comment, où et par qui se fera l'élection des syndics et députés auxdites chambres, et quel nombre de syndics ou députés il faudra en chacune d'icelles, eu égard au nombre de marchands qui y sont établis et à l'étendue du commerce qui s'y fait ; de chacune desquelles assemblées, ensemble de ce qui y sera délibéré, il sera dressé procès-verbal qui sera remis à chacun des sieurs intendants ou commissaires départis, dans les départements desquels sont situés lesdites villes, pour être par eux envoyés à Sa Majesté avec leur avis sur chaque procès-verbal, et le tout rapporté à Sa Majesté, être par elle pourvu audit établissement, ainsi qu'il appartiendra ».

Ainsi l'arrêt adaptait aux habitudes de chaque ville la forme de la convocation des marchands dont la consultation était demandée en vue de constituer les chambres de commerce selon les conditions qui conviendraient le mieux en chaque lieu. On ne pouvait pousser plus loin le respect des usages et la satisfaction des besoins particuliers. On maintenait même ce qui existait déjà, comme à Marseille et à Dunkerque, qui ne sont pas nommées dans l'arrêt, parce que ces deux villes avaient déjà leurs chambres de commerce : à Marseille, en 1599, les négociants assemblés à l'hôtel-de-ville avaient élu quatre d'entr'eux pour s'occuper des intérêts généraux du commerce ; en 1650, un règlement de la maison commune avait porté à douze le nombre des *députés du commerce*, dont la nomination par le conseil de ville fut décidée par un nouveau règlement de 1652. A Dunkerque, à la requête du magistrat et des marchands, le Roi avait, par un édit donné à Versailles au mois de février, créé une chambre de commerce composée d'un président, d'un conseiller pensionnaire ou secrétaire et de quatre conseillers ordinaires dont deux échevins et deux anciens échevins. Installée le 11 mai 1700 à l'hôtel de ville par l'intendant de la généralité, la chambre tenait une assemblée par semaine (1). Paris aussi n'était pas mentionné dans l'arrêt, parce que le juge et les quatre consuls, avec l'assistance des six corps de marchands qui élisaient les deux députés au conseil, tenaient lieu de chambre de commerce.

Les autres chambres de commerce furent établies chacune par un arrêt de constitution particulier qui ne faisait que donner une sanction légale à l'accord intervenu entre le commerce de chaque lieu et l'autorité royale, tant pour déterminer la composition de la chambre que pour pourvoir aux frais de son entretien et aux appointements du député de la province au conseil. Les premières négociations furent relatives aux fonds à créer pour cet objet : faute de les trouver, les chambres de Toulouse et de Montpellier furent représentées au conseil de commerce par le syndic des Etats de Languedoc.

Les arrêts de constitution des chambres de commerce furent rendus successivement à mesure qu'aboutirent les délibérations des assemblées de négociants de chaque ville : le 20 juillet 1702 pour Lyon, le 19 juin 1703 pour Rouen, le 29 décembre 1703 pour Toulouse, le 15 janvier 1704 pour Montpellier, le 26 mai 1705 pour Bordeaux, le 11 octobre 1710 pour la Rochelle, le 31 juillet 1714 pour Lille, le 15 janvier 1726 pour Bayonne. Beaucoup plus tard, la province de Picardie obtint sa chambre

---

(1) *Chambre de commerce de Dunkerque. Bicentenaire de sa fondation 1700-1900*, pp. 5 à 7.

particulière de commerce, qui fut établie à Amiens par arrêt du Conseil du 6 août 1761.

Chaque chambre de commerce avait adopté la dénomination qui lui avait convenu : c'était les *Echevins et députés du commerce*, à Marseille; les *Prévot des marchands et directeurs de la chambre de commerce*, à Lyon; les *Prieur et juges consuls de la Bourse de Toulouse ;* les *Députés de la chambre de commerce de Montpellier ;* les *Directeurs du commerce de la province de Guyenne*, à Bordeaux ; les *Directeurs et Syndics du commerce de la province d'Aunis*, à la Rochelle ; les *Directeurs et Syndics de la chambre de commerce de Flandre*, à Lille; les *Président et Directeurs de la chambre de commerce de Dunkerque ;* les *Président et Directeurs de la chambre de commerce de Bayonne ;* enfin, à Rouen, les *Syndics de la chambre de commerce de Normandie*. Nantes et Saint-Malo, qui avaient chacune un député au conseil de commerce, avaient été désignées par l'arrêt de 1701 avec les villes appelées à se pourvoir d'une chambre de commerce : leurs juges et consuls leur en tinrent lieu. Ceux-ci, au nom des négociants du lieu, dont ils convoquaient l'assemblée, quand le cas requérait une consultation, correspondaient avec le député, avec le contrôleur général ou avec l'intendant ainsi qu'avec les chambres de commerce régulièrement constituées (1). C'est ce que faisait la juridiction consulaire, ou, à son défaut, la municipalité des villes qui n'avaient pas de chambre. Ainsi la chambre de commerce de Rouen fut en relations fréquentes avec les juges consuls de Dieppe, de Caen, d'Orléans, voire de Rennes, de Troyes, de Reims, de Limoges, avec les maire et échevins de Cherbourg, de Granville, d'Honfleur et du Havre. Cette dernière ville obtint une juridiction consulaire en 1758 ; mais c'est plutôt à la municipalité que la chambre de commerce de Rouen continue à adresser ses communications ; celles qu'elle reçoit du Havre proviendront d'un groupe de négociants qui s'intitulent *Messieurs les Négociants représentant le commerce du Havre*, sorte de compagnie officieuse qui se forma vers le milieu du dix-huitième siècle et s'y maintint jusqu'à la Révolution.

(1) Les juge et consuls de Nantes et de Saint-Malo faisaient si bien office de chambre de commerce, que parfois la chambre de commerce de Normandie les comprend sous cette même appellation avec les chambres régulièrement constituées. Le 7 juillet 1763 il a été délibéré qu'il sera écrit aux chambres de commerce de Saint-Malo, Nantes, la Rochelle, Bordeaux, Bayonne et Marseille pour leur donner avis du parti que prend la chambre (Reg. des délib., XII, 524).

CHAPITRE II

FORMATION DE LA CHAMBRE DE COMMERCE DE NORMANDIE A ROUEN

I. La compagnie consulaire de Rouen. L'assemblée du 7 septembre 1701 vote les fonds pour l'entretien du député au conseil de commerce et pour celui de la chambre de commerce de Rouen. L'assemblée du 4 octobre vote la constitution de la chambre et les droits à établir pour fournir les fonds d'entretien. Arrêt du 19 juin 1703 constitutif de la chambre de commerce de Rouen. Tarif des droits sur les marchandises et octroi des marchands. — II. Première élection de syndics dans l'assemblée du 23 juillet 1703. Système adopté pour le recrutement de la chambre : ordre du tableau. Préséance. Nomination d'un secrétaire de la chambre. Assemblée d'installation présidée par l'intendant le 11 août. Avis circulaire de l'avènement de la chambre. Composition de l'assemblée électorale. — III. Opposition de la communauté des marchands à l'enregistrement de l'arrêt du 19 juin. La cour des aides donne un arrêt de surséance à la perception des droits. Arrêt du conseil du 18 septembre. Enregistrement pur et simple de l'arrêt du 19 juin à la cour des aides le 4 octobre.

I

Depuis que la juridiction consulaire avait été créée à Rouen, tous ceux qui y avaient rempli les fonctions de prieur ou de juge consul, continuaient de former, avec les magistrats en charge, une compagnie qui était comme le conseil latent et permanent de la communauté des marchands. La compagnie, dont les membres étaient portés sur un tableau suivant leur rang d'ancienneté, était convoquée en assemblée générale par le prieur et le procureur syndic en exercice et présidée par le prieur, aux époques d'élections consulaires, vers la mi-janvier pour le procureur syndic, vers le commencement du mois d'août pour messieurs du siège : elle désignait alors les quatre noms qu'il était d'usage de proposer au choix des électeurs pour remplir la place chaque année vacante de procureur syndic ou de second consul. Elle était encore convoquée, en y appelant quelquefois d'autres notables, quand il y avait quelque contribution à demander à la communauté ou quelque consultation à faire dans l'intérêt général du commerce. Ce fut naturellement à cette compagnie que fut confié le soin de délibérer sur les conditions d'établissement d'une chambre de commerce pour la province de Normandie et de l'entretien de son député au conseil de commerce ; c'est elle qui, le 5 août 1700, avait fait choix de Nicolas Mesnager pour député près ce conseil.

En conséquence de l'arrêt du conseil du 30 août 1701, qui avait mis la ville de Rouen au nombre des cités commerçantes désignées pour créer des chambres de commerce, le mercredi 7 septembre 1701, devant les prieur et juges consuls des marchands, une assemblée fut tenue des anciens prieurs et juges consuls et de plusieurs notables marchands de la ville, en laquelle fut lue une lettre du député Mesnager et fut mis en délibération quelle somme serait accordée pour subvenir aux dépenses annuelles d'une chambre particulière de commerce que le Roi était dans la volonté d'établir en cette ville et les moyens de trouver ladite somme.

« Il a esté d'un avis uniforme que l'on donnera au sieur Le Mesnager annuellement une somme de huit mille livres, et à la pluralité il a esté aussy accordé annuellement pareille somme de huit mille livres à la chambre particulière de commerce, et pour faire les fonds de seize mille livres, il a esté d'avis uniforme arresté qu'il sera, sous le bon plaisir de Sa Majesté, fait levée d'un petit droit sur les marchandises qui viendront en cette ville, lequel droit ira au tiers du dernier octroy du 27 febvrier 1694, sauf à y réformer quelques articles et en diminuant ou augmentant (1) ».

Le 4 octobre suivant, une nouvelle assemblée a été convoquée « pour donner communication tant des articles donnez pour l'établissement de la chambre particulière de commerce de cette ville que du mémoire des droits qu'il conviendra lever pour l'entretien d'icelle, à l'effet de produire le fonds de huit mille livres pour l'honoraire du sieur Le Mesnager, député du commerce de cette province, et d'une pareille somme de huit mille livres pour les frais et entretien de la chambre de commerce, et après lecture faite des articles et du mémoire des droits qui seront à lever sur les marchandises, il a esté d'une voix uniforme arresté que les articles et mémoire seront

---

(1) Reg. des délib., I, 1-2.

remis ès mains de M. d'Herbigny, intendant de cette généralité, avec la présente délibération (1) ».

En conformité presque complète avec cette délibération fut rendu, le 19 juin 1703, l'arrêt du conseil d'Etat qui établissait à Rouen une chambre particulière de commerce pour la province de Normandie. Il réduisait toutefois à quatre mille livres la somme annuelle allouée à la chambre de commerce pour son entretien.

A la suite de l'arrêt était donné le tarif des droits à percevoir pour fournir aux frais de la chambre de commerce et aux appointements du député de la province, jusqu'à la fin de l'année 1704, époque où cessait la ferme de l'*octroi des marchands*, dont la perception et l'administration seraient désormais confiées à la chambre de commerce. Les lettres patentes ordonnant l'exécution de l'arrêt sont du 23 juin; le tout fut enregistré à la cour des aides de Normandie les 14 août et 4 octobre de la même année 1703.

Aux termes de cet arrêt, la chambre est composée du prieur et des deux juges consuls en charge, du procureur syndic et de cinq marchands ou négociants, lesquels seront regnicoles, actuellement marchands ou ayant fait le commerce au moins pendant quinze ans dans la ville de Rouen ou ailleurs; les cinq marchands ou négociants doivent prendre leur séance après les prieur et juges consuls, suivant le nombre des suffrages de leur élection, laissant entre eux la préséance à ceux qui ont été prieurs ou juges consuls suivant leur ancienneté. La chambre doit s'assembler un jour de chaque semaine dans la maison consulaire. L'intendant de la généralité pourra se trouver à ses assemblées et y présider quand bon lui semblera.

La première élection des syndics du commerce sera faite aussitôt après la réception du présent arrêt par les prieur et juges consuls, qui s'assembleront à cet effet avec les anciens juges consuls; la première assemblée de la chambre se tiendra dans la semaine qui suivra l'élection.

La seconde élection se fera dans le mois de décembre de l'année 1704 par les prieurs (2) et juges consuls, et par les syndics de la chambre en charge; et dans cette élection, il sera nommé trois syndics à la place des trois pre-

---

(1) Reg. des délib., I, 1-2.

(2) L'impression officielle du texte de l'arrêt porte bien les deux fois le mot *prieurs* au pluriel. Cette erreur a donné lieu, lors de la seconde élection, à un conflit d'interprétation qu'on verra plus loin, et l'explication qu'en donnera le contrôleur général Chamillart au procureur syndic viendra trop tard.

miers de la première élection, pour rentrer en exercice au premier jour d'assemblée de l'année.

La troisième élection se fera dans le mois de décembre 1705, par les prieurs (1) et juges consuls et les syndics en charge, et par ceux qui auront déjà été syndics; et dans cette élection il sera élu deux syndics à la place des deux de la première élection.

Les élections suivantes se feront de même tous les ans, de trois syndics, et de deux syndics alternativement; de manière que les syndics seront au moins deux années en charge. Les syndics pourront être continués de leur agrément au delà des deux années, lorsque la chambre le trouvera à propos, pour deux autres années seulement, sans pouvoir être continués au delà de ce temps; ils pourront néanmoins être élus de nouveau après quelques années d'intervalle.

« Le soin et l'application des syndics, disait l'arrêt, sera de recevoir les mémoires qui seront adressés par les marchands et négociants, tant de la ville de Rouen que des autres villes de Normandie, à la chambre particulière de commerce, contenant les propositions ou les plaintes des négociants; d'examiner et discuter ces mémoires, donner leur avis sur ce qui y sera contenu, et envoyer le tout au sieur contrôleur général des finances, lorsque les matières paraîtront importantes : ils pourront aussi faire audit sieur contrôleur général des finances les représentations qu'ils estimeront nécessaires pour le bien et pour l'avantage du commerce.

« Aucun parère fait sur la place de la Bourse n'aura d'autorité dans les affaires de commerce qu'il n'ait été présenté à ladite chambre particulière de commerce et par elle approuvé. »

A l'avenir, les nominations qu'il conviendra faire d'un député pour les affaires du commerce, soit au conseil de commerce ou ailleurs, se feront par la chambre et par les anciens juges consuls et les anciens syndics conjointement.

La chambre, aussitôt après la première élection des syndics dont elle sera composée, doit faire choix d'une personne sans reproche, marchand ou ayant fait commerce, pour être secrétaire de la chambre et en faire les fonctions pendant deux années, après lesquelles il pourra être continué ou un autre élu à sa place, si la chambre le trouve à propos. Il devra tenir un registre

---

(1) Voir note 2 de la page précédente.

journal de tout ce qui sera proposé et arrêté dans les assemblées de la chambre, signer les expéditions de ses délibérations et les mémoires qui seront envoyés au contrôleur général.

Les délibérations devront être signées sur le registre à la fin de chaque séance par ceux des syndics qui auront été présents à l'assemblée, et mention de leurs signatures devra être faite dans les expéditions desdites délibérations. Si les syndics se trouvent de sentiments opposés, les opinions différentes devront être écrites sur le registre avec les noms de ceux qui auront été de chaque opinion.

Pour subvenir aux frais nécessaires de la chambre, l'arrêt ordonne qu'il sera perçu un droit de quinze sols sur chaque cent pesant de soudes et de bois de teinture entrant dans la province de Normandie tant par mer et par les rivières que par terre. Mais comme ce droit établi par arrêt du conseil du 17 décembre 1697 était engagé jusqu'à la fin de l'année 1704 au profit de la ville pour l'illumination des lanternes de la ville, le Roi accorde à la chambre de commerce, pour la période du premier juillet 1703 au dernier jour de décembre 1704 la jouissance de droits portés par le tarif annexé à l'arrêt et établi sur les marchandises comprises dans ledit tarif qui entreront dans la ville de Rouen pendant ledit temps, soit qu'elles y séjournent ou y passent debout, excepté celles qui seront déclarées à l'entrée être destinées pour les villes de Paris et d'Orléans.

Les droits seront perçus par des receveurs qui seront établis par la chambre, et le produit remis par les receveurs à celui des syndics de la chambre qui sera nommé trésorier.

Le syndic trésorier, que la chambre devra nommer annuellement, ne pourra disposer des deniers provenant des droits perçus en vertu de l'arrêt, ni faire aucun paiement que sur les ordres signés au moins de six syndics de la chambre, et il devra rapporter lesdits ordres avec les quittances des parties prenantes : « au moyen de quoy, dit l'arrêt, les sommes qu'il aura payées seront allouées et passées au compte qu'il rendra de sa gestion à ladite chambre, à la fin de l'année de son exercice, tant du produit desdits droits que de la dépense qu'il aura faite, sans que ledit syndic trésorier soit tenu de compter à la chambre des comptes ni ailleurs qu'à ladite chambre particulière de commerce. Le compte dudit syndic trésorier sera envoyé au sieur controleur général des finances, aussitôt après qu'il aura été arrêté par ladite chambre particulière de commerce, et au plus tard dans le 15 fevrier de chaque année, pour être le restant du provenu desdits droits, s'il y en a, employé ainsi qu'il sera ordonné par Sa Majesté. »

L'arrêt avait réglé à quatre mille livres par an les frais nécessaires de la chambre « tant pour les appointements du secrétaire, frais de l'écritoire, bois, bougies, chandelles et autres frais, que pour payer le prix de deux jetons d'argent, du poids de dix deniers chacun, qui seront donnés à la fin de chaque assemblée à chacun des syndics qui y auront assisté, et d'une médaille d'or qui sera donnée à chacun desdits syndics en sortant de charge, et au député de ladite ville au conseil de commerce, lorsqu'il cessera d'en faire les fonctions, pour marque de la satisfaction qu'on aura eue de leurs services (1). »

II

L'élection des syndics de la chambre de commerce devait avoir lieu aussitôt la réception de l'arrêt. L'arrêt avait été envoyé le 17 juillet par le contrôleur général Chamillart, accompagné de la lettre suivante adressée aux prieur et juges consuls de Rouen :

« Je vous envoye, Messieurs, la copie d'un arrêt du conseil rendu pour l'établissement d'une chambre particulière de commerce à Rouen. Vous jugez bien qu'il est important qu'elle soit toujours composée des plus habiles négociants et principalement dans les premiers temps. Je dois vous dire sur cela que vous ferez chose agréable à Sa Majesté de nommer pour la première fois les sieurs Thomas Legendre et Nicolas Asselin, qui prendront séance après le prieur et précèderont immédiatement les deux consuls. Il serait bon aussi que vous nommiez les sieurs Bouette et Marye, afin que ceux qui ont été choisis les premiers pour inspecteurs marchands en exécution du dernier règlement du 24 décembre 1701 concernant les manufactures de toiles, soient aussi des premiers qui entreront dans la chambre de commerce. A l'égard du rang, ils le prendront suivant leur ancienneté dans le consulat. Comme l'arrêt a été envoyé à M. le Procureur général de la cour des aydes

---

(1) Pour la connaissance des jetons et des médailles qui ont été successivement frappés et distribués au vœu de l'arrêt du 19 juin 1703, pendant le cours de l'existence de la chambre de commerce de Normandie, nous renvoyons à la communication qui a été faite par l'auteur du présent ouvrage à l'Académie des Sciences, Belles-Lettres et Arts de Rouen et que cette compagnie a imprimée dans le Précis analytique de ses travaux en 1896-1897, pages 201-274. Nous nous contentons d'en reproduire ici les images.

à Rouen pour le faire enregistrer et que je ne doute pas que cela ne soit fait présentement, vous pouvez procéder immédiatement à l'élection dont il s'agit et commencer vos assemblées. Vous m'envoyerez copie du procès-verbal de l'élection dès qu'elle sera faite et vous observerez la même chose pour toutes les élections que vous ferez dans la suite. CHAMILLART. »

L'assemblée générale de la compagnie consulaire, convoquée le 23 juillet par le prieur, délibéra « que, par le respect qu'elle a pour les ordres de Mgr le Contrôleur général, elle a agréé la nomination qu'il a faite par sa lettre du 17 de ce mois des personnes y nommées, en y ajoutant M. René Dehors, doyen de la compagnie. »

La compagnie avait d'abord montré une respectueuse déférence pour le choix que l'administration avait cru devoir faire des premiers syndics. Et cette première élection du 23 juillet 1703 révèle, par le choix du doyen de la compagnie, le système qui sera désormais suivi pour la nomination des syndics, celui d'observer l'ordre du tableau de la compagnie.

La compagnie, composée de tous les membres anciens et actifs de la juridiction, ne faisait chaque année que deux nouvelles recrues. Bien que les fonctions des quatre charges de la juridiction ne fussent exercées que pendant un an par la même personne, il n'y entrait tous les ans de personne nouvelle que pour les charges de procureur syndic et de second consul, parce que le procureur syndic élu vers le milieu de janvier, était, six mois après son exercice, promu premier consul, et l'année suivante promu prieur aux élections consulaires du commencement du mois d'août : ainsi la même personne occupait trois ans de suite ces fonctions successives. Le second consul élu en août par les notables commerçants sur une liste de quatre noms proposés à leur choix par la compagnie, une fois son année d'exercice révolue, ne remplissait plus d'autre fonction. Le prieur également, une fois sorti de charge, ne remontait plus jamais sur le siège. Mais ils continuaient tous deux d'appartenir à la compagnie dans laquelle ils avaient rang sur un tableau formé de deux listes, dont l'ordre était réglé par l'époque de l'élection de chacun, de l'un comme second consul, de l'autre comme procureur syndic. Cet ordre d'ancienneté devait être suivi pour la nomination annuelle des syndics de la chambre de commerce.

L'assemblée du 23 juillet 1703 avait sans difficulté choisi les premiers syndics de la nouvelle institution en se conformant aux indications du contrôleur général. Mais Chamillart avait réglé l'ordre de leur séance sans tenir compte des prescriptions de l'arrêt d'établissement. Dans la première assemblée de la chambre ainsi formée, chacun prit séance suivant la décision du ministre, mais ce ne fut pas sans protestations de la part de ceux qui étaient lésés par la préséance de syndics au-dessus desquels leur propre rang avait été réglé par l'arrêt (1).

Dans cette seconde assemblée, du 28 juillet, en exécution de l'article 14 de l'arrêt, qui prescrivait à la chambre, aussitôt après la première élection des syndics, de faire choix d'une personne sans reproche, marchand ou ayant fait commerce, pour être secrétaire de la chambre, toute la compagnie, d'un avis uniforme, nomma pour secrétaire le sieur Carnay, connaissant sa probité et son expérience, d'autant plus qu'il ne s'était présenté pour cet emploi aucun marchand étant actuellement dans le commerce ou l'ayant fait.

Le 3 août, les prieur, consuls et syndics furent en corps saluer l'intendant, M. d'Herbigny, et lui rendre compte de ce qui s'était passé au sujet de l'établissement de la chambre et en même temps lui demander le jour qu'il lui plairait pour en faire l'ouverture. L'onzième jour d'août, qu'il avait fait savoir qu'il s'y rendrait, l'assemblée des syndics, convoquée par le nouveau prieur Lallemant, fut présidée par l'intendant, conformément à l'arrêt du conseil. Le prieur complimenta M. d'Herbigny et lui fit les remontrances et supplications requises tant à l'occasion de l'établissement de la chambre que sur plusieurs autres choses concernant le bien et l'utilité du commerce et sur les moyens pouvant contribuer à le rétablir selon la volonté de Sa Majesté. Et la chambre arrêta qu'il y serait travaillé à l'avenir avec toute l'application possible, sous l'autorité de Monseigneur l'Intendant et l'honneur de sa protection, et que pour cet effet, M^{rs} les syndics s'assembleraient en ladite chambre tous les mardis de chaque semaine à quatre heures précises de relevée, sauf, en cas qu'il survienne quelque affaire extraordinaire, à convoquer des assemblées aux jours et heures qui seront estimés à propos, sous le bon plaisir de Monseigneur l'Intendant, pour y présider toutes fois et quantes qu'il lui plaira (2).

La chambre compléta son organisation le 31 octobre en nommant Jean Vallée « pour rendre le service nécessaire à la chambre les jours d'assemblée, porter les billets d'avertissement et faire tout ce qui luy seroit ordonné ». Elle lui attribue quarante livres par an pour ses gages et salaire (3).

(1) Reg. des délib., I, 31.
(2) Ibid., I, 36.
(3) Ibid., I, 66.

Le même jour, elle avait fixé à douze cents livres par an les appointements du secrétaire.

Le 6 novembre, elle délibère de donner avis de son établissement dans l'étendue du ressort qui lui avait été attribué : « Il sera écrit une lettre circulaire et envoyé à M^{rs} les prieur et consuls de Dieppe et à M^{rs} les maire et échevins des autres villes de la province qui doivent correspondre à la chambre, des imprimés de l'arrest de reglement et lettres patentes de Sa Majesté concernant l'établissement d'icelle, afin de rendre le tout public et que chacun en ayt connoissance (1) ».

Quand approcha l'époque de l'assemblée pour la première élection de nouveaux syndics, la question se posa de la composition de cette assemblée. L'arrêt du 19 juin 1703, après avoir dit que la première élection serait faite par les prieur et juges consuls qui s'assembleraient à cet effet avec les anciens juges consuls, ajoutait que la seconde se ferait par les prieur et juges consuls et par les syndics de la chambre, la troisième et les suivantes par les prieur et juges consuls et les syndics en charge et par ceux qui auront déjà été syndics. Ce texte, qui remettait au singulier le mot *prieur* deux fois imprimé au pluriel par erreur, excluait de l'assemblée pour l'élection des syndics un grand nombre de membres de la compagnie, les anciens prieurs et consuls qui n'avaient pas encore été syndics. Faisant partie des assemblées générales de la juridiction, ils prétendaient, en se fondant sur le texte imprimé, être compris dans le nombre des appelés et être admis aux assemblées générales de la chambre de commerce pour l'élection des syndics. Cette prétention fut discutée au sein de la chambre, et les opinions de chaque opinant furent, comme le voulait l'arrêt, consignées sur le registre avec le nom et la signature de chacun. Les avis étant partagés, il fut écrit au contrôleur général pour connaître les intentions du Roi, afin de s'y conformer. Comme la fin du mois approchait, sans que le ministre répondît, il fut fait une sorte de compromis aux termes duquel les anciens prieurs et consuls seraient convoqués pour l'élection des nouveaux syndics, s'ils s'engageaient à nommer pour remplir ces fonctions les inspecteurs de la manufacture de toiles sortant de charge. D'autre part, les syndics de la chambre seraient appelés dans l'assemblée générale des prieur et consuls en exercice

---

(1) Reg. des délib., I, 71.

et des anciens prieurs et consuls pour prendre part à l'élection des inspecteurs.

La réponse de Chamillart, datée de Versailles le 23 décembre, arriva quand l'arrangement était fait. Il écrivait au procureur-syndic Dumont :

« Je vois par votre lettre du 11 de ce mois, le doutte qui est survenu dans la chambre de commerce de Rouen pour sçavoir si les anciens prieurs et consuls doibvent estre apellez à l'élection qu'on est sur le point de faire de trois nouveaux sindics. Je dois vous dire que l'intention du Conseil est que les sujets qui composent actuellement la chambre de commerce et ceux qui ont déjà été sindics, eussent seuls part à cette élection. Cela ne se peut entendre autrement en lisant les articles 6, 7 et 8 de l'arrest. Il est vrai que l'imprimeur a mis le mot *prieur* en deux endroits au pluriel ; mais c'est une erreur qu'il est aisé de connoistre par ce qui suit, dont le sens ne peut estre compris diversement, lorsque les termes en seront pesez avec attention. Du reste je suis persuadé que la chambre de commerce choisira toujours de bons sujets pour les places qu'elle aura à remplir (1). »

La dernière phrase de la lettre du ministre semblait laisser une latitude dont la compagnie usa pour effectuer l'arrangement convenu.

Sur l'assurance qui lui fut donnée que les anciens prieurs et consuls étaient d'accord et convenus de leurs faits et qu'il ne restait aucune contestation entre eux, le nouvel intendant de la généralité, M. Lamoignon de Courson, vint présider à l'élection des syndics dans l'assemblée du 31 décembre, à laquelle furent convoqués treize anciens prieurs et dix-huit anciens juges consuls. L'assemblée nomma syndics les deux inspecteurs des toiles sortant d'exercice, marchands choisis chaque année le 24 décembre par l'assemblée générale de la compagnie consulaire pour être adjoints aux inspecteurs royaux chargés de vérifier les toiles apportées à la halle de Rouen, conformément au règlement du 24 décembre 1701 sur les manufactures. La recommandation faite par Chamillart lors de l'assemblée du 23 juillet, qui lui avait fait nommer syndics de la chambre MM. Bouette et Marye, sortis le 24 décembre 1702 de l'inspection des toiles dont ils avaient inauguré le service, deviendra la règle : les inspecteurs sortants, remplacés dans l'assemblée du 24 décembre, seront élus syndics dans celle du 31.

Chamillart approuva d'ailleurs l'élection du 31 décembre 1704, en écri-

---

(1) Carton n° 1, 6e liasse.

vant de Versailles le 13 janvier suivant aux syndics de la chambre de commerce de Rouen : « J'ay receu vostre lettre du premier de ce mois, qui m'apprend l'élection que vous avez faite de trois nouveaux sindics. Je suis bien aise que la chose se soit passée sans contestation, et que vous ayez tous agi de bonne intelligence en cette occasion. Je veux croire que les nouveaux élus rempliront utilement leurs devoirs et que vous ne choisirez aussi que de bons sujets pour les places d'inspecteurs marchands des toiles. »

Ceux-ci avaient été nommés le 3 janvier dans une assemblée générale tenue par exception postérieurement à celle pour la nomination des syndics.

III

La chambre de commerce s'était constituée avant que son arrêt de création n'eût été enregistré. Cet enregistrement en la cour des aides de Rouen était retardé par l'opposition qu'y faisait la communauté des marchands à cause du tarif sur les marchandises qui était joint à l'arrêt.

Ce tarif avait pour objet de fournir des ressources pour le payement des appointements du député et des frais d'entretien de la chambre de commerce jusqu'à la fin de l'année 1704, à partir de laquelle un droit sur les soudes et bois de teinture entrant dans la province de Normandie les fournirait. L'arrêt avait sanctionné l'attribution d'une somme annuelle de huit mille livres pour les appointements du député et d'une de quatre mille à la chambre de commerce pour son entretien. Depuis la Saint-Martin 1700, que le conseil de commerce avait été établi, jusqu'à la Saint-Martin à venir de l'année 1704, les honoraires du député pour les quatre exercices devaient s'élever à trente-deux mille livres, et les dix-huit mois d'exercice de la chambre à la même époque lui valoir une somme de six mille livres : c'était donc un produit total de trente-huit mille livres que l'arrêt demandait au tarif spécialement établi pour fournir ces ressources.

Ce droit sur les marchandises entrant dans la ville de Rouen répugnait au commerce. S'il admettait que le député reçut des honoraires, il lui paraissait superflu de prévoir un budget pour la chambre de commerce. La communauté des marchands de Rouen présenta en conséquence à la cour des aides de Rouen, où devait être enregistré l'arrêt du conseil du 19 juin, à cause du tarif des droits annexés à l'arrêt, une requête pour s'opposer audit enregistrement.

Ils remontrent qu'en exécution des ordres de Sa Majesté, ils ont établi une chambre de commerce, « laquelle ils ont composée de notables marchands qui ont bien voulu se charger d'en faire l'exercice et les fonctions gratuitement, ainsi qu'il se pratique dans la juridiction consulaire, ce qui se continuera de la même manière d'année en année, de sorte que de ce côté l'intention du Roy se trouve remplie et ses ordres exécutés sans aucune dépense ; et à l'égard des appointements de M. Le Mesnager, député au conseil de commerce, tant écheus qu'à écheoir, les supplians y ont aussi pourveu de manière à lever toute difficulté, ayant mis aux mains du procureur général un billet payable à trois jours de vue pour les trois années desdits appointements écheus au jour St Martin dernier, avec promesse de payer au 15e jour de novembre prochain la somme de 8,000 livres pour l'année des appointements qui écherra au jour de St Martin prochain ; qu'à ce moyen, l'objet qui avait causé la concession dudit octroy cesse, le député de la province pour le conseil de commerce sera payé, l'établissement de la chambre ordonné par Sa Majesté est fait, sans que le public en souffre. Pourquoi les supplians ont bien interest d'empescher l'enregistrement dudit tarif dont la levée seroit à peu près inutile et à charge. »

Ils concluaient à ce qu'il plût à la cour de les recevoir opposants à l'enregistrement de l'arrêt et des lettres patentes et d'ordonner que de très humbles remontrances seront faites à Sa Majesté aux fins d'obtenir de son bon plaisir la révocation dudit octroi.

La cour des aides, par arrêt du 14 août, ordonna que l'arrêt du conseil du 19 juin serait enregistré, mais qu'il serait « sursis à la perception des droits jusqu'à ce qu'il ait plu à Sa Majesté de faire savoir sur ce sa volonté ».

Ayant obtenu cet arrêt de surséance, la communauté des marchands l'avait fait signifier au procureur syndic de la juridiction consulaire avec une requête tendante à ce que, faute par eux, MM. les prieur et procureur syndic, de faire convoquer l'assemblée par eux requise des anciens consuls et principaux marchands, ils seront autorisés de la faire dans le cloître des Cordeliers, aux fins portées en leur requête et énoncées en l'arrêt du 14 août.

La chambre nouvellement constituée ne goûta pas cette injonction. Elle estima que l'assemblée requise ne devait pas être convoquée ; elle envoya copie de la signification au contrôleur général et elle arrêta que le procureur syndic se présenterait en la cour des aides à l'assignation, mais demanderait le renvoi au conseil, « attendu qu'il s'agissait de l'exécution des arrêt, tarif et lettres patentes du Roy pour l'établissement de la chambre (1). »

Le conseil d'Etat rendit le 18 septembre un arrêt qui expliquait l'intention du Roi. Il cassait l'arrêt de surséance de la cour des aides de Rouen et ordonnait l'enregistrement pur et simple de l'arrêt, tarif et lettres patentes de juin : le 4 octobre la cour des aides se conforma à la volonté du Roi.

(1) 24 août 1703, I, 46.

CHAPITRE III

LE DÉPUTÉ AU CONSEIL ROYAL DE COMMERCE

Rôle du député. — I. Nicolas Mesnager, 5 août 1700-31 décembre 1711. Pendant ses missions en Espagne, l'intérim est fait par l'un ou l'autre de ses collègues. Employé par le roi aux négociations de la paix, il remet ses fonctions de député. — II. David Le Baillif, 1er juillet 1712-23 mars 1715. — III. Georges Godeheu, 1er mai 1715-1er mai 1720. — IV. Louis Pasquier, 1er mai 1720-11 novembre 1754. Augmentation des appointements du député. Sa prétention d'être reconnu membre de la chambre de commerce. Son action dans la contestation entre le duc de Bourbon et la chambre de commerce à propos de la vicomté de l'eau de Rouen. La chambre se plaint que le député néglige les affaires du commerce. Quelques difficultés au sujet du payement de ses appointements et à propos des honoraires des assemblées de la chambre. — V. Joseph Béhic, 1er décembre 1754-29 octobre 1777. Ses députations antérieures. Apologie de Godeheu. Après 23 ans de collaboration assidue, il demande que le Roi agrée qu'il donne sa démission et lui accorde une marque de sa satisfaction. L'arrêt du Conseil du 10 juin 1777 qui lui délivre une pension de 3,000 livres sur l'octroi des marchands dit que le Roi accepte sa démission. Contestation sur cette rédaction. Lettre de Necker. Démission de Béhic entre les mains de la chambre de commerce. Il devient syndic de la chambre à vie. La chambre reçoit la collection de ses papiers et la met dans ses archives. — VI. Alexandre Deschamps, 8 novembre 1777-1791. Arrêt du Conseil du 12 septembre 1779 qui fait un règlement pour l'élection des députés du commerce. Mémoire des six corps de marchands de Paris, 23 août 1784. Demande d'augmentation d'appointements : le ministre accorde 2,000 livres sans consulter la chambre. — VII. Convocation des États-Généraux : le commerce demande d'y envoyer des députés. La chambre nomme des commissaires pour correspondre avec les députés du bailliage. Elle envoie des députés extraordinaires auprès de l'Assemblée nationale. Leur action est commune avec celle du député au Conseil du commerce remplacé par un comité des manufactures et du commerce. La députation cesse d'exister après la suppression de l'octroi des marchands.

Nous parlerons d'abord du député au conseil de commerce qui précéda la création de la chambre et fut comme la cause de son institution. Avant de passer en revue les différents personnages que la chambre de commerce de Rouen a successivement choisis pour en remplir les fonctions, nous dirons, avec l'auteur de l'Introduction à l'*Inventaire analytique des procès-verbaux du conseil de commerce,* quelques mots du rôle des députés auprès du conseil.

« Les députés du commerce avaient un rôle purement consultatif. Ils assistaient aux séances du conseil de commerce ; mais ils n'y prenaient la parole que lorsqu'ils y étaient invités. Ils étaient appelés à donner des avis, mais seuls les commissaires et les intendants présentaient des rapports et prenaient part aux délibérations. Ces avis, rédigés par écrit, étaient délibérés dans des assemblées particulières des députés, qui se tenaient chez le secrétaire du bureau du commerce deux fois la semaine, les lundi et vendredi matin.

« Toutes les affaires qu'on envoie au secrétaire sont par lui registrées sur un cahier, et à la marge de chaque article il met le nom de celui de MM. les Commissaires qui en doit faire le rapport. Ensuite, il fait ou fait faire la lecture des requêtes, mémoires et autres papiers en présence de MM. les Députés qui s'expliquent sur ce qu'ils en pensent, et leur avis est rédigé sur le champ si l'affaire est assez sommaire pour n'avoir pas besoin de discussion. Si elle demande un travail plus long et plus raisonné, le secrétaire en charge celui de MM. les Députés qui paraît avoir le plus de connaissance de la matière dont il s'agit. Ce député travaille l'affaire chez lui, y forme son avis et revient à l'assemblée en faire son rapport, où il est changé et corrigé si on le juge à propos ; et quand l'avis est arrêté comme il le doit être, le secrétaire le fait mettre au net et l'envoie avec les dossiers à celui de MM. les Commissaires chargés d'en faire le rapport. Il est à remarquer que, comme l'avis des députés n'est rien moins qu'un arrêt, on ne les oblige point de le donner unanime ; s'ils sont partagés de sentiments, ils les donnent séparément, en marquant sur l'avis quels sont les députés qui l'ont donné. » (Mémoires de Guéan de Pouancey, du 17 juin 1724) (1).

I

Nicolas Mesnager (5 août 1700-31 décembre 1711).

Le premier député de la province de Normandie, dont la nomination est même antérieure à la création de la chambre, fut, nous l'avons dit, Nicolas Mesnager.

(1) Introd., XXII.

Né à Rouen (1), il fut baptisé le 17 mai 1658 en la paroisse Saint-Denis, où son père avait la maison de commerce qu'il transporta ensuite en la paroisse Saint-Vincent sur l'emplacement du presbytère actuel. Nicolas Mesnager le père avait été juge consul en 1668 ; il fut inhumé le 25 octobre 1677 dans sa nouvelle paroisse, dont il était trésorier.

Nicolas Mesnager le fils était en 1679 avocat au parlement ; puis il fut marchand, comme son père, trésorier, comme lui, de Saint-Vincent, et quartenier de la ville de 1689 à 1692. Le 13 juin de cette dernière année, il fut reçu en la charge de secrétaire du roi, maison et couronne de France et de ses finances, et il portait de nouveau le titre d'avocat au parlement. L'expérience qu'il avait du commerce, particulièrement du commerce maritime, le fit choisir en 1700 pour représenter la province dans le conseil de commerce que le Roi venait de créer.

Avant la création de la chambre de commerce de Rouen, la juridiction en faisant fonction correspondait avec le député Mesnager et lui faisait parvenir des mémoires. Elle avait, en 1701, chargé un ancien juge consul, Pelletier, celui sans doute qui fut nommé syndic de la chambre le 30 décembre 1706, de faire un mémoire en faveur du rétablissement du commerce en France, pour être présenté à NN. SS. du conseil de commerce. Du même Pelletier on trouve aux archives du ministère des affaires étrangères (2) une lettre signée de lui, datée du 1ᵉʳ septembre 1702, adressée à M. Mesnager, conseiller, secrétaire du Roy à Paris, venant à la suite d'un mémoire de 21 pages, sans signature, mais daté du même jour, écrit de la même main sur même papier, dont elle est apparemment la lettre d'envoi : il est intitulé *Mémoire pour le négoce du poisson à Rouen* (3). Dans son préambule, il expose que le commerce du poisson avait été florissant à Rouen au point que les échanges de toute sorte qui en étaient résultés non seulement avec les ports du royaume, mais avec l'Angleterre, la Hollande, la basse Allemagne et les pays du Nord, avec le Portugal, l'Espagne, les Canaries, les côtes d'Italie, d'Afrique et d'Asie, avaient fait du port de Rouen, si commodément placé pour négocier avan-

---

(1) Sur Nicolas Mesnager, consulter : Eug. de Sainte-Beuve, *Nicolas Mesnager, diplomate normand*, dans le *Magasin normand* du 15 mars 1866 ; vicomte d'Estaintot, *Discours d'ouverture*, dans le *Précis de l'Académie de Rouen*, 1871-1872 ; et l'appendice de l'*Inventaire analytique des procès-verbaux du conseil de commerce*, Imprimerie Nationale, 1900.

(2) T. 1,663, fonds France, f° 180 à 198.

(3) Une copie de la première moitié de ce mémoire a été remise à la Société de l'Histoire de Normandie.

tageusement par terre et par mer de tous côtés, le magasin de la France et de toute l'Europe. Ce commerce de poisson était alimenté par la pêche qu'y apportaient les habitants des côtes de Picardie et de la haute Normandie, du hareng pêché sur les bancs d'Yarmouth, vis-à-vis de l'Angleterre et sur les côtes de l'Artois, de la Picardie et de la haute Normandie, de la morue au nord de l'Ecosse, du maquereau sur les côtes de Normandie et de Bretagne. Depuis que les Dieppois, les premiers, avaient rapporté de Terre-Neuve et du Canada de pleins chargements de morues et de pelleteries qui leur avaient procuré un gain considérable, on négligea le produit médiocre mais assuré des pêches voisines pour courir les gros profits des pêches lointaines. Les Hollandais entreprirent les pêches que nous abandonnions, les perfectionnèrent, en fournirent la France, le Portugal et l'Espagne, d'où ils tirèrent ce que nous en tirions auparavant, le portèrent où nous le portions, jusque dans le Nord, en tirèrent ce qui était propre pour le commerce d'Espagne, du Portugal, des Canaries, des côtes de Provence, d'Italie, d'Afrique et d'Asie, nous détroussant non seulement de nos pêches, mais de notre commerce du Levant, nous réduisant à ne plus faire de commerce chez nous que par leur entremise. Ainsi Rouen, qui avait été le magasin de l'Europe, était devenu l'un des magasins des Hollandais où ils apportaient ce qui nous venait du dehors et emportaient ce qui nous venait du dedans, les choses propres à leur commerce. La pêche qu'ils nous ont enlevée leur vaut aujourd'hui plus de vingt millions, quand les pêches de Terre-Neuve nous rapportent au plus trois millions.

Après ce préambule historique, le mémoire abordait son sujet qui était de faire lever par le conseil les obstacles que les droits des fermes en particulier mettait au commerce intérieur du poisson.

A la même époque, le conseil de commerce examinait le mémoire que les négociants de Rouen lui avaient envoyé sur les moyens qu'ils proposaient pour trouver un fonds annuel de seize mille livres pour l'entretien de la chambre de commerce qui devait être établie à Rouen et pour le traitement de leur député au conseil de commerce. Après étude de la question dans les bureaux tenus les 6 mai, 30 juin, 7 septembre et 24 novembre 1702, le conseil de commerce entendit le 1er décembre un mémoire du député de Rouen sur le même sujet, le 12 janvier 1703 une lettre du procureur général au Parlement de Rouen et enfin, le 2 mars, une lettre de M. d'Herbigny, intendant de la généralité (1) : la solution se trouva dans l'arrêt du conseil du 19 juin portant règlement de la chambre de commerce de Rouen.

Les fonctions de député furent régulièrement continuées d'année en année à Nicolas Mesnager par la chambre de commerce. Au mois d'octobre 1704 (2), il mande à la chambre qu'il y a un édit de création en titre d'offices d'inspection des manufactures du royaume, auxquelles, outre les droits qui y sont attribués sur les marchandises mentionnées au tarif qu'il joint à sa lettre, il y a encore des visites fréquentes à charge aux manufactures et onéreuses au commerce. La chambre alarmée des charges nouvelles qu'on veut établir pour les manufactures de la province, recherche avec son député quelque expédient pour se rédimer de cet établissement. Le 25 novembre (3) le contrôleur général mandait à la chambre que, sur les remontrances des députés au conseil de commerce, le Roi avait préféré au produit de la vente des offices d'inspecteurs visiteurs et contrôleurs des manufactures et de concierges gardes des halles aux draps et aux toiles créés par édit du mois d'octobre précédent, qui aurait pu monter à plus de trois millions, de prendre du commerce une somme de douze cent mille livres pour aider à Sa Majesté dans les pressants besoins des affaires. Elle avait trouvé bon de faire surseoir à l'exécution de l'édit et voulait bien même permettre aux corps des marchands qui fourniraient cette somme, de lever à leur profit des droits sur les marchandises pour leur tenir lieu d'indemnité et les mettre en état de faire des emprunts s'ils en avaient besoin. A la lettre était joint un état de la somme de cent cinquante mille livres, que le contrôleur général disait avoir été estimé à propos que le corps des marchands de la ville de Rouen payât dans les délais y portés.

Les maîtres et gardes en charge des corps et communautés des marchands merciers drapiers unis et des drapiers drapans, toiliers, tapissiers et passementiers de la ville et des faubourgs de Rouen, mandés à la chambre pour entendre la proposition du contrôleur général, après s'être entr'eux consultés, firent soumission de payer la somme de cent cinquante mille livres pour la réunion des charges.

Le député Mesnager avait pris part à l'avis des députés qui avaient provoqué la révocation de l'édit avant de partir en mission pour le service du

(1) *Invent. analyt. des procès-verbaux du conseil de commerce*, p. 8-12.
(2) Reg. des délib., I, 142.
(3) *Ibid.*, I, 156.

Roi en Espagne. Le 15 novembre 1704, il écrit à la chambre de commerce que « le Roy luy a fait l'honneur de le nommer pour estre son envoyé pour son service en Espagne et que Sa Majesté l'a honoré de la dignité de chevalier de l'ordre de Saint-Michel ». La chambre lui en fait compliment et lui donne, sans plus attendre, la médaille d'or qui devait lui être délivrée lorsqu'il cesserait de faire les fonctions de député (1).

Le contrôleur général avait mandé à la chambre que le voyage de Mesnager ne devant pas être de longue durée, il ne serait pas besoin de nommer un autre député à sa place et que l'intention du Roi était qu'on lui continuât ses appointements en la même qualité, « cela a paru d'autant plus juste à Sa Majesté que la ville de Rouen faisant un commerce considérable en Espagne, le sieur Mesnager y travaillerait pour votre intérêt, en exécutant dans ce pays les ordres dont il est chargé (2) ». En conséquence, le 5 janvier suivant, l'assemblée générale réunie pour l'élection annuelle du député, se conforma aux intentions du Roi, en décidant que la députation serait continuée à Mesnager pour un an, aux mêmes appointements que les années précédentes (3).

D'ailleurs, avant de partir pour l'Espagne, Mesnager avait obtenu que le député de Lyon s'emploierait en son absence pour solliciter les affaires de la chambre au conseil de commerce et auprès des ministres (4).

En janvier 1706, Mesnager, encore en Espagne, fut de nouveau continué pour un an.

Au cours de sa mission, la chambre avait fourni à Mesnager les éclaircissements qu'il demandait « touchant le commerce qui s'étoit cy devant fait de cette ville aux Indes (5) ». Elle avait elle-même reçu de lui des avis sur ce qu'il avait obtenu du gouvernement espagnol comme modération des droits de sortie des laines pour l'usage des manufactures de France, et sur la permission accordée aux négociants français de faire en leur nom commerce aux Indes avec les prérogatives et les conditions favorables qu'il expliquait dans sa lettre (6).

---

(1) Reg. des délib., I, 149.
(2) Lettre de Chamillart, de Versailles, le 2 décembre 1704, carton n° 24, 1re liasse 14.
(3) Reg. des délib., I, 171.
(4) Ibid., I, 164.
(5) Ibid., I, 191.
(6) Ibid., I, 235.

Il écrivait le 5 mai 1706 qu'il était de retour à Paris où son intérim avait été rempli au conseil de commerce tant par le député de Lyon, Anisson (1), que par celui de la Rochelle, Héron. La chambre lui adressait de nouveau les mémoires des matières de commerce, lui soldait en août une année de ses appointements, et le 18 novembre, l'assemblée, qui se tenait désormais vers la Saint-Martin, à l'expiration du mandat de député, le continuait pour un an (2).

Le 27 septembre 1707, Mesnager mandait qu'il était obligé de retourner en Espagne pour le service du Roi. Le contrôleur général faisait savoir le 1er octobre que l'intention de Sa Majesté était que les honoraires de la députation lui fussent continués pendant son absence, qui ne serait pas longue, et que ce qui lui était dû lui fût payé avant son départ (3).

La chambre ne put dissimuler à Mesnager « qu'on étoit très fasché en cette ville de son voyage en Espagne, prévoyant que le peu d'affaires qui pourroient arriver pendant son absence, demeureroient sans effet, s'il n'y avoit personne à qui l'on pust s'adresser plus librement que durant son premier voyage, ces Messieurs qui voulurent bien s'y employer ayant fait connoistre qu'ils estoient assez chargés des affaires de leurs députations, sans faire celles des autres gratuitement. » La chambre le priait d'y avoir égard et d'y pourvoir avant son départ (4).

En attendant, malgré la pénurie présente de la caisse de l'octroi des marchands, elle s'acquittait de sa dette montant à quatorze mille livres, par le payement de huit mille livres en espèces et de six mille en billet de monnaie (5). Et sur la proposition de Mesnager, elle acceptait les offres de M. Héron, député de la Rochelle, qui prit soin des affaires de la chambre de commerce de Rouen auprès du conseil, jusqu'au retour d'Espagne de son député, en mars 1708 ; mais un mois plus tard, le député de la Rochelle

---

(1) Le député de Lyon avait fait exprimer son désir que les lettres qui lui étaient écrites fussent signées des syndics de la chambre. Il lui fut écrit qu'il en avait été usé en cela avec lui comme avec M. Mesnager, à qui on avait toujours écrit par le secrétaire de la chambre ensuite des assemblées et conformément aux délibérations, et pour le prier d'avoir pour agréable qu'il en fût usé de même par les raisons qui lui seraient marquées et parce que cela est conforme à l'arrêt du règlement du 19 juin 1703 de l'établissement de la chambre (Reg. des délib., I, 182).
(2) *Ibid.*, I, 284.
(3) Lettre de Chamillart, de Fontainebleau, le 1er octobre 1707, carton n° 24, 1re liasse 25.
(4) Reg. des délib., I, 329.
(5) *Ibid.*, I, 331.

reprenait ce soin, Mesnager étant obligé de retourner en Espagne dès la mi-avril, par ordre et pour le service du Roi : il continuerait de jouir de ses honoraires pendant son absence (1).

Il écrivait de Madrid, le 29 mai, à la chambre, que la flotte marchande pour la Nouvelle Espagne était partie de Cadix escortée par des vaisseaux français et que les Espagnols étaient disposés à changer l'ancienne forme de naviguer et de négocier aux Indes et de supprimer les galions et que, si cela avait lieu, comme il y avait toute apparence, le commerce des Indes occidentales se ferait concurremment et publiquement, comme les autres commerces, par les vaisseaux et par les mains des Espagnols.

De retour au mois d'août, le député normand reprit séance au conseil de commerce. Mais au mois de janvier 1709, le député de la Rochelle redevint le correspondant de la chambre au conseil de commerce pendant une nouvelle absence que Mesnager fit en Hollande.

« Bien instruit, dit Torcy dans ses Mémoires (2), de ce qui regardait le commerce des Indes occidentales, il avoit formé un projet, suivant les connoissances que son séjour en Espagne lui avoit acquises, et il prétendoit qu'il étoit facile, en suivant ses idées, d'assurer, sans préjudice pour l'Espagne et de concert avec elle, le commerce de toutes les nations d'Europe au Nouveau-Monde, et comme Mesnager eut l'occasion d'aller à la Haye (en 1709) pour affaires particulières, Sa Majesté lui permit de communiquer son projet à quelques-uns des principaux de la République de Hollande et notamment avec Heinsius, le baron Duywen-Vorden et Van der Dussen. » Le 20 avril, il annonce qu'il est de retour à Paris : la chambre lui en fait compliment, disant qu'il était très nécessaire pour le bien du commerce de la province et lui fait part de toutes les remontrances qui ont été faites depuis son départ.

En 1711, au moment où allaient s'engager les pourparlers avec l'Angleterre pour la paix, Mesnager, qui avait soumis aux ministres « ce qu'il avoit rassemblé sur l'article du commerce des Indes, si essentiel à la négociation dont il s'agissoit », fut proposé et choisi comme capable de s'acquitter de cette importante commission. Après deux mois de discussion avec les ministres anglais, il signa avec eux les actes destinés à servir de base aux préliminaires de la paix générale. Le Roi, auquel il fut présenté le 21 octobre, lui dit : « Monsieur, vous m'avez si bien servi par le passé, que je ne doute pas

(1) Reg. des délib., I, 357. Lettre de Desmarets, carton n° 24, 18 avril 1708, 1re liasse 37.
(2) Cité par M. d'Estaintot.

que vous ne me serviez mieux encore à l'avenir, si c'est possible. » Cette confiance lui valut d'être nommé par le Roi l'un des plénipotentiaires pour la paix. Dès le 2 novembre 1711, la chambre en avait connaissance et qu'il devait partir incessamment pour se rendre en la ville qui serait désignée pour les conférences. Le 4 novembre, il avait mandé à la chambre que, à cause de l'honneur que le Roi lui faisait, il avait supplié le contrôleur général de demander pour lui à Sa Majesté la permission de remettre l'emploi de député de la province de Normandie au conseil du commerce, et que la chambre serait, dans quelques mois, en état de le faire remplir par qui bon lui semblerait (1).

La chambre lui témoigna qu'elle souhaiterait très fort qu'il le pût garder, s'il n'était pas incompatible avec les nouvelles dignités dont le Roi venait de l'honorer ; que cependant, si cela ne se pouvait absolument, elle le priait « de mander à la chambre le temps qu'elle pourroit faire l'élection d'un sujet tel qu'il convient pour remplir cette place, afin qu'elle puisse par avance voir sur qui elle pourra jeter les yeux pour en faire le choix. »

Il était dû à Mesnager une somme de douze mille livres pour une année et demie, échéant à la Saint-Martin prochaine, de ses honoraires de député, au payement incessant de laquelle l'intendant, M. de Richebourg, transmettait de Dieppe à la chambre l'invitation du contrôleur général Desmarets : invitation à laquelle la chambre déféra immédiatement, malgré une réelle pénurie de ses ressources.

Mesnager avait, le 14 novembre, confirmé sa résolution de se démettre de sa députation et proposé à la chambre, avant de faire l'élection de son successeur, d'en écrire au contrôleur général. Il avait, dans sa lettre du 4, proposé de différer cette nomination, afin de faire l'économie de six mois d'appointements du député. La chambre avait décidé de convoquer l'assemblée générale de la compagnie (16 novembre) pour lui faire part du contenu des deux lettres de Mesnager et être délibéré de ce qu'il conviendrait de faire sur ses propositions.

L'intendant, se méprenant sur les intentions de la chambre, lui avait écrit le 21 qu'il lui avait été donné avis qu'elle était dans la disposition de nommer un député au conseil de commerce à la place de M. Mesnager sans sa participation. La chambre lui répondit que qui que ce pût être qui lui avait

---

(1) Reg. des délib., II, 10.

donné cet avis, lui avait imposé, comme on le lui ferait connaître à son retour en cette ville et qu'on le justifierait par les délibérations de la chambre, depuis que M. Mesnager a mandé qu'il a sollicité du Roi la permission de remettre l'emploi de député.

L'assemblée générale fut tenue le 1er décembre. Le prieur y lut les deux lettres de Mesnager, du 4 et du 14 novembre, où il disait qu'il avait prévenu le contrôleur général sur ce que la dépense de la chambre avait excédé tous les ans, depuis son établissement, les quatre mille livres qui lui avaient été accordées, que pour commencer à remplir le vide qui s'y trouvait, la place de député au conseil de commerce serait vacante pendant six mois, que les quatre mille livres d'honoraires qui seraient par ce dues, seraient retenues par les directeurs de l'octroi, qui seraient autorisés de prêter à la chambre la somme qui lui manquerait pour s'acquitter; il engage la compagnie à remercier le ministre de la disposition où il est d'acquitter les dettes de la chambre et à lui demander en même temps ses ordres pour procéder dès à présent à l'élection d'un député, si c'est sa volonté, ou quelque temps avant l'expiration de la vacance. L'assemblée délibéra qu'il en serait conféré avec l'intendant et que, s'il le jugeait à propos, il en serait écrit au contrôleur général, comme Mesnager le proposait (1).

L'intendant exprima le désir que, pour le choix du député, une liste de trois noms fût présentée. L'assemblée tenue le 17 décembre décida que, « pour obéir à M. l'Intendant et sans tirer à conséquence ny aucunement innover à l'article 13 de l'arrêt du conseil du 19 juin 1703, qui règle la manière dont ladite élection doit estre faite, il sera présentement fait choix de trois des principaux négociants de la ville. » Les suffrages exprimés donnèrent à Nicolas Marye trente-cinq voix, à Le Couteulx des Aubris, trente et une, à David Le Baillif l'aîné, vingt-sept (2).

Pendant la première quinzaine de décembre, la chambre avait travaillé, avec le concours de neuf négociants appelés par elle, à rédiger un mémoire demandé par Mesnager, négociateur de la paix, sur le prix des diverses espèces de marchandises venant des pays étrangers et de celles qui y sont envoyées du cru ou fabrique de la province, avec des éclaircissements au

---

(1) Reg. des délib., II, 13.
(2) Ibid., II, 19.

sujet du commerce d'Angleterre, tant sur les marchandises qui en viennent que sur celles qu'on y envoie (1).

L'arrêt du conseil du 22 mars 1712 remédia à l'état des finances de la chambre. Le Roi avait jugé à propos de surseoir pendant six mois la nomination d'un autre député, afin que la somme revenant desdits six mois d'appointements pût être employée au remboursement de tout ou partie des sommes dues par la chambre ; et pour qu'elle ne fût plus à l'avenir exposée à ne pouvoir satisfaire à ses frais et charges, il avait ordonné que les appointements du futur député seraient réduits à six mille livres, et que les six mille livres restant sur les douze mille accordées par l'arrêt du 19 juin 1703 seraient employées pour les frais de la chambre de commerce (2).

Le 24 mai, l'intendant M. de Richebourg vint présider l'assemblée convoquée pour élire le nouveau député aux appointements de six mille livres : fut nommé à l'unanimité, David Le Baillif, ancien prieur de la juridiction, à commencer à entrer en jouissance du premier jour de juillet prochain pour le temps d'un an (3).

Pendant l'absence de Mesnager et durant la vacance, le député de Saint-Malo, Moreau de Maupertuis, avait pris soin, auprès du Conseil de commerce, des affaires de la province de Normandie. Après l'élection de David Le Baillif, la chambre le remercie de ses bons offices en le priant de les continuer jusqu'à l'arrivée du nouveau député à Paris (4).

Le négociateur d'Utrecht, qui avait reçu du roi, le 12 septembre 1713, en récompense de ses services, un brevet de pension de douze mille livres, était mort d'apoplexie le 15 juin 1715, en son hôtel, à Paris, à l'âge de cinquante-six ans. Jacques Le Baillif, son cousin germain par sa femme Catherine Hacquet, avait été autorisé, par lettres patentes du 3 août 1722, à relever le nom et les armes de Mesnager. Le nouveau député David appartenait-il à la même famille ?

(1) Reg. des délib., I, 15-17.
(2) Ibid., II, 31.
(3) Ibid., II, 37.
(4) Ibid., II, 42.

II

David Le Baillif (1ᵉʳ juillet 1712-23 mars 1715).

David Le Baillif avait été élu prieur de la juridiction consulaire en août 1702 ; il en remplissait encore les fonctions lors de la constitution de la chambre de commerce, le 23 juillet 1703, et, comme tel, il avait présidé la première assemblée de la compagnie, mais il en sortit presque aussitôt pour céder la place à Richard Lallemant, élu prieur le 11 août suivant.

Bien que son mandat de député commençât le 1ᵉʳ juillet, il ne fut installé que le 22 septembre au conseil de commerce.

En avril 1714, il mande à la chambre qu'il a été nommé par le contrôleur général pour travailler avec le député de Languedoc au rétablissement du commerce du royaume et principalement des manufactures (1).

Ces députés de deux provinces manufacturières avaient été choisis par le contrôleur général Desmarest comme ayant une connaissance particulière des manufactures et étant capables de se bien acquitter de l'emploi qu'il voulait leur donner. C'était de travailler à un état général de toutes les manufactures du royaume d'après les éclaircissements qu'il demandait aux inspecteurs des provinces. Ils devaient s'assembler en particulier avec le sieur de Valossière pour examiner les procès-verbaux, mémoires et avis qui seraient envoyés par les intendants, les inspecteurs, les chambres de commerce et autres sur le sujet des manufactures, en faire un rapport aux assemblées de tous les députés et conférer avec MM. les Intendants du commerce à qui ils auraient été distribués. La lettre que M. Desmarest écrivait de Versailles le 10 avril 1714 à M. Amelot en lui donnant des instructions, avait pour objet d'engager de nouveau MM. les Commissaires et Députés du conseil de commerce à redoubler d'attention pour l'augmentation et la perfection des manufactures (2).

David Le Baillif n'avait pas accepté volontiers la réduction des honoraires de la députation. Les charges de la résidence à Paris étaient lourdes. En juillet 1713, la chambre lui avait accordé une indemnité de six cents livres pour les frais qu'il avait été obligé de faire à son entrée en fonctions. Dès le mois d'octobre 1713, il avait présenté au contrôleur général un placet ten-

---

(1) Reg. des délib., II, 134.
(2) Carton nº 24, 1ʳᵉ liasse, 55.

dant au rétablissement des deux milles livres dont ses appointements avaient été réduits (1). La chambre, à laquelle le placet avait été renvoyé, y avait donné un avis favorable. En février 1715, Le Baillif lui faisait parvenir un arrêt du Conseil du 26 janvier précédent, qui attribuait au député huit mille livres d'appointements à partir du jour de sa première nomination, en portant de douze à quatorze mille livres l'attribution de deniers faite à la chambre de commerce sur l'octroi des marchands (2).

David Le Baillif ne jouit pas longtemps de ce rétablissement. Il mourut le 23 mars 1715, laissant une situation embarrassée que le député qui lui succéda eut à régler avec ses créanciers. Celui-ci donnait, le 21 juin 1717, avis au premier consul de quelle manière l'affaire entre la chambre et les syndics des créanciers de M. Le Baillif avait été terminée, qu'il avait été arrêté que la chambre leur paierait la somme de dix mille cent livres pour demeurer quitte, somme qui fut remise par la chambre à MM. Le Coulteux, pour payer à Paris, après la levée de tous les arrêts faits ès mains de M. le Procureur-Syndic de la chambre, suivant la convention desdits syndics de M. Le Baillif avec M. Godeheu (3).

Le 17 avril 1715, l'assemblée générale de la compagnie consulaire procéda à l'élection d'un nouveau député. Sur trente-cinq votants, le premier tour de scrutin donna dix-huit noms pour former une liste de trois candidats à soumettre à l'intendant. Quatre s'excusent : Marie, receveur des décimes du diocèse de Rouen, attendu l'embarras et la recette considérable dont il est chargé ; Robert Ellye, parce que ses affaires domestiques, son infirmité et son grand âge ne lui permettent pas de quitter sa maison ; Bizault, à cause de ses affaires ; Godeheu, attendu qu'il commence actuellement l'exercice de l'administration de l'Hôtel-Dieu, ce qui demande une résidence absolue pour le service des pauvres. Au second tour de scrutin, Guillebon obtint trente voix, Pasquier, vingt-huit, Cottard, vingt et une (4). L'intendant Roujault, à qui la liste fut présentée, pria MM. de la juridiction de se rendre en son hôtel le 27, après midi, pour prendre des mesures au sujet de l'élection du député. L'effet de ces mesures, qui avaient été concertées avec le contrôleur général, parut dans l'assemblée que l'intendant vint présider le 29 avril. On

(1) Reg. des délib., II, 103.
(2) Ibid., II, 187.
(3) Ibid., II, 378.
(4) Ibid., II, 195.

avait fait revenir Godeheu sur son refus apparent. « Les avis et suffrages pris en la manière accoutumée, a été nommé et élu unanimement M. Georges Godeheu, ancien prieur, pour un an, à partir du 1ᵉʳ mai, aux appointements de huit mille livres (1). » La nomination fut approuvée le 12 mai par le contrôleur général Desmarest. Le nouveau député prit séance le 7 juin au conseil de commerce.

III

Georges Godeheu (1ᵉʳ mai 1715-1ᵉʳ mai 1720).

Georges Godeheu était né, croit-on, en Bretagne, dit l'auteur de l'appendice de l'*Inventaire analytique des procès-verbaux du conseil de commerce*. Nous trouvons cependant, au xviiᵉ siècle, un Godeheu à Rouen, où il présentait le 1ᵉʳ juillet 1623, au bureau de l'Hôtel-de-Ville, sa commission de capitaine de la cinquantaine (2).

En 1704, garde en charge des corps et communautés des marchands merciers drapiers unis de la ville de Rouen (3), élu procureur syndic de la juridiction consulaire le 20 janvier 1710, G. Godeheu en était devenu premier consul le 8 août 1711 et prieur le 8 août 1712.

La chambre l'indemnisa de cinq cents livres pour les frais extraordinaires qu'il avait faits à son entrée dans l'emploi de la députation pour l'utilité du commerce et le bien de la chambre.

Godeheu paraît avoir rempli avec zèle son mandat de député. En octobre 1716, il avait présenté à la chambre quatre ou cinq mémoires sur diverses questions intéressant le commerce maritime et la pêche. Deux assemblées générales avaient été convoquées les 13 et 14 octobre pour en prendre connaissance. Ils avaient été parfaitement utiles au commerce, et M. Godeheu prié de les communiquer, à son arrivée à Paris, à M Berthelot (4) et prendre les mesures pour obtenir l'effet des demandes portées dans lesdits mémoires (5). Cela paraît être la suite de la campagne commencée auprès du

---

(1) Reg. des délib., II, 198.
(2) Ch. de Beaurepaire, *Invent. somm. des arch. comm. de la ville de Rouen*, p. 299.
(3) Reg. des délib., I, 158.
(4) M. Berthelot de Saint-Laurent, l'un des intéressés aux Fermes appelés à prendre part aux séances du conseil de commerce.
(5) Reg. des délib., II, 314.

conseil de commerce par le mémoire de Pelletier, en 1702, dont il a été fait mention plus haut.

L'activité des chambres de commerce ne satisfaisait pas l'administration centrale. En janvier 1718, Godeheu mandait à la chambre que M. Amelot, président du bureau du commerce, s'était plaint de ce qu'il ne paraissait aucun mémoire de la chambre pour l'avantage du commerce, et que cette plainte était générale pour toutes les autres chambres, qu'elle avait été provoquée par la demande que les Rochelois faisaient d'une chambre de commerce. Il fut délibéré (24 janvier) que les syndics feraient leurs réflexions pour la prochaine assemblée sur les observations qui seraient à faire au conseil pour l'utilité du commerce, afin de prévenir les plaintes du conseil; qu'il serait écrit à Dieppe, au Havre, à Honfleur, à Caen, pour informer la chambre de ce qu'il conviendrait de mander au conseil pour le bien du commerce de la province. Le député faisait savoir qu'il suffirait d'écrire une fois par mois à M. Amelot (1). Il avisait la chambre que le conseil devait écrire une lettre circulaire aux chambres de commerce pour leur demander la quantité de vaisseaux qui vont et viennent pour différents commerces, ce qu'ils apportent et ce qu'ils remportent, des observations sur l'utilité de chaque commerce et autres observations (2).

Au conseil de commerce, Godeheu ne voulait correspondre qu'avec la chambre, et sur la plainte qu'il fit en juillet 1719 que des négociants s'adressaient directement à lui, au lieu de soumettre leurs affaires à la chambre, celle-ci le pria de ne plus solliciter les affaires des particuliers, si elles ne lui parvenaient pas par elle.

Godeheu avait été régulièrement réélu d'année en année. Lorsqu'il est, le 21 janvier 1720, nommé l'un des directeurs de la compagnie des Indes, il en informe dès le lendemain la chambre de commerce, mais il la prie « que cependant elle lui écrive comme à l'ordinaire sur ce qui concerne l'avantage du commerce, attendu qu'il ne quittera la place de député du commerce que selon le parti que prendront MM. les Commissaires (du conseil devenu bureau du commerce) pour déterminer ce qu'on souhaite de lui (3) ».

A l'assemblée du 3 avril, Godeheu vient lui-même remercier la chambre de la députation qu'elle lui avait déférée près du conseil de commerce. La

(1) Reg. des délib., III, 34-35.
(2) Ibid., III, 75.
(3) Ibid., III, 196.

compagnie le loua de son zèle et de son application pour les affaires qui concernaient le commerce de la province et des bons offices qu'il avait rendus à tous les négociants. Après quoi elle délibéra de prendre incessamment le jour de M. de Gasville, intendant, pour convoquer une assemblée générale aux fins de nommer un député pour succéder à M. Godeheu (1).

L'assemblée, présidée le surlendemain par l'intendant, « nomma unanimement M. Louis Pasquier, écuyer, négociant en cette ville, en qualité de député de la province, pendant le temps et espace d'une année, à commencer au 1er may prochain, et en jouir aux appointements de huit mille livres par an (2) ».

Godeheu rentrait dès le 3 décembre de la même année au conseil de commerce, au titre de directeur de la compagnie des Indes. Il restait d'ailleurs membre de la compagnie consulaire de Rouen et, en cette qualité, fut réélu syndic de la chambre, chaque fois que son tour venait, ce qui eut lieu le 21 décembre 1721 et le 30 décembre 1730.

Le 11 avril, M. Amelot mandait que le conseil avait approuvé l'élection de M. Pasquier, qui vint y prendre séance le 2 mai.

IV

Louis Pasquier (1er mai 1720-11 novembre 1754).

Louis Pasquier, gendre de Godeheu qu'il remplaça, fut pendant trente-quatre ans député du commerce, jusqu'à sa mort, en 1754.

Dans la seconde année de son mandat, il avait sollicité du conseil une augmentation de ses appointements « jusqu'à deux mille livres, eu égard au haut prix où toutes choses étaient montées. » Renvoyé par l'intendant du commerce Amelot à l'intendant de la généralité de Rouen, le mémoire du député fut soumis à la chambre de commerce pour avoir son avis. La compagnie, réunie en assemblée générale avec les directeurs de l'octroi des marchands, déclara s'en rapporter à la prudence du conseil et à l'avis de l'intendant (12 août 1722). L'augmentation fut accordée par l'arrêt du conseil du 5 octobre, qui s'exprimait ainsi :

« Sur ce qui a été représenté..... que le sieur Pasquier, plus sensible à

(1) Reg. des délib., III, 204.
(2) *Ibid.*, III, 206.

l'honneur attaché à l'emploi de député de la ville de Rouen au conseil pour les affaires du commerce, qu'attentif à la dépense qu'il convient de faire pour s'en acquitter dignement et paroître à la suite du conseil, auroit accepté, au mois d'avril 1720, l'élection qui fut faite d'une voix unanime dans une assemblée générale des négociants de Rouen faite en la chambre de commerce dument convoquée pour cet effet, de sa personne pour remplir les fonctions de cet employ, et quitta toutes les affaires de commerce qu'il avoit alors à Rouen, pour venir à Paris se donner tout entier à celles de la députation ; mais que les dépenses de toute espèce étant considérablement augmentées, depuis qu'il travaille en ladite qualité de député, la somme de huit mille livres, à laquelle les appointements de cet employ furent fixés en 1701, n'est pas suffisante dans le temps présent, qu'en cet état il conviendroit de les augmenter de la somme de deux mille livres ; à quoy la chambre de commerce de Rouen, à laquelle cette proposition a été communiquée par le sieur de Gasville, intendant de la généralité de Rouen, ayant donné les mains, et Sa Majesté étant informée que le sieur Pasquier est un sujet capable, très appliqué à ses fonctions et zélé pour le bien du commerce en général... Le Roy étant en son conseil, de l'avis de M' le duc d'Orléans régent, a ordonné et ordonne qu'à l'avenir et à commencer du premier may de l'année dernière 1701, le sieur Pasquier, député de la ville de Rouen pour les affaires du commerce, sera payé de ses appointements en ladite qualité sur le pied de dix mille livres par chacun an... (1) ».

Vers le même temps, une autre démarche de Louis Pasquier avait pour objet de faire régler la position du député au sein de la chambre de commerce. Il demandait, en qualité de député, d'être reconnu membre de la chambre et d'y avoir régulièrement séance après le prieur et les deux consuls en charge, et avant tous les autres syndics. M. Amelot avait appuyé sa demande par une lettre à l'intendant de la généralité, dans laquelle il disait : « Sa prétention est fondée sur l'édit du mois de décembre 1701 et sur l'arrêt du Conseil du 15 juillet 1719 portant règlement pour l'établissement d'une chambre de commerce dans la ville de la Rochelle. Il allègue aussi pour l'appuyer l'usage pratiqué dans les différentes chambres de commerce établies dans les principales villes du royaume. Il observe que, depuis l'établissement de ces chambres, les députés au conseil de commerce y ont toujours eu séance, lors-

---

(1) Carton n° 46, 1re liasse.

qu'ils ont été dans leurs provinces, que le député de Lyon prend sa place après M. le Prévost des marchands et les deux échevins qui président en son absence, que le député de Lille a séance immédiatement après le directeur de la chambre et avant tous les autres syndics ; et qu'il a été informé que feu M. Mesnager et M. Le Baillif, ses prédécesseurs dans la députation, ont pris place à la chambre de commerce de Rouen après le prieur et les deux consuls en charge et avant les syndics, qu'enfin M. Godeheu, dernier député, a pris la place que lui donnait son rang d'ancien premier consul.

« L'arrêt portant établissement d'une chambre de commerce à la Rochelle ordonne, article 3, que le député de cette ville au conseil de commerce sera toujours censé estre de la chambre et que, lorsque le conseil lui permettra d'aller dans sa province, il pourra se trouver aux assemblées et y prendre sa place après le directeur et après les nobles et avant tous les autres.

« M. Pasquier se plaint de ce qu'ayant l'honneur d'avoir séance en qualité de député de la ville de Rouen dans l'assemblée de MM. les Commissaires du conseil pour les affaires de commerce, on lui refuse, comme on a déjà commencé à le faire, quand il a été à Rouen, la place qui lui est due après le prieur et les deux consuls en charge.

« Outre son titre de député, il a l'avantage d'estre noble, et, suivant l'édit du mois de décembre 1701, il est en droit, faisant le commerce en gros, de précéder les autres négociants dans les assemblées générales et particulières : privilège aussi établi par l'article 7 de l'arrêt du mois de janvier 1719 par rapport à la chambre de commerce de la Rochelle. Cet article porte que, si entre les syndics de la chambre il en étoit nommé qui fussent nobles d'extraction ou anoblis par des offices, encore que les négociants eussent été juges ou consuls, en ce cas les nobles prendront leur place immédiatement après le directeur. Et cela a été pratiqué à Rouen mesme, à l'occasion de M. Le Gendre, qui, ayant été nommé syndic de la chambre de commerce, quand elle fut établie, y prit place, en qualité de noble, après le prieur et les juges consuls en charge et au-dessus des autres syndics, quoi qu'ils fussent ou échevins ou anciens consuls.

« Sur le compte que j'ay rendu, en l'assemblée de MM. les Commissaires du conseil pour les affaires du commerce, de ces représentations, conclut le président du bureau, elles ont été trouvées justes et raisonnables et il a esté arresté que j'aurois l'honneur de vous en écrire, afin que vous ayez agréable de faire entendre à ceux qui composent la chambre de commerce de Rouen, que la demande de M. Pasquier étant fondée sur tout ce qui vient d'estre expliqué, ils ne peuvent se refuser à y acquiescer et que, s'ils faisoient quelque difficulté, le conseil ne pourroit s'empescher de donner un arrest pour régler les choses à cet égard sur le pied qu'elles doivent estre. »

L'injonction du conseiller d'Etat semblait assez formelle. Néanmoins, l'assemblée générale de la compagnie, convoquée le 2 octobre 1722, sur l'invitation du prieur de délibérer sur les deux chefs qui faisaient le sujet de la lettre communiquée par l'intendant : 1° si M. Pasquier devait être reconnu membre de la chambre ; 2° si, étant reconnu membre de la chambre, il devait y prendre place après le prieur et les deux consuls en charge, avant les autres syndics, l'assemblée nomma six commissaires chargés de travailler avec les syndics de la chambre à un mémoire pour combattre la prétention du sieur Pasquier d'être reconnu membre de la chambre.

Cette attitude de la compagnie porta Pasquier à quelque accommodement. Dans une assemblée générale tenue le 21 octobre, le prieur représenta que M. Pasquier, député, souhaiterait d'être agrégé à la compagnie en qualité de *syndic honoraire* de la chambre de commerce, pour y prendre séance dans les assemblées du jour qu'il a été nommé député. « Les avis et suffrages pris en la manière accoutumée, M. Pasquier a été, d'avis unanime, nommé syndic honoraire de la chambre, pour y prendre séance lorsqu'il viendra à Rouen et tant qu'il fera les fonctions de député, du jour qu'il a été nommé à la députation par délibération du 5 avril 1720, et sans que la présente délibération et nomination puisse tirer à conséquence pour l'avenir à l'égard de MM. les Députés qui pourront estre nommés dans la suite et qui ne seront pas syndics anciens ou en exercice de la chambre de commerce (1) ».

A l'assemblée suivante, Pasquier était présent et le procès-verbal nota que les honoraires de la séance avaient été payés à M. le Député tant pour cette assemblée que pour les trois précédentes, où la chambre s'était occupée de sa demande.

Cette même année 1722, le député Pasquier commença de suivre à Paris une affaire qui intéressait grandement le commerce de Rouen. Le duc de Bourbon, déjà propriétaire de l'office du contrôle des poids, qui faisait partie du patrimoine de la maison de Condé, s'était rendu, à la fin de l'année 1718,

(1) Reg. des délib., IV, 42.

adjudicataire par engagement du domaine de la vicomté de l'eau de Rouen. Cette réunion qui rendait M. le Duc maître de tous les droits de poids à Rouen, avait porté le fermier de ces droits à leur donner une extension à laquelle le commerce entendit résister. Les arrêts de la cour de parlement rendus en faveur du commerce n'ayant pas été du goût du prince, il obtint du conseil, le 6 mars 1722, un arrêt qui nomma huit commissaires avec pouvoir de régler en dernier ressort toutes les contestations pendantes entre la vicomté de l'eau et le commerce de Rouen. Ce fut l'origine d'une longue lutte que la chambre poursuivit à Paris auprès du conseil du duc de Bourbon, du bureau du commerce, du contrôleur général, pour laquelle elle composa force mémoires, demanda maintes consultations, envoya à plusieurs reprises des députés extraordinaires qui séjournèrent parfois de longues semaines à Paris, accompagnant le député ordinaire dans ses démarches multiples, l'assistant dans des conférences répétées chez le chef du conseil de M. le Duc, jusqu'à ce qu'après sept ans de négociations, l'accord des parties fût enfin consacré par le jugement des commissaires du 27 mai 1729. Mais dès l'année suivante, les difficultés renaissaient avec la prétention du nouveau fermier de la vicomté, d'appliquer avec rigueur des dispositions jusque-là volontairement négligées de la déclaration que M. le Duc, lorsqu'il était premier ministre, avait obtenue du Roi le 24 octobre 1724, afin d'étendre la juridiction exercée et d'augmenter les droits perçus par le vicomte de l'eau. Le député Pasquier eut de nouveau fort à faire, conjointement avec les députés extraordinaires que la chambre dut renvoyer à Paris, mais cette fois, malgré la décision favorable donnée par le bureau du commerce le 19 avril 1731, il ne put obtenir de faire confirmer par un arrêt du conseil la promesse que les gens de M. le Duc avaient faite de ne plus molester le commerce de Rouen. La chambre dut se contenter de la parole du prince (1).

Pendant toute cette période, l'ancien député Godeheu avait continué de mettre ses services à la disposition de la chambre, soit que Pasquier fût envoyé en province par ordre du conseil, soit que la maladie le mît hors d'état de suivre les affaires de la chambre. A la fin de l'année 1730, il avait envoyé un projet de mémoire portant règlement pour les inspecteurs des

(1) L'histoire de cette contestation a été exposée par l'auteur du présent ouvrage devant l'Académie des Sciences, Belles-Lettres et Arts de Rouen, qui doit l'imprimer dans le Précis analytique de ses travaux de 1903.

manufactures avec lesquels la chambre de commerce était en délicatesse (1). La chambre renouvelait d'ailleurs chaque année le mandat de Pasquier. Mais plus tard elle n'eut pas toujours à se louer de son activité ni de sa régularité. Elle finit même par se plaindre de la négligence de son député, qui reste des six semaines sans écrire (2), ne s'occupe pas des questions dont elle attend la solution et laisse à d'autres le soin de lui apprendre les décisions du conseil (3). Et comme la chambre lui marquait sa surprise sur son silence (4), Pasquier mande que ce n'est plus l'usage que les députés fassent et fournissent des mémoires au conseil comme parties, ainsi qu'ils faisaient autrefois, qu'ils y donnent seulement leur avis sans partialité sur les mémoires que les villes, chambres de commerce ou particuliers ont présentés au conseil (5).

En avril 1734, ayant reçu des ordres du contrôleur général et du président du bureau du commerce Fagon, d'aller faire un voyage pendant la quinzaine de Pâques, Pasquier prie la chambre, s'il y a quelque affaire pressante, de s'adresser à M. de la Borde, député de Bayonne, qui agira avec plaisir en son absence et à sa place (6).

Même présent à Paris, Pasquier néglige d'écrire à la chambre qui se plaint de son silence en décembre 1735, en septembre 1736. A cette époque, il s'excuse de n'avoir pu suivre l'affaire, parce qu'il a été attaqué de la fièvre, que le médecin lui a ordonné de prendre les eaux de Passy, pourquoi il est venu à Saint-Cloud (7). En décembre, la chambre le sollicite d'envoyer des informations à la compagnie, qui n'a reçu aucune lettre de lui depuis le 15 octobre.

Cela peut expliquer le peu d'empressement que mettait la chambre à appliquer d'abord au paiement des appointements du député les ressources insuffisantes mises à sa disposition sur l'octroi des marchands. Depuis un assez grand nombre d'exercices, les comptes annuels des trésoriers successifs de la

(1) Reg. des délib., V, 233.
(2) 4 nov. 1729, V, 138.
(3) 18 nov. 1733, VI, 110.
(4) 2 déc. 1733, VI, 124.
(5) 25 fév. 1734, VI, 184.
(6) VI, 210.
(7) VI, 403.

compagnie accusaient un déficit dont l'accumulation l'avait amenée à solliciter du conseil un supplément d'allocation. Pasquier prétendait que cette insuffisance de fonds devait uniquement tomber sur la chambre, et non sur les appointements du député concurremment avec la chambre, et il s'était pourvu devant l'intendant pour faire ordonner la distraction de ses honoraires d'avec les frais de la chambre. Sur quoi l'intendant avait rendu une ordonnance portant que, tant pour l'année 1737 que pour l'avenir, les dix mille livres d'appointements du député lui seraient payées par les directeurs de l'octroi sur et en diminution des seize mille livres qu'ils payent annuellement au syndic trésorier de la chambre, à qui les quittances du député seront données comme argent comptant dans la somme de seize mille livres à lui payée par chacun an (1).

D'accord avec les directeurs de l'octroi, Messieurs du siège avaient représenté à l'intendant que cette ordonnance, étant dérogatoire à l'usage, donnait atteinte aux droits de la chambre de commerce, qu'elle mettait une espèce d'indépendance entre elle et le député, qui pourtant était son homme élu et choisi par elle ; que le conseil étant à présent en état de statuer sur la demande de la chambre en supplément de fonds, il y avait lieu d'espérer qu'il serait accordé, ce qui pour l'avenir lèverait toute difficulté touchant les appointements du député.

Mais la démarche de M. Pasquier de la Haye, frère du député, auprès de l'intendant, inclina celui-ci pour lui, à cette différence près que son ordonnance adressée aux directeurs de l'octroi, serait convertie en une autre ordonnance adressée aux syndics trésoriers de la chambre, leur portant injonction de payer annuellement dix mille livres à M. Pasquier pour ses appointements et défense de ne toucher à ladite somme de dix mille livres que pour le payement desdits appointements.

Pasquier, qui se voyait accorder les fins de sa demande, avait demandé à consommer la chose pendant que Messieurs du siège étaient présents : à quoi le prieur répondit que Messieurs du siège, qui ne faisaient qu'une portion de la chambre, n'étaient point partie compétente pour transiger sur pareille chose et la consentir, qu'au préalable il n'en eût informé la chambre, qui pourrait encore avoir de plus fortes raisons à leur fournir que celles qu'ils avaient apportées pour s'opposer à la demande de M. Pasquier. L'intendant

---

(1) Reg. des délib., VI, 431.

accorda la surséance demandée. A huitaine, MM. du siège lui rapportèrent une délibération de la compagnie suppliant l'intendant de surseoir son ordonnance jusqu'à ce que le conseil eût statué sur la demande de la chambre en supplément de fonds ; mais l'intendant passa outre et donna son ordonnance sur les syndics de la chambre en faveur de M. Pasquier, dont le double fut remis par M. Pasquier de la Haye au prieur. La chambre se borna à donner acte au prieur de la représentation qu'il faisait de la pièce (1).

L'ordonnance était ainsi conçue :

« Louis François, marquis de la Bourdonnaye, etc.

« Sur les remontrances à nous faites par le sieur Pasquier, député du commerce de la ville de Rouen à Paris, lequel nous auroit demandé qu'il fust par nous pourveu au payement des dix mil livres ordonnées pour ses appointemens de chaque année par l'arrest du conseil du 5 octobre 1722.

« Veu ledit arrest,

« Nous ordonnons que par les sindics de la chambre de commerce il sera payé à l'avenir au sieur Pasquier sesdits appointemens de quartier en quartier et à la fin d'iceux, à raison de deux mil cinq cens livres par chacun, sur ses simples quittances et sans aucun retardement. Leur enjoignons, ainsi qu'au sindic tresorier, de reserver sur la somme de seize mil livres portée audit arrest, celle de dix mil fixée par ledit arrest pour les appointemens dudit député, sans pouvoir employer aucune chose de ladite somme aux depenses de la chambre, à peine d'en répondre en leurs propres et privés noms.

« Fait à Rouen ce 12 mars 1737.

« DE LA BOURDONNAYE (2). »

Cette conclusion paraît avoir aigri la chambre de commerce contre le député ; car, à partir de là, elle s'abstint de procéder chaque année à son élection régulière, sans toutefois provoquer son remplacement. Elle lui marqua son mauvais vouloir dans la circonstance suivante : l'un des sièges vacants avait été attribué à Pasquier par l'assemblée réunie le 29 décembre 1735 pour le renouvellement annuel des syndics. Après ses deux années d'exercice, Pasquier demanda à toucher les jetons distribués aux assemblées tenues durant ce temps, auxquelles il n'avait pas été présent, ainsi que la médaille d'or accordée à chacun des syndics à leur sortie de charge. Le prieur,

(1) Reg. des délib., VI, 441.
(2) Carton n° 24, 1re liasse, 193.

auquel la requête de Pasquier avait été remise par un de ses collègues du même exercice, la présenta à la chambre en exposant que l'insuffisance des fonds de la compagnie n'avait point permis de faire distribuer à M. Pasquier les honoraires ordinaires, comme ils avaient été distribués manuellement à MM. les autres syndics en exercice et qu'il aurait été remis à les faire payer à M. Pasquier, lorsque la chambre aurait obtenu le supplément de fonds qu'elle avait sollicité du conseil. La chambre arrêta que M. Pasquier n'ayant point été présent aux délibérations des assemblées de la compagnie, il convenait qu'il obtînt de Mgr le contrôleur général ou de M. l'Intendant une lettre ou un ordre, afin que la compagnie pût valablement lui payer ses honoraires avec la médaille d'or qui sont accordés à MM. les Syndics pendant le temps et à la fin de leur exercice (1). On ne dit pas que le syndic Pasquier obtint ses jetons et sa médaille.

En janvier 1740, étant retenu depuis quinze jours dans sa chambre, à cause d'une blessure qu'il s'était faite à la jambe en tombant, il avait prié M. Sorin, député du commerce de Paris, de faire ses démarches à sa place. Il continue d'ailleurs à s'acquitter de sa députation avec une assiduité qu'on peut juger médiocre, d'après une lettre que M. de Trudaine adressait, le 18 juillet 1750, à l'intendant, auquel il écrivait : « A l'égard des mémoires et projets présentés au conseil, qui peuvent intéresser la province de Normandie, ils sont communiqués au député de la province, et c'est par lui que la chambre de commerce de Rouen doit être informée de tout ce qui se passe à cet égard. » Sur quoi le procureur syndic a été prié d'écrire à M. Pasquier pour l'engager d'instruire exactement la chambre des mémoires et projets présentés au conseil, qui pouvaient concerner et intéresser le commerce de la province (2).

Sa santé déclinait d'ailleurs : en mai 1754, Le Coulteux de la Noraye, député du commerce de Paris, supplée Pasquier envoyé malade aux eaux de Bourbon-l'Archambault. « Les affaires de la chambre, disait Pasquier, ne pouvaient être remises en meilleures mains que celles d'un compatriote aussi habile que zélé pour les intérêts du commerce (3) ». Le Couteulx avait écrit à la chambre qu'il ne pouvait lui offrir de se rendre à Versailles pour

(1) Reg. des délib., VII, 20.
(2) Ibid., VIII, 548.
(3) Ibid., IX, 495.

faire valoir de vive voix les sollicitations de la chambre, parce qu'il lui était impossible de s'absenter de Paris, mais que si la chambre voulait l'honorer de ses ordres pour tout ce qui pourrait s'exécuter dans la ville, il ferait tout ce qu'il pourrait pour y satisfaire. La chambre correspondit avec lui jusqu'au retour de Pasquier, qui revint des eaux vers le milieu d'août, mais non guéri, car il mourut à Paris le 11 novembre suivant.

Messieurs du siège s'étaient retirés par devant l'intendant pour l'informer de la mort de M. Pasquier et concerter avec lui le jour de sa commodité pour convoquer une assemblée générale de la compagnie, aux fins de procéder à la nomination d'un autre député et le prier de faire à la compagnie l'honneur d'y présider. Dans l'assemblée générale du 16 novembre 1754, tenue dans la salle d'audience de la juridiction consulaire, présidée par M. le marquis de la Bourdonnaye, intendant de la généralité, les prieur, juges consuls et greffier de la juridiction consulaires, revêtus de leurs robes et toques, l'intendant a pris séance en la place ordinaire du prieur, le prieur à sa droite, le premier consul à la droite du prieur, le second consul à la gauche de l'intendant, et de suite à droite les anciens prieurs, et à gauche les anciens juges consuls, et le procureur syndic en exercice, à la suite des anciens prieurs; au milieu du parquet, M. L. Jore, secrétaire de la chambre, M. Boistard de Prémagny, secrétaire de l'intendance, et M⁰ J.-F. Lesueur, greffier de la juridiction. Le scrutin dépouillé par l'intendant donna dix-huit voix à Joseph Behic, contre 27 voix réparties sur huit autres noms ; Behic était nommé député pour une année à commencer du 1er décembre suivant, aux appointements de dix mille livres par an, suivant l'arrêt du conseil du 5 octobre 1722 (1).

Le contrôleur général, informé par l'intendant de l'élection de Joseph Behic, écrivit pour réponse à M. de la Bourdonnaye, la lettre suivante, qui fut communiquée à la chambre assemblée le 11 décembre :

« A Versailles, le 3 décembre 1754.

« Monsieur, j'ai vu avec satisfaction par votre lettre du 17 du mois passé, que l'assemblée pour la nomination d'un député du commerce de Rouen s'est tenue avec toute la tranquillité et la décence convenable et que la pluralité des suffrages a été en faveur du sieur Behic, que vous reconnaissez capable de remplir cette place. Sur le compte que j'en ai rendu au Roi, Sa

(1) Reg. des délib., IX, 562.

Majesté approuve cette élection. En conséquence, je vous prie d'en instruire la chambre de commerce de Rouen, afin qu'elle confirme au sieur Behic sa nomination, qu'elle lui en délivre une expédition en vertu de laquelle il pourra venir le plus tost qu'il sera possible prendre séance au bureau du commerce.

« Je suis votre très humble et très obéissant serviteur,

« SÉCHELLES (1) ».

M. Le Couteulx avait continué jusque-là d'expédier les affaires de la chambre de commerce de Normandie et de correspondre avec elle. Il lui écrivait encore le 13 décembre une lettre portant ses remerciements à la chambre du mémoire qu'elle lui avait envoyé (le 22 novembre sur les modifications à apporter aux droits d'entrée ou de sortie à l'occasion du renouvellement du bail des fermiers généraux) : « qu'il est de son devoir de travailler de son mieux au succès des représentations de la chambre pour l'avantage du commerce et qu'elle peut être assurée qu'il s'y emploiera avec zèle, qu'il est déjà informé que M. de Trudaine est très satisfait des observations de la chambre, qu'il attend que les autres chambres du royaume lui en aient fourni de semblables et que certainement il se chargera après avec un vrai plaisir de faire valoir auprès de M. le Contrôleur général et de M. le Garde des sceaux (Machault, secrétaire d'Etat de la marine), le vœu du commerce réuni. » Il marquait finalement que M. Behic désirerait sans doute d'informer la chambre lui-même de ce qui pourrait se passer d'intéressant sur cette affaire, mais qu'en son absence il aurait soin d'en rendre compte à la chambre avec toute l'exactitude possible (2).

Quelques jours après, Joseph Behic prenait sa première séance au bureau du commerce (19 décembre 1754).

V

Joseph Behic (1ᵉʳ décembre 1754-29 octobre 1777).

Behic (Joseph-David-Dominique) avait été élu procureur syndic de la juridiction consulaire le 13 janvier 1745 et était devenu, le 3 août 1746, premier

(1) Reg. des délib., IX, 581.
(2) *Ibid.*, IX, 582.

consul, puis prieur le 12 août 1747. Après qu'il fut élu député, il avait acquis, en 1761, la charge de conseiller secrétaire du Roi, maison et couronne de France et de ses finances. Il fut plus tard réélu syndic de la chambre de commerce, tout député qu'il était, le 31 décembre 1763 et le 31 décembre 1772, parce que le tableau ramenait chaque fois son tour de rôle.

Avant d'être député de la chambre près le conseil de commerce, Joseph Behic avait reçu d'elle plusieurs missions à Paris. Durant la députation de Louis Pasquier, en mai-juin 1746, de novembre 1746 à février 1747, en avril-juin 1747, il avait séjourné à Paris pour solliciter l'affaire de la compétence de la juridiction consulaire, et pour porter au conseil les représentations de la chambre à propos de l'hypothèque sur les meubles. En décembre 1749, le prieur l'avait pris avec lui, quand il alla à Paris conférer avec les intendants du commerce MM. de Montaran et de Quincy sur les différentes questions qui intéressaient le commerce, relatives à l'inspecteur des toiles à Saint-Georges, aux toiles peintes, aux villes de Marseille et de Dunkerque, concernant le commerce prohibé que ces ports francs étaient accusés de faire aux colonies françaises, relatives aussi au privilège demandé par une chambre royale d'assurances à Paris.

J. Behic fut le modèle du député actif et laborieux : la volumineuse correspondance qu'il entretint avec la chambre de commerce pendant les vingt-trois ans de sa députation en est le témoignage.

Pendant le temps de la députation de J. Behic, la chambre de commerce fut de nouveau occupée de son ancien député Godeheu, administrateur de la compagnie des Indes. Le 6 février 1765, le procureur syndic mettait sur le bureau un mémoire que M. Godeheu lui avait fait remettre pour être présenté à la chambre, mémoire portant réfutation des faits imputés à M. Godeheu par M. Dupleix. La chambre s'était bornée à mettre le mémoire aux archives et à remercier M. Godeheu de son attention.

Mais, dans le numéro du 14 avril 1769 des *Annonces, affiches et avis divers de la haute et basse Normandie,* avait paru un article sans nom d'auteur ayant pour titre : *Réponse à la lettre sur Alain Chartier,* page 51 des *Annonces* du 31 mars 1769, article qui prenait vivement à partie l'ancien député de la chambre Godeheu à propos de ses démêlés avec Dupleix à la compagnie des Indes et qui lui opposait son prédécesseur M. Mesnager. Lors de l'assemblée du 22 avril, la séance étant finie, le prieur donna lecture à la compagnie de l'article des *Annonces* et lui rendit compte de l'impression qu'il avait faite sur les esprits.

« Il n'y a personne, dit-il, qui n'eût applaudi à l'éloge justement donné dans cet article à M. Le Mesnager, qui fut le premier député du commerce de cette province et qui eut l'honneur d'être revêtu par le choix de Sa Majesté du caractère de son ambassadeur et ministre plénipotentiaire lors de la paix d'Utrecht. L'auteur avait mérité la reconnaissance de chaque lecteur en rappelant les importants services que ce grand homme a successivement rendus au commerce de cette province et à la nation, c'eût été tout faire pour sa gloire ; M. Le Mesnager doit suffire à sa louange, elle ne devoit pas être fondée sur une comparaison qu'il auroit rejetée lui-même avec indignation.

« Le commerce n'a pu qu'être sensible à un pareil écart qui devient commun à l'auteur et à l'éditeur. Il désire que ses sentiments d'estime et de reconnoissance pour ceux qui ont successivement rempli la place de député à la suite de M. Le Mesnager et pour celui qui la remplit à présent avec tant de distinction, soient rendus publics.

« Sur quoi les avis de la compagnie pris, 1º la chambre déclare que les députés du commerce de Rouen qui ont succédé à M. Le Mesnager en ladite qualité, ont tous eu et mérité par leurs services, dont les registres de la chambre font journellement foi, l'estime et l'approbation publique, qu'ils ont soutenu dans leurs fonctions leur réputation distinguée et l'opinion de mérite qui a fixé sur eux les suffrages ; 2º la chambre qui auroit dédaigné de répondre à la critique personnelle de l'anonyme, ne peut se dispenser de se plaindre de la publicité qu'il a osé lui donner par l'impression. Elle croit qu'il est de son devoir de rétablir la vérité blessée par une assertion téméraire contre des citoyens qui ont bien mérité de la patrie et contre celui qui rend à présent au commerce les services les plus importants : pour quoi a été arrêté que MM. du siège en leur qualité de syndics de la chambre de commerce sont priés de se rendre chez M. le Premier Président et chez M. le Procureur général pour leur dénoncer l'article de la feuille hebdomadaire qui a donné lieu à la présente réclamation du commerce, qu'ils leur remettront copie de la présente délibération et qu'ils les supplieront d'intéresser la cour à l'effet d'ordonner la suppression de l'article et de faire insérer dans les *Affiches* l'arrêt qui sur ce interviendra et copie de la présente, s'en rapportant à la prudence de la cour pour reprimer l'auteur ainsi qu'elle le jugera à propos. »

La chambre reçut à cette occasion de son député Behic, sous la date du 30 avril, une lettre dont la teneur suit :

« Messieurs, j'eus hier la première connoissance par M. Du Verger mon neveu de l'article des Petites affiches de Rouen concernant M. Le Mesnager votre premier député et ses successeurs, de l'impression que cet article a faite sur vos esprits et sur vos cœurs, de la délibération que vous avez arrêtée, et de la démarche que vous avez bien voulu faire en faveur de vos députés successeurs de M. Le Mesnager. Je suis comblé, Messieurs, de vos bontés, de vos honnêtetés et de l'intérêt que vous avez pris à cet évènement. Je le suis, Messieurs, au point de manquer d'expression pour vous témoigner ma reconnoissance et ma sensibilité. Mais vous trouverez l'étendue de l'une et de l'autre dans le sentiment des ames honnêtes comme les vôtres et vous ne les trouverez que là. Je suis avec un profond respect, Messieurs, votre très humble et très obéissant serviteur. — Behic votre député. »

Le 19 août 1769, la chambre avait connaissance de l'arrêt du conseil qui suspendait l'exercice du privilège de la compagnie des Indes. Elle recevait à la même époque le mémoire de l'abbé Morellet sur la situation actuelle de ladite compagnie.

Pendant vingt-trois années consécutives, Joseph Behic fut le correspondant et le collaborateur assidu de la chambre de commerce. Il lui en administra la preuve matérielle lorsque, après s'être démis de ses fonctions, il lui offrit la collection des papiers qu'un si long labeur avait amassés à son domicile (1). Il avait, disait-il en faisant cette offre, passé dans ses mains quantité d'affaires sur nombre desquelles la chambre de commerce avait eu la bonté de l'aider et de l'éclairer, soit par les lettres qu'elle lui avait fait l'honneur de lui écrire, soit en lui envoyant les ampliations des mémoires qu'elle avait adressés aux ministres et magistrats du département dont les affaires dépendaient. A ces lettres et ampliations qu'il avait conservées, il avait joint nombre de mémoires des autres chambres de commerce et places du royaume, qu'il avait d'ailleurs rassemblés dans l'intervalle de son exercice, un assez grand nombre de décisions du Conseil, qui avaient été rendues sur

(1) Reg. des délib., XVIII, 62.

les difficultés générales et particulières qui s'étaient élevées entre les négociants des différentes places et provinces et les adjudicataires des fermes générales ou d'autres fermes séparées des fermes générales.

Dans la vue d'être, en sa qualité de député, d'autant plus utile au commerce, il avait traité avec la veuve d'un premier secrétaire des fermiers généraux de Sa Majesté, lequel secrétaire était considéré comme un homme très instruit dans la partie des fermes générales ; il avait traité, disait-il, d'un projet de dictionnaire des fermes, dans lequel ce secrétaire avait sur chacun des mots insérés aux tarifs de 1664, 1667 et autres, rapproché sur un bulletin la date de toutes les lois et arrêts du Conseil qui avaient rapport à ce qu'il entendait traiter et sur lesquels il avait couché par écrit ses observations particulières ; il ne s'était porté à cette acquisition que pour être d'autant plus en état d'apprécier les principes dont les parties s'appuyaient, lors des difficultés qui survenaient fréquemment entre le commerce et les fermes.

Après cette longue période d'exercice, se sentant fatigué, « craignant que son âge avancé et les incommodités qui suivent ordinairement le travail ne lui permettent plus d'apporter la même activité, et désirant prévenir le temps où les effets de son zèle pourroient malgré lui devenir moins utiles, il supplia Sa Majesté d'agréer la démission qu'il offroit de sa place et de lui accorder une marque de la satisfaction qu'elle avoit de ses anciens services. »

Le Roi accorda sa requête. « Sa Majesté informée de la bonne conduite du sieur Behic, de l'honnêteté et de la capacité avec lesquelles il a rempli ses fonctions et voulant sur ce luy pourvoir, ouy le rapport du sieur Taboureau conseiller d'Etat et ordinaire au Conseil royal, controleur général des finances, le Roy étant en son Conseil, a agréé et agrée la démission offerte par ledit sieur Behic de la place de député du commerce de Rouen, ordonne que sur le produit de l'octroy des marchands de la ville de Rouen, il luy sera payé annuellement pendant sa vie une somme de trois mil livres, de laquelle somme les deux tiers montants à deux mil livres seront réversibles sur la tête de dame Amable Françoise Claude Magdelaine Testard son épouse ; enjoint Sa Majesté aux directeurs receveurs dudit octroy de payer ladite somme audit sieur Behic de quartier en quartier, à partir de la date du présent arrest, quoy faisant il leur en sera tenu compte en rapportant copie du présent arrest pour une fois seulement et quittances en bonne forme du dit sieur Behic, ou arrivant son decez de la dame Testard son épouse ; ordonne en outre Sa Majesté qu'en sa qualité d'ancien député ledit sieur Behic soit appellé aux assemblées de la chambre de commerce de Rouen comme syndic perpétuel d'icelle et qu'il y jouisse des mêmes rang, honneurs et prérogatives que les syndics en exercice.

« Fait en Conseil d'Etat du Roy, Sa Majesté y étant, tenu à Versailles le 10 juin 1777. Signé BERTIN (1) ».

Lorsque Behic reçut le 29 juin de M. de Fourqueux, intendant du commerce, la copie de cet arrêt, il lui écrivit le même jour (2), que le rédacteur n'avait pas suivi le plan du projet qu'il avait présenté à M. Trudaine et que celui-ci avait approuvé. L'arrêt semble lui faire faire sa démission au Roi et ce n'est point le Roi qui l'a nommé, c'est la chambre de commerce ; c'est à elle à qui il doit faire sa démission et c'est elle qui doit nommer pour remplir sa place ; elle y est autorisée par l'arrêt de sa création, ainsi que toutes les chambres de commerce du royaume. Le Roi agrée leur nomination ou leur présentation : cet agréement donne au député l'entrée au Bureau ; sans le consentement de Sa Majesté, la personne nommée ne serait que l'agent de la chambre qui l'aurait choisi. D'autre part, l'arrêt fait agréer sa démission offerte par Sa Majesté du jour de sa date, c'est-à-dire du 10 juin, et depuis cette date il en a fait les fonctions et il doit les faire jusqu'au moment où il fera sa démission. Il joint à sa lettre une note de trois corrections, au moyen desquelles l'arrêt pourra aller sans en faire un nouveau.

Son correspondant lui répond, le 1er juillet, que le seul remède est d'en faire expédier un autre, lorsqu'il aura plu au Roi de désigner quelqu'un qui soit en état de le signer. Il y avait eu dans l'intervalle une chute du ministère. La minute de l'arrêt était demeurée au greffe du Conseil, où il n'était plus possible à M. de Fourqueux d'y faire faire de corrections, encore moins d'en faire sur l'expédition qui ne serait plus conforme à sa minute.

M. Behic insista le 19 juillet auprès de M. de Fourqueux pour qu'il obtînt du nouveau ministre Necker un arrêt d'interprétation, qui ordonne que la pension lui sera payée *à partir du jour où il fera sa démission de la place de député aux syndics de la chambre de commerce de Normandie.* Tout serait

---

(1) Carton 1, liasse 8.
(2) Reg. des délib., XVI, 537.

ainsi réparé et on ne le regarderait pas à Rouen « comme une bête noire qui a trahi sa compagnie pour obtenir une pension ».

M. de Fourqueux y consentit et écrivit le lendemain une lettre à M. Necker pour lui faire connaître les représentations de M. Behic, qui lui avaient paru être de toute justice. Il aurait cru devoir proposer un nouvel arrêt, mais la retraite de M. le contrôleur général ne l'ayant pas permis, lui seul pouvait rendre à M. Behic la justice qu'il réclamait. M. de Fourqueux envoya à M. Behic sa lettre à M. Necker, en le priant de la lui remettre lui-même.

« Vous ne sauriez, écrivait M. Behic en envoyant cette lettre à M. Necker, vous persuader le venin dont on me barbouille dans la compagnie et le public. »

M. Necker, qui voyait des difficultés à donner un arrêt interprétatif ou un autre arrêt, offrait une lettre au nom du Roi.

M. Behic lui répondit le 24 juillet, en lui renvoyant l'arrêt du 10 juin ; sa lettre en expliquait la genèse : son projet d'arrêt présenté à M. Trudaine, qui avait la partie du commerce dans son département, fut approuvé par lui ; il tomba malade, il le remit dans les mains de M. de Fourqueux, qui en fit le rapport dans son travail avec M. Taboureau. Son projet fut corrigé, signé le 10 juin et envoyé à l'expédition. Lorsque M. de Fourqueux le lui adressa le 29 juin, il le lui retourna sur le champ avec ses observations : « Mais les circonstances n'étoient plus les mêmes. Sa Majesté avoit agréé la démission de M. Taboureau et MM. les intendants des finances étoient supprimés : conséquemment impossibilité de réformer mon arrest et M. de Fourqueux me le rendit. Comme cet arrest m'étoit personnel, je l'ay tenu secret jusqu'au moment de connoitre que je devois m'adresser à vous, Monsieur, et je l'ay fait dans cet intervalle. M. Deschamps l'aisné, qui aspiroit à ma place, ayant eu connoissance que j'étois dans l'intention de m'en démettre, a cru devoir faire appuyer son désir de la recommandation de M. le comte de Maurepas. Ce ministre a écrit vers le commencement de ce mois à M. l'intendant de Rouen en faveur de ce négociant. Celui-cy, étayé d'une recommandation aussi distinguée, a fait à Rouen et fait faire les démarches les plus vives et les plus publiques pour être nommé député à ma place. La compagnie de la chambre de commerce, le public et ma famille, qui ne savoient pas le premier mot de mes intentions, ont témoigné leur surprise. M. Deschamps a connu sans doute alors que ses démarches étoient prématurées, et, cherchant à les justifier, il a trouvé le moyen d'avoir dans les bureaux la copie de l'arrest du Conseil par lequel le Roy m'accordoit une pension. Il a produit cet arrest, contre la rédaction duquel je réclamois, et luy a donné une publicité, pour prouver que j'avois fait ma démission et que ma place étoit vacante. De ce moment, la compagnie et le public se sont soulevez contre moy et n'ont veu dans cet arrest que la bassesse d'un homme qui a sacrifié la compagnie qui luy avoit fait l'honneur de le nommer pour obtenir une pension. Voilà, Monsieur, le chapeau dont on me décore ou plustost le poison qu'on répand sur mes jours. Il m'est horrible de voir ou plustost d'apprendre par toutes les lettres que je reçois, que je suis devenu le hibou d'une compagnie qui me faisoit l'honneur de m'estimer et, le dirai-je, Monsieur, de me considérer, d'après quelque honnêteté, du zèle et de la conduite.

« J'ai eu recours à vous, Monsieur. Je vous ay demandé un arrest interprétatif ou un autre arrest, vous y trouvez des difficultés ; vous avez cependant la bonté de m'offrir une lettre au nom du Roy. Une lettre, Monsieur, quelle qu'elle soit, ne laissera-t-elle pas subsister l'arrest, et puis-je m'en servir ny la produire ? Me refuser ce que je demande, c'est faire, j'ose le dire, retomber sur moy l'empressement de M. Deschamps et l'indiscrétion de celuy qui dans les bureaux a donné la copie de mon arrest.

« Il est un moyen très simple, Monsieur, de mettre fin à ce tracas dont je vous tourmente, c'est d'agréer que je n'uze pas de la marque de satisfaction que le Roy a bien voulu me donner de mes services, dont je suis pénétré, que je ne cesse point d'estre député et que Sa Majesté daigne agréer le renvoy que je fais dans vos mains de l'arrest qui m'assigne une récompense. Le zèle suppléera à mes forces, votre indulgence viendra encore à mon secours et mes confrères voudront bien m'y aider.

« Je suis avec respect, etc. — BEHIC. »

Voici la réponse qu'il reçut du ministre :

« A Paris, le 10 aoust 1777.

« L'intention du Roy n'est point d'agréer, Monsieur, le renvoy que vous avez fait par votre lettre du 24 de ce mois (juillet) de l'arrest du Conseil du dix juin dernier, ny de vous permettre de ne pas profiter de la récompense que Sa Majesté a bien voulu vous accorder. Les motifs que votre lettre contient à cet égard, ne sont fondez que sur votre délicatesse, mais ils ne sont point de nature à déterminer Sa Majesté à retirer ou à suspendre une grâce méritée par de longs services ; elle veut au contraire que l'arrest de son Conseil du dix juin soit exécuté et qu'à compter de sa date vous jouissiez de la pension de trois mil livres qui y est portée. Sa Majesté veut aussy que vous conserviez votre liberté sur le parti que vous croirez devoir prendre relativement à la place qui vous est confiée de député du commerce de Normandie. Sa Majesté a reconnu que les expressions de l'arrest du Conseil contre lesquelles vous réclamez, étoient l'effet de l'erreur, elle n'entend point que cette disposition puisse faire regarder votre place comme vacante ni vous empescher de continuer vos fonctions de député aussy longtemps que votre santé pourra vous le permettre. Enfin Sa Majesté n'entend point vous empescher de donner, quand vous le jugerez à propos, votre démission à la chambre de commerce de Rouen, en la manière usitée, ni priver cette chambre du droit qu'elle a de nommer son député conformément à l'article 13 de l'arrest du Conseil du 19 juin 1703.

« Telles sont, Monsieur, les intentions de Sa Majesté, dont elle m'a ordonné de vous faire part, en vous autorisant même à présenter cette lettre à la chambre de commerce de Normandie et à la faire inscrire sur ses registres. Je m'empresse de vous la faire parvenir comme une marque honorable de la satisfaction du Roy et comme le témoignage le plus propre à rassurer votre délicatesse.

« Je vous renouvelle avec bien du plaisir les assurances de la parfaite estime que je vous ay vouée depuis longtemps et avec laquelle je suis, Monsieur, votre très humble et très obéissant serviteur. — Necker. »

M. Behic ne pouvait en meilleurs termes recevoir satisfaction plus complète. Il se rendit à Rouen et dans l'assemblée ordinaire de la chambre de commerce tenue le 29 octobre, il fit la déclaration suivante (1) :

« Messieurs, vous m'avez fait l'honneur de me nommer en 1754 votre député au Bureau du commerce. Le zèle m'a soutenu dans les fonctions qui sont attachées à cette place, et si j'ay eu le bonheur de remplir une carrière de vingt années à la satisfaction de cette compagnie, des supérieurs et du public, c'est à vous, Messieurs, qui avez eu la bonté de m'aider de vos avis et de vos lumières, que j'en rapporte tout le mérite.

« Ce zèle, Messieurs, m'échauffe encore, il m'invite à vous exposer qu'un

(1) Reg. des délib., XVI, 535.

âge avancé et les infirmités qui en sont la suite, me privent de l'activité qui seroit nécessaire pour mieux remplir les fonctions dont vous m'aviez chargé, il m'invite à faire, pour l'utilité de la chose publique, le sacrifice de la très grande satisfaction que je ressentois d'avoir l'honneur d'estre votre représentant au Bureau du commerce. Je viens en conséquence vous prier, Messieurs, de recevoir la démission que j'ay l'honneur de vous faire de ma place de député et d'en agréer mes remerciements.

« Je dois aussy vous faire part, Messieurs, d'un arrest du Conseil d'Etat du Roy du dix juin dernier, par lequel Sa Majesté a bien voulu me gratifier d'une pension comme une marque honorable de sa satisfaction de mes services. J'avois réclamé dès le premier moment contre les expressions de cet arrest ; mais la démission de M. Taboureau, controleur général des finances, et la suppression des offices de MM. les intendants des finances m'ont mis dans l'impossibilité d'en obtenir la réforme. J'avois même rendu une seconde fois cet arrest et supplié Sa Majesté d'agréer que je n'en fisse pas usage ; mais Sa Majesté a jugé à propos d'ordonner qu'il me fût renvoyé par M. le Directeur général des finances, avec une lettre qui ordonne son exécution et supplée à la réforme que j'avois sollicitée.

« Cette lettre, Messieurs, monument de la bonté du Roy, me paroit un titre précieux à conserver pour la compagnie. J'ai l'honneur de vous la présenter avec le susdit arrest et de vous prier d'ordonner qu'il me soit délivré des copies collationnées de la lettre.

« La dernière disposition de l'arrest dont il s'agit veut qu'en qualité d'ancien député je sois toujours réputé syndic en exercice de la chambre de commerce et conséquemment appellé à toutes ses assemblées.

« Cette dernière disposition, dis-je, Messieurs, est une faveur bien précieuse pour moy et dont je fais le plus grand cas, puisqu'elle me met à portée de profiter de vos lumières, d'exercer toujours mon zèle et de cultiver plus particulièrement l'honneur de votre bienveillance ; mais si c'étoit une faveur qui pût déplaire, je ferois le sacrifice de ma plus grande satisfaction particulière, parce que je n'auroy jamais d'autre vœu que celuy de pouvoir toujours donner à la compagnie des marques de mon attachement et de mon respect. »

Le procès-verbal se poursuit ainsi : « Ensuite M. Behic a donné lecture de l'arrest du Conseil et la lettre de M. Necker mentionnés dans ce qui a été dit cy dessus.

« Sur quoy délibéré, la compagnie a témoigné ses regrets à M. Behic et l'a remercié des services qu'il a rendus avec tant de zèle et d'application au commerce de la province dans les fonctions de sa place, dont la chambre reçoit la démission qu'il luy plaist d'en faire.

« A arresté d'informer M. l'Intendant de la démission que M. Behic vient de faire de sa place de député pour le prier de donner le jour de sa commodité pour la convocation d'une assemblée générale aux fins de nommer un député.

« Acte accordé de la présentation que fait M. Behic de l'arrest du Conseil du 10 juin 1777 et de la lettre de M. le Directeur général des finances du 10 aoust dernier, pour ces deux objets estre référés à une assemblée générale qui sera convoquée demain. »

Dans l'assemblée générale tenue le 30 octobre (1), « la compagnie a témoigné à M. Behic ses regrets et l'a remercié des services qu'il a rendus au commerce de la province dans les fonctions de sa place, et a arresté qu'il sera fait registre à la suite de la présente délibération de l'arrest du Conseil en date du 10 juin 1777 et de la lettre de M. Necker en date du dix aoust. »

A la lettre qu'il reçut de la chambre l'informant de la démission de M. Behic et le priant d'indiquer un jour pour la convocation d'une assemblée générale afin de procéder à la nomination d'un nouveau député, l'intendant M. de Crosne répondit de Paris le 1ᵉʳ novembre qu'il était on ne peut plus sensible à cette attention de la chambre et la priait d'en recevoir tous ses remerciements.

« Je me rendrai, disait-il, avec grand plaisir à votre invitation, je partirai même exprès pour me rendre à l'assemblée qu'il y a lieu de convoquer, ce sont les intentions de M. de Maurepas. Vous savez tout l'intérêt qu'il prend à M. Deschamps l'ainé et qu'il m'avoit déjà chargé de vous témoigner par sa lettre que j'ai eu l'honneur de vous communiquer. M. le comte de Maurepas m'a prié plusieurs fois depuis mon retour et encore en dernier lieu à Fontainebleau de me rendre à Rouen pour présider l'assemblée où se feroit l'élection du député du commerce, si M. Behic donnoit sa démission pendant mon absence de Normandie.

« Je me propose, en conséquence des ordres qu'il m'a donnés de me ren-

---

(1) Reg. des délib., XVI, 537.

dre à Rouen le 4 ou le 5 de ce mois et nous conviendrons alors d'un jour pour la convocation de l'assemblée générale. J'ai d'ailleurs bien de l'empressement de me trouver avec vous et je n'aurai jamais autant d'occasions que je le désire de vous témoigner toute ma sensibilité aux témoignages d'intérêt que vous m'avez toujours donnés.

« De Crosne (1). »

Le gouverneur de la province, M. le duc de Harcourt, avait lui-même, dès le 28 octobre, écrit de sa main à la chambre le billet suivant en faveur de M. Deschamps :

« A Harcourt, le 28 octobre 1777.

« J'apprends, Messieurs, que M. Behic doit avoir donné sa démission de l'employ de député du commerce. Je regrette fort que sa santé ne lui permette pas de continuer ce service et désire que votre choix pour le remplacer tombe sur M. Deschamps, qui me paroit rassembler les qualités nécessaires à cette place. M. de Maurepas m'a mandé y prendre le même intérêt ; ce qui ajoute encor à l'opinion que j'ay de ses talents. Je souhaite fort qu'ils déterminent la chambre en sa faveur et je vous prie de l'assurer de la satisfaction que j'en aurois. On ne peut rien ajouter, Messieurs, aux sentiments de la parfaite considération que j'auray toujours pour vous.

« Le duc de Harcourt,

« à Messieurs les syndics de la chambre de commerce. »

Dans l'assemblée générale tenue le 8 novembre et présidée par M. de Crosne, M. Alexandre Deschamps ayant obtenu la pluralité des suffrages (37 voix contre 18 données à M. Levavasseur) a été nommé par la compagnie député de la chambre de commerce de la province au Conseil royal de commerce, à commencer ce jour aux appointements de dix mille livres par an (2).

Le 17 novembre, Necker fit connaître l'agrément du Roy : « Le Roy approuve, Messieurs, le choix qui a été fait de M. Deschamps l'aîné, pour remplir la place de député du commerce de Normandie qui a vaqué par la démission de M. Behic. Les suffrages de la chambre de commerce ayant été

---

(1) Reg. des délib., XVI, 541.
(2) Ibid., XVI, 543.

réunis en faveur de M. Deschamps, il n'y a pas lieu de douter qu'il ne soit en état de bien remplir les fonctions de cette place de confiance. »

Cinq années après s'être démis de ses fonctions de député (1), Behic présentait à la chambre la collection des papiers qu'il avait assemblés dans l'intervalle de son exercice, comme pouvant lui devenir utiles, en rappelant ce qui s'est passé, écrit ou fait sur certaines demandes, qui, échouées dans un moment, pouvaient se renouveler dans d'autres circonstances, qui pouvaient d'ailleurs compléter ou au moins augmenter des dossiers d'affaires que la chambre avait traitées, appuyées ou proposées à l'administration. D'après cette idée, il offrait à la chambre de déposer dans ses archives lesdits mémoires, décisions du Conseil et projet de dictionnaire des fermes.

La chambre accepta avec reconnaissance l'offre de M. Behic comme un témoignage de son zèle pour tout ce qui pouvait contribuer à l'avantage du commerce, l'en remercia et autorisa le secrétaire de la chambre de se transporter chez M. Behic pour l'aider, ainsi qu'il le demandait, à distraire les papiers ou mémoires qu'il croirait inutiles, et de déposer aux archives les pièces qui lui seraient remises; et désirant donner à M. Behic un témoignage de son sentiment à son égard, elle lui présenta une médaille d'or qu'il accepta en remerciant la compagnie.

Cette collection, fort instructive apparemment pour l'histoire de l'économie sociale de la France pendant un quart de siècle de la dernière partie du règne de Louis XV, ne se retrouve plus aujourd'hui dans les archives qui nous sont demeurées de l'ancienne chambre de commerce de Normandie.

VI

Deschamps (Alexandre) (8 novembre 1777-1791).

Deschamps (Alexandre-Félix) était le fils aîné de Charles Deschamps, second consul en 1728, réélu syndic le 31 décembre 1745 et le 31 décembre 1755, et probablement petit-fils de Charles Deschamps qui, étant second consul lors de la constitution de la chambre de commerce, fit partie de la première composition de la compagnie, dont il sortit presque aussitôt pour y rentrer le 30 décembre 1713 et mourut pendant son exercice en mai 1714.

(1) 14 juin 1782 Reg. des délib., XVIII, 62.

Alexandre Deschamps avait été élu procureur-syndic le 18 janvier 1764, premier consul le 31 juillet 1765, prieur le 6 août 1766. Il fut réélu syndic un an après sa nomination comme député, le 31 décembre 1778.

L'intervention du pouvoir, qui n'avait pas dépassé la manière courtoise de la recommandation lors de la nomination d'Alexandre Deschamps, prit la forme officielle d'une loi générale avec l'arrêt du Conseil du 12 septembre 1779, portant règlement pour l'élection des députés du commerce.

« Le Roi persuadé que le bon choix des députés du commerce importoit infiniment à l'objet de leur institution, et s'étant fait rendre compte des divers usages observés pour leur élection, Sa Majesté a voulu qu'en adoptant à cet égard le parti qui seroit jugé le plus convenable, il fût en même temps rendu général ; et comme la permission accordée aux chambres de commerce d'avoir des députés à la suite du Conseil, n'avoit pas eu pour but seulement de procurer aux principales villes commerçantes du royaume un appui de leurs droits et de leurs intérêts, mais qu'on avoit désiré de trouver dans une réunion de négociants distingués des lumières et des avis utiles sur toutes les questions générales du commerce ; Sa Majesté a cru qu'en conservant aux chambres de commerce la principale influence dans l'élection de leurs députés, il convenoit cependant d'y faire concourir les commissaires et députés du commerce, afin que de cette manière les personnes propres à ces places fussent examinées sous différents rapports ; et qu'en rendant les moyens de faveur encore plus difficiles, le mérite et la bonne renommée devinssent la principale recommandation. A quoy voulant pourvoir ; ouy le rapport, le Roy étant en son Conseil, a ordonné et ordonne ce qui suit :

« Article 1er. — Lors de la vacance de la place de député d'une des chambres de commerce, les membres qui composent ladite chambre seront tenus de s'assembler au nombre et dans la forme prescrite par l'arrêt d'établissement d'icelle pour procéder au choix et élection de trois sujets.

« Article 2. — L'élection sera faite par la voie du scrutin ; le secrétaire de la chambre dressera procès-verbal du nombre des délibérants ainsi que de la quantité des voix données à chacun des trois sujets élus.

« Article 3. — L'expédition du procès-verbal du scrutin prescrit par l'article cy dessus sera remise au sieur Intendant et commissaire départi, pour ladite expédition envoyée à l'administration générale des finances et communiquée aux commissaires établis pour les affaires du commerce, être par lesdits commissaires, sur l'avis des députés du commerce, proposé celuy des trois sujets qu'ils croiront le plus capable de remplir ladite place.

« Fait au Conseil d'Etat du Roy, Sa Majesté y étant, tenu à Versailles le douze septembre mil sept cent soixante dix neuf

« Signé AMELOT. »

L'intendant adressa le 11 octobre à la chambre de commerce de Rouen un exemplaire de cet arrêt « à l'effet pour la compagnie de s'y conformer pour l'avenir ». La compagnie arrêta que la lettre de l'intendant et l'arrêt du Conseil seraient portés dans la prochaine assemblée générale pour y être délibéré ce qu'il appartiendrait. Lecture en fut donnée dans l'assemblée générale ordinaire de fin d'année le 31 décembre, dans laquelle la compagnie nomma quatre commissaires pour, conjointement avec les syndics en exercice, faire leurs observations sur ledit arrêt dont il serait fait rapport en une assemblée générale. Après deux séances consacrées à cet examen, la chambre conclut que l'arrêt devait être enregistré pour s'y conformer par la suite, conclusion qui fut ratifiée par l'assemblée générale tenue le 31 juillet 1780.

Quatre ans plus tard, une atteinte plus particulière fut portée à la liberté du choix des députés par leurs commettants naturels Le 23 août 1784, les six corps des marchands de Paris, auxquels appartenait l'élection du député comme tenant lieu de chambre de commerce, envoyaient à la chambre de commerce de Rouen copie d'un mémoire adressé l'année précédente au contrôleur général des finances par les députés du commerce pour demander en faveur de M. Marion, conseiller au Châtelet, fils de M. Marion, leur doyen, la survivance et l'adjonction de la place de député du commerce de Paris qu'exerce son père : les six corps priaient la chambre de commerce de Rouen de faire des représentations au contrôleur général pour repousser la prétention des députés comme contraire aux intérêts du commerce et sujette à des conséquences dangereuses.

« Le danger dont nous sommes menacés, disaient-ils, paroissant devoir par la suite vous être commun avec nous, si M^{rs} les députés du commerce réunis parviennent à obtenir la grâce qu'ils sollicitent, nous croyons devoir vous informer de ce qui se passe à notre égard, en vous communiquant le mémoire qu'ils ont présenté l'année dernière à M. le controleur général et dont M. Marion notre représentant sollicite le succès avec toute la chaleur qu'il est possible d'y mettre. Nous laissons à l'écart tout ce que ce mémoire contient d'injurieux contre nous, pour ne nous occuper que de son principal objet, en vous priant d'observer que cette démarche de la part du corps des députés dont le vôtre fait nombre, ne tend à rien moins qu'à rendre cette place héréditaire et à nous enlever la plus belle prérogative que nous ayons tous, qui est d'être représentés au Conseil par un d'entre ceux que nous aurons présentés au Roi comme les plus expérimentés dans le commerce et les plus dignes de notre confiance. L'expérience n'a-t-elle pas déjà démontré dans nombre de circonstances de quelle utilité il est d'avoir dans le Conseil un représentant qui soit non seulement instruit des intérêts du commerce en général, mais encore des usages particuliers qui s'observent dans la ville ou dans le département dans lequel il est chargé de stipuler? Si celui qui est chargé de cette honorable fonction, n'entretient pas avec ses commettants une correspondance suivie pour lui servir de guide dans les occasions délicates qui se présentent, du nombre desquelles pourroit être celle-ci, mérite-t-il la confiance qu'on lui a témoignée et jouit-il à juste titre des honoraires qu'on lui a attribués? C'est sur tous ces points essentiels, Messieurs, que nous vous prions de faire vos réflexions et nous ne doutons pas que d'après cela vous ne vous déterminiez, comme nous l'avons fait, à adresser des représentations à M. le controleur général tendantes à le supplier de n'avoir aucun égard à un projet si contraire aux intérêts du commerce et dont les conséquences seroient aussi dangereuses. Il nous paroitroit également nécessaire que vous fissiez part à votre député combien vous désapprouvez la conduite qu'il a tenue dans cette occasion.

« Nous avons l'honneur d'être avec la plus parfaite considération, Messieurs, vos très humbles et très obéissants serviteurs.

« Ce 23 aout 1784.

« Les six corps des marchands de Paris,

« Bernier. De Neuville.
« J.-L. Brun. Pommery.
« J. Cuvillon. Jean Trubert.
« Magimel. Dutry.
« Paillieux. René.
« P. Raboin. Robin (1) ».

(1) Carton n° 1, 9e liasse.

Après avoir entendu la lecture de la lettre et du mémoire des six corps, la chambre chargea deux de ses membres de s'occuper, avec le procureur-syndic, des observations à y faire, et, sur le rapport de ses commissaires, estimant qu'il était de son devoir de s'opposer à la demande des députés, elle arrêta que le rapport serait mis au net pour être adressé de suite au ministre des finances (1).

Dans les observations présentées par la chambre au contrôleur général, nous relevons les considérations suivantes :

« C'est au nom du corps des députés que la demande est présentée. La survivance accordée à M. Marion fils seroit un exemple qu'on présenteroit ensuite en faveur d'un enfant, parent, protégé ; les places électives deviendroient héréditaires.

« La plus petite innovation au préjudice de la loi a toujours des conséquences, même quand elle est bonne en soi. Avec M. Le Couteulx de la Noraye, les six corps des marchands avoient moins lieu de s'alarmer de l'exception faite en faveur de ce marchand fixé à Paris, à la tête d'une maison de banque, il est vrai, mais dont la gestion et l'association s'étendoient sur deux autres établissements de commerce à Rouen et à Cadix, où il avoit successivement puisé par une théorie profonde et une pratique très étendue et très active toutes les connoissances qui pouvoient le mettre à portée de remplir utilement la députation qui lui étoit confiée. On peut donc dire que dans cette circonstance M. de Trudaine ayant reconnu M. Le Couteulx de la Noraye pour un des plus habiles négociants, d'une famille connue depuis longtemps dans le commerce, le voyant à la tête d'un établissement qui n'avoit pas été fondé à Paris pour de simples opérations de banque, dont l'origine même tenoit aux six corps des marchands, il se persuada que M. Le Couteulx de la Noraye réunissoit alors toutes les qualités qui pouvoient faire agréer aux six corps sa nomination; et en effet les six corps des marchands ne tardèrent point à lui envoyer des lettres d'admission dans leur corporation. On doit dire aussi que l'applaudissement général qui se réunit alors en faveur de M. Le Couteulx de la Noraye, tant de la part de ses concitoyens que des autres villes de commerce, décidèrent ce négociant à céder aux sollicitations pressantes de M. de Trudaine (2). »

Le contrôleur général écrivit le 2 novembre aux six corps de Paris que

---

(1) Reg. des délib., XVIII, 290 et 295.
(2) Carton n° 1, 9e liasse.

pour concilier les intérêts opposés tant de la part de M. Marion que des six corps à l'égard de la place de député du commerce de Paris, cette place serait répartie sur deux têtes et divisée en deux départements ; qu'en conséquence, M. Marion fils a été nommé à la survivance et adjonction de M. son père pour ce qui concerne la généralité, et que les six corps devaient s'assembler pour procéder à l'élection d'un député pour la ville de Paris et ses faubourgs (1).

Les gardes des six corps écrivaient le 3 janvier 1785 à la chambre de commerce de Rouen que tous les corps électeurs avaient procédé le 19 novembre précédent à l'élection de leur député, et que le procès-verbal des sujets qui avaient concouru avait été remis au contrôleur général pour être présenté au Roi, afin qu'il fît son choix dans les six sujets présentés. Les intendants du bureau du commerce avaient à la vérité élevé quelques difficultés sur l'admission de leur futur élu, et les six corps avaient lieu de craindre que l'avantage dont le commerce s'était flatté, ne fût pas réalisé. Ils sollicitaient de nouveau auprès du ministre l'effet de ses dispositions, et s'il survenait quelques changements, devaient en informer la chambre. Leur silence est la preuve de leur succès (2).

Au mois d'août 1786, la chambre recevait de son député une lettre où il lui exposait que depuis longtemps les appointements du député ont été fixés à dix mille livres par an ; que depuis les changements survenus dans le prix des denrées, des loyers et des dépenses de séjour à Paris, il prenait la liberté de solliciter de la chambre une augmentation d'appointements. MM. du siège furent priés de communiquer cette demande à l'intendant, et M. Deschamps fut averti que la chambre était favorable à ses observations qui lui avaient paru fondées. Elle répéta le même avis lorsqu'il lui fut officiellement demandé par l'intendant, M. de Villedeuil, auquel le contrôleur général avait renvoyé le mémoire que le député lui avait présenté pour obtenir une augmentation de cinq mille livres.

La Révolution avait précédé la solution de la question. M. Deschamps la reprend auprès du nouveau gouvernement : en juillet 1789, il informe la compagnie que le Directeur général des finances doit écrire incessamment à l'intendant relativement à une augmentation d'appointements qu'il a bien voulu lui accorder ; il lui mande même le 5 septembre qu'il a obtenu une

(1) Reg. des délib., XVIII, 310.
(2) Carton n° 1, 9ᵉ liasse.

augmentation de deux mille livres. La chambre lui répond que les honoraires de député ayant été originairement fixés par arrêt du Conseil à dix mille livres, il est nécessaire que l'augmentation qu'il a obtenue soit autorisée par la même forme. Cette forme, qui était pour la chambre une garantie, avait, paraît-il, été abolie par le nouveau régime : M. Deschamps fait observer que l'augmentation d'appointements à lui accordée par le premier ministre des finances n'est point dans le cas d'exiger un arrêt du Conseil, et le prieur communique une lettre de M. Necker, du 2 septembre, à l'intendant, M. de Maussion, ainsi conçue :

« Versailles, le 2 septembre 1789.

« M. Tolozan m'a rendu compte, Monsieur, d'un mémoire de M. Deschamps, député du commerce de la ville de Rouen, par lequel il renouvelle la demande qu'il a déjà faite tendant à obtenir que ses appointemens qui sont fixés à dix mille livres, soient augmentés de cinq mille à prendre sur le produit des droits d'octroi de cette ville. Quoique les circonstances actuelles ne soient à beaucoup près favorables pour accorder de pareilles graces, cependant, pour récompenser M. Deschamps de ses anciens services, le Roi veut bien consentir que ses appointemens soient augmentés de deux mille livres par an à prendre sur l'octroi des marchands de Rouen. Je vous autorise en conséquence à rendre l'ordonnance nécessaire pour lui faire payer cette somme chaque année à commencer du 1er janvier 1788.

« La chambre de commerce, que M. de Villedeuil avait déjà consultée sur cette augmentation, n'y a trouvé aucune difficulté, et c'est le motif qui m'a déterminé à l'accorder.

« Je suis, etc. « Necker (1) ».

Vu les intentions manifestées par la lettre du premier ministre, la chambre arrête que M. Deschamps aura à s'adresser à MM. les directeurs de l'octroi pour obtenir le paiement de l'augmentation d'appointements à lui accordée (2).

---

(1) Carton n° 1, 11e liasse.
(2) Reg. des délib., XX, 53.

VII

La convocation des Etats généraux devait modifier la représentation des intérêts des différentes places de commerce du royaume auprès des pouvoirs publics à Paris. Dès le 23 juillet 1788, les juge et consuls de Nantes, qui faisaient en cette ville fonction de chambre de commerce, écrivaient à la chambre de commerce de Rouen et sans doute à toutes les autres, leur demandant si elles ne jugeraient pas convenable que toutes les places de commerce se réunissent pour solliciter la permission d'envoyer des députés de chaque place à l'assemblée de la nation qui était annoncée, et sans attendre l'adhésion des autres, ils avaient fait passer des représentations à tous les ministres pour les supplier d'engager Sa Majesté à ordonner que deux députés du commerce de chaque place fussent admis aux Etats généraux avec voix délibérative.

Le mouvement, parti de Nantes, avait été généralement suivi : sur tous les points du territoire, chambres de commerce ou juges consuls sollicitent la représentation du commerce aux Etats généraux.

On n'obtint pas que cette modification fût apportée au système de la représentation nationale.

Si le commerce ne parvint pas à faire pénétrer ses représentants au sein des Etats généraux, il arriva du moins à les installer auprès de l'Assemblée nationale et à les grouper en un comité dont l'action devint tout de suite active et influente sur les délibérations des législateurs.

En février 1789, la chambre de commerce de Montpellier demandait à celle de Rouen s'il ne conviendrait pas que les chambres de commerce s'occupassent d'un mémoire en forme d'instruction sur tous les objets relatifs à l'industrie nationale et d'envoyer un député *à la suite des Etats généraux* qui se concerterait avec ceux que les autres chambres auraient autorisés pour veiller aux intérêts communs du commerce. En avril, la chambre de commerce de Bordeaux disait de même qu'il serait utile que chaque chambre de commerce nomme un député à la suite des Etats généraux pour réunir leur zèle et leurs représentations en faveur du commerce.

La chambre de commerce de Rouen ne prenait pas encore parti, se réservant de s'en occuper quand le moment lui paraîtrait convenable.

En attendant, elle convoquait à une assemblée extraordinaire (24 avril) les trois députés nommés par le bailliage aux Etats généraux, Thouret, Le Couteulx de Canteleu et de Fontenay, et après le compliment de félicitations, les avait invités à correspondre avec la chambre pendant leur séjour à Versailles et à recevoir tous les renseignements que la chambre leur fournirait. Les députés avaient répondu qu'ils correspondraient avec la chambre et qu'ils recevraient avec plaisir les éclaircissements. La chambre nomma alors cinq commissaires chargés de suivre la correspondance avec les députés et de s'occuper de tous les objets y relatifs, de concert avec la chambre.

Mais dès le mois de juillet, le commerce de Nantes, de la Rochelle, de Bordeaux, avait nommé qui un, qui deux députés à la suite des Etats généraux ; le Havre en nomme deux au mois d'août ; quelques jours après, la chambre se décida à nommer MM. B. Dupont et Hellot fils : Hellot empêché est remplacé par Levavasseur et de Montmeau.

Sur l'observation faite par les députés du Havre, à leur passage à Rouen pour se rendre à Versailles, qu'il serait convenable que toutes les manufactures qui se trouvent intéressées au commerce de la métropole avec les colonies françaises de l'Amérique se réunissent pour faire connaître ce qui importe au bien général du royaume et à l'avantage particulier de chaque fabrique, la chambre de commerce de Rouen arrêta qu'il serait écrit aux diverses manufactures du royaume pour les inviter à former leurs réclamations auprès de l'assemblée nationale, soit en nommant des députés, soit en adressant leurs mémoires à MM. les Députés des places.

Le député ordinaire de la chambre au conseil de commerce n'avait pas à exercer d'action indépendante des députés extraordinaires. Dès l'arrivée de ceux-ci, M. Deschamps mande à la chambre que, si elle y consent, il partagera avec plaisir les travaux des trois députés particuliers qu'elle a nommés pour se rendre auprès de l'Assemblée nationale afin d'y présenter et défendre les intérêts généraux du commerce : la chambre prie M. Deschamps de se réunir aux députés de la chambre pour concourir avec eux dans tout ce qui sera à faire pour ces intérêts. Alors commence entre la chambre et ses députés une correspondance extrêmement active.

En peu de temps toutes les places de commerce, tous les centres de fabrication avaient nommé des députés à la suite de l'assemblée nationale. Leur rapprochement naturel forma une réunion habituelle qui s'appela bientôt comité des manufactures et du commerce de France avec président et secrétaire. Non seulement chacun rend compte à ses commettants de ce qui se passe au sein du comité, mais celui-ci agit, écrit et correspond comme un corps organisé. Il est reçu par délégués à la barre de l'Assemblée nationale, y porte et lit des adresses délibérées dans son sein, il intervient auprès des ministres, il fait véritablement office d'assemblée consultative de commerce.

Cependant ces députés extraordinaires trouvaient un peu lourde la tâche qu'ils avaient assumée, non à l'égard de la dépense dont ils étaient indemnisés par la chambre, mais à cause du temps qu'ils passaient loin de leurs affaires. En avril 1790, Dufour, qui avait remplacé Dupont au mois de janvier, exposa que « pour la suite des opérations du comité, le commerce peut-être trouveroit plus d'avantage dans les services de négociants qui, députés pour un temps déterminé, verroient toujours devant eux le moment de rentrer au nombre de leurs commettans et que quant à présent il estimait qu'il n'est pas nécessaire que la chambre ait trois représentants audit comité, que deux paraissent suffisants, qu'en conséquence M. Deschamps, résidant à Paris, continueroit d'en faire les fonctions, et que si la chambre le juge à propos, MM. Dufour et de Montmeau pourraient s'arranger de manière à ce qu'un d'eux restât à Paris, tandis que l'autre iroit pour un temps jeter un coup d'œil sur ses affaires. La chambre adopta cet arrangement et les pria de faire en sorte que M. Dufour et M. de Montmeau, revenant successivement suivant le besoin de leurs affaires particulières, l'un d'eux fût toujours résidant à Paris lorsque l'autre s'en absenterait. Ils s'acquittèrent tous deux fidèlement de cette représentation alternée jusqu'à la fin de juin 1791. A cette époque paraît avoir fini leur mission : M. Dufour en rendait compte le 1er juillet devant la chambre, et les députés extraordinaires des manufactures et du commerce de France écrivaient à la chambre de commerce de Rouen le 6 juillet une lettre pour lui témoigner leur regret sur le départ de M. Dufour et de M. de Montmeau et leur désir de les voir se réunir à eux. La chambre répondit qu'elle verrait avec plaisir que les circonstances permissent à ses députés de se rendre au comité des manufactures et du commerce.

Ce comité formé spontanément, sans l'intervention du pouvoir, représentait si bien le commerce du royaume, qu'au mois d'août 1790 il s'occupa d'un mémoire rédigé par un de ses membres pour être présenté à l'Assemblée nationale, duquel mémoire le but était d'anéantir l'existence des députés ordinaires qui composaient le bureau du commerce à Paris pour y établir celle d'un comité permanent de députés extraordinaires qui n'auraient qu'un ou deux ans de fonctions, sauf à les continuer pour la même durée. Avisée de la production de ce mémoire, la chambre de commerce de Rouen pria M. Dufour de présenter au comité le vœu de la chambre pour la suppression du bureau de commerce qui serait remplacé par le comité des députés des diverses places de commerce auprès de l'Assemblée nationale.

L'existence des députés ordinaires allait d'ailleurs être bientôt compromise par la suppression des impôts qui alimentaient les caisses où étaient puisés les fonds de leurs honoraires. Le 1er juillet 1791, la chambre de commerce de Rouen, prenant en considération l'embarras où elle se trouve relativement aux fonds qui lui étaient assignés pour ses dépenses sur la caisse de l'octroi des marchands, a arrêté qu'il sera écrit à M. Deschamps, député, pour lui annoncer l'impuissance de lui continuer le payement de ses appointements en sadite qualité.

C'est ce même jour, 1er juillet, que M. Dufour rendait compte comme d'une mission terminée, de celle qu'il avait exercée avec M. de Montmeau en qualité de députés extraordinaires auprès de l'Assemblée nationale. Et c'est apparemment parce qu'elle n'avait plus à sa disposition les fonds nécessaires à son entretien qu'elle mettait fin à cette mission.

Le comité subsistait néanmoins encore à Paris, car, le 29 septembre, il adressait une lettre circulaire aux places de commerce, tendant, vu le décret du 24 septembre précédent, relatif aux colonies, à démontrer la nécessité pour les places de commerce d'avoir des représentants près de la législature actuelle, soit à frais communs, soit à frais individuels.

Quelques jours plus tard, l'Assemblée nationale abolissait les chambres de commerce.

CHAPITRE IV

COMPOSITION DE LA CHAMBRE ET SON RECRUTEMENT

I. La composition est modifiée plusieurs fois dans le cours de chaque année. *Interstice* du procureur syndic. Ordre d'ancienneté pour la nomination des syndics : le *tableau*. — II. Observations de M. de Trudaine sur les inconvénients du tableau. — III. Mémoire de la chambre pour justifier l'ordre du tableau. — IV. L'arrêt du 23 avril 1767, qui augmente le nombre des syndics, réforme le tableau. — V. Difficultés faites par la chambre à l'exécution de l'arrêt. Nouveau tableau des anciens et des modernes.

I

La composition de la chambre de commerce formée des quatre officiers annuels de la juridiction, dont l'élection avait lieu au milieu de janvier pour le procureur syndic, au commencement du mois d'août pour Messieurs du siège, et des cinq syndics élus pour deux ans le dernier jour de l'année, trois une année et deux la suivante, se modifiait plusieurs fois dans le cours de la même année.

Le procureur syndic, depuis sa sortie de charge, lors de la nomination de son successeur en janvier, jusqu'à sa propre élection comme premier consul, pendant cet espace d'environ six mois qu'on appelait son *interstice*, cessait de prendre part aux travaux de la chambre. Cette interruption avait des inconvénients que la chambre finit par signaler lors d'une sorte d'enquête que M. de Trudaine, intendant du commerce, fit en 1750 sur les chambres de commerce. Dans le mémoire qu'elle adressa à l'intendant le 1ᵉʳ juillet, aux fins de satisfaire à la lettre à lui écrite le 28 février par M. de Trudaine et par lui communiquée à la chambre, celle-ci avait fait la proposition de laisser le procureur syndic continuer de prendre séance à la chambre pendant l'intervalle de l'exercice de ses deux fonctions. Ayant connu les dispositions favorables du contrôleur général, elle prit le 21 novembre une délibération qui fut homologuée par l'arrêt du conseil du 22 décembre 1750, ordonnant que le procureur syndic continuerait de prendre séance à la chambre aux assemblées qui se tiendraient pendant l'intervalle depuis sa sortie d'exercice en janvier jusqu'à sa rentrée au mois d'août suivant (1). Pendant ce temps il n'avait pas la qualité de syndic, ainsi que l'explique un peu plus tard M. de Trudaine dans une lettre, qu'il écrit le 19 juillet 1767 à l'intendant M. de la Michodière; mais cette faveur lui était accordée, afin qu'il fût toujours au fait des affaires et n'en perdît pas le fil, et qu'il fût, en conséquence, en état de donner son avis et de travailler à la confection des mémoires, lorsqu'il rentrait à la chambre en qualité de premier consul (2).

Ceux qui sortaient d'exercice soit comme syndics fin décembre, soit comme procureur syndic en janvier, ou comme second consul en août, avaient encore séance dans l'assemblée suivante où étaient installés les membres qui les remplaçaient. Le prieur les remerciait de leur assiduité et des bons avis qu'ils avaient donnés et ils étaient gratifiés des deux jetons d'argent qui étaient les honoraires des syndics à chaque assemblée.

Lors de la première élection qui s'était faite le 23 juillet 1703, une place de syndic, était demeurée au choix de la compagnie, après qu'elle eût élu ceux dont le contrôleur général lui avait indiqué la nomination comme devant être agréable à Sa Majesté : cette dernière place avait été donnée à René Dehors, doyen des anciens prieurs (3).

« Mrs Legendre, Asselin et Dehors, sortant d'exercice à la fin de décembre 1704, on nomma syndics à leur place M. Claude Judde, doyen des seconds consuls (4), avec Mrs Nicolas Judde (5) et David Le Baillif (6), qui avoient été inspecteurs marchands après Mrs Bouette et Marye.

« Le 31 décembre 1705, M. Louis Formont, sous-doyen des prieurs, et M. Nicolas Le Planquois, sous-doyen des seconds consuls, entrèrent syndics, et le 31 décembre 1706, Mrs Jean Le Pelletier, Pierre Hellot et Martin

---

(1) Reg. des délib., VIII, 495,533 bis, 547, 580; IX, 2.
(2) Ibid., XIV, 145.
(3) Procureur syndic en janvier 1678.
(4) Deuxième consul en juillet 1676.
(5) Deuxième consul en août 1700.
(6) Procureur syndic en janvier 1700.

Bizault, qui suivoient immédiatement dans le consulat Mrs Formont et Le Planquois, furent nommés syndics à leur tour.

« Le même ordre d'ancienneté a été suivi jusqu'en 1715, que tous ceux qui composoient la compagnie en 1704, se trouvoient avoir passé à leur rang à la chambre de commerce. Alors on arrêta, par une délibération générale, le tableau de la compagnie jusques et y compris M. Pierre Fossard, qui avoit été élu procureur syndic le 8 janvier 1715, de manière que chacun devoit entrer dans la chambre de commerce à son tour, comme cela s'étoit pratiqué depuis 1704.

« Cet arrangement avoit deux objets : le premier, de conserver l'union qui est si nécessaire dans la compagnie et que la voye d'élection ne pouvoit manquer d'altérer ; le second de former toujours la chambre de cinq anciens consuls, consommés dans les affaires, capables par conséquent de guider les quatre jeunes consuls en exercice et de donner du poids aux décisions de la chambre.

« D'ailleurs cet ordre remplissoit la disposition de l'arrêt du 19 juin 1703, qui en plaçant dans la chambre les quatre consuls qui composent le siège, porte que les sindics qui seront élus auront fait le commerce au moins quinze années, ce qui signifie très clairement que la nomination des sindics devoit toujours tomber sur des personnes d'une réputation faite, et non pas sur des négociants qui ne commencent qu'à paroître depuis peu d'années dans le rang des consuls (1) ».

En partant de cet arrangement, chaque consul doit entrer à la chambre à son tour. Quand le tableau est révolu, au bout de douze ou treize années, ceux qui ont été consuls depuis que ce tableau a été arrêté, entrent sur un nouveau tableau et en forment la queue, et ceux qui restent du tableau précédent en forment la tête.

Tel était l'ordre que la compagnie avait toujours observé et qu'elle venait de suivre dans celui qu'elle avait arrêté le 31 décembre 1749, quand cette manière de procéder attira l'attention de l'administration supérieure.

---

(1) Observations sur la composition des syndics de la chambre et l'ordre qui est observé à leur nomination, 15 nov. 1751, carton n° 1, 4° liasse, pièce n° 2.

II

A force de reprendre à chaque élection la tête du tableau, on maintenait dans la chambre un élément sénile, qui tendait à dominer, n'ayant comme contrepartie jeune que les deux nouveaux officiers introduits chaque année par le recrutement de la juridiction. Les personnes qui ont figuré comme syndics dans la chambre de commerce créée à Rouen en 1703, pendant les quatre-vingt-huit années de son existence, sont au nombre de deux cent treize. Sur ce nombre, dix-neuf ont été trois fois réélus, douze quatre fois, une jusqu'à cinq fois. Nous avons fait un tableau de ces trente-deux noms (1) en marquant la succession de leurs réélections par le numéro de l'année où s'est tenue l'assemblée de décembre qui les a élus. Sur ces trente-deux, six sont morts en fonctions, un seul a donné sa démission à cause de son grand âge. Mais le grand âge, qui fut une fois un motif de retraite, ne fut jamais une cause d'exclusion, lorsque le tour revenait de reprendre les fonctions. Notre tableau laisse deviner jusqu'à quel âge avancé on rentrait en activité, puisque l'on voit M. Le Couteulx des Aubris, qui était second consul en 1701, mourir syndic de la chambre de commerce cinquante-deux ans plus tard.

Les inconvénients d'un recrutement renfermé dans un cadre aussi rigoureux avaient attiré l'attention de M. de Trudaine, qui avait, sous l'autorité du contrôleur général, la direction générale des affaires du commerce. Il avait fait connaître son sentiment à l'intendant M. de la Bourdonnaye, qui en faisait part à la chambre de commerce le 13 septembre 1751, en lui écrivant la lettre suivante :

« M. de Trudaine, Messieurs, qui a toujours une attention particulière pour tout ce qui peut intéresser la chambre de commerce de cette province, me fait part dans une lettre que j'ay reçue de luy ces jours-cy, de quelques réflexions sur les inconvénients qui peuvent résulter de la manière dont cette chambre se compose. Il me communique en même temps quelques idées de changement qui pourroient prévenir les inconvénients qu'il envisage et il me demande sur cela votre avis. Avant que de luy répondre, je croy que je ne puis rien faire de mieux que de vous consulter vous-mêmes et de vous prier

(1) Voir le tableau, page 95.

d'examiner entre vous et avec la chambre ce que l'ordre et l'usage ancien peuvent présenter d'inconvénients réels et chercher de concert ce que l'on pourroit apporter de changements utiles. Vos propres idées sur tous ces différents objets seront toujours plus justes et plus certaines que celles qui peuvent venir d'ailleurs. Cependant lorsque vous les aurez réfléchies, je pouray les aprofondir avec vous, les rapprocher et les lier, s'il est possible, avec celles que les vues de M. de Trudaine offrent pour le bien et l'avantage général du commerce et des manufactures et pour l'utilité particulière et réelle de votre chambre, qui doit saisir toutes les occasions et tous les moyens propres à luy conserver la réputation dont elle jouit et à luy mériter de plus en plus la confiance du Conseil. J'y contribueray toujours autant qu'il sera en moy. C'est dans ces sentiments que je suis, Messieurs, votre très humble et obéissant serviteur,

« DE LA BOURDONNAYE. »

Une assemblée générale des syndics anciens et en service avait été convoquée le 20 septembre pour entendre lecture de cette lettre et délibérer. La compagnie pria Messieurs du Siège de se retirer par devers M. l'Intendant pour lui demander de communiquer à la compagnie les inconvénients et les moyens contenus en la lettre de M. de Trudaine. Le prieur rapporta à l'assemblée générale du 27 la note suivante dans laquelle l'intendant avait résumé les observations venues de Paris.

Extrait des observations adressées par M. de Trudaine à M. de la Bourdonnaye sur la chambre de commerce de Rouen (1).

Les fonctions de la chambre de commerce de Rouen sont de deux espèces : les unes consistent en action, les autres en délibérations, lorsqu'il est question de faire des recherches sur des matières de commerce dont la discussion est renvoyée à la chambre par le Conseil, de dresser des mémoires sur ces matières, de vérifier des faits, de prendre des éclaircissements dans les autres places du royaume, etc. Lorsqu'il est question pour ceux qui sont en tour pour entrer à la chambre de commerce de faire l'inspection des blancards, d'être assidus aux jours de halle et d'examiner avec l'attention nécessaire la

(1) Carton n° 1, 4° liasse, n° 1.

qualité de ces toilles, ce sont des fonctions actives qui exigent non seulement de l'expérience, mais un travail pénible qui ne convient pas à toutes les personnes.

L'autre genre d'occupation de la chambre consiste à délibérer sur les matières souvent les plus importantes, à balancer les différens partis à prendre, à en voir tous les inconvéniens et à choisir le meilleur de ces partis.

Il paroit que l'arrangement suivant lequel la chambre de commerce a coutume d'être formée a des inconvéniens qui ne lui permettent pas toujours de remplir ces deux objets aussi parfaitement qu'elle le pourroit.

Les quatre personnes qui composent la jurisdiction, très occupées d'ailleurs, sont dans l'impossibilité de s'apliquer jusqu'à un certain point aux affaires de la chambre ; aussi ces affaires doivent rouler principalement sur les procureurs sindics ; or, par les combinaisons qui peuvent arriver et qui sont tirées de l'ordre du tableau, il est possible qu'il se trouve en même tems dans la chambre plusieurs sindics fort âgés dont les conseils seront infiniment utiles, mais que leur âge empêchera de pouvoir vaquer à l'instruction des affaires et à toutes les parties qui exigent de l'action, pour lesquels d'ailleurs la visite des blancards deviendroit une trop grande fatigue et une fonction très gênante, d'où il arriveroit que cette visite seroit négligée, ce qu'il est important de prévenir ;

2º Il résulteroit encore souvent de la même combinaison que plusieurs des sujets propres à entrer à la chambre de commerce y passeroient trois ou quatre fois dans leur vie pendant que d'autres ne pouroient y passer qu'une fois, ce qui n'est ni juste, ni peut-être avantageux, dans certains cas, pour le bien des affaires ;

3º Tous les âges et tous les tems ne se ressemblent point dans le commerce ; les évènements changent les usages, établissent de nouveaux principes et obligent à suivre de nouvelles règles. En supposant la chambre de commerce composée, comme il peut souvent arriver, de négocians qui sont tous contemporains et qui ont adopté les usages les plus généralement reçus dans leur tems, il arrivera nécessairement qu'ils seront déroutés par les variations qui sont survenues depuis qu'ils ont quitté le fil des affaires, qu'atachés à des principes qui étoient bons, mais qui ont changé, ils ne se plieront pas facilement à en embrasser de nouveaux et à avoir égard à une infinité de circonstances qui ont dû nécessairement changer et varier considérablement l'état des choses et par conséquent les règles de conduite.

Il seroit très utile de pouvoir remédier à ces différents inconvéniens et à quelques autres qu'on trouveroit encore en examinant de plus près la matière; en général il faudroit faire en sorte que la chambre de commerce réunit toujours différens âges en même tems; ceux de ses membres dont l'expérience consommée lui procureroit de sages conseils, seroient aidés par d'autres capables d'un travail plus actif et plus pénible; enfin les sujets qui composent la jurisdiction consulaire seroient à portée de s'instruire dans tous les genres et de se mettre en état de remplir successivement les différens degrez auxquels ils seroient apelés par la suite.

Il ne paroît pas impossible de parvenir à ce but, soit en composant deux tableaux qui marcheroient d'un pas égal, dont l'un contiendroit les plus anciens et l'autre ceux qui le sont moins, et dans lesquels tableaux on prendroit en même temps le nombre convenable de sujets pour entrer dans la chambre de commerce, soit en inventant quelques autres combinaisons équivalentes, suivant lesquelles néanmoins ce seroit toujours sur les plus jeunes que tomberoit la corvée de la visite des blancards.

La chambre de commerce est plus en état que qui que ce soit d'examiner et d'aprofondir les inconvéniens et les expédiens dont il est question ci-dessus, et quoi que M. de Trudaine ne marque point à M. l'Intendant de la consulter, il croit qu'il est du bien de la chose de le faire, et de ne donner son avis dans une matière aussi intéressante pour la chambre que de concert avec elle.

III

La communication paraît avoir fortement ému la compagnie qui nomme quatre commissaires pour, « conjointement avec les membres de la chambre de commerce, prendre en considération les inconvénients dont M. de Trudaine avait fait part et concerter les arrangements les plus convenables ». Les commissaires rapportèrent la question devant la compagnie le 12 novembre et après une délibération qui fut continuée dans une nouvelle assemblée générale le 15, les avis pris, il a été estimé qu'il y aurait du danger de changer l'ordre du tableau qui avait été jusqu'alors observé par la compagnie; en conséquence de quoi les commissaires ont été priés de faire un mémoire en réponse aux observations communiquées à la chambre par M. de la Bourdonnaye. Ce mémoire lu et approuvé dans une assemblée ordinaire de la chambre le 7 décembre, fut lu et approuvé le 13 dans l'assemblée générale de la compagnie et fut présenté à l'intendant par MM. du Siège.

La compagnie s'étonne d'être obligée de justifier un usage auquel la chambre de commerce et la juridiction consulaire sont principalement redevables de la réputation dont elles jouissent depuis longtemps et contre lequel on n'a jamais réclamé, parce que, comme il ne règne dans la compagnie qu'un même esprit, tous les membres se trouvent toujours réunis pour le bien du service. Elle réfute de prétendus inconvénients, qui en tout cas ne pourraient être que très passagers, mais qui seraient beaucoup moins à craindre que ceux qui résulteraient infailliblement de quelque nouveauté qu'on voudrait introduire.

Sans doute, le service des syndics a différents objets; mais on fait trop valoir le service actif, qui consiste à faire des recherches, à dresser des mémoires, à vérifier des faits, à prendre des éclaircissements. Tant de personnes prennent part à la fois à ce qui s'offre d'intéressant pour le commerce, que chacun s'empresse dès lors à rendre compte de ce qu'il sait, à fournir des éclaircissements sur tous les points et à donner des lumières sur ce qui peut être utile ou non.

D'un autre côté, les papiers de la chambre sont dans un tel ordre qu'au premier coup d'œil on y trouve ce qu'on cherche. S'il est question de dresser des mémoires, la matière a tant de fois été discutée dans les différentes conversations, avant qu'on en délibère à la chambre, le plan en a été si bien concerté, que cet ouvrage n'est plus, à proprement parler, que celui de rédiger les moyens que la chambre a adoptés; et ces mémoires, avant d'être envoyés, sont toujours examinés de si près, et corrigés dans la chambre avec tant d'attention, que chacun doit y retrouver les observations utiles qu'il a faites, et que personne ne s'est encore avisé de s'en faire un mérite personnel.

D'ailleurs chaque syndic est chargé du travail à son tour et suivant ses connaissances; ceux qui sont hors d'exercice soulagent ceux qui sont en place, quand le cas le requiert. On ne doit donc pas penser que les mémoires à dresser roulent toujours sur les syndics actuels et soient un ouvrage purement personnel : toute la compagnie s'intéresse à soutenir l'honneur et la réputation de la chambre et à procurer le bien général.

Le service de l'inspection des blancards et de la halle foraine est un autre genre de travail actif et réellement pénible, qui ne convient pas à toutes sortes de personnes. Mais, par un devoir que la compagnie s'est toujours fait de s'aider mutuellement dans tous les cas, ce service n'a point été négligé et ne le sera point dans quelque circonstance que la chambre de commerce puisse se trouver. Il ne faut que des yeux et de la connaissance pour juger de la bonne ou mauvaise qualité d'une fabrique ; mais il faut de la tête et bien de l'expérience pour savoir prendre le parti juste dans les affaires. On conçoit donc qu'une personne qui est à son rang d'entrer à la chambre de commerce et qui n'a plus les yeux assez bons pour faire l'inspection, peut être remplacée dans ce service sans aucun inconvénient. L'inspection ne peut pas par conséquent servir de prétexte à rien changer dans l'ordre des choses.

On convient dans le mémoire que, par une combinaison tirée de l'ordre du tableau, la chambre pouvant se trouver composée de syndics plus âgés, leurs conseils seront infiniment utiles. De cet aveu il suit nécessairement que les personnes qui sont actuellement à la tête de la compagnie près d'entrer syndics seront précieuses dans la chambre de commerce et par leur nom et par leurs grandes lumières.

Mais leur âge, dit-on, les empêchera de pouvoir vaquer à l'instruction des affaires. De cette conséquence on ne peut pas induire une nécessité d'innover, parce qu'il n'est personne dans la compagnie qui ne s'empresse de décharger du travail pénible ceux qui par l'âge en sont déchargés de droit, et qui n'envie le plaisir de travailler avec eux et pour eux. L'on n'a point encore vu que le service de la chambre ait été retardé par le grand âge des personnes qui l'ont composée depuis bien des temps. Dès que l'union règne, le secours est toujours présent au-delà des besoins. Il est constant que les résolutions de la chambre ne sont jamais plus respectées que lorsque des personnes qui ont vieilli dans le commerce y ont une part. C'est pourquoi l'on s'est dans tous les cas fait une règle d'étayer les jugements consulaires, dans des matières de quelque conséquence, du nom de plusieurs anciens consuls.

Un second inconvénient consiste à dire qu'il résulterait encore souvent de la même combinaison tirée de l'ordre du tableau, que plusieurs sujets passeraient trois ou quatre fois dans leur vie à la chambre de commerce, pendant que d'autres ne pourraient y passer qu'une fois, ce qui n'est ni juste, ni avantageux pour le bien des affaires.

On ne peut pas supposer d'injustice dans un ordre qui n'a pour objet que de rendre justice à tous chacun à son rang. Ce tableau, quand on est dans le cas de l'arrêter par la révolution de celui qui le précédait, comprend tous les membres de la compagnie. On admet bien que ceux qui ne sont pas alors encore consuls, ne peuvent y avoir leur rang ni l'y prétendre.

En partant de cet arrangement, chaque consul doit entrer à la chambre de commerce à son tour : d'où suit qu'il ne peut pas arriver que l'un ait plus d'avantages que l'autre. Si le tableau augmentait chaque année de deux consuls et descendait toujours, il n'y aurait plus enfin que les derniers consuls qui occuperaient la chambre de commerce et qui, aussitôt qu'ils en seraient sortis, en sortant du siège, se trouveraient dans le cas de rentrer dans la chambre en qualité de syndics, sans pouvoir espérer d'y revenir davantage, de manière que ce serait perdre de vue pour toujours la chambre de commerce ; au lieu que dans l'ordre actuel des choses, chacun devant y revenir à son rang d'ancienneté, tous prennent part aux affaires de la chambre et tout est commun à la compagnie.

Les avantages que l'âge procure dans une compagnie, ne peuvent point blesser celui qui ne fait que d'y entrer, parce qu'alors la roue tournant pour lui comme pour ceux qui l'ont précédé, le temps peut le placer à son tour, vis-à-vis de ceux qui seront venus après lui, dans la même position d'avoir passé trois ou quatre fois à la chambre de commerce, sans qu'ils y eussent encore été et sans qu'ils eussent le droit de le trouver mauvais.

Cela prouve invinciblement que l'ordre du tableau est le plus juste que la compagnie puisse pratiquer pour rappeler au syndicat chacun à son rang ; qu'il est le plus avantageux pour le bien des affaires ; et qu'il est avec cela plus conforme à la déclaration du Roi de 1703, article X, qui porte que les syndics pourront être élus de nouveau après quelques années d'intervalle, ce qui suffirait pour écarter le prétendu inconvénient de passer trois ou quatre fois à la chambre, si la compagnie n'avait pas d'ailleurs tant de bonnes raisons qui justifient l'ordre qu'elle a établi pour le tableau.

Le troisième inconvénient que l'on fait résulter de l'ordre du tableau roule sur ce qu'on avance que les âges et les temps ne se ressemblent point dans le commerce, que les événements changent les usages et établissent de nouveaux principes ; la chambre se trouvant composée de négociants qui sont tous contemporains et qui ont adopté les usages de leur temps, ils seront déroutés par les variations survenues depuis qu'ils ont quitté le fil des affaires, et ne se plieront pas facilement à embrasser de nouveaux principes et à avoir égard aux circonstances qui ont dû nécessairement changer considérablement l'état des choses et par conséquent les règles de conduite.

Ce langage est nouveau pour la compagnie, c'est la première fois qu'elle l'entend aujourd'hui. En effet, qui pourra croire que le commerce, quant à ses règles, ses usages et ses principes, soit différent de ce qu'il était sous Louis XIV, que par ses variations il se gouverne aujourd'hui tout différemment et qu'on en traite et décide les affaires par de nouveaux principes ? Est-ce donc qu'il en serait du commerce et des lois comme des modes ? On ne le persuadera à personne.

Le commerce a des règles immuables : l'ordonnance de 1673 les a fixées. C'est un pivot sur quoi tout roule et qui sera toujours inébranlable pour la sûreté non seulement des citoyens, mais encore de toutes les nations qui négocient en France. La loi subsiste dans toute sa force, c'est le guide des juridictions consulaires et ce qui doit constituer l'uniformité dans la décision des affaires de commerce. S'il y manquait quelque chose et que les âges, les temps et les événements dussent changer les usages et établir de nouveaux principes, l'autorité souveraine viendrait bientôt au secours et prescrirait la règle de conduite pour la sûreté générale. Aussi toutes les fois qu'il s'est introduit de nouveaux usages et des abus, la compagnie a été la première en mouvement pour provoquer des déclarations du Roi qui fixassent les choses. C'est alors que tout sait plier plus facilement.

Mais supposer aujourd'hui que tout change dans le commerce, usages, principes, règles, et le supposer de façon à faire comprendre que les anciens consuls en seraient déroutés dans la décision des affaires qui s'offrent à la chambre de commerce, c'est se livrer à l'idée de ce qui n'existe point. C'est enfin déclarer la guerre à l'âge, à l'esprit, à l'expérience et à la réputation de ceux mêmes qui ne commencent qu'à vieillir dans la compagnie. Un prétexte de cette nature ne peut par conséquent apporter de changement dans l'ordre que la compagnie a adopté jusqu'à présent par rapport à la chambre de commerce dont la conduite lui a été confiée par l'arrêt d'établissement.

Après cette fière défense où s'affirme, sur un ton si ferme et si mesuré tout ensemble, la conscience que cette élite du commerce rouennais a de sa droiture et de ses lumières, la compagnie passe à l'examen de l'arrangement proposé : elle en révèle les contradictions et démontre la vanité de l'idée que l'on donne de composer deux tableaux qui marcheraient d'un pas égal, dont l'un contiendrait les plus anciens, et l'autre ceux qui le sont moins : système qui ne servirait qu'à flatter les uns, blesser les autres et diviser enfin la compagnie, si l'esprit d'union ne prévalait pas toujours et que l'intérêt personnel eût part à ses délibérations. Elle conclut en disant que depuis 1703 la chambre de commerce, telle qu'elle a été composée, a su se procurer l'approbation de ses supérieurs et mériter la confiance publique, que cela seul s'oppose à tout prétexte et à toute idée de nouveauté (1).

IV

M. de Trudaine, devant une résolution aussi marquée, ne chercha pas à faire prévaloir sa proposition. Mais quinze ans plus tard la question des deux tableaux fut reprise, quand la chambre de commerce sollicita une augmentation du nombre de ses membres.

Dans l'assemblée générale tenue le 24 décembre 1766 pour la nomination d'un inspecteur marchand, le prieur expose à la compagnie « que les travaux de la chambre de commerce se sont multipliés depuis quelques années au point que ses forces se sont trouvées insuffisantes et qu'elle se voit souvent obligée d'appeler à son secours des membres de la compagnie pour lui aider à supporter le fardeau des affaires ; qu'en conséquence il croiroit convenable d'augmenter de quelques syndics le nombre fixé par l'édit de création, parce qu'à ce moyen le travail seroit plus partagé et chacun en particulier seroit moins distrait du soin de ses affaires. » La compagnie arrêta que l'on écrirait au contrôleur général pour lui demander que le nombre des syndics de la chambre de commerce fût augmenté de deux et dans le cas où le contrôleur général adopterait la proposition de la chambre, Messieurs du siège étaient priés de s'entendre avec l'intendant sur la forme à donner à cette augmentation (2).

L'arrêt du 23 avril 1767 donna satisfaction à la chambre de commerce en lui accordant trois syndics de plus, ce qui portait de neuf à douze le nombre de ses membres. Mais du même coup l'usage du tableau était réformé dans le sens indiqué par M. de Trudaine :

« Sur ce qui a été représenté au Roy en son Conseil par les syndics de la chambre de commerce de Normandie, que le nombre de neuf syndics dans l'origine de l'établissement de la chambre pouvoit être suffisant, mais que le

---

(1) Observations sur la composition des syndics de la chambre, etc. Carton 1, 4e liasse.
(2) Reg. des délib., XIV, 21.

commerce de France ayant fait beaucoup de progrès, les objets dont la chambre est chargée sont devenus plus importants et se sont multipliés, au point qu'ils empêchent les sindics de la dite chambre de suffire à l'expédition des affaires et d'y apporter la célérité qu'elles exigent, Sa Majesté, ayant reconnu par le compte qu'elle s'en est fait rendre, que la forme prescrite par l'arrêt du 19 juin 1703 auroit été exactement observée dans le principe, mais qu'après la révolution de plusieurs années, il n'a plus été nécessaire d'aller chercher indistinctement dans les négociants de Rouen les moyens de remplacer les cinq sindics qui composent la dite chambre, conjointement avec les prieur et juges consuls et procureur sindic, attendu que la juridiction consulaire ayant fourni suffisamment de sujets dans les anciens prieurs et juges consuls, on a choisi ensuite parmi eux les sindics qu'il a fallu remplacer ; qu'il s'est fait successivement un tableau composé de tous les anciens prieurs et juges consuls, qu'on a suivi pour les élections des dits sindics en commençant par la teste et continuant de suite jusqu'au dernier compris dans le dit tableau ; que pour mettre cette chambre en état de suffire à l'expédition des affaires et d'être encore plus utile, il conviendroit non seulement de faire dans cette chambre une augmentation de trois sindics, qui avec les neuf dont elle est composée feroient le nombre de douze, mais encore de changer l'ordre qui a été établi pour le remplacement des sindics sortants, et en conséquence, au lieu de suivre l'usage pratiqué jusqu'à présent, qu'il seroit plus à propos de prendre sur le tableau tel qu'il est fait à la chambre, et sans y rien changer, quatre anciens de la teste, en commençant par le doyen, et quatre du centre, lesquels huit sindics joints aux quatre exerçants la juridiction consulaire, composeroient les douze sindics et feroient le service de la chambre pendant deux années, suivant son institution, et de remplacer successivement tous les ans deux de la teste et deux du centre ; qu'en faisant cet arrangement on réuniroit l'expérience et les lumières des anciens avec le zèle et l'activité des jeunes, et que la chambre se trouveroit alors suffisamment composée pour l'expédition des affaires dont elle est chargée. »

A quoi voulant pourvoir, l'arrêt dispose que le nombre des syndics sera augmenté de trois, et qu'à l'avenir on prendra pour syndics sur le tableau tel qu'il est fait par la chambre, quatre anciens de la tête en commençant par le doyen, et quatre au centre ; et « attendu que le tableau a été recommencé au mois de janvier de la présente année, que les trois anciens sindics qui doivent alors sortir d'exercice, soient remplacés par deux autres qui seront pris en teste à la suite de ceux qui sont actuellement en fonctions, et qu'il soit en outre choisi deux autres sindics qui seront pris dans le centre et à la suite des deux premiers du centre, pour compléter le nombre de douze dont la dite chambre sera composée ; après quoy il en sera, tous les ans à la fin du mois de décembre successivement remplacé quatre, sçavoir deux de la teste et deux du centre, en prenant les uns et les autres à la suite de ceux qui seront en fonctions. Ordonne en outre Sa Majesté qu'il sera annuellement pris sur le produit de l'octroy une somme de dix huit cents livres pour fournir aux frais que l'augmentation des trois sindics pourra occasionner » (1).

V

La création de ces deux tableaux des anciens et des modernes concourant parallèlement au remplacement des syndics sortants, ne passa pas sans difficulté. Lorsque l'arrêt du Conseil du 23 avril et la lettre en date du 13 mai par laquelle l'intendant avisait la compagnie de son expédition furent lus dans l'assemblée générale du 19 mai, la compagnie, au lieu d'en ordonner la transcription immédiate sur le registre des délibérations, arrêta que le tout serait remis à six commissaires qu'elle nomma pour, conjointement avec Messieurs du Siège, en faire le rapport à la compagnie.

Le prieur en fit le rapport le 24 juillet en ces termes : « L'intervalle écoulé vous a sans doute paru long et vous devez être étonnés que nous ne vous ayons pas mis plus tôt dans le cas de prononcer sur un arrêt dont l'exécution est si simple. Nous n'avons pas cependant ménagé nos moments et nos assemblées ont été multipliées, toujours dans l'espoir de nous réunir pour ne vous présenter qu'un avis unanime. » L'intendant, instruit de cette division, était venu lui-même présider la commission dans une assemblée convoquée à cet effet. Trois commissaires étaient d'avis qu'il y avait lieu de faire des représentations au Conseil, les trois autres et Messieurs du Siège pensaient au contraire que l'arrêt devait être exécuté. L'intendant qui s'était chargé d'en référer à M. Trudaine, avait écrit de Forges le 19 juillet le résultat de sa démarche : « J'ai rendu compte, Messieurs, à M. de Trudaine, ainsi que j'en étois convenu avec vous, des difficultés qui se sont élevées sur l'exécution de l'arrêt du 23 avril dernier portant augmentation de sindics dans la

(1) Reg. des délib., XIV, 154, sqq.

chambre de commerce. Je lui ai expliqué les motifs qu'avoient quelques uns de MM. les Commissaires pour demander au Conseil que l'arrêt fût interprété et fût même changé dans la disposition qui ordonne la nomination des sindics pris moitié parmi les anciens de la compagnie moitié parmi les modernes. M. de Trudaine me mande que son intention a été de réunir les travaux des différents âges et de remédier aux inconvénients qui pourroient résulter de l'usage adopté jusqu'à présent, lequel forçait souvent la chambre à avoir recours à d'anciens sindics, ce qu'on doit éviter, parce que chacun doit contribuer à la charge publique et s'acquitter de ses fonctions. Il m'ajoute qu'un arrêt rendu par les vues d'utilité pour le commerce et par lequel le Conseil témoigne au corps des négociants de Rouen le cas qu'il fait de ses lumières et augmente le nombre des sindics qui composent la chambre, ne doit faire aucune difficulté, et qu'il seroit contre toutes les règles que son exécution fût différée. Il me charge d'y tenir la main et de lui en rendre compte incessamment. Enfin, Messieurs, je n'ai pas laissé ignorer à M. de Trudaine les difficultés sur la composition du tableau et les différents projets que vous m'avez communiqués lorsque je fus à l'assemblée des commissaires. M. de Trudaine me mande à cet égard qu'en rendant l'arrêt du 23 avril dernier, il a entendu que tous les membres de la compagnie rendissent leurs services, comme modernes et comme anciens, et que par conséquent les deux premiers des modernes hors du tableau renouvelé en 1749 sont ceux qui doivent être nommés comme formant le centre.

« J'ai lieu de croire, Messieurs, qu'après vous avoir fait part des intentions de M. de Trudaine, toute votre compagnie se réunira pour mettre l'arrêt du 23 avril dernier à exécution. Je ne puis pas vous dissimuler que les motifs de MM. les commissaires qui s'opposoient, ne m'ont pas paru détruire les bonnes raisons de ceux qui regardoient cet arrêt comme avantageux à la compagnie et honorable pour le commerce de la ville de Rouen et je ne doute pas que vous ne me fassiez part incessamment de son entière exécution » (1).

En l'absence de deux des commissaires, la compagnie ne voulut pas résoudre la question séance tenante. Elle s'ajourna à quatre jours de là, et le 28 juillet, sur le rapport de la commission, elle arrêta « que l'arrêt du Conseil seroit exécuté relativement à la lettre de M. l'intendant du 19 de ce

(1) Reg. des délib., XIV, 145, 157-59.

mois et que le dit arrêt ainsi que la dite lettre de M. l'intendant seroient enregistrés à la suite de la présente délibération.

« Ensuite par M. le prieur a été proposé de procéder à l'exécution du dit arrêt et à la nomination des deux sindics modernes qui doivent entrer à la chambre de commerce. Les avis pris, Mrs L. P^{re} Midy et Guillebon de Neuilly (1) ont été nommés pour remplir les fonctions de sindics de la chambre jusqu'à la fin de décembre 1768. Il a été aussi arrêté qu'il sera écrit par la chambre de commerce au nom de la compagnie à M. le controleur général, à M. de Trudaine et à M. l'intendant pour les remercier de la protection qu'ils accordent au commerce (2). »

Le troisième nouveau syndic fut nommé dans l'assemblée générale du 31 décembre de la même année en la personne de M. Antoine Le Couteulx, pris sur le tableau des anciens à la suite des trois autres nommés le même jour pour remplacer les trois qui sortaient d'exercice.

Le nouveau tableau qui avait été arrêté en 1767 fut remplacé par un autre en novembre 1776 qui dura jusqu'en 1787. Le 31 décembre 1787 fut approuvé le dernier qui fut arrêté. Ces trois derniers tableaux de la compagnie distribuaient les anciens syndics en deux sections des anciens et des modernes selon la règle établie par l'arrêt du 23 avril 1767.

(1) L.-Pierre Midy avait été nommé second consul en juillet 1750 et Guillebon de Neuilly procureur-syndic en janvier 1750. Ils étaient donc les deux premiers des modernes hors du tableau renouvelé en décembre 1749.
(2) Reg. des délib., XIV, 150.

Tableau des Syndics qui ont été réélus plus de deux fois.

	ENTRÉE dans la Juridiction.	RÉÉLECTIONS COMME SYNDICS à la fin du mois de décembre.				
Jacques Rolland le père............	Pr. synd. 1690	1707	1715	1724	1737	
Thomas Campion..................	2ᵉ cons. 1693	1708	1716	1725		
Guillaume Rondel.................	Pr. synd. 1698	1710	1717	1725		
J.-Est. Le Couteulx des Aubris.....	2ᵉ cons. 1701	1711	1717	1723	1737	1750 † 1753
Estienne Marye....................	— 1704	1715	1727	1738		
Pierre Taillet.....................	— 1706	1718	1727	1738	1751 † 1753	
Jacq.-Est. De la Rue..............	— 1707	1719	1728	1739 † 1741		
Louis Lepage.....................	Pr. synd. 1707	1719	1729	1739	1751 † 1753	
Nicolas Pommeraye...............	1709	1721	1730	1739		
Nicolas Le Picard.................	2ᵉ cons. 1711	1721	1731	1740	1751	
Nicolas Le Planquois..............	Pr. synd. 1711	1722	1731	1740	1752	
Antoine Le Couteulx..............	2ᵉ cons. 1712	1722	1731	1741	1751 † 1753	
Charles Bordier...................	1713	1723	1732	1741		
B. Le Couteulx de la Noraye......	Pr. synd. 1714	1723	1732	1741	1753	
Jacques Rolland le fils.............	2ᵉ cons. 1722	1736	1743	1753		
Nicolas Cabeuil...................	1727	1745	1754	1766		
Jean Amaury.....................	Pr. synd. 1729	1746	1755	1766		
Robert Lenoble...................	1732	1747	1756	1767 † 1768		
Romain Rondel...................	— 1733	1748	1756	1768		
Jacques Dupont...................	2ᵉ cons. 1736	1749	1757	1768	1776	
Louis Midy.......................	Pr. synd. 1736	1750	1758	1768		
J.-B. Rondel.....................	2ᵉ cons. 1739	1759	1769	1777		
Blondel de Berthenonville.........	— 1742	1760	1771	1777		
J.-V.-Nicolas Le Bourg............	Pr. synd. 1742	1761	1771	1778	1787	
J.-B.-François Chapais............	1746	1763	1773	1779		
J. Le Bourg de la Serre............	2ᵉ cons. 1747	1763	1774	1779		
Nicolas Midy.....................	Pr. synd. 1747	1764	1774	1779	1787	
Pierre Bordier....................	2ᵉ cons. 1748	1764	1775	1780	1787	
Jacques Boisjouvin................	Pr. synd. 1748	1765	1775	1781	1788 (Démissionnaire en 1789 à cause de son grand âge).	
Guillebon de Neuilly..............	Pr. synd. 1750	1767	1781	1789		
Ant. Le Couteulx de Verclives.....	2ᵉ cons. 1752	1767	1782	1789		
Antoine-Adrien Le Breton.........	Pr. synd. 1752	1768	1783	1790		

Tableau de MM. les Prieurs et Juges-Consuls arrêté dans l'Assemblée générale du 18 novembre 1776.

		ANCIENS			MODERNES
1	1736	J. Dupont.	34	1762	P.-N. Midy.
2	1739	J.-B. Rondel.	35	1761	J. Baudouin.
3	1740	P. Le Moyne.	36	1762	L. Lezurier.
4	1742	Blondel de Barthenonville.	37	1764	L. Quesnel.
5	1744	J.-N. Le Bourg.	38	1763	P. Le Vieux.
6	1746	C.-N. Bordier.	39	1764	G. Debonne.
7	1747	Jos. Béhic.	40	1766	A. Deschamps.
8	1746	N. Canivet.	41	1767	N. Le Boucher.
9	1748	J.-B.-F. Chapais.	42	1768	J.-B.-J. Hurard.
10	1747	P. Le Bourg.	43	1767	J.-M. Le Quesne.
11	1749	Midy Duperreux.	44	1769	P. Planter.
12	1748	P.-R. Bordier.	45	1768	J.-L. Laisné.
13	1750	J. Boisjouvin.	46	1770	C. Reverdun.
14	1749	E. Marye.	47	1769	J. Collombel.
15	1750	L.-P. Midy.	48	1771	L.-F. Midy.
16	1752	Guillebon de Neuilly.	49	1772	G.-C. Dufour.
17	1751	J.-J. Isambert.	50	1773	B. Dupont.
18	1753	A.-A. Le Breton.	51	1772	J.-N. Le Bouvier.
19	1752	Le Couteulx de Verclives.	52	1774	P. Deschamps.
20	1753	J.-B. Boisjouvin.	53	1773	C.-A.-F. Lefebvre.
21	1755	A. Hellot.	54	1775	De Montmeau.
22	1754	P. Delabarre.	55	1774	P.-N. Defontenay.
23	1756	E. Chevremont.	56	1776	J.-G. Le Picard.
24	1757	Le Couteulx de la Noraye.	57	1775	H.-V. Lefebure.
25	1756	J.-P.-A. Le Vavasseur.	58	1777	J.-L. Chauvet.
26	1758	Vachier d'Andé.	59	1776	Midy du Bosgueroult.
27	1757	R.-G. Lallemant.	60	1778	E.-R.-L. Le Noble.
28	1758	J.-P.-N. Ribard.			
29	1759	M.-C. Bulande.			
30	1760	N. Famin.			
31	1759	L. Mery.			
32	1761	R. Durand.			
33	1760	P. Taillet.			

Tableau de MM. les Prieurs, Juges-Consuls, Syndics de la Chambre de Commerce arrêté dans l'Assemblée générale du 31 décembre 1787.

	ANCIENS				MODERNES	
1	1747	Jos. Behic.		29	1773	C.-A.-E. Lefebvre l'aisné.
2	1747	E. Le Bourg.		30	1775	L. De Montmeau.
3	1749	Midy Duperreux.		31	1774	P.-N. Defontenay.
4	1748	P.-R. Bordier.		32	1776	J.-G. Le Picard.
5	1750	J. Boisjouvin.		33	1775	H.-V. Lefebure le jeune.
6	1750	L.-P. Midy.		34	1776	Midy du Bosgueroult.
7	1752	Guillebon de Neuilly.		35	1778	E.-R.-L. Le Noble.
8	1752	Le Couteulx de Verclives.		36	1779	L. Quesnel.
9	1753	A.-A. Le Breton.		37	1778	Garvey.
10	1755	A. Hellot.		38	1779	A. Canivet.
11	1756	J.-P.-A. Le Vavasseur.		39	1781	P. Deschamps.
12	1757	R.-G. Lallemant.		40	1780	E.-D. Delahaye.
13	1758	J.-P.-N. Ribard.		41	1782	P. Bournisien.
14	1759	L. Mery de Villers.		42	1781	Ch. Delespine père.
15	1761	R. Durand.		43	1783	N.-J. Taillet.
16	1762	P.-N. Midy.		44	1782	Gorlier.
17	1762	L. Lezurier.		45	1784	Prevel l'ainé.
18	1763	P. Le Vieux.		46	1783	J.-B. Asselin.
19	1764	G. Debonne.		47	1785	Midy de la Grainerais.
20	1766	A. Deschamps.		48	1784	J.-N. Le Locu.
21	1768	J.-B.-J. Hurard.		49	1786	B. Le Couteulx de Canteleu.
22	1767	P.-M. Le Quesne.		50	1785	Al. Prevel le jeune.
23	1769	P. Planter.		51	1787	A. Hellot le fils.
24	1768	J.-L. Laisné.		52	1786	A. Taillet.
25	1769	J. Collombel.		53	1788	Bornainville.
26	1771	L.-E. Midy d'Andé.		54	1787	Ch. Delespine le fils.
27	1772	G.-Ch. Dufour.		55	1789	Isambert.
28	1773	B. Dupont.				

CHAPITRE V

LA COMPAGNIE ET SES ASSEMBLÉES GÉNÉRALES

I. Composition de la *compagnie*. Objets de ses assemblées ordinaires : élection des syndics et des inspecteurs marchands des manufactures de toiles. — II. Objets des assemblées extraordinaires : confection du tableau ; taxe sur les marchandises ; octrois rachetés par le corps des marchands ; offices de voituriers par eau. - III. Diverses consultations générales. Privilèges de diligences par eau ; jonction de l'Oise à la Somme. Paquebots entre la France et ses colonies. — IV. Querelle avec le duc de Bourbon à cause de la Vicomté de l'eau. Arrêt du conseil du 6 mars 1722. Déclaration du 24 octobre 1724. Placet au Roi du 2 septembre 1726. Décision des commissaires du 29 mai 1729. — V. Questions relatives aux conditions générales du commerce : lettres de change ; additions à l'ordonnance de 1673 ; comptes en banque ; diminution du prix des marchandises ; juridiction et jurisprudence ; usages du commerce ; discipline des communautés. — VI. Remplacement du secrétaire de la chambre. — VII. Droit de vingt sols sur les soudes et bois de teinture. Emprunt pour le rachat des offices des cuirs. Contribution à la reconstruction de la Romaine. Chantiers de construction. Soulagement de la misère publique. — VIII. Etablissement des phares sur les côtes de Normandie. Droits de feux. — IX. Création du Champ-de-Foire. Corderie. — X. Occasions extraordinaires et solennités : suppression et rétablissement du parlement de Rouen. Visite de Louis XVI à Rouen.

I

La juridiction consulaire et la chambre de commerce étaient deux corps constitués fonctionnant à côté l'un de l'autre, les membres du premier faisant partie du second, et les membres des deux appartenant à la *Compagnie*, qui comprenait tous les membres anciens ou actifs de la juridiction et de la chambre, sans être elle-même un corps constitué.

La compagnie avait une composition définie, restreinte aux seuls membres de la famille consulaire, et une existence réelle sans fonctions déterminées. Elle était comme le conseil de la communauté des marchands, conseil non expressément élu, mais issu du suffrage qui avait élu les consuls et qui le recrutait tous les ans de deux membres nouveaux. Sans mandat formel, il tenait son autorité de son origine même et l'exerçait avec assurance et sans conteste sous la direction du prieur, dont la personne renouvelée chaque année mettait le chef de la compagnie en contact perpétuel avec la volonté des notables. Soit qu'elle guidât les électeurs de janvier et de juillet dans le choix des nouveaux consuls en leur préparant une liste de quatre candidats, ou qu'elle délibérât sur les questions d'intérêt commun ou qu'elle fît contribuer la communauté à quelque dépense d'utilité publique, la compagnie jouait un rôle supérieur dont elle avait conscience, quand, dans la réponse qu'elle faisait en décembre 1752 aux critiques de M. de Trudaine sur le tableau de la compagnie et la composition de la chambre de commerce, elle rappelait que la conduite de celle-ci lui avait été confiée par l'arrêt de sa création.

L'interprétation de cet arrêt avait, au début, causé quelque mésintelligence au sujet de la composition régulière des assemblées pour l'élection des syndics. Mais l'entente s'était vite faite : les anciens prieurs et consuls, qu'on hésitait à appeler à l'élection à cause des termes de l'arrêt, ayant consenti de donner leurs suffrages aux deux inspecteurs des manufactures de toiles en charge, pour être syndics de la chambre, furent convoqués avec les sujets composant actuellement la chambre de commerce et ceux qui avaient été syndics, à l'assemblée de fin décembre pour l'élection des syndics. Ainsi fut assurée l'union et la bonne intelligence qui devait être entre les membres d'une même compagnie.

La compagnie se réunissait en assemblées générales pour différents objets. Il y en avait de particuliers à la juridiction consulaire pour lesquels un registre des délibérations a été tenu séparément. Ce registre ou plutôt cette série de registres, car ils s'étendaient depuis l'origine 1565 jusqu'à la fin de la juridiction 1790, ne se retrouvent plus. Il n'en reste qu'un extrait, celui que nous avons consulté aux archives du département pour l'histoire de la construction du bâtiment consulaire au xviiie siècle, parce que les délibérations relatives à cet objet avaient été expressément transcrites dans un recueil spécial. La perte des autres nous prive de documents sur certains points où s'exerça aussi l'activité de la chambre de commerce, en particulier les contributions demandées à l'octroi des marchands pour la construction des chantiers de navires en 1767, pour l'établissement du champ-de-foire en 1782, sans parler de l'édification de la Romaine en 1723 et l'installation d'un lazaret au Hoc en 1720.

Les registres des délibérations de la chambre de commerce contiennent, outre les procès-verbaux de ses assemblées ordinaires signés de tous les syndics, conformément à l'arrêt d'institution, ceux des assemblées générales convoquées pour les besoins de la chambre, lesquels procès-verbaux ne portent habituellement que les signatures de Messieurs du Siège, et celle de l'intendant en tête, quand il préside l'assemblée ; dans des circonstances exceptionnelles, quand la délibération, portant sur un objet grave, demande une manifestation plus imposante des avis, tous les présents mettent leur seing au bas du procès-verbal.

Les assemblées générales se tenaient régulièrement le 24 décembre pour la nomination des deux inspecteurs des manufactures des toiles, et le 31 décembre pour celle des syndics. A partir du 23 décembre 1755, les inspecteurs des toiles furent nommés en deux fois, et la nomination de l'un se fit alors en juillet.

Le choix du député se faisait aussi en assemblée générale chaque année, à la Saint-Martin, au début, qui avait été le jour de la première nomination du député Nicolas Mesnager. Sa démission était reçue également en assemblée générale, Mesnager en 1711, Godeheu en 1720, Béhic en 1777. La compagnie était encore consultée pour décider le chiffre des appointements du député, soit en moins : en 1712, six mille livres ; soit en plus : en 1720, dix mille livres ; en 1786, douze mille livres. Lorsque l'arrêt du 12 septembre 1770 portant un règlement nouveau pour l'élection des députés du commerce, la compagnie dans son assemblée générale du 31 décembre nomma des commissaires qui rapportèrent leurs observations sur ledit arrêt devant une nouvelle assemblée le 31 juillet 1780 qui en ordonna l'enregistrement.

II

Tout ce qui regardait le recrutement et la composition de la chambre de commerce était soumis aux délibérations de la compagnie en assemblée générale. Ainsi le tableau sur lequel ceux de la compagnie étaient inscrits par rang d'ancienneté et d'après lequel était réglée leur nomination comme syndics de la chambre de commerce, était le travail des six commissaires nommés par la compagnie et il était approuvé par elle en assemblée générale. En 1715, tous ceux qui composaient la compagnie lors de la création de la chambre étant passés syndics à leur rang, le tableau de la compagnie fut arrêté en assemblée générale, et dès lors, tous les douze ou treize ans, quand il était révolu, il en était dressé et approuvé un nouveau dans les mêmes conditions. Lorsque, en 1751, M. de Trudaine suggéra à la chambre de commerce une réforme de ce tableau, nous avons vu la compagnie s'assembler jusqu'à cinq fois (1), pour discuter, combattre et finalement écarter la proposition. C'est sur une délibération prise en assemblée générale le 24 décembre 1766 que fut rendu l'arrêt du 23 avril 1767 accordant à la chambre de commerce de Rouen une augmentation de trois syndics, arrêt sur l'exécution duquel il fut délibéré dans trois assemblées générales de la compagnie (2).

Lorsque la chambre de commerce avait à résoudre quelque question grave intéressant la communauté des commerçants, comme les charges qui pouvaient résulter de l'établissement de droits, de la création d'offices, de la concession de privilèges, elle la soumettait à la délibération d'une assemblée générale de la compagnie.

Dès le début la compagnie eut à défendre le commerce contre l'imposition de taxes onéreuses.

La taxe sur les marchandises que l'arrêt du 19 juin 1703 avait établie en même temps que la chambre de commerce de Rouen, pour assurer son entretien et celui de son député au conseil de commerce, devait cesser le 31 décembre 1704 : il lui était alors substitué, pour le même objet, le droit de quinze sols par cent pesant sur les soudes et bois de teinture entrant en Normandie, appliqué jusque-là à l'entretien de l'illumination publique de la ville, affecté désormais aux besoins de la chambre de commerce à qui la direction de cet *octroi des marchands* était confiée.

Or à la fin de juin 1705, on avait affiché dans la ville un arrêt du Conseil du 13 rétablissant et ordonnant la levée des droits portés au tarif du 19 juin 1703 sur les marchandises entrant à Rouen, pendant neuf années, au lieu des droits attribués aux offices des contrôleurs des poids et mesures. La chambre de commerce envoya le prieur et le procureur syndic faire les remontrances nécessaires à l'intendant et une assemblée générale des anciens prieurs et

---

(1) 20 et 27 sept., 12 et 15 nov., 13 déc. 1751.
(2) 19 mai, 24 et 28 juillet 1767.

consuls délibéra d'envoyer le procureur syndic à Paris, pour faire au Roi et à son conseil de pareilles remontrances pour obtenir la suppression dudit octroi ; si faire ne se pouvait, demander la subrogation au lieu et place des traitants.

Le procureur syndic revint convaincu qu'on ne pourrait obtenir la subrogation, à moins que de donner une somme considérable aux traitants pour leur tenir lieu d'indemnité, outre le remboursement de leur finance, et qu'il faudrait même donner une somme en argent à celui qui avait été établi pour la régie et recette des droits pour lui servir de récompense. Comme cette affaire regardait tout le commerce en général et particulièrement les négociants de cette ville, il fut délibéré qu'il serait fait part de tout ce que dessus à Messieurs les anciens prieurs et juges consuls pour en conférer et délibérer de leur part ce qu'ils estimeraient qu'il serait à propos de faire pour le bien et l'avantage du commerce.

L'assemblée renvoya le procureur syndic à Paris pour qu'il fît tout son possible pour empêcher au conseil l'adjonction de l'octroi des soudes et bois de teinture avec celui des autres marchandises mentionnées au tarif du 19 juin 1703. Après l'insuccès de ses démarches, la compagnie fut assemblée de nouveau, mais elle ne sut prendre aucune délibération. Alors dans la chambre de commerce, vu la provision et la conséquence de l'affaire, il fut proposé de mettre en délibération, si on convoquerait au nom de la chambre tout le corps des marchands de cette ville en général à l'effet d'avoir leurs avis, savoir s'il convient au commerce de se rendre adjudicataire des susdits octrois et en conséquence de faire la soumission requise de fournir au Roi les sommes à quoi la finance en a été fixée pour les rétablir. Sur quoi le premier consul, président en l'absence du prieur, se retira sans vouloir prendre les avis, disant qu'il n'estimait pas que cette affaire fût de la compétence de la chambre ; le second consul et le procureur syndic se retirèrent aussi sans avoir voulu donner leur avis, ce qui obligea les autres syndics, au nombre de cinq, de se retirer également ; toutefois aux protestations qu'ils firent de porter leurs plaintes au contrôleur général, en le suppliant d'y pourvoir, afin que les affaires du commerce ne souffrissent aucun retardement ni de préjudice par de pareilles contestations (2 sept. 1705) (1).

En l'assemblée de la chambre remise par ordre de l'intendant au 11 sep-

(1) Reg. des délib., I, 207.

tembre, en laquelle M. de Lamoignon de Courson fit à la chambre l'honneur de prendre séance, sur ce qui fut représenté par le prieur que l'assemblée des anciens consuls demandée par la délibération de la chambre avait été faite et qu'il y avait été délibéré qu'il serait fait une assemblée générale de tout le commerce, il fut arrêté que la délibération qui y avait été prise, serait exécutée, sans qu'il fût besoin d'en prendre une nouvelle.

Les procès-verbaux de ces assemblées générales des anciens prieurs et juges consuls, ni celui de l'assemblée générale de tout le commerce n'ont été portés au registre des délibérations de la chambre de commerce. Ils figuraient apparemment sur ceux de la juridiction qui sont perdus. On voit seulement par les délibérations ultérieures de la chambre que l'assemblée générale du commerce dut voter l'emprunt nécessaire pour payer les sommes qu'il convenait fournir au Roi pour le prix de l'adjudication qui fut faite des octrois au corps des marchands, ainsi que pour le remboursement des traitants et des actes.

L'année suivante la convocation d'une assemblée générale de la compagnie provoqua un dissentiment au sein de la chambre. La création de vingt charges de voituriers par eau, à titre d'offices, sur les rivières de Seine-et-Oise avait donné lieu à un échange de vues entre les marchands de Paris et la chambre et à une correspondance avec le député Mesnager pour parvenir à la suppression ou au rachat de ces offices. La question avait été portée le 26 juillet devant une assemblée générale de la compagnie qui avait délibéré qu'il convenait au bien et à l'avantage du commerce d'écrire à M. Mesnager pour le prier d'agir avec les marchands merciers et épiciers de Paris pour demander la suppression desdites charges ou une modération de finance avec la subrogation au traité d'icelles.

Le prieur, en rapportant cette délibération dans l'assemblée ordinaire suivante de la chambre ajouta que, comme cette affaire regarde tout le commerce et les négociants de cette ville en général, représentés par les prieur et juges consuls, anciens prieurs, juges consuls et syndics de la chambre, il était d'avis que tout ce qui serait fait dans la suite de cette affaire devait être fait et concerté conjointement avec les uns et les autres. Le premier et le second consul, le procureur syndic, et trois syndics furent du même sentiment. Mais les deux autres furent au contraire d'avis que l'affaire en question ayant été uniquement traitée à la chambre depuis qu'elle a commencé, suivant les délibérations écrites au registre, les lettres écrites en conséquence à M. Mesnager et aux marchands de Paris, la chambre devait connaître seule de tout ce qui se ferait dans cette affaire, étant compétente de traiter de toutes les matières de commerce et de tout ce qui tendait à en procurer le bien et l'avantage, conformément à l'arrêt du Conseil d'Etat d'établissement de la chambre. Et les deux syndics dissidents n'ont pas signé le procès-verbal (1).

III

La compagnie continua d'être assemblée chaque fois que la chambre sentit le besoin d'appuyer ses résolutions sur une consultation plus étendue.

En 1717, on lui soumit un mémoire d'un particulier qui sollicitait un privilège exclusif pour distribuer aux négociants des états détaillés des marchandises entrant et sortant du port de Rouen et autres ports du royaume pour l'étranger. La compagnie est d'avis que ce privilège ne pourrait qu'être nuisible au commerce, tant par la liberté qu'on lui ôterait d'avoir ces sortes d'états de qui l'on jugera à propos, que « parce que cela donneroit trop de lumière du commerce, qui ne tire souvent son utilité que du secret. » L'intendant est supplié de rejeter le placet.

Le député Godeheu avait envoyé en octobre 1716, plusieurs mémoires qu'il avait dressés, concernant les droits sur les boissons destinées pour les équipages des vaisseaux, les droits que prétendaient les fermiers généraux de trois livres par cent sur les morues venant de Terre-Neuve, au lieu de douze sols que payaient celles qui venaient pour le compte des marchands de Paris et de Rouen ; contre la prétention des mêmes de faire payer les droits d'entrée de six livres quinze sols dans les ports du Havre et de Honfleur sur les eaux-de-vie destinées pour Rouen et Paris; contre leur prétention de faire payer un droit de vingt-huit sols pour mille huîtres dès le lieu du chargement et du départ des bateaux qui les ont chargées ; au sujet des acquits-à-caution perdus ou égarés après le temps expiré porté audit acquit ; en faveur de la restitution du droit sur les cires blanchies dans les provinces des cinq grosses fermes, quand lesdites cires sont envoyées pour l'étranger : tous mémoires que le député devait présenter au conseil de commerce et sur lesquels il voulait avoir l'avis de la chambre. Celle-ci les soumit à la compagnie qui les trouva parfaitement utiles au commerce et pria

(1) Reg. des délib., I, 264.

le député de prendre les mesures nécessaires pour obtenir l'effet des demandes qui y étaient portées. « Ensuite sur les remontrances faites à la compagnie de la disette dont on est menacé tant pour les beurres et fromages, à cause de la grande sécheresse, ainsi que des suifs, a été délibéré qu'on dresseroit un mémoire pour demander l'exemption des droits d'entrée pendant un an sur ces trois sortes de marchandises si nécessaires à la vie (1). »

Un projet d'établir une ou plusieurs voitures de diligence par eau de Rouen à Paris et de Paris à Rouen, qui partiraient tous les samedis de chaque semaine de Paris et de Rouen pour arriver en six jours et moins s'il était possible, à condition qu'il serait fait défense à tous autres voituriers sur la rivière d'avoir aucuns relais, diligences, doubles rhumbs et chevaux frais, même de charger aucunes marchandises sur les ports de Rouen et de Paris que lesdites diligences ne soient chargées, et de partir desdits ports les mêmes jours que les dites diligences partiront, ni d'afficher les jours qu'ils partiront, comme aussi qu'il soit ordonné aux maîtres des ports et pertuis de passer lesdites diligences sitôt qu'ils en seront requis, même par préférence à tous autres voituriers; ce projet fut communiqué par le conseil de commerce à l'intendant M. de Gasville pour qu'il demandât l'avis de la chambre. La compagnie, en assemblée générale le 27 janvier 1720, fut d'avis unanime de demander le rejet du projet et pour y parvenir pria Messieurs de la la chambre de commerce de travailler à un mémoire de réponse pour faire connaître quel préjudice cet établissement apporterait tant au commerce qu'au public (2).

Un autre projet, celui de la jonction de l'Oise à la Somme, avait paru menaçant pour le commerce de la province de Normandie. Le parlement s'en était inquiété, avait même nommé des commissaires pour travailler chez M. Dubasset, doyen des conseillers, à faire les observations qui convenaient pour composer un mémoire qui serait présenté au Conseil sous le nom du parlement, de la cour des aides, comptes et finances et de la chambre de commerce. Le procureur général avait mandé le prieur pour savoir si la chambre travaillait à un mémoire. Messieurs du Siège avaient été le surlendemain mandés au parlement, où le premier président, la cour assemblée, avait fait entendre qu'il était provisoire de travailler audit mé-

(1) Reg. des délib., II, 315.
(2) Ibid., III, 188.

moire pour l'intérêt de la province. La compagnie, réunie en assemblée générale extraordinaire le 22 décembre 1722, délibéra qu'il serait incessamment dressé un mémoire contenant les remontrances de la chambre au Roi et à son Conseil sur le préjudice notable que souffrirait le commerce de la Haute-Normandie si le projet en question avait lieu. Elle nomma quatre commissaires pour, avec Messieurs du Siège et le syndic trésorier de la chambre, examiner et discuter les raisons que chacun croit devoir être apportées contre le projet pour en être dressé un mémoire d'observation. Le mémoire dressé par la chambre et les commissaires pour demander au Roi et à son Conseil que le projet de la jonction de l'Oise et de la Somme fût rejeté, fut approuvé par une nouvelle assemblée générale tenue le 28 décembre (1).

Ce ne fut pas la seule fois que le parlement provoqua la réunion de la compagnie consulaire en assemblée générale pour délibérer sur un objet d'intérêt public. Le 21 juillet 1787 le prieur avait convoqué extraordinairement la chambre de commerce pour lui donner lecture d'une lettre adressée à la chambre par M. Camus de Pontcarré avec la copie de lettres patentes du 19 juin adressées au parlement de Rouen concernant l'établissement de paquebots pour la correspondance entre la France et ses colonies de l'Inde et de l'Amérique. Avant de procéder à l'enregistrement de ces lettres, le parlement désirait qu'elles fussent examinées par le commerce pour savoir les avantages et les inconvénients qui pouvaient résulter de cet établissement et que cet objet important fût discuté dans une ou plusieurs assemblées générales de la chambre de commerce, « afin, disait M. le Premier, de réunir aux lumières de la chambre celles des syndics qui ne sont point en exercice. »

Ce dernier désir du parlement paraît avoir causé quelque émoi à la chambre qui pria MM. du siège de se retirer vers M. le Premier Président pour lui exprimer qu'il était contre l'usage de joindre à la chambre de commerce tous les syndics sortis d'exercice, ce qui formerait la compagnie entière.

L'assemblée générale des prieur, juges consuls et syndics de la chambre de commerce anciens et en exercice n'en fut pas moins convoquée le 30 juillet, et elle délibéra qu'il serait écrit à M. le Premier Président pour lui exprimer la reconnaissance que la compagnie doit à la confiance que MM. du Parlement voulaient bien lui témoigner en lui demandant son avis et ses observa-

---

(1) Reg. des délib., IV, 56 et 60.

tions sur les lettres patentes susdites. A l'effet de remplir les vues du Parlement, MM. Levavasseur et de Fontenay furent nommés commissaires, conjointement avec MM. Hellot, premier consul, et Isambert, procureur syndic, déjà nommés commissaires par la chambre sur cet objet.

Les commissaires rapportèrent à l'assemblée générale du 4 août les observations qu'ils avaient rédigées. La compagnie estima que ces observations contenaient tout ce qu'il y avait d'essentiel à mettre sous les yeux de la cour relativement aux inconvénients qui devaient résulter pour le commerce de l'établissement des paquebots, et elle pria MM. les Syndics en exercice de les adresser à M. le Premier Président du parlement (1).

IV

Une des questions pour lesquelles la compagnie s'assembla le plus souvent, fut les embarras causés au commerce par le vicomte de l'eau, après que le duc de Bourbon, déjà propriétaire de l'office du contrôle des poids, l'eût réuni à la vicomté de l'eau en se rendant adjudicataire du domaine du Roi.

Dans une première assemblée générale tenue le 6 juillet 1719 (2), avait été proposé de rembourser à M. le Duc, la finance qu'il avait payée au Roi pour l'acquisition de l'office de contrôleur des poids, ou, à défaut de la réception des offres, de demander au conseil l'exécution des arrêts rendus au parlement contre le vicomte de l'eau, afin d'éviter les dissensions continuelles qui se rencontraient entre les marchands et négociants et les commis de S. A. S. La compagnie avait décidé de soutenir seulement l'exécution des arrêts du parlement, sans faire aucune offre à M. le Duc, jusqu'à ce que les temps fussent plus favorables.

L'examen des difficultés qui existaient entre le commerce de Rouen et la vicomté de l'eau avait été, sur requête de M. le Duc, par arrêt du conseil du 6 mars 1722, évoqué au conseil du Roi et renvoyé à une commission composée de deux conseillers d'Etat et de six maîtres des requêtes pour être, par lesdits commissaires, statué en dernier ressort sur toutes les contestations, même faire un règlement tel qu'il conviendrait pour la perception des droits.

(1) Reg. des délib., XIX, 202, 205, 208.
(2) Ibid., III, 148.

La chambre fit approuver le 9 septembre (1) par la compagnie une requête au Conseil d'Etat au nom du procureur syndic pour être reçu opposant à l'exécution de cet arrêt et fit députer le procureur syndic pour se transporter à Paris à la suite du Conseil afin de suivre l'instance. Une consultation qu'il y prit de trois avocats du Conseil, dont l'avis fut de faire opposition à l'arrêt, fut lue dans une nouvelle assemblée générale le 14 octobre et approuvée par la compagnie (2).

Pendant cette procédure, le duc de Bourbon, devenu premier ministre, avait présenté au Conseil un projet de déclaration du Roi que le contrôleur général fit communiquer par l'intendant de la généralité de Rouen à la chambre de commerce. La compagnie, convoquée le 24 mai 1724 en assemblée générale (3), estimant que ce projet était contraire à la liberté du commerce, aux privilèges des bourgeois, à plusieurs arrêts du parlement et au coutumier, ayant d'ailleurs plusieurs instances pendantes au conseil pour soutenir le contraire de la disposition de cette déclaration, décida qu'il serait écrit au contrôleur général pour obtenir un temps convenable pour répondre à chaque article du projet et pria la chambre d'y travailler sans retard.

Le 12 juillet suivant, le mémoire fut approuvé en assemblée générale (4) et la compagnie nomma une députation pour aller à Paris en solliciter les fins. La députation, après avoir conféré avec le chef du conseil de M. le Duc, rendit compte de ces conférences le 4 septembre dans une assemblé générale (5) ; la compagnie approuva les observations que la chambre de commerce avait mises en marge de chaque article du projet de déclaration et renvoya de nouveau la députation conférer avec le conseil du duc de Bourbon.

Le 24 octobre, la déclaration était donnée sans qu'on eût tenu compte des observations de la chambre.

Poussant plus loin son entreprise, le duc de Bourbon fit signifier à la chambre une requête qu'il adressait au conseil afin d'assujettir au droit de la vicomté de l'eau toutes les marchandises qui payaient à Paris le droit du poids le Roi. L'assemblée générale, convoquée le 7 juillet 1725 (6) pour déli-

(1) Reg. des délib., IV, 27.
(2) Ibid., IV, 39.
(3) Ibid., IV, 198.
(4) Ibid., IV, 209.
(5) Ibid., IV, 225.
(6) Ibid., IV, 296.

bérer sur cette signification, décida, d'après l'avis de l'avocat de la chambre au Conseil, de laisser rendre l'arrêt par défaut, afin d'y faire utilement opposition dans des temps meilleurs.

Un an plus tard, le premier ministre était tombé. La chambre prépara aussitôt un placet au Roi, qu'elle fit approuver dans une assemblée générale le 2 septembre 1726 (1). La compagnie nomma une députation qui l'allât présenter au nouveau ministre. Les députés trouvèrent alors le conseil de M. le Duc disposé à la conciliation. Les modifications admises au tarif proposé furent soumises, le 16 octobre 1727 (2), à la compagnie, qui chargea les députés de conduire la chose à sa perfection et d'obtenir arrêt et lettres patentes. L'état des marchandises sur lesquelles l'accord avait été fait, fut, le 29 mai 1729, l'objet d'une décision des commissaires nommés par l'arrêt du 6 mai 1722.

La paix paraissait rétablie. Mais, dès le commencement de l'année suivante, la prétention du nouveau fermier de la vicomté de mettre en vigueur des dispositions de la déclaration de 1724 qu'on était convenu de laisser sans effet, fit assembler la compagnie le 12 janvier 1730 (3) pour autoriser la chambre à faire les poursuites nécessaires tant au parlement qu'au Conseil et nomma deux commissaires pour agir au nom de la chambre. La querelle fut apaisée au sein du conseil de commerce. Le 18 janvier 1734 (4) la compagnie autorisa le procureur syndic à passer dans son compte de trésorier de la chambre les frais faits pour l'affaire de la vicomté.

V

Les questions importantes touchant aux conditions générales du commerce, à ses lois, à ses usages, à son crédit, étaient portées devant l'assemblée générale de la compagnie.

Au mois de mai 1715, le contrôleur général avait institué une enquête à cause des circonstances fâcheuses dans lesquelles se trouvait le commerce : la compagnie, dans son assemblée générale du 16, avait nommé six commissaires pour dresser des mémoires (5).

(1) Reg. des délib., IV, 387.
(2) Ibid., V, 4.
(3) Ibid., V, 158.
(4) Ibid., VI, 160.
(5) Ibid., II, 204.

La même année, au mois de septembre, le conseil avait été saisi par la chambre de commerce de Bordeaux de la question de savoir, au sujet des tireurs et endosseurs de lettres de change, si, le tireur et l'accepteur ayant fait faillite, les porteurs sont obligés de faire option de l'un des deux, sans pouvoir inquiéter les autres. La chambre de commerce de Rouen, dont on demandait l'avis, réunit la compagnie, laquelle délibéra de demander le maintien de l'usage qui s'était observé jusqu'alors, de condamner les tireurs, accepteurs et endosseurs des lettres et billets solidairement au payement des sommes y contenues, le tout conformément à l'ordonnance de 1673 (1).

L'ordonnance de Colbert sur le commerce était alors l'objet de l'attention du conseil de commerce en vue de la réformer ou de la compléter. Le duc de Noailles, membre de ce conseil, avait écrit au procureur général du parlement de Normandie que le conseil ayant résolu de faire une nouvelle ordonnance qui contînt les règles et décisions qui avaient été omises dans le règlement de mars 1673, il demandait qu'on rassemblât les arrêts rendus par les compagnies supérieures sur les matières de commerce. Le procureur général avait remis la lettre au prieur pour savoir le sentiment des négociants sur la réforme qu'on voulait faire. La chambre estima que, la matière étant de la dernière importance pour le commerce, il en serait plus amplement délibéré dans une assemblée générale. La compagnie convoquée extraordinairement à cet effet le 31 août, autorisa les syndics de la chambre de commerce de dresser les mémoires nécessaires pour les matières comprises dans la lettre de M. de Noailles, leur laissant la faculté d'appeler telle quantité de Messieurs les anciens qu'ils jugeraient à propos. Les mémoires préparés en conséquence furent lus dans une nouvelle assemblée générale convoquée le 14 octobre (2).

En 1720, à propos du crédit que le Conseil voulait établir pour les comptes en banque, la chambre, par ordre de l'intendant, convoqua la compagnie en assemblée générale extraordinaire pour lui donner connaissance de la lettre que M. de Landinisiau, maître des requêtes, chargé de la direction de ces comptes, avait adressée à M. de Gasville. La compagnie délibéra que Messieurs du siège et de la chambre de commerce seraient priés de travailler conjointement à un mémoire pour répondre à la lettre de M. de Landinisiau et faire connaître l'impossibilité de donner cours, sans beaucoup de perte

(1) Reg. des délib., II, 230.
(2) Ibid., II, 305 et 315.

contre l'espèce, aux écritures en banque, et conséquemment sans une augmentation considérable sur les denrées et marchandises, et principalement sur les marchandises des manufactures dont la ville et les environs sont remplis au nombre de plus de quarante mille ouvriers, ce qui mettrait les marchands négociants hors d'état de vendre ni d'acheter, et arrêterait par conséquent la circulation du commerce (3 décembre 1720) (1).

La même question revint en mars 1721, à l'occasion d'un projet ou mémoire qui s'était répandu dans la ville de Rouen sous le nom de la Compagnie des Indes, tendant au rétablissement des comptes en banque. La compagnie, dans une première assemblée, avait délibéré que ce projet était pernicieux au commerce et qu'il était nécessaire de s'y opposer vivement, à l'effet de quoi elle convoqua une seconde assemblée générale, à laquelle furent appelés les notables marchands et négociants de la place et autres négociants pour signer conjointement avec la compagnie la délibération qui serait prise pour demander au conseil que ce mémoire fût rejeté.

La compagnie convoquée à nouveau le 11 mars dans les conditions susdites, entendit la lecture du projet tendant au rétablissement des comptes en banque sous les conditions proposées par la compagnie des Indes, dont les principes étaient que toute stipulation de gré à gré serait permise à l'avenir, soit en espèces, soit en comptes de banque, que toutes les négociations faites jusqu'au jour de l'arrêt du 26 décembre 1720 se payeraient en comptes de banque suivant la disposition des arrêts précédents, et que tous ceux qui tireraient de gré à gré leurs comptes en banque, donneraient à chaque virement de partie un et demi pour cent à la caisse de la compagnie en espèces.

Sur quoi les avis pris, les propositions ayant été trouvées tout à fait pernicieuses et contraires à la liberté et à la sûreté du commerce et des manufactures, et tendantes à en retirer le crédit, à la destruction entière et à la ruine totale du négoce de toute nature par les mauvais effets qu'ils avaient causés et occasionnés aux commerçants, il a été arrêté et délibéré que les syndics de la chambre de commerce continueraient à s'opposer à ce que les demandes de la compagnie des Indes eussent lieu et à ce que les mémoires qui avaient pu être envoyés de cette ville à Paris tendant au rétablissement des comptes en banque, fussent autorisés du Conseil, à l'effet de quoi il serait

(1) Reg. des délib., III, 254.

fait de très humbles remontrances au Roi et à NN. SS. de son conseil pour faire rejeter lesdites demandes qui y seraient présentées (1).

Le 8 avril 1724, une assemblée générale de la compagnie avait été convoquée par M. de Gasville qui était venu la présider. L'intendant y fit faire lecture d'une lettre à lui écrite le 4 de ce mois par le contrôleur général pour lui faire connaître les intentions du Roi et de S. A. S. (le duc de Bourbon alors premier ministre) sur la diminution du prix des marchandises et denrées par proportion à celle présente des espèces et pour le prier, après avoir rendu cette lettre publique, de donner son attention à l'exécution de ce qu'elle contient. Sur quoi l'intendant marqua souhaiter que la chambre lui remît les 1er et 15 de chaque mois un état par comparaison de la valeur des marchandises au prix où elles se vendaient avant la diminution (2). Cette fois la compagnie avait été assemblée, non pour délibérer, mais pour enregistrer les volontés de M. le Duc.

Elle avait à s'occuper de la réforme de certains usages ou du maintien de certains droits. Ainsi, dans une affaire pendante au parlement de Paris entre un marchand de Troyes, créancier pour vente de marchandises, et plusieurs marchands de Lyon, débiteurs pour lesdits achats, au sujet de la prétention de Messieurs de Lyon pour *attraduire* à la conservation de Lyon tous ceux contre qui ils ont à faire tant en demandant qu'en défendant, la compagnie, pour faire cesser les contestations qui étaient depuis longtemps entre les marchands de Lyon et les autres du royaume, ce qui dérangeait le commerce et arrêtait les négociations, donna adjonction au marchand de Troyes dans son instance au parlement de Paris pour avoir règlement sur la compétence entre les juges consuls de Troyes et la conservation de Lyon (14 août 1721) (3).

Dans une autre assemblée (4), il fut proposé à la compagnie de délibérer s'il conviendrait que les commis de la vicomté pesassent à l'avenir toutes les marchandises, tant grosses que fines, entre fers, sauf aux marchands de se faire raison du trait par appoint, en supprimant l'usage de donner au vendeur la livre de trait, dès qu'il y a quelques livres passant les vingt-cinq livres, pour lesquelles il n'est dû que demi-livre de trait. La compagnie délibéra que cette proposition serait utile au commerce et que le procureur

---

(1) Reg. des délib., III, 285 et 286.
(2) *Ibid.*, IV, 188.
(3) *Ibid.*, III, 337.
(4) 10 mai 1721, *Ibid.*, III, 305.

syndic en conférerait avec le peseur de la vicomté pour l'engager à peser désormais entre fers.

La compagnie recevait parfois des communications de l'intendant relatives à la discipline à maintenir dans les communautés. Le 20 décembre 1728, l'assemblée générale ordinaire réunie pour la nomination des inspecteurs des manufactures de toiles, entendit la lecture que lui fit le prieur de deux lettres adressées par le contrôleur général à l'intendant.

La première, à propos des délais apportés par la communauté des merciers à l'exécution de deux projets préparés par la chambre de commerce, mandait que les merciers ne cherchaient qu'à éluder cette exécution sous des prétextes qui faisaient connaître qu'ils voudraient se rendre indépendants de la chambre de commerce; comme la conduite de cette communauté était très répréhensible en cette occasion, le contrôleur général prie l'intendant d'envoyer chercher les gardes, de leur faire connaître toute l'irrégularité de la manœuvre qu'ils font, et de leur dire bien précisément que, s'ils continuent à manquer de subordination, il prendra les ordres du Roi pour les contenir dans les limites où ils doivent être, et qu'afin d'être plus en état de prendre les mesures qui conviendraient à ce sujet, il prie l'intendant de se faire informer bien exactement de tout le détail de ce qui s'est passé dans cette affaire, qui sont ceux de la communauté des merciers qui agitent cette communauté et de lui envoyer leurs noms en lui marquant ce qu'il aura appris à ce sujet.

La seconde lettre contenait qu'il avait été informé que dans les dernières visites faites par les sieurs Chrétien et de Laval, inspecteurs des manufactures chez les marchands merciers drapiers de cette ville, le nommé Maillard, l'un de ces marchands, avait refusé de se soumettre à la visite à laquelle l'intendant l'avait obligé en lui faisant une réprimande; que le Roi à qui il en avait rendu compte, lui avait ordonné de mander à l'intendant que, pour punir ce marchand de sa désobéissance, son intention était qu'il fût exclu d'entrer dans aucune charge pendant l'espace d'une année, et qu'il le fît savoir aux maire et échevins de Rouen, aux juges consuls, à la chambre de commerce et aux gardes de sa communauté (1).

(1) Reg. des délib., V, 77.

VI

Lorsque la chambre de commerce avait à remplacer son secrétaire, quoique, aux termes de l'article 14 de l'arrêt de 1703, elle fût autorisée à lui nommer elle-même un successeur, le choix en était quelquefois fait par la compagnie en assemblée générale, que l'intendant venait même présider à la prière de Messieurs du siège. Telle fut l'assemblée que M. de Crosne présida le 21 juillet 1773, lors de l'élection de Thomas Baraguey à la place d'Ant. Jore, démissionnaire à soixante-dix ans, après trente-trois ans d'exercice. La requête du secrétaire sortant tendant à ce que, en considération de ses longs services, il lui fût accordé une pension de retraite, fût présentée à la compagnie. Elle fut répondue dans une assemblée ultérieure par la délibération que le nouveau secrétaire ou celui qui lui succéderait, serait tenu de faire au sieur Jore une pension de trois cents livres sa vie durant (1).

En octobre 1778, le secrétaire Baraguey étant entré en fonctions de receveur de l'hôtel de ville, une assemblée générale fut convoquée aux fins que la compagnie eût à délibérer s'il lui convenait dans cette circonstance que le sieur Baraguey continuât ses fonctions de secrétaire de la chambre. L'assemblée du 7 octobre élut, à la pluralité des suffrages, Jean-Jacques Saffrey pour faire les fonctions de secrétaire de la chambre pendant deux ans, après lesquels il serait continué ou en serait nommé un autre en sa place, s'il était jugé à propos, et ce aux mêmes appointements, honoraires et logement dont jouissait le sieur Baraguey (2).

VII

Lorsqu'en 1760, la chambre demanda la prorogation des droits de l'octroi des marchands pour gager un emprunt de deux cent cinquante mille livres destiné en grande partie à rembourser l'office de contrôleur des cuirs, qu'un arrêt du Conseil l'avait autorisée à racheter, M. de Trudaine, auquel le contrôleur général avait témoigné la peine qu'il ressentait de prolonger encore par un nouvel arrêt la durée de droits aussi onéreux au commerce que ceux

---

(1) Reg. des délib., XV, 507, 508, 517.
(2) Ibid., XVII, 73.

qui se percevaient en Normandie sur les soudes et les bois de teinture, engagea la chambre de commerce à réformer l'octroi. Il pensait que l'affranchissement de ce droit, ou une réduction considérable serait un des plus grands encouragements qu'on pût donner au commerce de la province. « Ne pourroit-on pas, disait l'intendant, sans diminuer les droits, les réformer, faire un nouveau tarif et le rendre moins onéreux ? En un mot, M. de Trudaine ne veut mettre cette affaire sous les yeux de M. le Contrôleur général que lorsque je lui aurai remis un tableau de vos revenus et de vos charges, que je lui aurai fait connoître les titres de l'établissement de votre octroi, ses progrès, les différentes raisons qui en ont fait augmenter les droits ou prolonger la durée et que je lui aurai fait connoître la solidité des raisons qui justifient les différentes dispositions de cet arrêt. Ainsi je vous prie de me remettre le plus tôt qu'il vous sera possible ces éclaircissements avec toutes les observations dont vous jugerez la chose susceptible. » Le 20 septembre, une assemblée générale entendait la lecture des lettres de l'intendant et de M. de Trudaine, et sur l'invitation du prieur, nommait MM. Deschamps et L. Midy, commissaires, pour, conjointement avec MM. P. Le Bourg et Nic. Midy-Duperreux, nommés par délibération des directeurs de l'octroi, travailler à la rédaction du nouveau tarif.

Toutes les dépenses qui devaient être mises extraordinairement à la charge de l'octroi des marchands, étaient soumises aux assemblées générales de la compagnie.

Elle eut, le 20 février 1723, à approuver le prélèvement de cent mille livres que l'arrêt du Conseil du 13 octobre précédent autorisait de faire sur la caisse de l'octroi pour la construction d'un nouveau bâtiment de la Romaine sur le port de Rouen. Elle adopta le projet de mémoire sous forme de requête au Roi et à son Conseil, au sujet de l'arrêt du 13 octobre, tendant à demander qu'au moyen des avances qui seront faites par le commerce, il en soit payé un loyer par le fermier de la Romaine, à raison du denier vingt des sommes qui seront fournies, ou qu'il plaise au Roi accorder une franchise des droits de sortie pour les marchandises qui seront vendues, échangées, et sortiront pendant la foire de Saint-Romain, ainsi qu'il se pratique pour les foires de la Chandeleur et de la Pentecôte (1).

---

(1) Reg. des délib., III, 80.

En 1765, les maire et échevins avaient fait connaître à la chambre de commerce qu'étant dans la disposition de vendre l'emplacement du grenier à sel, qui paraissait très favorable pour en faire un chantier de construction de navires, ils donneraient toute préférence à la chambre de commerce, si elle était dans l'intention de l'acheter en faveur du commerce et de la navigation. Des commissaires nommés par la chambre virent l'intendant et conférèrent avec l'hôtel de ville, et, sur leur rapport, la chambre délibéra de porter l'affaire à une assemblée générale de la compagnie qui serait convoquée sur cet objet.

L'assemblée générale du 1ᵉʳ août nomma des commissaires pour examiner si l'emplacement convenait. S'y étant transportés avec l'ingénieur des ponts et chaussées, un ancien capitaine de navire et cinq constructeurs, ils conclurent qu'on ne saurait trouver un emplacement plus commode et plus sûr pour en faire un chantier de construction, qu'il était possible d'y construire à la fois quatre navires du port de 200 tonneaux et au-dessus. Ils présentèrent le 27 août, à une nouvelle assemblée, un plan dressé par l'ingénieur avec le devis estimatif des dépenses. La compagnie chargea MM. du siège de traiter avec les maire et échevins aux conditions par eux proposées.

Sur ces entrefaites, un sieur Le Tellier proposa à la chambre de commerce d'acquérir pour et au nom de la chambre et de la juridiction un terrain du côté du Lieu de Santé pour y faire un chantier de construction de navires, dont il ferait l'aménagement en deux ans moyennant une subvention de cinquante mille livres. L'ingénieur Du Bois, consulté par la chambre, avait trouvé l'emplacement avantageux; chargé d'en faire un devis, il le présenta avec un plan et un mémoire d'observations, que la chambre délibéra de porter devant la compagnie dans une assemblée générale qui fut tenue le 21 octobre.

Le prieur y exposa la question depuis sa première phase, avec les observations de l'ingénieur, disant que les commissaires avaient cru devoir surseoir toute conférence avec les maire et échevins, avant de consulter de nouveau la compagnie. « Sur quoi, les avis de la compagnie pris, Mʳˢ du siège ont été priés de se charger des plans et mémoire de M. du Bois pour, conjointement avec Mʳˢ les commissaires, cy devant nommés, conférer avec Mʳˢ les maire et échevins de cette ville et leur proposer d'acheter le terrain nécessaire et de faire les frais convenables pour établir le chantier de construction, au moyen de ce que l'octroi des marchands y contribuerait, jusques à concurrence de 40 à 50,000 livres, à payer aux termes dont on conviendrait, et par ce que à la seule juridiction consulaire, comme représentant la communauté du commerce, appartiendra à perpétuité le droit d'user desdits chantiers de construction et de nommer les constructeurs qui devront les occuper (1) ».

L'arrêt et les lettres patentes furent obtenus le 15 septembre 1766, ordonnant l'expropriation au profit de la ville des terrains à acquérir, et la fourniture des deniers nécessaires pour cette acquisition et pour les dépenses d'ouvrages, par la caisse de l'octroi des marchands, jusqu'à concurrence de cinquante mille livres, avec l'entretien à sa charge.

Lorsque l'emplacement fut disposé, les commissaires nommés pour l'établissement des chantiers ne se croyant pas autorisés à nommer les constructeurs qui les occuperaient, la compagnie fut convoquée et dans l'assemblée générale du 11 août 1767, elle arrêta que la nomination des constructeurs pour occuper ces chantiers serait faite à l'avenir par MM. du siège, conjointement avec les syndics en exercice, lesquels seraient également autorisés à ordonner les ouvrages qu'il conviendrait faire pour la perfection des chantiers : ladite commission que la compagnie donnait ce jour à la chambre de commerce, devait être confirmée chaque année par l'assemblée générale lors de l'élection des syndics (2).

Dans l'assemblée générale du 10 mars 1768, le prieur, au nom des commissaires, rendit compte à la compagnie de la dépense faite tant pour l'achat des terrains que pour l'aménagement des quatre chantiers, dépense qui était montée à trente-trois mille six cent quatre-vingt-sept livres deux sols, pensant avoir rempli leur mission : l'acquisition des terrains avait été faite par les maire et échevins; l'arrêt du Conseil qui les avait autorisés à le faire, assurait à jamais à la juridiction la propriété usufruitière des terrains des chantiers et le droit d'y nommer des constructeurs. La compagnie remercia les commissaires des peines et soins qu'ils s'étaient donnés pour l'établissement des chantiers, et « ayant pris en considération que le sieur Le Tellier avait le premier donné lieu à l'établissement desdits chantiers par le plan et le projet qu'il en avait présenté, il a été

---

(1) Reg. des délib., XIII, 378-380.
(2) Ibid., XIV, 172.

arrêté que pour lui témoigner la reconnaissance de la compagnie, il lui sera présenté une bourse de cent jetons d'argent (1) ».

L'établissement de ces chantiers avait donné à la compagnie l'occasion de soulager la misère publique. En novembre 1767, l'intendant dit à MM. du siège que, vu le haut prix du blé et le manque d'ouvrage dans la fabrique, il croirait convenable de faire quelques travaux publics qui puissent occuper les pauvres ouvriers qui se trouvaient manquer de travail pendant l'hiver. Il pensait que l'ouvrage le plus convenable serait de faire travailler à l'exhaussement du chemin des chantiers et que les fonds nécessaires pour cette opération seraient pris sur les deniers de l'octroi sur les ordonnances qu'il délivrerait. Le siège, ne doutant pas que la compagnie verrait avec plaisir l'emploi des deniers de l'octroi pour un ouvrage aussi charitable et utile au commerce, prit avec l'intendant les arrangements convenables pour subventionner ces travaux de cinq mille livres par mois jusqu'à la fin de mars, et de quatre mille livres en plus pour l'achat du matériel. Le siège avait différé de faire part de ces opérations à la compagnie jusqu'à la prochaine assemblée générale, laquelle, convoquée à l'ordinaire le 24 décembre pour la nomination d'un inspecteur des toiles, approuva le compte qui lui en fut rendu (2).

VIII

L'établissement de phares sur les côtes de Normandie fut encore une question que la chambre de commerce soumit aux délibérations de la compagnie. Le 27 janvier 1766, le prieur lui exposa, dans une assemblée générale, que la chambre ayant appris qu'une compagnie particulière aurait proposé à S. A. S. M. l'Amiral et à M. le duc de Choiseul l'entreprise de l'établissement et de l'entretien de feux dans la Manche pour la sûreté de la navigation, moyennant qu'elle fût autorisée à percevoir un droit par tonneau sur tous les navires qui entreraient dans ses ports, la chambre reconnaissant en même temps et toute l'utilité de cet établissement, et le danger qu'il y aurait pour le commerce que cette entreprise fût confiée entre des mains de régisseurs particuliers ou fermiers, aurait pris le parti de prendre des informations dans les principales villes maritimes de la province de ce qu'il en pourrait coûter

(1) Reg. des délib., XIV, 274-278.
(2) Ibid., XIV, 232.

pour l'établissement des tours, savoir une à la pointe de Barfleur, deux au cap de la Hève et une au cap d'Ailly près de Dieppe, ainsi que pour l'entretien de ces feux, frais et gages des gardiens, du nombre des navires qui entrent année commune dans les ports de la province et de ce que pourrait produire le droit à percevoir. D'après ces informations, il résultait que l'établissement des tours pourrait monter à peu près à la somme de cent mille livres, l'entretien et les frais à celle de vingt-cinq mille ; que sur ces instructions la chambre aurait pensé qu'il conviendrait que ce fût la direction de l'octroi qui eût la régie principale de cet établissement et qu'elle en fît les avances. Sur quoi le prieur engageait la compagnie de vouloir bien délibérer.

Sur quoi les avis pris, la compagnie, considérant que l'établissement proposé ne pouvait être que très utile et avantageux au commerce, a remercié la chambre et l'a priée de continuer ses soins pour la réussite de l'établissement des feux et a arrêté qu'il serait proposé au ministre de charger la direction de l'octroi des marchands de l'établissement et entretien des feux, ainsi que de la régie du droit à percevoir, l'autorisant à emprunter les sommes nécessaires pour l'établissement desdits feux (1).

La chambre ayant marché dans la voie qui lui était ouverte, l'intendant lui envoya le 27 décembre 1772 le projet qu'il avait rédigé de l'arrêt nécessaire pour homologuer sa délibération. Après l'examen du projet par les commissaires et le rapport de leurs observations, la chambre décida que le tout serait porté en une assemblée générale.

La compagnie, réunie le 1ᵉʳ février 1773, entendit le prieur exposer que depuis longtemps le gouvernement désirait qu'il fût établi des feux sur les côtes de Normandie, que la chambre de commerce s'en est occupée, qu'elle a même députe deux des commissaires, accompagnés d'un ingénieur nommé par l'intendant, qui ont visité les côtes et ont déterminé en conséquence du local les lieux où il convenait établir les tours à feu, que les commissaires se sont en outre occupés des calculs et des moyens relatifs à cet établissement et qu'ils étaient en état de faire leur rapport.

Iceux ouïs, la compagnie a estimé que le projet était utile, bon, grand, digne d'être présenté à Sa Majesté ; mais que l'imposition qui s'ensuivra sur les navires serait onéreuse et nuisible au commerce si elle excédait la dépense

(1) Reg. des délib., XIII, 420.

annuellement nécessaire au service de cet établissement, et si elle tombait dans des mains dans lesquelles elle deviendrait un objet de gain ou de finance. C'est pourquoi Sa Majesté sera très humblement suppliée de confier à la chambre de commerce la conduite, l'administration et la manutention de cette entreprise dans l'intérêt sensible qu'a le commerce que tout à cet égard soit conduit avec la plus grande économie et attention ; parce qu'il plaira à Sa Majesté :

1° D'autoriser un emprunt affecté sur le droit de feu à établir et sur l'octroi des marchands de la ville de Rouen, jusqu'à la somme de deux cent cinquante mille livres, si tant en faut, pour le capital emprunté être employé à la construction des quatre tours suivant les indications, plans et devis présentés, entendu néanmoins qu'il ne sera passé adjudications, fait aucuns marchés ni ouvrages que l'emprunt n'ait produit au moins deux cent mille livres ;

2° Que Sa Majesté concédera le terrain nécessaire pour l'emplacement des tours à feu et dépendances, là où le territoire lui appartient, ou que Sa Majesté autorisera à l'acquérir là où il appartiendra à des particuliers ou communautés, le tout en exemption des droits d'amortissement et d'indemnité et généralement de tous droits et charges, et pareillement sans sujétion à retrait ou clameur à l'égard de l'acquisition du terrain appartenant à des particuliers ou communautés ;

3° Que la quotité de l'imposition sur les navires pour raison du droit de feu a été quant à présent estimée pouvoir être fixée à raison de ce qui suit : savoir, six sols par tonneau sur les navires étrangers, cinq sols sur les navires français faisant le voyage de long cours, quatre sols sur les autres faisant le grand cabotage, un sol sur ceux faisant le cabotage de port en port de la province, et trois sols par tonneau sur les bateaux pêcheurs par chaque saison de pêche : lequel droit ne sera perçu qu'à la sortie des navires des ports de la province ; que cette imposition ne commencera cependant à avoir lieu que du jour où les feux seront allumés, et ce par provision seulement, sauf à modérer ladite imposition, s'il y a lieu, après l'exacte connaissance de la dépense annuelle du service ;

4° Que la perception dudit droit de feu sera faite par ceux que la chambre commettra, lesquels compteront du produit aux directeurs dudit octroi, qui de leur part compteront à M. le commissaire départi en la généralité de

Rouen par état particulier chaque année, dont le double aussi chaque année sera envoyé à M. le secrétaire d'Etat ayant le département de la marine.

Et de conformité à ce que dessus la compagnie a prié MM. les syndics de la chambre de commerce et MM. les commissaires de dresser incessamment requête dans la forme usitée pour être envoyée avec autant de la présente délibération à M. le secrétaire d'Etat ayant le département de la marine par la voie de M. l'intendant et un autant à M. l'Amiral (1).

Lorsque le conseil supérieur, qui remplaçait alors le parlement de Rouen supprimé, eut enregistré l'arrêt du 10 décembre 1773 et les lettres patentes obtenues pour l'établissement des phares, la chambre délibéra d'en faire la communication à une assemblée générale qui fut convoquée à cet effet le 21 février 1774.

« Par M. le prieur a été donné lecture de l'arrêt du Conseil concernant les phares à établir sur les côtes de la Normandie, des lettres patentes enregistrées en la cour du conseil supérieur de Rouen, de l'arrêt d'enregistrement du conseil supérieur, et de la quittance du marc d'or ;

« Dont du tout lecture faite et les avis de la compagnie pris, il a été délibéré et arrêté que MM. de la chambre de commerce, aux termes de l'arrêt du conseil, sont priés de continuer leurs soins pour parvenir à la perfection de l'établissement des phares, et MM. les directeurs de l'octroi priés de s'occuper des emprunts nécessaires en y affectant les objets désignés dans l'arrêt. Délibéré en outre qu'il sera tenu pour cet objet une caisse et des livres particuliers pour cette caisse, et MM. du siège, MM. les syndics de la chambre de commerce et MM. les commissaires ont été remerciés des peines et soins qu'ils se sont donnés, et priés de vouloir les continuer (2) ».

IX

La compagnie fut aussi consultée à propos de la création du champ de foire.

Les quais de Rouen étaient embarrassés le long du bassin fluvial par les baraques permanentes des marchands de cidre, et sur le port maritime par la foire aux boissons qui s'y tenait trois fois par an. Les maire et échevins

---

(1) Reg. des délib., XV, 420.
(2) Ibid., XV, 569.

s'occupaient depuis longtemps de déloger les marchands sédentaires et la chambre de commerce appuya leurs efforts d'un mémoire adressé à l'intendant général des ponts et chaussées. L'intendant de la généralité cherchait un emplacement convenable pour y transférer la foire aux boissons. Informés de ses intentions, les négociants requirent la chambre de commerce de faire auprès de lui une démarche pour le déterminer à les réaliser. Sur la présentation de cette requête par MM. du siège, M. de Crosne leur fit part que depuis longtemps, envisageant l'embarras que causait au commerce le dépôt des boissons sur les quais dans les temps de foire, il désirait transférer l'emplacement de la foire en un lieu plus convenable et qu'il croyait que cet emplacement ne pouvait être plus favorable qu'entre le chemin du Mont-Riboudet et le Lieu-de-Santé, et qu'il s'occupait en ce moment des moyens d'y parvenir.

En effet, deux jours après, le 9 novembre 1782, M. de Crosne entretenait de ses projets la compagnie dont il était venu présider l'assemblée générale. Il obtenait d'elle l'engagement qu'elle acquitterait les rentes et capitaux des acquisitions à faire pour le compte de la ville en vue de former l'emplacement du champ de foire, et qu'elle payerait des deniers de l'octroi des marchands la dépense pour la formation d'icelui jusqu'à concurrence de trente-cinq mille livres, avec cette condition que le terrain serait *à toujours destiné uniquement pour ledit champ de foire, sans qu'il pût en être fait aucun autre usage*.

L'emplacement choisi confinait à un terrain que la chambre de commerce avait en 1768 fait acheter par la ville à proximité des chantiers que la chambre créait, le long du chemin du Mont-Riboudet, du côté de la prairie, pour y installer aux frais de l'octroi une corderie qui devait former comme le complément des chantiers. Cette installation avait été retardée, mais des arbres y avaient été plantés pour mettre au frais les cordiers futurs.

Ce terrain faisait un enhachement sur celui qui avait été acquis en vue de l'établissement du champ de foire. Le 11 novembre 1783, l'intendant vint présider l'assemblée de la chambre de commerce pour lui exposer qu'outre l'établissement du champ de foire aux boissons pour lequel les terrains ont été acquis par la ville, il était question aujourd'hui d'y installer les loges des marchands de cidre et d'y employer une portion du terrain destiné ci-devant pour une corderie : il proposait à la chambre qu'elle consentît qu'il en soit pris la quantité suffisante pour donner au champ de foire une forme régulière (1).

La chambre y consentit à condition qu'on mit dans ses mains la même quantité de terrain, et lorsque le 23 mars elle reçut les propositions de la ville pour cet échange, elle en renvoya l'examen à une assemblée générale de la compagnie qu'elle convoqua pour le 10 avril 1784.

L'assemblée nomma deux commissaires qui, conjointement avec les prieur, juges consuls et syndics de la chambre en exercice, aviseraient aux moyens d'opérer la cession pour la perfection du nouveau champ de foire, et de parvenir à l'acquisition d'un emplacement propre à l'établissement d'une corderie, dont les dépenses seraient à prendre sur le produit des droits de l'octroi (2).

Les commissaires avaient été priés par la chambre de prendre des éclaircissements sur un terrain proposé pour une corderie située entre la Grande et la Petite chaussée, dépendant du prieuré de Bonne-Nouvelle. Ils rapportèrent leurs renseignements dans l'assemblée du 14 janvier 1785 et conclurent à l'acquisition du terrain ; mais comme la caisse des feux, dont les directeurs de l'octroi avaient aussi la gestion, offrait plus de ressources que celle de l'octroi, la chambre arrêta que les arrangements projetés seraient proposés en l'assemblée générale de la juridiction qui devait se tenir le 17 pour l'élection du procureur-syndic, à l'effet d'avoir l'autorisation de la compagnie pour faire les démarches nécessaires auprès du ministre de la marine. La compagnie autorisa la chambre de commerce à prendre sur la caisse des feux non seulement les sommes nécessaires à l'acquisition du terrain, mais aux frais de construction et autres concernant la corderie. M. Le Couteulx de Canteleu, alors procureur-syndic, fut chargé d'aller solliciter lui-même le consentement du maréchal de Castries. Mais le ministre refusa l'autorisation d'employer chaque année une somme sur le produit des droits de feux pour la construction d'une corderie, parce qu'il fallait s'occuper d'éteindre successivement tous les emprunts pour donner au gouvernement la faculté de réduire aussi successivement la perception et d'en décharger, s'il était possible, entièrement les navires français (3).

(1) Reg. des délib., XVIII, 213.
(2) Ibid., XVIII, 257.
(3) Ibid., XVIII, 355.

X

Enfin la compagnie était convoquée en assemblée générale dans des occasions extraordinaires ou solennelles, telles que la suppression du parlement en septembre 1771 et son rétablissement en novembre 1774, ou la venue du Roi à Rouen le 28 juin 1786.

Le 27 septembre 1771, dans l'assemblée générale des syndics anciens et en exercice, a été exposé par M. le prieur que la suppression du parlement de Normandie jette une consternation générale et est de la plus grande conséquence pour le commerce. Dans ces circonstances fâcheuses, mondit sieur le prieur a demandé à la compagnie si elle n'estimeroit pas convenable d'adresser à Sa Majesté très humbles suppliques afin d'obtenir de sa bonté le rétablissement de ce tribunal dans sa ville de Rouen, sa suppression étant des plus préjudiciables au commerce et à l'industrie de ses habitants.

« Sur quoi les avis de la compagnie pris, il a été délibéré qu'il sera dressé très humble supliquc à Sa Majesté aux fins d'obtenir de son cœur paternel le rétablissement d'un parlement dans la ville de Rouen. De suite a été dressé le placet dont la teneur sera portée à la suite de la présente délibération. Que ledit placet sera envoyé à M. Bertin, à M. le contrôleur général et à M. de Boynes ; qu'il en sera présenté une copie à M. le duc d'Harcourt et à M. l'intendant, et M^{rs} du siège ont été priés de faire les lettres adressantes à ces trois ministres pour le courier de demain. »

Le placet était ainsi conçu :

« Sire,

« Les syndics de la chambre de commerce de votre province de Normandie, assurés que le throsne de Votre Majesté est un asyle toujours ouvert à vos sujets, viennent, dans cette respectueuse confiance, se présenter humblement à vos pieds.

« Votre parlement de Normandie est suprimé, avec attribution provisoire des causes de la haute Normandie au parlement de Paris. Nous regardons cet évènement comme un des plus grands maux dont le commerce puisse être frappé.

« Nous demandons très humblement à Votre Majesté la permission de lui représenter que de toutes les professions qui occupent les hommes, celle du commerce est la plus exposée à de fréquentes contestations et que rien ne lui est plus nécessaire qu'une justice prompte et sur le lieu.

« La présence du parlement à Rouen procurait cet avantage : il contenoit la mauvaise foi ou bien il la réprimoit promptement. Elle va s'enhardir et s'accroistre ; les apels se multiplieront ; l'incertitude dans les opérations, le decouragement dans les entreprises, la deffiance entre les particuliers, la chute du crédit tant au dedans qu'au dehors, la décadence des manufactures seront les suites inévitables de cette triste situation.

« De tous ces maux l'effet est prompt et d'autant plus funeste qu'en fait de commerce il faut un long temps pour réparer le mal d'un seul moment.

« Si votre ville de Rouen, Sire, mérite quelqu'un de vos favorables regards, si le commerce de cette capitale est en effet considérable et digne de la protection de Votre Majesté, daignez, Sire, subvenir à l'état malheureux où il va être réduit par la supression du parlement.

« Nous ne cesserons, Sire, de faire des vœux pour la conservation de Votre Majesté et pour la gloire et prospérité de son règne (1) ».

Le 16 novembre 1774, la compagnie étant réunie en assemblée générale, le prieur a observé que, lorsqu'il avait plu au Roi de priver la province du parlement, la chambre de commerce avait écrit à Sa Majesté pour la supplier de rendre cette cour souveraine, et a demandé s'il ne conviendrait pas, dans la circonstance présente, où la bonté du Roi venait de la rendre au vœu général, d'écrire à Sa Majesté pour lui témoigner l'hommage de la reconnaissance de la compagnie.

Sur quoi délibéré, la compagnie a arrêté qu'il serait écrit au Roi une lettre de remerciements, qu'il serait également écrit à M. le garde des sceaux et à M. Bertin ; MM. Chapais, Le Couteulx de la Noraye et Levavasseur ont été nommés commissaires aux fins de s'occuper desdites lettres, ce qu'ils ont accepté (2) ».

Le jour même de l'arrivée à Rouen du Roi Louis XVI, le 28 juin 1786, « une assemblée générale de MM. de la juridiction consulaire et de la

(1) Reg. des délib., XV, 214.
(2) Ibid., XVI, 110.

chambre de commerce a été convoquée et plusieurs de Messieurs réunis, M. Le Couteulx de Canteleu, premier consul, a fait part à la compagnie que M. l'intendant lui ayant fait connoitre le matin qu'il lui paroissoit convenable que le corps de cette juridiction et chambre de commerce fût présenté à Sa Majesté qui devoit s'arrêter ce même jour en cette ville, il s'est empressé, accompagné de M. L. E^{el} Midy, à l'arrivée de Mgr le maréchal de Castries, ministre secrétaire d'Etat au département de la marine, de solliciter de ce ministre, sous les auspices de M. le duc de Beuvron et de M. l'intendant, pour obtenir cet honneur : ce qui lui avoit été accordé par M. le maréchal, en lui ordonnant de se rendre avec son corps au palais de Mgr le cardinal, lorsque le Roi y seroit entré. Pourquoi il proposait à Messieurs, qui n'ignorent point l'arrivée du Roi en cette ville, d'aller, sur la permission et sous la protection de M. le maréchal, saluer Sa Majesté et lui présenter les respectueux hommages de la juridiction consulaire de Rouen et chambre de commerce de Normandie.

« Messieurs assemblés, par acclamation, ont décidé de se rendre au palais de Mgr le cardinal (1) ».

« Après le passage du monarque en cette ville, et pour conserver le souvenir de la bonté toute particulière avec laquelle il accueillit les représentants du commerce, la chambre de commerce arrête de faire à ses frais un tableau dont le sujet serait l'audience accordée par le roi Louis XVI à la chambre de commerce et à la juridiction consulaire. »

Elle en confia l'exécution à un enfant de la cité, le peintre Lemonnier, avec lequel elle entretenait depuis longtemps de bonnes relations. Avant de partir pour Rome, comme pensionnaire du Roi, Lemonnier avait, au mois de mai 1773, offert à la chambre de commerce un portrait en pied du roi Louis XV, pour le placement duquel la compagnie avait fait faire la belle cheminée de marbre gris qui décore la salle de ses séances. La nouvelle œuvre de Lemonnier, qui parut au Salon de 1789, fut ensuite placée dans la salle dite alors *du concert* au milieu du mur du fond qui ferme la salle d'audience de la juridiction.

(1) Reg. des délib., XIX, 94.

CHAPITRE VI

LE BATIMENT CONSULAIRE

I. Première installation de la juridiction. Acquisition de la première maison rue de l'Estrade, 1577, 1586. Seconde acquisition, 1623. — II. Agencement des locaux après cet agrandissement. Il subsiste jusqu'à la création de la chambre de commerce. Usage en commun après 1703. Crédit de 15,000 livres ouvert par l'arrêt du 8 août 1713 : achat de la maison Cuillier, 18 décembre 1713, pour loger l'octroi des marchands. Achat de la maison Bézuquet, 26 novembre 1717. — III. Plan de la juridiction et du terrain des Consuls, 26 avril 1718. Projet Jarry. Délibération du 12 octobre 1719. — IV. Délibération du 12 octobre 1731. Requête du 10 décembre 1732. Procès-verbal Martinet, 18 décembre 1732. Placet du 9 janvier 1733. Démarches à Paris. Requête du 2 septembre 1733. Nouveau procès-verbal Martinet. Nouvelles démarches à Paris. Visite de la juridiction par Blondel. Arrêts des 22 décembre 1733 et 6 février 1734. — V. Acquisition pour le compte du Roi le 27 mars 1734 des maisons Roger, Varin, Caille, Leduc, Martin. — VI. Projet et devis Blondel. Adjudication le 27 mai à Pillet. — VII. Installation provisoire de la juridiction et de la bourse aux Cordeliers, et des autres services dans une maison louée. Démolition des vieux bâtiments. — VIII. Réception des nouveaux ouvrages, 8 mai 1741. Distribution des services dans le nouveau bâtiment. Ouvrages par augmentation. Total de la dépense. Droits de contrôle. — IX. Fléchissement des planchers. Procès-verbal Martinet, 12 mars 1745. Ordonnance du 24 septembre. Protestation de Pillet. Requête des prieur et consuls. Décision du contrôleur général, 28 janvier 1746. Procès-verbal des deux experts, 10 mars 1747. Requête de la juridiction. Défense de Pillet. Sa condamnation. Adjudication des ouvrages de réparation à Letellier, 19 mai 1747. Réception des ouvrages, 9 septembre 1750. — X. Œuvres d'art que reçoit encore la maison consulaire jusqu'en 1791. — XI. La Bourse découverte. Son emplacement. Sa clôture. Sa destruction.

I

Les deux corps de la juridiction consulaire et de la chambre de commerce étant composés d'éléments communs, il était naturel que le plus ancien donnât l'usage de sa propre maison au nouveau qui était né dans son sein. Les assemblées de la chambre créée le 19 juin 1703 se tinrent donc dans les locaux occupés par la juridiction instituée en 1556, ainsi que l'avait réglé l'article 4 de l'arrêt de création.

La maison consulaire située dans la rue de l'Estrade, à proximité du port, contenait les deux institutions issues de l'édit de Charles IX, la bourse des marchands et la juridiction consulaire. Leur établissement n'avait pas été sans difficulté : les juridictions rivales s'opposaient à l'enregistrement de l'édit; il fallait se procurer des fonds, trouver une place commode pour la juridiction. Le greffier des assurances de la place, Antoine Massias, paraît avoir mené cette entreprise pour le compte de la communauté des marchands. Il présenta les requêtes, fit ou recueillit les avances, obtint les arrêts et lettres patentes, fit établir une contribution de vingt mille livres sur les marchands de la ville de Rouen et la fit répartir sur eux.

Après une installation provisoire de la juridiction et de la bourse dans le couvent des Cordeliers, au coin de la rue des Charrettes, l'emplacement définitif pour loger les deux institutions fut trouvé dans le voisinage.

Le 30 juin 1577, Laurent Massias, qui avait remplacé son père au greffe des assurances, avait acheté de Guillaume Le Bourg, pour la somme de mille cinq cents livres, à charge de réméré pendant dix ans, une portion de tènement de maisons assis en la paroisse de Saint-Etienne-des-Tonneliers, rue de l'Estrade, qui formait le troisième lot du partage fait en 1570 de l'héritage de son père, borné d'un côté Pierre de Saint-Léger et le tènement du premier de ces lots, d'autre côté la rue de l'Estrade, d'un bout le tènement du second desdits lots, et d'autre bout le quatrième d'iceux lots.

Le 18 septembre 1579, Laurent Massias rachetait à Guillaume Le Bourg pour trente-trois écus d'or le droit de réméré qu'il avait retenu, et le 13 janvier 1584 un acte en forme de transaction intervenait entre Guillaume Le Bourg et Laurent Massias, par lequel, au moyen de deux cents écus d'or payés par Massias à Le Bourg, celui-ci tenait l'acheteur quitte et déchargé de toutes choses pour raison du contrat de vente qu'il lui avait fait.

Cette acquisition devait avoir la juridiction consulaire pour objet; car le 2 décembre 1586, Laurent Massias vend à la bourse et communauté des marchands de Rouen, au prix de huit cent soixante-six écus deux tiers d'or, pour servir de place à tenir la juridiction, le tènement de maisons par lui acquis de Guillaume Le Bourg, borné d'un côté par derrière Romain Ledeulx, d'autre côté par devant la rue de l'Estrade, d'un bout Pierre Brice, d'autre bout Robert Le Bourg. Ce fut le noyau autour duquel, par de nouvelles acquisitions se forma la maison consulaire qui subsista un siècle et demi environ.

La seconde acquisition est du 11 mai 1623. Les prieur et consuls achètent par le prix de dix mille cinq cents livres, la maison, sise rue et place de l'Estrade, du sieur Hallay et de la demoiselle Madeleine Brice sa femme, fille de Pierre Brice, qui avait acheté le 23 décembre 1578 de Jacques Le Bourg ledit corps et tènement de maison où pendait pour enseigne *le signe cornant*, contenant de longueur le long de la rue de l'Estrade soixante-quatre pieds trois pouces, et de largeur vingt-deux pieds dix pouces, sur la hauteur de trois étages avec un comble, caves dessous appliquées en étables, cuisine, cour, salle, chambres, comptoirs, puits et degré hors œuvre, le tout borné d'un côté Pierre de Saint-Léger, d'autre côté la rue de l'Estrade, d'un bout Guillaume Le Bourg, père dudit vendeur (1), et d'autre bout la rue tendant à la porte du Crucifix le long des murs de la ville (2). C'était le quatrième lot de l'héritage de Guillaume Le Bourg le père, partagé le 6 juillet 1570, dont le troisième lot appartenait depuis 1586 à la juridiction consulaire (3).

Le bâtiment de la juridiction s'étendait ainsi sur la moitié environ de la rue de l'Estrade jusqu'à la rue de la Lanterne, présentant son angle vers la porte du Crucifix, qui s'ouvrait sur le port (4).

(1) En 1578.
(2) Rue de la Lanterne.
(3) Nous ne parlerons que pour mémoire de l'acquisition faite en 1650, par les prieur et juges consuls, au profit de la bourse et de la communauté des marchands, de deux corps de maison, joignant l'un l'autre, situés et assis en la paroisse de Saint-Etienne-des-Tonneliers, vis-à-vis de la maison des juges consuls, dans la rue de l'Estrade, où étaient jadis l'horloge et le greffe des assurances. Le premier contenant de longueur dix-sept pieds ou environ sur ladite rue, de profondeur vingt-deux pieds, le second corps de seize pieds en longueur sur la rue, sur vingt-deux pieds en profondeur.

Cet immeuble qui avait été vendu le 30 juin 1645 par Charles de Bauquemare, chevalier, seigneur de *Bourdeny (sic)*, conseiller du Roi en ses conseils, cour de Parlement et président aux requêtes du palais à Paris, à Jacques Ferrand, bourgeois demeurant en la paroisse Saint-Martin-du-Pont à Rouen, avait été confisqué, le 20 octobre 1649, avec les biens de Jacques Ferrand dit Dujardin et de Catherine Delorme sa femme, par sentence des officiers du bailliage et siège présidial de Rouen pour crime par eux commis. L'adjudication en fut faite aux prieur et consuls par décret de la chambre des comptes le 9 août 1650, pour le prix de neuf mille sept cents livres à la charge de payer annuellement au domaine du Roi la somme de trois livres de rente.

Les titres de cette acquisition forment la seconde liasse du dossier 6216 des archives du département. Nous n'avons trouvé aucune mention de l'occupation de ces deux corps de maison dans les archives de la chambre de commerce et nous ne savons quand ni comment cette partie de la propriété de la juridiction située de l'autre côté de la rue de l'Estrade a cessé de lui appartenir.

(4) La planche n° 1 explique la succession des acquisitions faites par la juridiction. Les planches suivantes donnent la distribution des services en 1718, d'après un plan levé cette année, qui a été retrouvé à la Bibliothèque nationale par un neveu de l'auteur du présent livre.

II

Jusqu'à la création de la chambre de commerce, la communauté des marchands de Rouen se contenta de ce logement, où les services de la bourse et de la juridiction étaient ainsi distribués (1) :

Le principal bâtiment faisant face sur la rue de l'Estrade, appelée aussi des Consuls, était occupé au rez-de-chaussée par la bourse publique; elle avait de longueur treize toises, non compris deux escaliers dans les bouts; sa largeur dans œuvre était de dix-neuf pieds.

Le premier étage au-dessus de la bourse était distribué, côté du midi, en une salle de juridiction de huit toises un pied de long, compris l'escalier et la chapelle : cette salle était élevée jusqu'aux planchers du grenier. En suite de la juridiction, se trouvait la chambre du conseil, de quatorze pieds neuf pouces de long, et une salle d'assemblée de vingt pieds. Après se trouvait le palier de l'escalier, dans une partie duquel étaient placés deux commis du greffe ; le greffe était au-dessus de la rampe de l'escalier.

L'entresol au-dessus de la chambre du conseil et de la salle d'assemblée servait de logement au greffier avec encore une partie du grenier au-dessus de la juridiction. Le restant du grenier était occupé par un chartrier, où étaient déposés les papiers de la juridiction.

Joignant à ce bâtiment, sur la même face de la rue des Consuls, une petite maison servait de logement aux concierges. Dans l'une des chambres l'on avait pratiqué une buvette, avec un cabinet pour serrer les robes des juges ; quoique incommode par la situation, à cause de l'éloignement de la chambre du conseil, ils avaient été obligés de s'y placer, faute d'un autre endroit plus à portée.

Dans les premiers temps de la chambre de commerce, on s'accommoda pour le nouveau service des dispositions créées pour la juridiction. Cela était d'autant plus facile que les deux compagnies étaient pour ainsi dire emboîtées l'une dans l'autre. La chambre de commerce tenait apparemment ses assemblées particulières dans la chambre du conseil de la juridiction, et les assemblées générales de la compagnie dans la salle des assemblées des consuls. Il ne pouvait y avoir d'occupation simultanée par les deux services, puisque les mêmes personnages figuraient dans l'une et dans l'autre. Le

(1) Procès-verbal du 18 décembre 1732 (Arch. Seine-Inf., C. 217).

secrétaire de la chambre était seul distinct du greffier de la juridiction : il dut prendre logement en ville et il était indemnisé de la location de ce domicile où il conservait les registres et les papiers de la chambre.

On finit cependant par se sentir à l'étroit et en 1713 la chambre obtint du Conseil du Roi un arrêt qui mit à sa disposition quelques ressources. Le droit de quinze sols sur les soudes et bois de teinture qui avait été joint à la taxe sur les marchandises établie par l'arrêt du 19 juin 1703 constitutif de la chambre de commerce, alimentait la caisse de l'octroi des marchands. La jouissance de ce droit au profit de la juridiction consulaire fut, par l'arrêt du 8 août 1713, prorogée de six nouvelles années, à partir du 1ᵉʳ septembre 1729, époque de son échéance, afin de permettre à la chambre d'amortir l'emprunt qu'elle avait contracté pour payer au Roi une finance de cent cinquante mille livres pour être déchargée d'acquitter le dixième du revenu de l'industrie et du commerce, impôt établi par la déclaration du 14 octobre 1710. Le même arrêt autorisa la chambre de prendre sur le produit de l'octroi une somme de quinze mille livres, pour être employée, selon les ordonnances de M. Roujault, intendant, « pour la commodité, la décoration et l'embellissement tant de la juridiction que de la place ou bourse des marchands. »

Le premier emploi de ces nouvelles ressources mises à la disposition de la juridiction, fut pour loger la recette de cet octroi des marchands créé pour les besoins de la chambre de commerce, et dont la direction était remise à ses soins. Le 18 décembre 1713, les prieur et consuls achetèrent de la veuve Cuillier ou Lecuillier une maison située sur le derrière d'une autre maison en façade sur la rue de la Lanterne appartenant au sieur Caille, représentant Romain Lefebure : elle comprenait deux corps de bâtiment, vis-à-vis, sur une cour ayant par une allée issue sur ladite rue ; elle était bornée d'un côté la juridiction consulaire, d'autre côté le sieur Roger et autres ; d'un bout par derrière les héritiers du sieur Larcanier, d'autre bout par devant le sieur Caille. La vente en était faite par le prix de cinq mille livres et trois cents livres pour le vin, les trois cents livres payées comptant, et, pour le prix principal, une rente de deux cent cinquante livres à la venderesse, racquittable après son décès.

Cette cour, avec ses deux petits bâtiments, était à la hauteur du milieu de la bourse contre la face opposée à la rue ; les logements ne recevaient de jour que par la très petite cour environnée de maisons appartenant à divers particuliers. Le bureau de la recette de l'octroi était depuis quelque temps installé au rez-de-chaussée de l'un des bâtiments pour un loyer annuel de trente livres : il y resta ; l'autre servit de bucher dans le bas, et dans la chambre au-dessus on déposa les registres et les papiers des faillis.

Le mardi 6 juillet 1717, le prieur remontrait à la compagnie réunie en assemblée générale que depuis un très long temps les anciens prieurs et consuls avaient toujours cherché d'augmenter aussi bien la juridiction que la place couverte de la bourse, dont l'étendue s'était trouvée trop petite, tant pour le greffe, la chambre du conseil, celle de la chambre de commerce et celle des assemblées générales, que pour faire un greffe des assurances et avoir des endroits convenables où l'on puisse reposter et placer proprement les titres de la juridiction et les principaux registres et papiers de son greffe et de celui des assurances. Faute d'un endroit assez spacieux et commode, on avait été obligé de les mettre dans les greniers, où la plus grande partie se trouvaient gâtés et endommagés et même mangés des rats et des souris. Afin de remédier à ces inconvénients et trouver des endroits plus commodes et spacieux, ses prédécesseurs avaient eu différents pourparlers avec les propriétaires des maisons voisines, sans qu'on n'ait pu jusqu'alors acquérir qu'une maison attenante de la juridiction, celle des héritiers Cuillier, qui ne pouvait servir qu'à augmenter une partie de la bourse du côté du port. Une autre grande maison, en plusieurs tènements, prenant du bout de la maison Cuillier jusqu'au pavé de la rue des Charrettes, bornant des deux côtés et d'un bout la juridiction, donnerait lieu non seulement à l'augmentation de la bourse en longueur, mais même en largeur : ce serait un embellissement et donnerait une plus grande commodité pour y assembler les négociants et marchands. Cette grande maison, qui appartenait aux frères Larcanier, était aujourd'hui la propriété des frères Bézuquet, marchands en cette ville, lesquels, à la suite de conférences avec le prieur et le second consul, par la considération qu'ils avaient pour la compagnie, en vue de l'embellissement et de l'augmentation des appartements de la juridiction et de la place de la bourse, avaient consenti lui céder et vendre ledit tènement de maisons en circonstances et dépendances par le prix de quatorze mille livres, francs deniers venants en leurs mains, à la charge en outre par la juridiction et compagnie de les décharger de cent soixante-huit livres de rente envers le trésor de la paroisse de Saint-Etienne-des-Tonneliers pour la fondation faite en ladite paroisse par le sieur Larcanier.

Les avis de la compagnie pris, il fut délibéré d'avis uniforme que le tènement de maisons appartenant aux frères Bézuquet serait acheté au nom de la compagnie et qu'il en serait passé contrat de vente incessamment aux conditions convenues et la compagnie nomma le prieur, les deux consuls et le procureur-syndic commissaires pour passer ledit contrat de vente, les priant de voir l'intendant pour obtenir la décharge des droits d'amortissement tant de la maison Bézuquet que de celle ci-devant acquise de la dame Cuillier, attendu que lesdites maisons sont pour l'usage de la juridiction et des marchands et pour le service du public ; et au surplus, la compagnie délibéra que la somme de quatorze mille livres qu'il conviendrait débourser pour ladite acquisition, serait prise sur les deniers adjugés à la compagnie par arrêt du Conseil du 8 août 1713 sur l'octroi, et le tout conforme audit arrêt (1).

Le 26 novembre 1717, la vente était faite par Pierre Bézuquet marchand à Rouen demeurant rue des Charrettes, maître Nicolas Bézuquet prêtre curé de Biville-la-Rivière, et Louis Bézuquet marchand à Lyon, héritiers de dame Anne Le François leur mère, aux prieur et juges consuls des marchands, d'un grand corps de maison attenant et joignant la juridiction consulaire, ayant entrée et sortie tant par la rue des Charrettes que par la rue de l'Estrade, consistant en une grande cour, puits, quatre caves, une cuisine, une grande salle, un magasin, une écurie, avec toutes les chambres, cabinets et les greniers par dessus, le tout de fond en comble, borné d'un côté et d'un bout les susdites rues de l'Estrade et des Charrettes, d'autre côté les sieurs Millet et Blanchard ou leurs représentants, et d'autre bout la juridiction consulaire : ladite vente faite aux prix et charges acceptés par la délibération du 6 juillet.

La juridiction possédait maintenant sur la rue de l'Estrade tout l'espace compris entre la rue des Charrettes et la rue de la Lanterne, c'est-à-dire le terrain qui sera au xviiie siècle édifié du bâtiment consulaire qui est encore aujourd'hui en façade sur la rue Nationale.

Elle s'occupa presque aussitôt d'étudier la construction à faire sur l'étendue de sa nouvelle acquisition en vue de loger la chambre de commerce et les services en souffrance. Elle nomma quatre commissaires, MM. De la Rue, Fossard, Guillebon et Chenu (2), directeurs des bâtiments de la juri-

---

(1) Arch. Seine-Inf. C. 216.
(2) De la Rue (Jacques), élu second consul en 1707 ; Fossard (Pierre), procureur-syndic en janvier 1715,

diction. Le 12 septembre 1718 (1), l'un d'eux, M. De la Rue, communiquait à la chambre de commerce le plan dressé par le sieur Jarry architecte du nouveau bâtiment à construire, pour ce qui concernait la chambre et, après l'examen, le sieur Jarry avait promis de donner à l'assemblée prochaine un devis pour la dépense à faire (2). Dans l'assemblée suivante (19 septembre), la chambre examinait, avec les directeurs nommés pour les bâtiments de la juridiction, le plan desdits bâtiments dressés par le sieur Jarry (3). Le procès-verbal reste muet sur la critique qui en fut faite ; mais dans l'assemblée générale tenue le 14 décembre suivant, la compagnie a fait entrer le sieur Jarry qui a présenté un nouveau plan des bâtiments (4). Après quoi on n'entend plus parler ni de Jarry ni de plans pour la chambre de commerce. Il semble qu'on ait renoncé à cette construction particulière pour envisager une reconstruction générale, dont la vétusté des bâtiments va imposer la nécessité.

En 1719, la juridiction fut un moment troublée par la communication que lui fit l'intendant des ordres qu'il avait reçus du Conseil au sujet des réparations du Bailliage et de la Vicomté, que le Régent souhaitait être faites à frais communs par l'octroi de la ville et par celui du commerce, dont la dépense pouvait monter à douze mille livres. MM. du Siège avaient remontré à l'intendant qu'il conviendrait beaucoup mieux accorder ces fonds à la juridiction pour la bâtir, que de lui en demander pour la réparation du Bailliage et de la Vicomté. L'intendant avait fait réponse que cette affaire donnait ouverture à leur demande, que, comme la compagnie avait déjà délibéré que l'on chercherait les moyens d'obtenir les fonds pour bâtir la juridiction et faire une place couverte pour la commodité des marchands, si elle était encore dans les mêmes sentiments, il serait à propos d'y penser sérieusement ; et comme l'on ne pourrait parvenir à ce dessein que la compagnie s'était proposé, sans mettre quelques personnes dans ses intérêts, il conviendrait que la compagnie nommât des commissaires pour, conjointement avec

---

prieur en 1716 ; Guillebon (Jacques-Claude), procureur-syndic en juillet 1715, prieur en 1717 ; Chenu, deuxième consul en 1716.

(1) C'est sans doute à cette occasion que fut relevé le plan de 1718 conservé à la Bibliothèque nationale (Départ. des Estampes Va 382), dont le calque, pris sur l'original par M. Charles Wallon, architecte, a été réduit par lui pour la présente publication.

(2) Reg. des délib., III, 83.

(3) Ibid., 84.

(4) Ibid., 96.

le siège chercher les moyens convenables d'y arriver et les autoriser de faire les gratifications convenables à ceux qui pourraient aider à obtenir l'effet voulu, soit à Rouen, soit à Paris.

La compagnie, à laquelle le prieur avait rapporté son entretien avec l'intendant, délibéra d'abord que MM. du Siège iraient chez l'intendant lui faire les remontrances nécessaires au sujet des réparations à faire au Bailliage et à la Vicomté, et de demander que, si l'on était obligé de payer quelque somme conjointement avec l'octroi de la ville, du moins elle fût fixe. Elle délibéra en outre que MM. du Siège, conjointement avec MM. Le Couteulx des Aubris et Pommeraye (1) se retireraient vers l'intendant pour obtenir, avec la permission de bâtir la juridiction, les fonds à ce nécessaires; elle les autorisa à faire toutes les dépenses utiles pour y parvenir, soit à Rouen ou à Paris, par gratifications, dépenses de voyage ou autrement; après la permission obtenue, MM. De la Rue et Fossard seraient priés de se joindre à MM. des Aubris et Pommeraye pour faire faire le devis et tout ce qui serait nécessaire à ce sujet (12 octobre 1719).

Mais bientôt la réparation ne suffit plus. La maison consulaire était si ancienne et si caduque qu'elle ne se soutenait dans la plus grande partie que par des étais posés en dedans et au dehors. L'emplacement d'ailleurs était d'une trop petite étendue, surtout pour la bourse qui ne pouvait contenir tous les marchands qui étaient obligés d'y venir pour leurs négociations. En 1724 la juridiction fit des représentations au contrôleur général et sollicita la démolition du vieux bâtiment, la construction d'un nouveau et l'acquisition des maisons nécessaires pour ce dernier, en demandant que ces dépenses fussent prises sur l'octroi des marchands régi par la compagnie.

M. Dodun répondit de Versailles le 8 avril 1724 à M. de Gasville, intendant, qui avait présenté et appuyé la requête des consuls, par la lettre suivante :

« J'ay receu la lettre que vous avez pris la peine de m'écrire le 24ᵉ du mois passé au sujet de la permission que demandent les juges consuls et communauté des marchands de la ville de Rouen de démolir le vieux batiment de la bourse, pour en construire une nouvelle, avec les autres batiments néces-

---

(1) Le Couteulx des Aubris, qui avait exercé la juridiction consulaire avant la création de la chambre de commerce, avait été nommé syndic de celle-ci pour deux ans en décembre 1711 ; Pommeraye, élu procureur-syndic en 1709, prieur en 1711.

saires pour tenir la juridiction consulaire, les assemblées de la chambre de commerce et le bureau de l'octroy des marchands. Je trouve, ainsy que vous, que l'on peut leur accorder cette grace. Mais il est nécessaire que vous fassiez au préalable un devis estimatif de tous ces ouvrages et que vous sachiez à quoy pourra monter le prix des maisons qu'ils doivent achepter pour l'emplacement de ces nouveaux édifices, à l'effet de fixer sur le pied de ces dépenses la prolongation de l'octroy sur lequel ces frais doivent estre pris. Après quoy je vous prie de m'envoyer un projet d'arrest pour terminer cette affaire. »

Mais l'octroi des marchands, qui devait fournir les fonds nécessaires pour réaliser les projets de la juridiction, eut à cette époque à répondre à d'autres besoins, tels que la réunion d'offices, pour laquelle il eut à payer deux cent trente mille livres tant au trésor royal qu'aux traitants : ce qui ajourna l'exécution de ce que demandait la lettre du contrôleur général.

IV

Cependant la maison consulaire menaçait de plus en plus une ruine prochaine. Dans l'assemblée du 8 mars 1731, le prieur Béhic rappelle la délibération du 12 octobre 1719 ; il remontre la nécessité de rebâtir la juridiction dont le fondement s'effondre, qu'il faut étayer et fréquemment réparer à grands frais, sans conjurer le péril pour ceux qui y vont et viennent. Sur sa proposition, la compagnie ratifie et confirme la délibération d'octobre 1719, renomme les mêmes commissaires, qu'elle autorise à faire tant à Paris auprès du ministre qu'à Rouen auprès de l'intendant toutes les démarches utiles pour faire aboutir leur requête, dont ils feront valoir les motifs dans un placet auquel ils sont priés de travailler avec Messieurs du Siège.

Cette résolution ne paraît pas avoir produit d'effet : car le 10 décembre 1732, sur la représentation que fit le prieur qu'il n'avait été rien statué, et que la nécessité d'une réédification totale s'imposait, la compagnie délibéra : 1° qu'il convenait de travailler à ces besoins pressants, qu'à cet effet, pour tenir un ordre, il serait fait un registre de délibérations au commencement duquel les deux délibérations des 12 octobre 1719 et 8 mars 1731 seraient transcrites et ensuite tout ce qui serait décidé dans les assemblées qui se feraient à ce sujet (1); 2° qu'il serait présenté requête à l'intendant pour, sur son ordonnance, être dressé procès-verbal de l'état des bâtiments.

La requête datée du 10 décembre s'exprimait ainsi :

« Suplient humblement les prieur, juges consuls et procureur sindic des marchands de cette ville de Rouen, disant que le bastiment où se tiennent la jurisdiction consulaire, la bourse publique des marchands, la chambre de commerce, la recette et la direction de l'octroy sur les marchandises, est si caduque par sa vétusté, que depuis plusieurs années et récemment en celle-ci, on a esté obligé de placer plusieurs étays en différents endroits au dedans et au dehors et de soutenir la plus grande partie des sommiers qui sont rompus, avec de forts liens de fer d'espace en espace, en sorte que tout y menace une ruine prochaine et met les supliants ainsy que ceux que les affaires amènent à la juridiction, à la bourse couverte, à la chambre de commerce et à l'octroy, dans un péril imminent de leurs vies. Le commerce a mesme esté obligé d'emprunter le cloistre des Cordeliers pour tenir la bourse et les religieux n'entendent le prester que pour peu de temps.

« A ces causes, Monseigneur, il vous plaira ordonner qu'il sera fait visite des lieux, nommer à cet effet un architecte pour en dresser procès-verbal, sur lequel à vous raporté sera statué ainsy qu'il apartiendra et vous ferez justice. »

L'intendant de la Bourdonnaye répondit dès le surlendemain à la requête en ordonnant que par le sieur Martinet, ingénieur du Roi, il serait dressé procès-verbal de l'état actuel des bâtiments de la juridiction consulaire, pour, sur ledit procès-verbal, les suppliants se pourvoir ainsi qu'ils aviseraient bien être.

Six jours après, le procès-verbal était fait. « Tout le bâtiment, dit-il, est construit de bois très ancien et caduc ; le plancher au dessus de la bourse publique est soutenu par des poutres, sur le milieu desquelles sont construites les cheminées de la salle d'assemblée et de la salle du conseil, avec encore celles du logement du greffier, les cloisons de séparation des distributions, tout portant à faux ; aussy y en a-t-il de cassées, d'autres ployées en contre-bas, par conséquent le dessus des planchers très enfoncé, presque tous hors de leurs assemblages avec les pots qui les doivent porter, de ma-

---

(1) C'est le registre qui est actuellement aux archives du département et dans lequel nous puiserons les documents de ce qui va suivre.

nière que la principale face du bâtiment sur la rue des Consuls est écartée du plancher d'environ trois pouces.

« Pour remédier aux accidents qui n'auroient pas manqué d'arriver, il y a quatre étais de placés dans ladite rue, apliquez contre la face pour arrester, autant que faire se peut, son écartement et l'accroissement de son surplomb ; et pour empescher la chûte des poutres cassées et ployées et des planchers, elles sont armées de fer ; encore mieux, l'on a posé dessous des pots avec des semelles et des lacets, tant au rez de chaussée qu'au premier étage.

« Toutes ces précautions sont bonnes pour faire subsister le batiment encore un peu de temps, mais non pas sans danger tant de leur chutte que de l'incendie, les cheminées estant toutes lezardées.

« Joignant à ce batiment, sur la même face de la rue des Consuls, est une petite maison qui sert de logement à deux concierges de la juridiction et de l'octroy. Dans l'une des chambres l'on a pratiqué une buvette avec un cabinet pour serrer les robbes. . . . . ; dans laquelle chambre et cabinet nous avons remarqué que les planchers sont enfoncez, les poutres ployées et pourries ; dans le mur contre le voisin, sur lequel il y a une gouttière, une desdites poutres est cassée environ au tiers de sa longueur et pour en empescher la totale ruine et les accidents, elles sont armées de fer et étayées avec des pots, semelles et lacets.

« Ensuitte nous avons visité le petit bâtiment où est placé le bureau de la recette de l'octroy. . . . . Ayant descendu dans la cave sous ledit bureau de recette et examiné les poutres et les soliveaux qui portent le plancher, nous les avons trouvés entièrement consommez de pouriture, ce que nous avons reconnu aprez les avoir sondez en divers endroits. Quoiqu'il y ait sous ce plancher plusieurs étais, ils n'ont pu empescher son enfoncement, la pouriture des bois n'ayant pu soutenir le poids des autres étais qui sont placez au rez de chaussée dans le bureau de recette sous une poutre cassée et l'autre pourie dans ses bouts.

« Au premier étage au dessus du bureau de recette, il y a une chambre qui servoit cy devant de buvette, qui est abandonnée à cause de la prochaine ruine qu'elle anonce par ses fréquentes fractures et l'affaissement du plancher qui prend chaque jour de l'accroissement, quoique les poutres soient étayées. L'on est cependant obligé de la traverser avec le corridor qui la suit pour aller à la buvette et dans le cabinet où l'on met les robbes. Au dessus de cette chambre au second étage en est une autre en pareil état, le plancher du grenier est aussy semblable; l'on ne peut habiter ces lieux sans une juste crainte d'estre accablé sous les ruines, les bois estant usez de vétusté et pouriture.

« En face du batiment de l'octroy et vis à vis est un autre petit batiment qui ne tire son jour que sur la mesme petite cour : le rez de chaussée sert de bucher, dans le premier étage est une chambre où sont déposez les registres et papiers des banqueroutiers. Ce batiment ne nous a point paru aussy caduc que celuy de l'octroy, cependant très ancien ; nous n'avons rien trouvé qui nous puisse anoncer une ruine prochaine autre chose que la galerie qui communique dans ladite chambre, qui est affaissée, dont partie des bois sont pouris.

« De tout ce que dessus nous avons redigé notre présent procès verbal, pour servir ainsy qu'il apartiendra, que nous avons signé à Rouen le 18º décembre 1732.

« Martinet ».

Avec ce procès-verbal de l'ingénieur du Roi, la compagnie adressa un placet au contrôleur général pour obtenir sur l'octroi des marchands les fonds nécessaires pour la réédification du bâtiment consulaire (9 janvier 1733).

« ..... Comme l'octroy des marchandises ne tire son produit que du commerce des supliants, dit la requête, et que sur ce mesme octroy ont esté assignez des fonds pour dépenses estrangères au commerce (si l'on excepte le lazaret du Hocq) comme la construction du bâtiment de la Romaine, la réparation du pont de bateaux, celle du bailliage, celle du collège des jésuites, et en dernier lieu celle pour la décoration du chœur de l'église cathédrale de Rouen, les supliants se flattent, Monseigneur, que Votre Grandeur se portera encore plus volontiers à leur accorder sur l'octroy des marchandises la grace de faire une dépense qui est essentiellement utile au commerce.

« Ce considéré, Monseigneur, plaise à Votre Grandeur accorder aux supliants arrest qui ordonne qu'il sera incessamment procédé à la démolition du vieux batiment de la maison consulaire et à la construction d'un nouveau, tant pour y faire une nouvelle Bourse que pour bastir les lieux nécessaires à tenir la juridiction consulaire et son greffe, celui des assurances, les assemblées de la chambre de commerce, la direction et la recette de l'octroy des marchandises ; qu'au préalable le plan pour la nouvelle construction, les toisé et devis estimatif des ouvrages seront dressez sous les ordres de M. le commissaire départy ; qu'il sera permis aux supliants d'acquérir les maisons nécessaires pour l'emplacement, moyennant les prix, clauses et conditions que M. le commissaire départy estimera les plus convenables, et que le montant de l'adjudication desdits ouvrages, ensemble le prix des maisons à acquérir, seront pris sur le produit des droits d'octroy des marchandises, soudes et bois de teinture, parce que les supliants seront autorisez de faire l'emprunt des sommes nécessaires par contrats de constitution ou obligations, et d'y affecter les deniers provenants dudit octroy, dont sera prorogée la jouissance pendant le temps que Votre Grandeur jugera à propos, pour en compter, comme il est accoutumé, par devant M. le commissaire départy, et les supliants continueront leurs vœux pour la santé et la prospérité de Votre Grandeur. »

La compagnie avait envoyé une copie du placet à M. Pasquier, député, en lui écrivant, ainsi qu'à son prédécesseur et beau-père M. Godeheu, pour les prier de l'appuyer et d'en solliciter les fins. Tous deux assurèrent la compagnie de leur concours. Mais, M. Pasquier étant tombé malade, et le prieur ayant représenté dans l'assemblée du 21 février que la nécessité de réédifier le bâtiment de la juridiction était plus pressante que jamais, parce qu'il se répandait dans la ville des bruits que d'autres communautés, à l'exemple des pères Jésuites et de MM. du chapitre de Notre-Dame, demandaient à prendre des fonds sur l'octroi pour bâtir, la compagnie arrêta de députer à Paris M. Amaury, ancien prieur, pour solliciter assidûment et conjointement avec MM. Pasquier et Godeheu l'arrêt du Conseil. M. Godeheu approuva la compagnie d'avoir pris le parti le plus solide, en chargeant M. Amaury de se rendre à Paris dans le temps que M. de la Bourdonnaye y ferait son séjour.

Cependant M. Pasquier, rétabli, avait été voir M. Fagon. Il rendit ainsi compte de son audience : « M. Fagon me dit qu'il en avoit conféré avec M. le contrôleur général ; qu'avant toute chose, M. le contrôleur général vouloit qu'il fust dressé un plan figuratif des batiments tels qu'ils sont, qu'ensuite on en fist un autre de ceux que l'on se propose d'élever, avec un devis estimatif juste de ce que ces ouvrages cousteront ; qu'à cet effet M. le controleur général doit écrire à M. l'intendant pour faire faire ces plan et devis, de les luy envoyer et après cela il décidera ce qu'il y aura à faire. »

Le contrôleur général Orry écrivit en effet le 3 mars à l'intendant pour le prier de donner ordre au sieur Martinet de dresser un plan fort exact de l'état actuel des bâtiments, de marquer sur ce plan les endroits défectueux, de joindre à ce même plan les bâtiments qui en dépendent, de dresser un plan de redressement de ces bâtiments et un devis circonstancié de ce qui en coûterait, de donner un autre plan d'une construction nouvelle et d'y joindre un devis exact et circonstancié de ce qu'elle coûtera.

M. Pasquier repris de son indisposition, M. Amaury était venu à Paris, où M. Fosse, inspecteur général du commerce, voulut bien se joindre à lui pour solliciter l'arrêt. Le 5 avril il rend ainsi compte de l'audience du contrôleur général. M. Fagon l'avait introduit lui-même dans le cabinet du ministre : « Voilà à présent M. Amaury que je vous présente en député de sa compagnie pour vous demander un batiment. — Je n'ay vraiement pas trop d'envie de cela, répondit M. le controleur général, nous ne sommes guère en estat de bastir. » M. Fagon répliqua : « Il faudra voir cela. Vous avez demandé trois choses à M. de la Bourdonnaye. Quand elles vous auront esté envoyées, nous raisonnerons avec M. Amaury pour prendre un parti. — Il faudra bien faire quelque chose pour luy », répondit M. le controleur général. Alors je pris la parole pour le remercier, et j'entray dans un détail de raisons pour demonstrer la nécessité de bastir pour donner une juridiction et une bourse au commerce de Rouen, pour faire voir que notre demande n'avoit pour objet que l'utile et que s'il vouloit bien nous donner sa confiance et s'en raporter à nous, nous ferions une dépense qui seroit extrêmement ménagée. Je fis voir que notre emplacement ne pouvoit pas suffire, etc., en un mot je débitay ma marchandise pendant une petite demy-heure sans estre interrompu, et enfin M. le controleur général, en riant de tout son cœur, et regardant M. Fagon, dit : « Voilà vrayement de belles et bonnes raisons, je ne say pas comment nous nous en tirerons ». M. Fagon répondit : « Quand nous aurons tous les plans, nous voirons au juste de quoy il sera question. Cela n'est pas prest encore. Ainsy les solicitations de M. Amaury vont se tranquiliser. Nous le voirons en attendant pour autre chose. Tout fut dit avec beaucoup de bonté et d'amitié. M. Fosse apuya bien sur ce que nous ne demandions que le nécessaire et comme il estoit deux heures et que l'on annonçoit le disné de M. le controleur général, M. Fosse et moy nous nous retirames et le laissames avec M. Fagon... »

Au mois de mai, les plans et devis avaient été envoyés par l'intendant au contrôleur général. M. Amaury n'était pas retourné aussitôt à Paris, parce qu'il avait été informé qu'il ne serait rien décidé sur le bâtiment qu'au retour du voyage de Compiègne et jusqu'à ce que M. Fagon fût aussi de retour de sa campagne au commencement d'août.

Le 27 août, le prieur représentait à la compagnie « que depuis quelques jours les batiments de la juridiction paroissent menacer plus que jamais une ruine prochaine, plusieurs des étays qui ont cy-devant esté mis tant sur le rez-de-chaussée qu'au dedans desdits batiments, paroissant prest à sortir de leur assiette par le mauvais estat d'iceux ; ce qui ne peut estre occasionné que par la caducité des fondements, ainsy qu'il a esté employé au procès-verbal qui a esté dressé le mois de décembre dernier, sous les ordres de M. l'intendant, que depuis ce temps certains endroits desdits batiments ont baissé de près de deux pouces. Pourquoy il seroit à propos d'informer M. Amaury, député de la compagnie auprès de M. le controleur général, pour solliciter de relever à neuf lesdits batiments de ce nouveau dépérissement, afin que ledit sieur Amaury soit en estat de luy faire connoistre de plus en plus l'interest que le public a à ce que le placet soit répondu promptement ; que l'on pouvoit mesme écrire à M. Fosse répondant à la lettre qu'il a écritte à la compagnie le 19 mars, pour le remercier de ce qu'il veut bien se joindre à M. Amaury pour solliciter les fins de notre placet et l'engager à redoubler ses soins pour y réussir ; qu'il seroit encore à propos de présenter requeste à M. l'intendant pour estre permis de faire dresser procès verbal du déchet desdits batiments depuis celuy qui fut dressé au mois de décembre, pour ensuite l'envoyer à M. Amaury en ce qu'il poura s'en aider pour convaincre M. le controleur général de la justice des remontrances que la compagnie luy a faites à ce sujet. »

La compagnie écrivit le même jour à M. Fosse et à M. Amaury pour les prier de redoubler leurs soins et elle ajoutait en *post-scriptum* à la lettre adressée à celui-ci : « Le déchet de notre batiment est si considérable que, depuis notre lettre faite, nos anciens consuls nous menacent de cesser de se trouver aux assemblées ordinaires d'octroy et de commerce, mesme de nous aider aux affaires de jurisdiction, si nous ne leur procurons pas un apartement où ils se croient en sureté. Enfin il vient d'estre convenu que toutes assemblées se feront en la chambre de buvette, comme la meilleure, quoyque, comme vous le savez, elle ait eu besoin d'estre étayée depuis trois ou quatre mois... En vérité l'affaire demande prompte décision pour prévenir les accidents auxquels il n'y auroit plus à remédier lorsque nous les voirions. Dieu soit notre garde. Car nous risquons tout à tenir notre audience dans ces batiments. »

Le 2 septembre, la compagnie adressait à l'intendant la requête suivante :

« Suplient humblement les prieur, juges consuls et procureur sindic des marchands de cette ville de Rouen, disant que le 18 décembre dernier, en conséquence de votre ordonnance du 12, il a esté dressé procès verbal de la caducité des batiments de la jurisdiction, bourse publique des marchands, chambre de commerce et direction de l'octroy ; que, quoy qu'il soit constant par ce procès verbal que l'on ne peut hanter ces batiments sans risque, les supliants n'ont encore pu obtenir au Conseil, où ils se sont pourvus, la permission de rebatir à neuf, ce qu'ils ont interest d'obtenir incessamment tant pour la seureté publique que pour la leur propre, d'autant que ces batiments dépérissent tous les jours, soit enfin en ce que plusieurs des étays qui ont esté posez pour le faire subsister, forcez par le fardeau de ce qui est au dessus, quittent leur aplomb, que parce que quelques planchers se disjoignent de nouveau des paroys, de sorte que M^{rs} les anciens prieurs, juges consuls, sindics de la chambre de commerce et directeurs de l'octroy, ne trouvant plus de seureté dans lesdits apartements, ne veulent plus y tenir leurs assemblées.

« Ce considéré, Monseigneur, il vous plaise ordonner qu'il sera fait une nouvelle visite des lieux, à cet effet nommer un architecte pour dresser procès verbal du dépérissement desdits batiments depuis le mois de décembre dernier, et ledit procès verbal vous estant raporté, ordonner qu'il en sera délivré une copie aux supliants, aux fins par eux de se pourvoir de nouveau au Conseil de Sa Majesté sur la nécessité de rebatir à neuf tous lesdits batiments. Et vous ferez bien. »

Dès le lendemain, la requête était répondue et le procès-verbal dressé. M. Martinet avait trouvé que le plancher de la chambre du greffier au-dessus de la chambre du conseil, était beaucoup plus enfoncé ; qu'il s'était écarté du mur de refend d'environ un pouce, ce qui avait occasionné la cassure des plâtres et la chute de quelques morceaux des entrevoux des soliveaux dans ladite chambre du conseil ; que, dans le bureau de la recette de l'octroi, les pieds des étais s'étaient enfoncés dans les poutres, à cause de la pourriture, de trois quarts de pouce ; les étais, qui étaient posés sous le plancher de la cave, étaient aussi enfoncés dans la terre, qui était souvent remplie d'eau ;

quand la rivière était haute, ces mêmes eaux filtraient dans toutes les fondations des bâtiments : aussi n'avaient-ils aucune solidité et la plus grande partie étaient desserrés et hors de leur aplomb. Ces enfoncements nouveaux avaient occasionné les brisements et les fractures qui avaient été entendus. Pour prévenir les accidents, l'expert estimait qu'il convenait étayer les travers des soliveaux des planchers depuis le fond de la cave dans tous les étages jusqu'au grenier, ce qui n'avait pas été fait, parce que lesdits étaiements rendraient ces bâtiments inhabitables.

Le 10 septembre, M. Amaury rendait compte en personne de toutes les démarches qu'il avait faites tant auprès du contrôleur général que de M. Fagon, pour obtenir le nouveau bâtiment sur le plan qui en avait été envoyé par l'intendant, et de toute la bonne disposition en laquelle le contrôleur général était d'accorder cette demande. Pour y parvenir, le ministre avait commis, par ordre du Roi, le sieur Blondel, architecte, pour visiter les anciens bâtiments de la juridiction, ainsi que ceux qui y sont contigus et qu'il convient d'acquérir, et M. Amaury avait reçu ses ordres pour donner les instructions nécessaires au sieur Blondel pour l'exécution de sa commission.

Dans le courant du mois, l'architecte Blondel était venu à Rouen et avait rendu compte de sa visite au contrôleur général, dont la conviction était faite. Car le 15 octobre, M. Fosse écrivait à la compagnie : « J'oserois vous assurer du succès et que vous aurez mieux que ce dont vous vous étiez flattés, à moins qu'il n'arrive quelque contre temps que je ne puis prévoir. Je feray en sorte de mettre les choses en état que M. Amaury, avec son talent de bien dire et de persuader, ne soit pas obligé de faire icy long séjour et qu'il en reparte avec une décision à votre satisfaction. »

M. Amaury écrivait de Paris, le 12 décembre, à la compagnie :

« Messieurs, j'eus hier l'honneur de voir M. Fagon ; j'en fus receu très favorablement. Après l'avoir entretenu d'affaires particulières, je lui demanday si je pouvois enfin espérer une décision favorable au sujet du batiment que nous demandions. Il me dit avec satisfaction qu'il avoit mis cette affaire en règle pour ne me pas faire languir à mon arrivée, que les plans, devis estoient prests ; que j'eusse à les voir en son bureau ; que tout estoit au mieux et enfin que M. le controleur général m'accordoit ma demande, qu'il feroit dresser incessamment l'arrest, après que nous aurions conféré ensemble sur l'arrangement et la forme dans laquelle il doit estre conceu ; que nous n'avions qu'à acheter les maisons en question. Je luy dis que nous avions besoin d'un arrest qui nous y authorizât. Il ne le comprenoit pas ainsy : il me répondit qu'il feroit donc expédier un autre arrest *ad hoc*. Je luy representay que tout cela se pouvoit faire par un seul et mesme arrest ; que je croyois qu'on en avoit uzé ainsy pour la maison de M. le premier président..... M. Fosse fut présent à la conversation, et c'est principalement à luy que nous devons le succès de cette affaire .... ; il n'y a point de mystère à en faire, pour que ceux qui ont voulu traverser mes sollicitations et mes démarches, en ressentent plutôt la confusion..... »

Deux jours après, M. Amaury écrivait de nouveau : « ... Samedy je persuadai M. Fagon que la permission d'acquérir et de batir devoit estre par un mesme arrest. Sur quoy il donna ordre à M. Danot son premier commis d'en faire le projet afin d'accélérer. Je vis les plans, tout forme un batiment magnifique et bien mieux qu'on devoit l'espérer. Hier je fus jusqu'à deux heures avec M. Fagon : il me donna le projet d'arrest pour l'examiner et y réformer ce qu'il seroit nécessaire : ce que je fis dans le moment et ensuite il fut lu et relu et aprouvé. Il me promit de le faire signer aujourd'huy à Versailles à M. le Controleur général ; ensuite il sera expédié en parchemin et passera au sceau, parce qu'il est en commandement à cause des acquisitions à faire de gré à gré ou, au défaut, à deue estimation.

« Il n'est pas fait mention dans l'arrest de permission d'emprunter, parce que vous l'avez. Je dois vous dire encore que l'arrest ne vous limite aucune somme : vous acquérerez et vous payerez du produit de l'octroy ; vous ferez batir sur les plans et vous payerez l'adjudication de même : point de difficulté, tout cela est au mieux et votre dépense montât-elle à 500 mil livres, vous êtes en règle.

« J'ay l'honneur d'être avec un puissant attachement, etc.

« Amaury. »

L'arrêt avait été rendu le 22 décembre 1733, il ne put être scellé que le 14 janvier suivant ; M. Amaury en remettait l'expédition le 19 aux mains du prieur qui en fit donner lecture à la compagnie assemblée le 21 janvier. L'arrêt autorisait la compagnie à faire démolir les bâtiments servant actuellement à usage de juridiction, chambre de commerce, bourse et octroi, d'acquérir même les maisons voisines jusques à la petite rue aboutissant de la rue des Charrettes à la rue de la Lanterne, pour, sur le terrain, être construit le nouveau bâtiment, à l'adjudication duquel il serait, par l'intendant, procédé incessamment, conformément aux plans et devis estimatifs dressés le 7 septembre précédent par le sieur Blondel : le prix des ouvrages, ainsi que celui des maisons acquises, devant être payé sur les ordonnances de l'intendant par les directeurs de l'octroi des marchands des deniers provenant du produit dudit octroi.

Comme on comptait travailler incessamment à la démolition des bâtiments, le prieur fit adopter par la même assemblée des mesures propres à assurer un local convenable pour tenir les audiences du siège et les assemblées de la compagnie, pour loger le greffe de la juridiction et la direction de l'octroi. Les Cordeliers avaient offert de céder deux grandes salles de leur maison, qui pouvaient servir aux audiences et aux assemblées ; on offrait, d'un autre côté, une maison à portée du port qui paraissait convenable pour y mettre le bureau général de l'octroi, le greffe de la juridiction et le logement du greffier.

L'assemblée arrêta que MM. du siège, conjointement avec M. Amaury, présenteraient l'arrêt à l'intendant pour avoir incessamment son attache. M. de La Bourdonnaye le fit suivre de son ordonnance datée du 25 janvier.

La compagnie leur avait adjoint trois commissaires, MM. Le Couteulx des Aubris, H. de Saint-Aubin et Pommeraye, pour tout ce qui devait s'ensuivre de l'arrêt.

V

Suivant l'arrêt du 22 décembre, les maisons devaient être acquises par les consuls et en leur nom. Mais, par un autre arrêt du 6 février 1734, le Roi jugea à propos d'ordonner qu'elles seraient acquises par Sa Majesté et en son nom, et qu'au surplus, l'arrêt du 22 décembre serait exécuté selon sa forme et teneur, c'est-à-dire le prix payé par les directeurs de l'octroi des deniers provenant du produit dudit octroi.

En conséquence, dès le 19 février, l'intendant ordonnait aux différents locataires des maisons à acquérir, de vider, pour Pâques prochaines, les maisons qu'ils occupaient, disant qu'ils seraient dédommagés à proportion du temps qu'il auraient à jouir desdites maisons suivant leurs baux et des frais qu'ils auraient à faire de Pâques à la Saint-Jean, et pour arbitrer les dommages, renvoyait devant MM. Le Couteulx et Pommeraye, commissaires nommés à cet effet, lesquels cependant agiraient en présence de

MM. les prieur et consuls, sauf en cas de contestation à venir devant l'intendant. Et le 27 mars 1734, en vertu d'une déclaration donnée par le procureur général au nom du Roi, pour parvenir au décret des héritages à acquérir, furent achetées au nom et au profit du Roi, en vue de la construction de la maison consulaire, les cinq maisons suivantes :

1° De Jacques Roger, deux maisons joignantes l'une l'autre, l'une ayant sa principale entrée sur la rue de la Lanterne, ayant onze pieds de face au rez-de-chaussée sur ladite rue et seize pieds ou environ au-dessus de la porte qui sert d'entrée à la ruelle qui sert de passage pour communiquer de la rue de la Lanterne à la rue des Charrettes, attendu les bâtiments qui dépendent de ladite maison qui sont construits sur ladite ruelle : ladite maison bornée d'un côté par le bas au rez-de-chaussée ladite ruelle, et par le haut les héritiers de Franqueville ; d'autre côté, le sieur Caille ; d'un bout la maison ci-après, et, d'autre bout, le pavé du Roi en ladite rue de la Lanterne.

L'autre desdites maisons ayant son entrée par ladite ruelle, bornée d'un côté par le bas ladite ruelle et par le haut lesdits héritiers de Franqueville ; d'autre côté la juridiction consulaire ; d'un bout le sieur Varin, procureur du Roi en la vicomté de Rouen, et d'autre bout en partie la première vendue et en outre le sieur Caille.

Par le prix de treize mille cent livres ;

2° De Pierre Varin, une maison de fond en comble, ayant son entrée sur la ruelle qui sert de passage pour communiquer de la rue des Charrettes à celle de la Lanterne, bornée d'un côté ladite ruelle, d'autre côté la juridiction consulaire, d'un bout le sieur Roger ; compris dans la présente vente la portion des bâtiments de ladite maison qui s'étend sur ladite ruelle entre les bâtiments de la maison du sieur Leduc et la soupente qui dépend de la maison du sieur Roger.

Par le prix de cinq mille cinq cents livres ;

3° De Charles Caille, une maison de fond en comble, bornée d'un côté les juges-consuls, d'autre côté le sieur Roger ; d'un bout par derrière lesdits juges-consuls en partie et, en outre, en partie ledit sieur Roger, et d'autre bout par-devant le pavé du Roi en la rue de la Lanterne.

Par le prix de trente-cinq mille livres ;

4° De Nicolas-Michel Leduc, un tènement de maisons appliqué en deux louages, sis rue des Charrettes, borné d'un côté le sieur Martin, d'autre côté au rez-de-chaussée la ruelle qui sert de passage pour communiquer de la rue des Charrettes à la rue de la Lanterne, et par le haut le sieur Roger, à cause des bâtiments qui font partie de ladite maison qui sont construits sur ladite ruelle jusqu'à ceux qui dépendent de la maison du sieur Varin ; d'un bout et par derrière le sieur Varin et d'autre bout par devant le pavé du Roi en ladite rue des Charrettes.

Par le prix de treize mille livres ;

5° De François Martin, une maison de fond en comble consistant en plusieurs appartements, tant sur le devant que sur le derrière, assise rue des Charrettes, bornée d'un côté les juges-consuls représentant Lascanier, d'autre côté le sieur Leduc, marchand à Rouen ; d'un bout la juridiction consulaire, d'autre bout la rue des Charrettes.

Par le prix de neuf mille cinq cents livres.

L'ensemble des acquisitions faisait un prix total de soixante-seize mille cent livres, qui fut payé des deniers de l'octroi des marchands. Les contrats furent portés au contrôle le 1er avril ; ils furent contrôlés et insinués ; mais les droits montant à deux cent soixante livres pour le contrôle, à sept cent soixante et une livres pour le centième denier, et formant avec les quatre sols pour livre une somme de mille deux cent vingt-cinq livres quatre sols, ne furent pas payés. L'intendant, vu l'arrêt du 6 février 1734, considérant que les droits n'étaient pas dus pour les acquisitions faites au nom et au profit du Roi, avait ordonné qu'ils demeureraient sursis jusqu'à ce que le Conseil eût décidé la question.

VI

Les plans du bâtiment à élever avaient été dressés par l'architecte du Roi Blondel, qui avait été envoyé à Rouen, au mois de septembre précédent, par le contrôleur général pour visiter les bâtiments de la juridiction. Ils étaient ainsi expliqués :

« La superficie du terrain où sera posé ce bâtiment contient environ 223 toises ;

« La face du costé de la rue des Consuls, 24 toises 5 pieds compris les avant-corps ; celles en retour, dont l'une au nord et l'autre au midy, 12 toises 2 pieds chacun, sur 45 pieds de haut, depuis le dessus du pavé de la rue pris au milieu de la rue des Consuls jusqu'au dessus de l'entablement.

« Ce bâtiment sera composé d'un grand corps de logis sur la rue des Consuls, de deux ailes en retour sur les deux rues, et d'un corps de bâtiment dans le milieu pour le grand escalier, deux petits escaliers de dégagement et deux parties de bâtiment adossées au grand corps pour servir de communication et de dégagement; dans l'enceinte seront pratiquées deux cours.

« Ledit bâtiment sera élevé d'un rez-de-chaussée de 20 pieds de haut sous planchers, d'un premier étage de 22 pieds en ce qui sera sur la rue des Consuls, et les deux autres auront 18 pieds de haut entre les deux planchers; sera pratiqué des logements au-dessus dudit premier étage dans les deux ailes seulement, pour servir l'un pour le greffier, l'autre pour le secrétaire; sera aussi pratiqué des entresols dans les deux ailes, le tout suivant les grandeurs et distributions figurées et cottées sur les plans, profils et élévation. »

L'adjudication eut lieu publiquement le 20 mai devant Louis-François, marquis de La Bourdonnaye, intendant de la généralité de Rouen. En premier lieu, des adjudications séparées par nature d'ouvrages furent faites conditionnellement. L'intendant en ayant fait la récapitulation et ayant trouvé que le total montait à cent soixante-dix mille trois cents livres, jugea que ce prix n'était point assez avantageux pour le Roi et proposa aux adjudicataires présents que si quelqu'un d'eux, conformément à la clause portée dans l'affiche, voulait se charger de l'adjudication totale, il y serait reçu, en faisant par lui un rabais. Sur l'offre du sieur Bernard de se charger de l'entreprise moyennant cent soixante-huit mille livres, des enchères eurent lieu et l'ouvrage fut adjugé pour cent soixante-trois mille livres au sieur Jacques-André Fromageau, qui fournit caution le même jour.

Mais, dans la huitaine, le sieur Henry Pillet fit signifier à l'intendant un triplement de l'adjudication en déclarant un rabais de quatre mille cinq cents livres. Le 27 mai, sur ce prix de cent cinquante-huit mille cinq cents livres, au premier feu, le sieur Fromageau déclara ne vouloir mettre aucun rabais, et Pillet fut déclaré adjudicataire.

Le même jour, l'architecte Blondel faisait approuver par l'intendant le devis des ouvrages pour être exécutés suivant ses plans.

VII

La démolition des vieux bâtiments allait rendre immédiatement nécessaire une installation provisoire. Dès le 15 février, la compagnie avait adopté un devis pour la construction d'une salle d'audience et d'une chambre de conseil pour les prieur et juges consuls, salle et chambre qui devaient être pratiquées dans le couvent des cordeliers, voisin de la maison consulaire, tant dans le grand que dans le petit chapitre et appartement y joignant au bout. Le 3 avril, sur la requête du procureur syndic des marchands, expositive que le transport de la juridiction des consuls dans l'enclos des pères cordeliers, pendant le temps de la bâtisse, pourrait être de prétexte aux parties chicaneuses d'incidenter de l'exécution de leurs sentences, ou aux officiers leur devant service, de s'en abstenir, la cour du parlement rendit un arrêt qui fut imprimé et affiché. La reproduction de l'arrêt était sur l'affiche suivie de cet avis : « Le public est averti qu'à commencer le mercredy 5ᵉ jour de may 1734, l'audience de Mʳˢ les prieur et consuls de cette ville de Rouen se tiendra dans l'enclos des R. R. P. P. cordeliers, que l'entrée de la juridiction se trouvera par la petite ruelle qui communique de chez lesdits pères cordeliers à la rue Saint-Etienne, et ce pour autant de temps qu'il conviendra à celuy de la démolition et réédification des batiments qu'ils occupoient cy devant ; le tout ainsy qu'ils y sont authorisez par l'arrest de la cour dessus copié, à ce que les y dénommez et justiciables ayent à s'y conformer. A Rouen, ce 22 mai 1734. »

Pour loger les autres services, la compagnie fit un bail de trois ans, de Pâques 1734 à Pâques 1737, par lequel Messire Charles Le Gendre, chevalier, seigneur de Romilly, Berville et autres lieux, maréchal des camps des armées du Roi, commandeur de l'ordre militaire de Saint-Louis, louait aux prieur et consuls une maison de fond en comble sise derrière les murs, paroisse Saint-Vincent, moyennant la somme de neuf cents livres par an. On y mit le bureau général de l'octroi, le greffe de la juridiction, les assemblées ordinaires de la chambre de commerce et celles de l'octroi, le chartrier de la juridiction de la chambre et de l'octroi, ainsi que le logement du greffier Panel.

Enfin le 15 mai, on loua encore, pour cent vingt livres par an, une maison pour loger le commis-greffier des assurances Thibault pendant la bâtisse de la juridiction.

VIII

Cette bâtisse demanda plusieurs années à édifier. Ce n'est que le 8 mai 1741 que l'architecte Blondel reçut les ouvrages livrés par l'entrepreneur Pillet.

Le nouveau bâtiment répondait largement et noblement à tous les services qu'il avait à satisfaire : bourse commune pour les marchands, juridiction consulaire, chambre de commerce. Chacune de ces destinations était indiquée par une inscription latine qui faisait allusion à son objet, inscription gravée en lettres d'or sur une plaque de marbre noir dans un cartouche sculpté au-dessus des trois portes qui donnaient accès de la rue à chacun des services. A l'entrée de la bourse, sur la rue des Consuls, on lisait :

FOVENDIS
QUOTIDIANO CONGRESSU
COMMERCIIS

Au-dessous de la porte de la juridiction, dans la rue des Charrettes :

DISCUTIENDIS
COMPENDOSIO JURE
COMMERCIIS

Enfin, à l'entrée de la rue de la Lanterne, pour la chambre de commerce :

PROMOVENDIS
PRUDENTI CONCILIO
COMMERCIIS

La grande salle de la bourse, dallée en pierre, occupait tout le rez-de-chaussée du bâtiment principal en façade sur la rue des Consuls jusqu'aux deux rues latérales, avec une vaste entrée par le milieu donnant par trois portes juxtaposées, un libre accès à la foule des négociants. En face de cette entrée un large passage entre colonnes conduisait au pied du grand escalier en traversant le milieu de la galerie qui allait de la porte de la rue des Charrettes à la porte de la rue de la Lanterne. Dans la cage de l'escalier éclairée par deux hautes baies sur chacune des faces donnant sur les cours, un large degré de pierre montait d'une volée, bordé d'une balustrade en fer travaillé, jusqu'à un palier à mi-hauteur posé contre le mur du fond. Au milieu de ce mur un grand panneau de pierre contenait une niche où sur un piédestal sculpté en pierre se dressait en face de la montée une statue en pierre du roi Louis XV, œuvre de François Ladatte. Le piédestal portait en lettres d'or, gravée sur un marbre blanc, la gratitude du commerce de Rouen, dans l'inscription suivante :

<pre>
            LUDOVICUS XV
    AD URBIS ORNAMENTUM, AD COMMERCII
                DECUS
        AD REGNI TOTIUS UTILITATEM
               EREXIT
         ANNO DOMINI MDCCXXXV.
</pre>

Du palier l'escalier remontait par deux volées latérales jusqu'à la galerie régnant à l'étage au-dessus du rez-de-chaussée, entre les appartements de la juridiction au nord et ceux de la chambre de commerce au sud, avec la grande porte d'entrée de la salle d'audience dans le milieu à l'arrivée de l'escalier.

Avec sa salle d'audience et sa chambre du conseil, la juridiction occupe près des deux tiers de la façade principale jusqu'à la rue des Charrettes. Dans la salle en regard du siège se dresse l'autel, entouré d'une balustrade en fer et orné d'un Christ peint par Vanloo, où le chapelain de la juridiction dit la messe avant l'audience, comme avant l'élection annuelle des consuls, présidée par les commissaires du parlement qui assistent à l'office en cérémonie avec toute la compagnie consulaire. La moitié de la salle dallée en pierre avec petits carreaux de marbre noir sert d'auditoire; au-delà du barreau le prétoire est parqueté; vers le fond est le triple siège du prieur et des deux consuls, la petite table du greffier par devant. Autour de la salle, aux parois des murs sont pendus douze portraits des Rois de France qui étaient dans l'ancienne juridiction et qui ont été revernis et réparés et mis dans des cadres dorés plus grands. La salle du conseil, parquetée et lambrissée de chêne, possède une cheminée de marbre. Elle communique avec la buvette, grande salle dallée en pierre et marbre noir et lambrissée de chêne, qui se trouve dans l'aile en retour sur la rue des Charrettes et ouvre sur l'extrémité de la galerie. A l'autre extrémité de la galerie, dans l'aile en retour sur la rue de la

Lanterne, est l'entrée de la chambre des assemblées de la chambre de commerce, grande pièce parquetée et lambrissée de chêne, avec une cheminée en pierre. Une porte la fait communiquer avec la salle plus grande qui remplit l'espace de la façade sur la rue des Consuls resté libre derrière la cloison de la juridiction. Cette salle dallée en pierre et marbre noir est lambrissée et possède une sortie sur la galerie ; elle a une cheminée de marbre dans le milieu du mur entre les deux portes. Elle s'appela dans l'origine la *salle du concert* (1). Elle servait aux assemblées générales de la compagnie. Les ailes du nord et du sud ont des appartements au rez-de-chaussée, à l'entresol et au-dessus des salles de la buvette, d'une part, des assemblées ordinaires de la chambre, d'autre part. Sur la rue des Charrettes, la juridiction avait son greffe au rez-de-chaussée, son concierge à l'entresol, le logement de son greffier au second étage. Du côté de la rue de la Lanterne, la chambre de commerce avait le bureau de l'octroi au rez-de-chaussée, son secrétariat à l'entresol, le logement de son secrétaire au second étage. Ces appartements accessoires étaient desservis par les petits escaliers logés dans l'angle de chaque cour. Les rez-de-chaussée étaient carrelés, les entresols et les seconds étages planchéiés, et le tout lambrissé de sapin.

Ainsi se trouvaient répartis dans la jouissance commune d'une même maison les services de deux corps qui ne font qu'une même compagnie, produite tout entière par le seul recrutement de la juridiction consulaire. Le siège, constitué par le prieur et les deux consuls, forme avec le procureur syndic le corps de la juridiction. L'adjonction à ce corps des syndics nommés en

(1) Nous avons trouvé dans la première liasse du carton n° 46 la mention d'une requête adressée le 8 avril 1747 par les prieur et juges consuls à l'intendant lui exposant que les dispositions pour réparer le plancher sous l'auditoire de la juridiction et la chambre du conseil ont été faites et permettent d'y travailler plus tôt qu'ils ne l'auraient cru, en sorte qu'il leur a fallu penser assez rapidement à établir leur audience dans la salle qui est contiguë à la salle où le concert se tient. Obligés de pourvoir à la tranquillité de l'audience, du lundi prochain, ils ont parlé à MM. les directeurs du concert, qui ont promis de renvoyer au lendemain le concert du lundi. Mais c'est à l'intendant qu'ils s'adressent pour obtenir que la répétition et le concert demeurent fixés à des jours qui ne soient pas des jours d'audience tels que le mardi, le jeudi ou le dimanche, tant qu'ils seront dans le cas de tenir l'audience dans cet appartement.

M. de la Bourdonnaye leur répond de Paris le 10 qu'il approuve l'arrangement pris par les directeurs du concert avec les prieur et juges consuls pour le changement des jours du concert, et il ajoute : « Bien entendu que ce ne sera que pendant le temps que vous serez obligés de tenir vos audiences dans la pièce qui sert de chambre de commerce et que lorsque vous reprendrez l'usage de votre salle ordinaire, nous reprendrons aussi nos jours. »

On voit ainsi que des concerts se donnaient régulièrement dans cette salle qui est aujourd'hui la salle des Tableaux et ces exécutions musicales avaient une attache officielle.

conséquence de l'arrêt du 19 juin 1703 et choisis parmi les anciens prieurs ou consuls, en fait la chambre de commerce. Réunis en assemblée générale, sous la présidence du prieur en exercice, les anciens prieurs, consuls et syndics, avec les membres de la juridiction et ceux de la chambre de commerce en exercice constituent *la compagnie*. La chambre de commerce prend parmi les membres de la compagnie les directeurs caissiers de l'octroi des marchands.

Le superbe bâtiment dans lequel la compagnie s'installait avait considérablement dépassé le prix de l'adjudication à cause d'une quantité d'ouvrages qui n'avaient pas été compris dans le devis. Les fondations avec leurs pilotis n'y figuraient que pour mémoire : l'estimation en avait été réservée pour être l'objet d'une adjudication spéciale après que la démolition des vieilles maisons eût permis de reconnaître l'état et la nature du sol. La dépense en fut faite par augmentation et s'éleva à cinquante-huit mille huit cents livres pour fournitures et ouvrages de pilotis, charpente, gros fers et maçonnerie. Une augmentation d'environ dix-neuf mille livres fut causée par d'importantes additions en lambris, parquets, menuiserie dans les bureaux, bancs dans la bourse ; de trois mille cinq cents livres par des travaux de serrurerie, sans doute la ferronnerie de la rampe de l'escalier et du couronnement des grilles formant les cinq portes au dehors ; de mille quatre cents livres pour le pavage extérieur au pourtour du bâtiment. En outre la partie artistique de l'œuvre n'était pas au compte de l'entreprise : on paya au sculpteur Ladatte un mémoire de huit mille neuf cent cinquante livres qui devait comprendre la sculpture, au grand fronton de la façade, des armes du Roi et des attributs du commerce, et sur chacun des milieux des petites faces celle des armes de la province de Normandie et des armes de la ville de Rouen ; dans la cage d'escalier et dans la galerie, la décoration de l'encadrement des baies et du panneau et de la niche du mur du fond, celle du piédestal de la statue du Roi. Celle-ci, avec les frais du transport et de la pose avait coûté trois mille cent trente-huit livres ; la balustrade de la chapelle quatre cent quatre-vingt-dix-neuf livres, le tableau de Vanloo huit cents livres, la restauration des douze portraits de rois sept cent quatre-vingts livres. Les ouvrages payés par augmentation montèrent à près de cent mille livres. Après la réception du bâtiment, les directeurs de l'octroi versèrent le mois suivant, juin 1741, à l'entrepreneur Pillet, une somme de quatre mille treize livres huit sols pour solder ses mémoires montant ensemble à deux cent dix-sept mille trois cent treize livres huit sols, augmentations comprises. Avec les frais des pilotis des fondations et les payements faits aux artistes en dehors de l'entreprise, la dépense totale du bâtiment montait à quatre cent quatre mille cinquante-huit livres huit sols. Pour la solder, avec le prix et les frais des acquisitions d'immeubles qui représentaient une somme de quatre-vingt-huit mille huit cents livres, l'arrêt du 22 décembre 1733 aurait dû ouvrir à la juridiction un crédit de plus de quatre cent mille livres (1); il n'avait limité aucune somme; on était encore resté en deçà des cinq cent mille livres dont parlait M. Amaury dans sa lettre du 14 décembre 1733.

La question des droits réclamés par le directeur des domaines, du contrôle, centième denier, insinuation et autres droits était restée en suspens. Le fermier n'en avait pas requis la décision du Conseil auquel l'avait renvoyé l'ordonnance de l'intendant du 1ᵉʳ avril 1734. Après un silence de cinq années, le 20 octobre 1739, il représenta une requête à l'intendant qui la rejeta le 6 février suivant par une ordonnance motivée, son avis étant que les droits n'étaient pas dus pour les acquisitions faites au nom et au profit du Roi ; ce qui était le cas, puisque le prix de ces acquisitions avait été

---

(1) 1º Prix d'achat des cinq maisons .... 16.100 »
    Contrôle, centième denier et quatre sols pour livre 1.225 4
    Frais des acquisitions 1.356 10
    Vins et indemnités aux locataires .... 3.046 »
    Impenses pour installation provisoire 7.072 19
                                                 88.800 13   88.800 13
2º Prix d'adjudication des ouvrages du devis .... 158.500 »
3º Fondations sur pilotis .... 58.800 »
4º Ouvrages supplémentaires de menuiserie 18.922 13
    —   de serrurerie .... 1.148 »
    —   de plâtrier .... 845 »
    —   de peinture 1.446 15
    Pavage au pourtour du bâtiment 1.409 18
    Restauration des douze portraits des rois .... 780 »
    Balustrade et tableau de la chapelle .... 1.299 »
    Marbres avec inscriptions .... 1.205 »
    Statue de Louis XV de Ladatte 3.138 6
    Mémoire de sculpture de Ladatte .... 8.950 »
                                             97.957 13   97.957 13
                                                                          404.058 8

payé, comme toutes les dépenses du bâtiment des deniers de l'octroi, qui n'appartiennent pas aux marchands et consuls de Rouen, mais au Roi, qui seul en dispose ainsi et de la manière qu'il lui plaît, sans que les marchands et consuls en puissent employer la moindre partie sans son ordre.

Quatre ans plus tard le fermier revint à la charge devant M. de la Bourdonnaye, demandant pour les droits divers, objet de six contraintes qu'il avait délivrées, une condamnation montant, y compris l'amende, à dix-neuf mille neuf cent soixante-deux livres dix-sept sols quatre deniers.

L'intendant confirma le 16 août 1744 son ordonnance du 6 février 1740 en l'étendant à tous les droits réclamés et renvoya sur le tout les parties se pourvoir au Conseil.

Les prieur et juges consuls justifièrent devant le Conseil leur résistance aux prétentions du fermier, dans un mémoire où ils établissaient que ce faisant ils défendaient contre l'avidité de celui-ci la caisse de l'octroi qui leur était confiée; qu'ils devaient en conserver les deniers et ne les employer que par ordre du Roi, qu'autrement ils ne mériteraient pas d'en avoir l'administration.

S'il n'y a pas d'arrêt qui tranche le litige, c'est apparemment que le fermier des domaines se désista de sa poursuite.

IX

Mais la compagnie se trouva bientôt troublée dans la tranquille jouissance de ce beau palais. Peu d'années après qu'elle en eut pris possession, certains mouvements des planchers attirèrent l'attention de Messieurs du Siège : ils s'aperçurent que ceux du dessus de la bourse et celui du dessus de la buvette avaient fléchi; ils s'enfonçaient de plus en plus au point de donner une juste inquiétude : ils requirent l'intendant de faire visiter le bâtiment.

Par ordre de celui-ci, l'ingénieur du Roi, Martinet, fit la visite, trouva le péril sérieux, fit poser des étais sous les poutres et dressa un procès-verbal de l'état du plancher.

Il en décrivait d'abord la construction : Au-dessus de la grande salle de la bourse large de vingt-huit pieds, qui s'ouvre sur le grand escalier par un passage de vingt-sept pieds de largeur, le plancher a été construit en trois parties. Celle du milieu, sur une longueur de vingt-sept pieds, correspondant à l'écartement des colonnes du passage vers l'escalier, est accompagnée de solives portées d'un bout dans le mur de façade dans la rue des Consuls, de l'autre sur un poitrail posé sur les colonnes, lequel porte une double cloison en charpente dont les poteaux vont jusque sous les entraits du plancher du grenier. De chaque côté de cette partie médiane, sur une longueur d'environ neuf toises et demie, d'une part vers la rue des Charrettes, de l'autre vers la rue de la Lanterne, l'espace est divisé par cinq poutres : la première au départ vers la rue de la Lanterne, porte à faux la cloison en charpente qui sépare la salle d'audience de la salle du concert; dans l'autre travée, la seconde poutre à partir de la rue des Charrettes, porte, également à faux, la cloison en charpente qui sépare la chambre du conseil de la salle d'audience. Le plancher posé sur ces pontons est parqueté dans la chambre du conseil et dans la salle de la juridiction en deçà du barreau qui forme le prétoire; au-delà, dans l'auditoire et dans la salle du concert, il est carrelé de pierre de liais et de marbre noir. Le plafond de plâtre qui règne au-dessus de la bourse en noyant les poutres, se résout en corniches le long des murs.

Tout le plancher au-dessus de la bourse était considérablement enfoncé, dans des endroits plus que dans d'autres : de deux pouces et demi dans le milieu du poitrail porté dans les colonnes, de deux pouces dans la salle du conseil, de deux et demi à la troisième et à la quatrième poutre, de cinq dans le milieu de la cinquième : c'est l'endroit où s'assemblent un grand nombre de personnes qui sont appelées, lors des élections des consuls et encore un plus grand nombre de clients quand on plaide leurs causes. Dans la seconde travée chargée d'un dallage en pierre, les enfoncements de la superficie étaient encore plus considérables : la sixième poutre qui porte la cloison de la salle du concert, avait fléchi de six pouces. L'expert ayant fait abattre les corniches de plâtre, trouva les poutres pourries dans les bouts et estima que les bois étaient de très mauvaise qualité, « ayant été abattus après leur retour, quand la sève ne leur fournissoit plus de nourriture ». Il en conclut qu'il y avait six poutres à remplacer.

Il avait encore observé que les deux tuyaux de descente pour les latrines placés dans les angles des petits escaliers étaient percés dans la pierre de Saint-Leu dont les murs étaient construits, sans y avoir mis aucuns boisseaux de terre ou conduite de plomb et que les pierres étaient entièrement calcinées et ne pouvaient subsister.

Il estimait à neuf mille livres la dépense à faire pour ces réparations (12 mars 1745).

Sur les ordres du contrôleur général, l'architecte Blondel se transporta à Rouen pour contrôler cette expertise. Il refit avec Martinet, le 12 septembre, un nouveau procès-verbal concluant à remplacer les quatre poutres sous le premier plancher de la bourse, du côté de la rue de la Lanterne, qui étaient échauffées et en partie pourries dans leurs portées ; de doubler les deux poutres joignant la travée du milieu ; mais que la partie du plancher du côté de la rue des Charrettes, dont le plancher n'était enfoncé que de deux pouces dans le milieu, sans fracture dans le plafond, et dont les poutres étaient saines, ne demandait aucun rétablissement. Enfin, la poutre au-dessus de la buvette était à remplacer et les tuyaux des latrines devaient être réparés.

En réponse à une requête des prieur, juges consuls et procureur syndic de la juridiction, l'intendant donna le 24 septembre une ordonnance qui les autorisait, attendu la provision de la chose et le danger imminent, à faire travailler, sous l'inspection du sieur Martinet, à la réparation des articles dont il était fait mention dans le procès-verbal des experts. Ils obtenaient en même temps mandement d'assigner Pillet devant l'intendant pour se voir condamner aux frais des réparations du bâtiment et qu'en sa présence ledit bâtiment fût de nouveau visité et procès-verbal dressé par tel architecte qu'il plairait à l'intendant de nommer pour sur icelui et sur le devis présenté être ordonné ce qu'il appartiendrait.

L'ordonnance fut signifiée à Pillet qui protesta auprès de l'intendant en rappelant les circonstances et les conditions de l'adjudication et les termes du devis concernant les poutres : vingt-cinq poutres de trente et un pieds et demi sur seize à dix-sept pouces d'épaisseur. Il avait fait venir ses bois de la Champagne, la seule province d'où l'on tire les bois pour les bâtiments du Roi et pour la marine, comme étant de la meilleure qualité, et la seule où l'on puisse trouver des pièces de pareil échantillon ; ils avaient été flottés jusqu'à Rouen, été vus et examinés à Vitry-le-Brûlé par le sieur Barthélemy, commis par tous les marchands de bois de Paris pour les visiter, déposés et ouvragés à Rouen aux yeux de tout le public ; tout le monde les avait vus avec applaudissement ; vus et examinés par le sieur Blondel, taillés sous ses yeux, mis en place sur son aveu et son approbation ; posés dans le cours de 1735. Le reste du bâtiment avait été achevé quelque temps après, les retards étant causés par augmentation d'ouvrages non prévus au devis. Le fléchissement du plancher était dû à l'insuffisance de grosseur des poutres, leur pourriture avait d'ailleurs été occasionnée par l'humidité des plâtres dont on les avait revêtus ; les exemples étaient fréquents de bois sains pourris rapidement par la même cause.

Sans s'arrêter aux objections de Pillet, les prieur et consuls présentèrent à l'intendant une nouvelle requête pour qu'il fût dressé procès-verbal de l'état actuel du bâtiment et des poutres déplacées, par deux architectes choisis par chacune des parties ; ils nommaient de leur part le sieur Martinet, ingénieur du Roi, et priaient l'intendant d'ordonner que le sieur Pillet en nommerait un de la sienne en dedans huit jours, et que faute par lui de ce faire, il plût à l'intendant d'en nommer un d'office. L'intendant donna, le 1er décembre, une ordonnance conforme à la requête. Pillet y fit opposition, trouvant la procédure irrégulière, et dans le fond distinguant deux choses : la visite des quatre ou cinq poutres défectueuses, sur laquelle il s'en rapportait à la prudence de l'intendant, et la visite de la totalité du bâtiment pour laquelle la demande n'était pas recevable.

L'intendant rendit compte du litige au contrôleur général qui lui fit la réponse suivante :

« Le 28 janvier 1746.

« Monsieur, je me suis fait rendre compte de la lettre que vous avez pris la peine de m'écrire le 20 de ce mois et de toutes les procédures qui y étoient jointes concernant l'état actuel des bâtiments de la jurisdiction consulaire de Rouen. Je ne puis qu'approuver le soin que vous avez bien voulu prendre de m'informer de tout ce qui s'est passé depuis le dernier procès-verbal dressé par les sieurs Blondel et Martinet, et je pense comme vous qu'il est nécessaire de faire procéder à une nouvelle visite exacte et faite contradictoirement avec le sieur Pillet, entrepreneur. C'est pour remplir ces vues que j'ay déterminé le sieur de l'Espée, l'un des architectes de l'Académie, et dont la réputation est d'ailleurs connue, à se rendre à Rouen pour faire cette visite conjointement avec le sieur Martinet, nommé par les consuls, et vous pouvez faire remplir de son nom l'ordonnance que vous avez rendue le 24 du mois passé, à moins que vous ne jugiez plus convenable d'en rendre une nouvelle. Vous aurez agréable de me mander dans quel temps il devra se rendre à Rouen, afin que je puisse l'en instruire et le disposer à partir. Le sieur de l'Espée, Monsieur, qui est chargé ordinairement de la réception des bâtiments qui se font pour le compte du Roi, et à qui une longue expérience a procuré des connoissances qui ne peuvent être contestées, est plus en état que personne de procéder à la visite dont il s'agit, et le choix ne peut qu'en être approuvé. Je dois mesme vous informer que le sieur Pillet qui, par les requestes qu'il vous a présentées, a paru vouloir, sous différents prétextes, éluder cette visite, a luy mesme consenty qu'elle soit faite par le sieur de l'Espée et doit se rendre à Rouen pour y estre présent, persuadé que par l'évènement on le trouvera plus malheureux que coupable et bien disposé à faire toutes les réparations qui seront nécessaires.

« Je suis, etc.,

« MACHAULT. »

En communiquant aux prieur et consuls la lettre du contrôleur général, M. de la Bourdonnaye ajoutait : « Pillet, que j'ay vu, ne m'a pas paru si disposé à acquiescer à la visite, du moins s'oppose-t-il formellement à ce qu'elle soit générale ».

Il débouta d'abord Pillet de son opposition et nomma d'office le sieur de l'Espée pour procéder conjointement avec le sieur Martinet à la confection du procès-verbal de visite, ainsi qu'il était porté dans son ordonnance du 1er décembre (10 février 1746).

La procédure nécessaire accomplie, les experts commençaient le 7 mars la visite des bâtiments, le 10 ils signaient leur procès-verbal.

Ils avaient fait un examen général de la construction aussi bien pour la maçonnerie que pour la charpente. Ils avaient constaté que dans le choix de la pierre on n'avait pas toujours suivi les indications du devis. Ainsi la pierre de Caumont avait été substituée à la pierre de Vernon dans les premières assises des murs de face et sur les cours ; à la pierre d'Arcueil pour les appuis des croisées des murs de face et pour le dallage du rez-de-chaussée ; à la pierre de liais pour le socle rampant portant la rampe du grand escalier et pour les marches dudit escalier. Ils avaient observé toutefois que la pierre employée avait été tirée du banc le plus dur de la carrière et que la qualité en était bonne. Ils étaient en conséquence d'avis d'accepter la substitution avec la différence qu'elle comportait dans le prix. Mais le dallage, dont les pavés, en majeure partie, n'avaient pas l'épaisseur convenue et avaient été simplement posés en plâtre au lieu d'être posés et fichés au ciment, devait être relevé : un tiers des dalles, d'épaisseur suffisante, serait réemployé le long des murs, les deux autres tiers remplacés par des pavés neufs en pierre d'Arcueil, le tout posé et fiché en ciment.

Pour la charpente, les experts trouvèrent démontées les quatre poutres de la travée vers la rue de la Lanterne et déjà posées les poutres neuves qui les remplaçaient. Des poutres mises à terre, l'une avait son bois roulé, l'autre était pourrie dans le cœur sur toute sa longueur, une autre totalement pourrie dans toute sa longueur et son épaisseur, la quatrième pourrie dans ses portées à quatre et cinq pieds en deçà.

La cinquième et la sixième poutres posées sur les doubles pilastres de chaque côté du plancher du milieu avaient présenté un état assez sain pour être laissées en place : on les avait seulement doublées, par augmentation, chacune d'une poutre neuve pour mieux résister à des charges qui, comme le pan de bois du refend qui séparait la salle de la juridiction de la salle du concert, portaient à faux sur le plancher : ce pan de bois avait été réédifié dans de meilleures conditions.

Dans la seconde travée, vers la rue des Charrettes, la première poutre en partant de la rue avait une partie trop faible dans sa portée contre la cheminée de la chambre du conseil ; la deuxième, près d'une cloison en charpente portant à faux sur le plancher, était pourrie dans une de ses portées ; on n'avait pu mettre à découvert la troisième et la quatrième placées sous les sièges de la juridiction, mais la tarière qui les avait sondées n'avait remué que du bois pourri.

En conséquence, outre les quatre poutres neuves déjà mises en place et qui devaient être au compte de l'entrepreneur, il devait encore en mettre quatre autres à ses frais.

Le poitrail sur les colonnes était pourri sur cinq pieds de longueur par un bout, échauffé par l'autre ; l'autre poitrail servant de marche de palier au grand escalier et retenant la butée des voûtes des deux rampes, était pourri dans une de ses portées. Ils étaient à remplacer chacun par une pièce neuve de trente et un pieds de longueur et de vingt pouces de grosseur.

Enfin, au second plancher, l'examen des poutres servant d'entraits aux assemblages du comble fit constater la qualité meilleure de leur bois et leur construction plus solide, étant soutenues dans leurs milieux par de forts étriers en fer et supportées à chacune de leurs portées par de forts liens. Une seule, au-dessus de la buvette, la plus prochaine de la salle du conseil, était pourrie et même cassée à deux pieds près de la portée, et devait être remplacée.

Le calcul des moins-values d'une part, et de l'autre de la dépense à faire pour remettre le bâtiment en état de braver le temps, amenait les experts à conclure que, tant pour l'excédent du prix des ouvrages qu'il n'avait pas exécutés suivant son devis, que pour les réparations nécessaires à faire pour son compte, l'entrepreneur demeurait redevable d'une somme de douze mille cinq cent soixante livres douze sols huit deniers.

L'intendant écrivait de Paris, le 20 mars, aux juges consuls : « J'ay receu, Messieurs, la lettre que vous avez pris la peine de m'écrire pour me marquer ce qui avoit esté fait à Rouen par raport à votre batiment par le sieur de l'Espée. Je l'ay vu icy depuis et il m'a remis son procès-verbal que j'ay examiné et qui m'a paru bien fait. Je vous l'envoie afin que vous puissiez le faire signifier et prendre les conclusions que vous jugerez convenables. J'en ay gardé une copie, outre celle que j'avais adressée à Monsieur le Controlleur général qui est très instruit de cette affaire et qui me l'a demandée. Il ne paraît pas disposé à excuser le sieur Pillet et son intention n'est pas même qu'il touche en aucune façon aux réparations qui sont à faire, mais qu'au contraire on les fasse faire, comme on a commencé, par économie et pour le mieux, sauf à en faire payer à Pillet la dépense ou à s'arranger avec lui pour une certaine somme. »

Dans la requête qu'ils présentèrent le 3 avril à l'intendant, les prieur et juges consuls ne se contentèrent pas de demander contre Pillet condamnation au payement de l'indemnité appréciée par les experts ; mais, se fondant sur ce que ceux-ci avaient reconnu que sur trois des principaux articles, les deux poitrails devant l'escalier et la poutre du second plancher, ils n'étaient pas certains d'avoir déterminé un juste dédommagement, les consuls voulaient qu'il plût à l'intendant au surplus leur accorder dès à présent recours et garantie sur ledit sieur Pillet de ce qu'il en pourra coûter d'excédent et au-delà de ladite estimation tant pour les frais de la réfection des trois articles spécifiés que pour ceux que la réfection desdits articles pourra occasionner dans le reste du bâtiment, le tout sur les mémoires et quittances que les suppliants en produiront, et condamner pareillement le sieur Pillet au coût du procès-verbal et aux dépens, et en cas de contredit, vu le péril imminent et la saison convenable, ils demandent d'être autorisés par provision à faire travailler aux réparations du bâtiment et à les faire continuer ainsi qu'ils ont commencé.

Pillet répondit au procès-verbal des experts et à la requête des prieur et consuls en cherchant à justifier son œuvre, dont l'entreprise d'ailleurs lui avait causé une perte de plus de trente mille livres, tant sur le bloc de l'adjudication que sur les mémoires des ouvrages d'augmentation, pilotis, maçonnerie et charpente, qui avaient été réduits par l'architecte.

La substitution de la pierre de Caumont à la pierre de liais, pour l'escalier, a été faite du consentement de l'architecte. Les marches devaient être faites d'un seul morceau : n'étant pas possible d'en trouver de cet échantillon en bonne pierre de liais, le sieur Blondel, qui présidait l'ouvrage et sans l'aveu duquel on ne pouvait rien employer, examina l'escalier qui est dans l'hôtel du premier président et qui est de pierre de Caumont, et l'ayant trouvé très beau et très solide, il jugea plus à propos qu'on se servît aussi de pierre de Caumont, qui, quand elle est dure, compacte et de grain fin, telle que celle qui a été employée, coûte presque autant que la pierre de liais.

Il en est de même pour les dalles de la bourse; c'est le sieur Blondel qui a ordonné à l'entrepreneur de se servir de pierre de Caumont qui restait depuis plusieurs années de la construction du grenier à sel de Rouen. Il avait reconnu qu'elle était dure, solide, compacte, d'un grain fin, et l'avait jugée préférable à la pierre d'Arcueil, parce qu'elle avait fait son effet depuis le temps qu'elle était exposée aux injures de l'air. C'est lui qui a ordonné de même de les couler et poser en plâtre, au lieu de ciment, parce que le plâtre forme une liaison plus pleine et plus égale. Si une partie du pavé a souffert quelque altération depuis qu'il est posé, ce n'est point par défaut de solidité de l'ouvrage, mais uniquement par l'effet de l'inondation qui est survenue depuis et qui a couvert ce pavé de deux ou trois pieds pendant un temps assez considérable (1).

A l'égard de la charpente, Pillet conteste la prétention des experts que la pourriture des bois procède de ce qu'ils ont été abattus après leur retour, la sève n'y fournissant plus de nourriture ; il soutient que le plus ou moins de pourriture qui se trouve dans les pièces de bois condamnées, ne provient que de ce qu'elles ont été recouvertes de plâtre, puisque toutes les autres et les bois des combles, qui sont de la même qualité et qui sont exposées à l'air,

(1) Inondation de décembre 1740.

sont encore aujourd'hui aussi saines que lorsqu'elles ont été posées. L'expérience journalière apprend que l'humidité des plâtres fait souvent pourrir les bois de la meilleure qualité dans l'espace de quatre ou cinq ans.

Sa conclusion est de débouter les consuls de leur demande, ou, avant faire droit, en ce qui concerne la charpente, ordonner que les pièces de bois litigieuses seront vues et visitées par un seul expert qui déclarera d'où procède la pourriture intérieure, si l'humidité des plâtres dont les bois ont été recouverts ne suffit pas seule pour les avoir endommagées, ou de quelle autre cause la pourriture peut provenir et si son principe ne peut avoir été tellement secret et caché qu'il a été impossible à l'entrepreneur de le reconnaître et de s'en apercevoir lors de leur position.

Pillet n'eut pas de succès dans sa requête : il dut se soumettre à la condamnation qui paraît l'avoir atteint de payer à la juridiction consulaire une indemnité de douze mille livres dont il s'acquitta en quatre termes (il faisait un troisième payement de trois mille livres le 9 octobre 1746) et de laisser mettre en adjudication la réparation du bâtiment des consuls.

Le 15 avril 1747, l'ingénieur Martinet présentait le devis des ouvrages à adjuger. L'adjudication en fut faite le 19 mai, au troisième feu, à Nicolas Letellier, pour le prix de vingt-deux mille cinq cents livres.

On remplaça les huit poutres pourries du plancher au-dessus de la bourse, on posa deux poutres neuves, l'une sous la cloison séparant la juridiction de la salle du concert, l'autre sous le barreau isolant le parquet de la juridiction ; le plancher de poutrelles du milieu fut redressé. Le poitrail ou marche de palier du grand escalier fut remplacé par un poitrail neuf en chêne de dix-neuf à vingt et un pouces d'équarrissage. Quant au poitrail porté sur les quatre colonnes du passage, il fut supprimé et l'on fit à la place une plate bande en pierre de Saint-Leu, construite en claveaux d'une seule pierre taillée suivant les dessins qui avaient été tracés en grand. On remplaça aussi la poutre brisée du plancher au-dessus de la buvette.

Ces travaux avaient entraîné le démontage des parquets de la chambre du conseil, de la salle d'audience et des appartements au-dessus de la buvette, du carrelage de la salle du concert, de l'auditoire de la juridiction, du palier du grand escalier et de la galerie ; le démontage des chambranles des cheminées dans la salle du concert et dans la chambre du conseil, de la balustrade de la chapelle, des lambris des diverses pièces touchées par la réparation et la remise en place du tout. Le grand plafond de la bourse fut refait à neuf, ainsi que les plâtres sous le palier, les corniches de l'escalier, celle des deux côtés contre la cloison de la salle du concert, les corniches et les cadres dans la salle de la bourse suivant les anciens profils.

On démonta aussi et on rétablit en pierre de Saint-Leu les deux parties du mur dans l'angle des petits escaliers où les latrines avaient calciné les pierres et on y posa des tuyaux de descente en plomb, pesant ensemble deux mille vingt-six livres, sans compter cent soixante-quinze livres de soudure.

Au rez-de-chaussée, le pavage de dalles de pierre de Caumont fut refait en pierre d'Arcueil. On remania jusqu'à la toiture : la couverture d'ardoises qui était au pied de la lanterne, étant trop plate, les eaux ne prenaient d'autre écoulement que dans la charpente qu'elles pourrissaient : on refit cette couverture en tables de plomb ; on refit à neuf cinquante pieds de faîtage, soixante-sept pieds de bourseaux, cent quatre-vingt-douze de noues, le tout formant un poids de six mille sept cent dix-huit livres de plomb et de cinquante-sept livres de soudure.

Enfin on fit des distributions dans le grenier au-dessus de la chambre du conseil et d'une partie de la juridiction, avec des bulottes pour y donner du jour.

Dans chacune des petites cours, on construisit un hangar pour serrer le bois.

Tous ces ouvrages furent reçus par l'ingénieur Martinet le 9 septembre 1750.

La juridiction et la chambre de commerce jouirent désormais en sécurité de leur beau palais. Cependant, vingt ans plus tard, un remaniement aurait été fait aux abords de l'escalier, si nous en croyons le témoignage d'une inscription latine gravée au haut du pilastre à gauche :

Arcum hunc et scalæ aditum invenit perfecitque Franciscus Romanus Lequeu, hujusce urbis architectus anno Domini MVCCLXX.

Mais je n'ai trouvé ni dans l'étude des lieux, ni dans les documents, ni dans la tradition, l'explication de cet ouvrage.

X

A la même époque, le dessus des portes aux deux bouts de la galerie donnant entrée à la chambre de commerce d'une part, à la salle de la buvette de la juridiction de l'autre, reçut la décoration de deux bas-reliefs du sculpteur rouennais Jaddoule, représentant par allégorie le commerce et la justice consulaire. Le commerce est figuré par deux enfants, dont l'un, appuyé contre un léopard, pour rappeler qu'il s'agit de la Normandie, tient dans ses mains un caducée et une bourse, l'autre une corne d'abondance d'où s'échappent des fruits et des coquillages, ce qui doit exprimer les avantages du commerce réunissant toutes les nations. Sur le devant, on remarque un miroir, symbole de la prudence, un coq, symbole de la vigilance, une tête de chien pour indiquer la fidélité et la confiance réciproque qui doivent régner dans le commerce ; dans le fond, des fragments de vaisseau, une ancre, un baril, un ballot. Pour représenter la Justice, un enfant tient d'une main un glaive, et de l'autre, le livre des lois sur lequel on peut lire cette phrase bien appropriée du Deuteronome : *Audite illos et quod justum est judicate, sive civis sit ille, sive peregrinus*. Un autre enfant, appuyé sur un faisceau de baguettes, symbole de l'autorité, tient un sceptre terminé par une main, pour rappeler la solennité du serment, et une branche d'olivier exprimant la satisfaction et la paix intérieure, qui prouve la justice bien rendue ; une balance complète l'allégorie. Pour faire comprendre que la justice est une vertu descendue du ciel, le sculpteur a figuré des génies et des nuages dans le fond du tableau (1).

Quelque temps après, la chambre de commerce recevait le don d'un jeune artiste, fils d'un marchand de la ville, Lemonnier, qui, ayant, l'année précédente, remporté le premier prix de l'Académie royale de peinture, ne voulut pas partir pour Rome « sans laisser à sa patrie un monument de son pinceau ». Le 25 mai 1773, Lemonnier père présentait lui-même à la chambre, avec une lettre de son fils, le portrait en pied que le jeune homme avait fait du monarque « dans toute sa magnificence ». La chambre, pour remercier le père et le fils de leur hommage, offrit à l'un une médaille d'or et remit, pour défrayer le pensionnaire du Roi de son voyage en Italie, une bourse de cinquante louis. Elle pria le procureur syndic de s'occuper de faire encadrer le tableau et de le placer convenablement sur la cheminée de la chambre. Le procureur syndic crut devoir consulter les artistes les plus en

---

(1) J'emprunte cette description à la communication récemment faite à la Société des Amis des Arts par M. Geispitz, bibliothécaire archiviste de la chambre de commerce, qui en a puisé les éléments dans les archives de l'Académie de Rouen, à laquelle Jaddoulle présenta, le 31 janvier 1770, les esquisses de ces bas-reliefs comme œuvre de réception. Le travail de M. Geispitz a été reproduit dans le *Bulletin de la Société des Amis des monuments rouennais*, année 1902.

état de lui donner de bonnes instructions. Il en résulta qu'on serait obligé de déplacer le panneau de lambris; il invita la chambre à profiter de la circonstance pour substituer au chambranle de pierre de liais qui formait la cheminée actuelle, un chambranle en marbre d'une hauteur et largeur proportionnées à l'appartement : la cheminée existante était beaucoup trop étroite et trop basse; elle déparait la chambre et était incommode. La compagnie se rendit à cette invitation et décida que le tableau du Roi Louis XV serait placé au-dessus de la cheminée de la chambre après qu'elle aurait été changée de forme en hauteur et en largeur avec un chambranle en marbre (1). La belle cheminée Louis XVI en marbre gris qui fut posée à cette occasion, orne toujours la salle des séances de la chambre.

La présentation qui fut faite de la compagnie au roi Louis XVI le 28 juin 1786, au palais du cardinal où Sa Majesté était descendue, en s'arrêtant à Rouen au retour de sa visite de la digue de Cherbourg en construction, fut un évènement mémorable, dont la chambre de commerce arrêta de conserver le souvenir en peinture. Elle en demanda l'exécution à l'artiste à qui elle devait le portrait du père du souverain. Le bel ouvrage de Lemonnier représentant l'audience donnée dans la salle des États par le roi Louis XVI au corps de la juridiction et de la chambre de commerce, fut placé dans la salle du concert sur le mur du fond formant cloison avec la juridiction, dans le panneau du milieu. Lors de la Révolution, ce tableau fut presque miraculeusement soustrait par son auteur à la destruction qui atteignait alors toutes les images des Rois, et à laquelle n'échappèrent ni le tableau de Louis XV, de la chambre de commerce, ni les douze portraits de rois de la juridiction. Nous avons raconté ailleurs (2) comment il fut sauvé, restauré et rendu à la chambre de commerce où il décore aujourd'hui le dessus de la cheminée dans la salle de la bibliothèque.

Le même peintre avait encore reçu de la chambre de commerce la commande d'un grand tableau qui ne mesurait pas moins de vingt-six pieds en longueur et de quatorze en hauteur. Cette peinture représente l'*Esprit du commerce* par une allégorie figurée près d'une ville maritime. Il fut remis à la chambre de commerce le 1ᵉʳ juillet 1791, presque à la veille de sa suppres-

---

(1) Reg. des délib., XV, 491-93, 498-99.
(2) *Précis de l'Académie de Rouen*, année 1895-1896.

sion. Il fut placé dans la salle du concert dont il couvrait les trois fenêtres du côté du sud, où la chambre de commerce, rétablie en 1802, le retrouva en place. La salle en fut appelée la *Salle du Tableau* (1).

XI

Il y a lieu de rattacher à l'histoire de la maison consulaire celle de la Bourse découverte, lieu de naissance, pour ainsi dire, de toutes les institutions commerciales dont nous parlons.

La Bourse des marchands ne fut d'abord qu'une assemblée en plein air, qui se tint nécessairement au siège du commerce principal de la ville, sur le quai du port maritime, où confluaient acheteurs et vendeurs avec leurs intermédiaires les courtiers. C'est sous les murs de la cité, devant les navires, que nous trouvons l'origine de notre Bourse découverte et qu'elle y restera, malgré les crises qu'elle aura à traverser par le fait des révolutions ou des redressements de voirie, survivant même à l'enlèvement que nous avons vu faire de la grille, signe extérieur de son siège.

Ce siège était voisin de celui de la juridiction consulaire : la rue où était celui-ci conduisait à l'autre hors les murs, et le nom de l'*Estrade* lui en fut donné, ainsi qu'à la porte où elle aboutissait. C'est entre cette porte et celle de la Haranguerie, sur le quai des navires, qui fut ainsi appelé et qui s'appelle encore quai de la Bourse, que nous constatons la place commune des marchands, plantée d'arbres dès le xvie siècle, enclose au xviiie.

Elle fut longtemps avant de recevoir la marque extérieure de son privilège.

En 1664, on la limite de bornes en pierre ou *heurteux*, simple défense contre le passage des chevaux et des charrois. On dégage ensuite ses abords de petits bâtiments qui ôtaient la beauté de la place et empêchaient la liberté de l'entrée. Déjà les beaux ombrages de la Bourse découverte, avec son exposition au midi, étaient aussi goûtés des marchands aux heures d'assemblées que de la population le reste du jour.

La clôture réelle ne vint que plus tard ; elle fut la conséquence d'un arrêt du Conseil que la chambre de commerce avait sollicité par une requête présentée en 1730 et par un mémoire produit en 1732 et obtenu le 31 décembre

---

(1) Elle s'appelle aujourd'hui la *Salle des Tableaux*, depuis l'exécution des trois peintures du legs Bouctot.

1743, faisant défense à tous faillis et banqueroutiers et autres gens sans aveu, de se trouver sur les places de la Bourse de Rouen aux heures d'assemblée, à peine de trois mille livres d'amende encourue par ce seul fait. Il n'était possible d'assurer l'exécution de cet arrêt qu'au moyen d'une enceinte continue autour de la place.

L'espace de trois cent vingt-huit pieds en long sur une largeur intérieure d'environ trente-huit pieds, s'étendant au pied du mur de la ville entre les deux portes que nous avons dites, fut enclos d'un bahut en pierre, dans lequel fut scellée une grille de fer forgé. La clôture laissait trois entrées, une dans chaque bout, avec trois marches d'accès du côté de la porte de l'Estrade, deux du côté de la porte de la Haranguerie, la troisième dans le milieu de la façade sur le quai, avec deux marches d'accès.

L'ensemble faisait un harmonieux décor autour des beaux ombrages de la place. Le parement en pierre dure du mur de la ville au fond de la Bourse, avait un arrangement symétrique avec la division de la grille en façade sur le quai. Le milieu, correspondant à l'entrée sur le quai, était, sur une longueur de quatorze pieds et demi, occupé par un méridien, ouvrage des frères Slodtz (1), auxquels on doit la fontaine de la place de la Pucelle; il couvrait toute la hauteur du mur en le dépassant. A droite et à gauche de ce méridien, la façade du mur était divisée en quatorze tableaux séparés par des pilastres; chacune de ces vingt-huit divisions avait onze pieds de largeur; sur toute sa longueur, le mur était surmonté d'une balustrade en pierre de Saint-Leu, régulièrement interrompue par le sommet des pilastres, entre lesquels on comptait sept balustres et deux demi-balustres accolés; le tout surmonté d'une tablette en pierre dure. La hauteur totale du mur était de seize pieds et demi.

Sur une ligne parallèle au mur, la grille était, à droite et à gauche de l'entrée du milieu, qui correspondait au méridien du fond, divisée par des pilastres de ferronnerie distants de onze pieds de centre en centre, soit quatorze travées de chaque côté, correspondantes aux tableaux de la muraille. Les trois portes étaient à double vantail avec un encadrement ouvragé. Extérieurement, le bahut de pierre qui portait la grille était flanqué d'une borne pour écarter les roues des voitures. A l'intérieur une double rangée d'ar-

---

(1) Ce méridien a été décrit par M. J. Noury dans sa brochure sur la Bourse. Lors de la démolition de la Bourse pour cause de voirie, en 1826, il fut transporté dans le jardin de Saint-Ouen, où il existe toujours, adossé aux anciens murs du couvent.

bres plantés en quinconce longeait la grille. Entre les arbres étaient des bancs. Tout l'espace entre cet ombrage et le mur était libre.

Cette Bourse découverte, ainsi plantée et ornée, était devenue le lieu de prédilection des bourgeois ; ombragée et garnie de bancs, elle était, dans la partie la plus animée des quais et par sa belle exposition au midi sur la rive du fleuve, un endroit charmant pour la promenade ou pour le séjour. Les éloges ne tarissaient pas sur l'agrément de cette place. Elle était la joie et l'orgueil de la cité. Ce fut la cause de sa perte lors de sa première destruction.

En 1790, l'Assemblée nationale avait décrété la suppression de la juridiction consulaire, et le 27 septembre 1791, celle de la chambre de commerce. Ces deux institutions étaient à ce point soudées l'une à l'autre, que les membres qui composaient la première formaient le bureau de la seconde. La première avait seule la personnalité civile et pouvait posséder, la seconde n'étant qu'une assemblée pour donner des avis. C'était donc la juridiction consulaire qui, au nom de la communauté des marchands qu'elle représentait, et avec les deniers des marchands mis légalement à sa disposition, avait fait les acquisitions successives du terrain où fut élevé le siège de la juridiction, puis le bâtiment des Consuls, et fait les frais de la dépense de ces constructions sur le terrain acheté, et de l'aménagement de la Bourse découverte sur l'emplacement du quai dont la ville avait tacitement concédé l'usage aux marchands. Après la suppression de la juridiction consulaire, le bâtiment des Consuls et la Bourse découverte faisaient virtuellement partie du domaine. La Bourse découverte était donc bien national lorsque la commune de Rouen en consomma la destruction.

Le 7 ventôse an II (25 février 1794), vers huit heures du soir, une députation du neuvième bataillon (quartier de la Bourse) se présente au conseil général de la commune, présidé par le maire Pillon, l'agent national Poret étant présent. Elle dépose sur le bureau une pétition portant qu'ils se proposent de planter un arbre de la liberté le 12 du même mois (4 mars) sur la place vulgairement appelée la Bourse, avec invitation au conseil d'y assister.

Cette demande donne lieu à plusieurs propositions sur le lieu où sera planté cet arbre.

Un membre fait la motion que la Bourse, par sa fermeture, rappelle encore le souvenir des privilèges. Cette proposition étant vivement appuyée par plusieurs membres, le maire la met aux voix et le conseil arrête, l'agent national entendu :

« 1° Que la Bourse sera rasée ;

« 2° Que l'arbre de la liberté sera planté sur le quai Jourdain et que cette plantation est ajournée jusqu'après l'abatis des arbres, l'enlèvement des grilles en fer et le nivellement du terrain, parce que les terres qui proviendront de ce nivellement seront transportées sur la place de l'Egalité (Bonne-Nouvelle) pour servir à son nivellement. »

« Un membre de la députation obtient la parole et propose au conseil de permettre au neuvième bataillon de s'occuper de cette destruction, en annonçant que dès demain matin ils se mettront à l'ouvrage, et ne demande, pour récompense de leur zèle, que la plantation de cet arbre chéri ait lieu le 12 de ce mois par eux indiqué. Cette demande est accueillie aux cris de : Vive la République ! Vive la Montagne ! et le conseil arrête qu'il assistera en corps à cette plantation. »

Le même soir, un ordre signé Pillon, maire, Poret fils, agent national, et Guyet, officier municipal, enjoint à Lamis, commis aux ouvrages, de mettre à la disposition des citoyens du neuvième bataillon de la garde nationale de cette commune toutes les brouettes, cabrouets et pelles, piques et ustensiles qui se trouveront dans les magasins de la commune et qui sont propres au nivellement de l'enclos grillé qui se trouve sur le quai Jourdain, et de veiller à la conservation des objets.

Dans la journée du lendemain, la destruction de la Bourse découverte était un fait accompli : les arbres étaient abattus, les grilles descellées et déposées, le sol abaissé au niveau des quais. Il ne restait que le mur de la ville entre les deux portes de la Haranguerie et de l'Estrade, avec sa décoration et sa méridienne, dont le médaillon de Louis XV avait été précédemment mutilé (1).

(1) Ce qui est dit ici de la Bourse découverte est extrait de l'ouvrage que l'auteur du présent livre a publié en 1897 sur *la Bourse découverte et les quais de Rouen*.

CHAPITRE VII

OCTROI DES MARCHANDS

I. Tarif du 19 juin 1703. Appointements du député. Frais de la chambre. Arriéré à solder. Compte du syndic trésorier. — II. Vaine opposition au tarif. Régie de la chambre de commerce. Organisation de la recette. Perception partant du 1er juillet 1703 arrêtée en juin 1704. — III. Droit sur les soudes et les bois de teinture. Même receveur. Perception à Rouen et dans les ports de Normandie. Offices de contrôleurs des poids et mesures. Rétablissement des droits du tarif de 1703. Jonction du tarif de 1703 et du droit sur les soudes. La chambre décide de prendre l'octroi au nom du commerce. Adjudication du 24 octobre 1705 confirmée par l'arrêt du Conseil du 21 novembre. — IV. Directeurs de l'octroi. Caractère de cette régie. Durée de la perception prorogée indéfiniment pour de nouveaux services. Rachats d'offices : édit de mars 1710, arrêts du Conseil des 27 janvier 1711, 28 janvier 1712, 8 août 1713, 20 août 1715, 21 décembre 1715, 27 février 1719, 18 décembre 1725. — V. Dépenses d'utilité publique : lazaret du Hoc, la Romaine, les deux portes de la Haranguerie et de la Vicomté, le bâtiment consulaire. Réduction à 20 sols du droit sur les soudes. Achats de grains, arrêts du Conseil des 29 novembre 1740, 18 janvier 1752, 5 décembre 1768. Autres contributions : maître autel de la cathédrale, collège des jésuites, réparations du pont de bateaux, dépenses de casernement, réjouissances publiques, reconstruction de l'hôtel de ville. — VI. Rachat des offices des cuirs : arrêt du Conseil du 22 juin 1756, édit de mars 1757. Propriété des offices de courtiers, arrêt du 6 janvier 1768. Inspecteurs des manufactures. Pensions et gratifications diverses. — VII. Encouragements au commerce. Cherté du blé. — VIII. La Seine plus navigable ; épis flottants de Magin. Expérience à Quillebeuf. Procès-verbal des commissaires. Délibération et mémoire de la chambre. — IX. Magasin de sauvetage à Quillebeuf. — X. Chantiers de construction de navires, arrêt du Conseil, 15 septembre 1768. — XI. Soulagement de la misère publique. Garantie d'une souscription de 500,000 livres, 1768. Hiver de 1770-1771. Travaux publics. Phares sur les côtes de Normandie. — XII. Ensemble des charges de l'octroi. Moyenne du produit. — XIII. Compétition contre l'octroi des marchands ; souci du gouvernement à son égard. Recherche de réforme du tarif. — XIV. Les huit sols pour livre. Requête de la chambre. Refus du contrôleur général. Nouveau mémoire de la chambre. Obstination du ministre. — XV. Entreprises contre l'octroi. Dépense présentée par les directeurs. — XVI. L'octroi menacé, 1787. Réduction à 5 sols du droit sur les soudes et les bois de teinture, 1er février, 25 avril 1789. Suppression de l'octroi des marchands, 1er mai 1791. Suppression des chambres de commerce. — XVII. Liquidation des rentes sur les cuirs.

I

L'arrêt d'établissement de la chambre de commerce de Rouen avait ordonné que, pour subvenir aux frais nécessaires de la nouvelle institution, des droits portés par un tarif faisant suite à l'arrêt seraient levés, à commencer du 1ᵉʳ juillet 1703 jusqu'au dernier jour de l'année 1704, sur les marchandises comprises dans ledit tarif qui entreraient dans la ville de Rouen pendant ledit temps ; et qu'après le dernier jour de décembre 1704, les droits portés par le tarif cessant d'être levés, à commencer du 1ᵉʳ janvier 1705, il serait levé un droit de quinze sols, par chaque cent pesant, sur les soudes et bois de teinture entrant dans la province de Normandie (1).

Les droits seraient perçus par les receveurs qui seraient établis à cet effet par la chambre de commerce, et le produit des droits remis par les receveurs à celui des syndics de la chambre qui serait nommé trésorier, dont les quittances déchargeraient valablement les receveurs (2).

Sur le produit des droits levés jusqu'au 31 décembre 1704, il devait être employé la somme de trente-deux mille livres pour payer au député de la ville de Rouen au Conseil de commerce, les appointements dus pour les quatre années, lors échues depuis la Saint-Martin 1700, qu'avait été fait l'établissement du Conseil de commerce, jusqu'à la Saint-Martin 1704, à raison de huit mille livres par an, à quoi les appointements du député avaient été fixés (3). Et il serait pareillement employé, sur le produit des droits du tarif, six mille livres au payement des frais nécessaires de la chambre pendant l'année et demie échue depuis le 1ᵉʳ juillet 1703 jusqu'au 31 décembre 1704, à raison de quatre mille livres par an, à quoi les frais ont été réglés tant pour les appointements du secrétaire de la chambre, frais de l'écritoire, bois, bougies, chandelles et autres frais, que pour payer le prix de deux jetons d'argent, du poids de dix deniers chacun, qui seraient donnés, à la fin de chaque assemblée de la chambre, à chacun des syndics qui y auraient assisté, et d'une médaille d'or qui serait donnée à chacun des syndics en sortant de charge, et au député de la ville au Conseil de commerce, lorsqu'il cesserait d'en faire les fonctions (4).

A l'égard du produit des droits qui devaient être perçus à commencer du premier jour de l'année 1705 sur les soudes et les bois de teinture, il en serait employé, par chacun an, la somme de douze mille livres, savoir : huit mille livres au payement des appointements du député au Conseil de commerce, et quatre mille aux autres frais de la chambre (5).

(1) Arrêt du Cons. du 19 juin 1703, art. 18 et 19.
(2) Art. 20 et 21.
(3) Art. 22.
(4) Art. 23.
(5) Art. 24.

Le syndic trésorier ne pouvait disposer des deniers provenant des droits perçus ni en faire aucun payement que sur les ordres signés au moins de six des syndics de la chambre, lesquels ordres il devait rapporter avec les quittances des parties prenantes : au moyen de quoi les sommes qu'il aurait payées seraient allouées et passées au compte qu'il rendrait de sa gestion à la chambre, au plus tard dans le mois de janvier suivant l'exercice, tant du provenu desdits droits que de la dépense qu'il aurait faite, sans que le syndic trésorier fût tenu de compter à la chambre des comptes ni ailleurs qu'à la chambre de commerce (1).

Le compte du syndic trésorier devait être envoyé au contrôleur général des finances, aussitôt qu'il aurait été arrêté par la chambre, au plus tard le 15 février de chaque année, pour être le restant du provenu des droits, s'il y en avait, être employé ainsi qu'il serait ordonné par Sa Majesté (2).

II

Le tarif des droits sur les marchandises entrant dans la ville et faubourgs de Rouen, qui était porté dans l'arrêt du 19 juin 1703, était le même qui avait été dressé par l'intendant de la généralité de Rouen, Bignon, et arrêté au Conseil le 27 février 1694 pour fournir aux prieur et juges consuls les moyens de rembourser une finance de deux cent mille livres et les deux sols pour livre qu'ils s'étaient engagés à payer pour le rachat autorisé par l'édit de septembre 1693 de cinquante offices de courtiers commissionnaires de change, laines et autres marchandises, créés par l'édit de décembre 1692, somme de deux cent mille livres dont la répartition avait été faite sur quarante-trois négociants de Rouen (en tête desquels, Th. Legendre, pour douze mille livres, N. Mesnager, pour neuf mille, etc.), suivant un rôle dressé par l'intendant en présence des prieur et juges consuls, le 10 mars 1694. Les deniers à provenir de ce tarif ne pouvaient être destinés ni divertis à d'autres usages, et la levée des droits d'octroi ne se devait faire que jusqu'à ce que les prieur et juges consuls fussent remboursés de la somme de deux cent vingt mille livres et des intérêts.

Ce remboursement finissait vers le 19 juin 1703 que le Roi rétablissait ces

---

(1) Art. 25 et 26.
(2) Art. 27.

droits d'octroi en faveur de la chambre de commerce de Rouen, à commencer du 1er juillet 1703 jusqu'au 31 décembre 1704.

L'établissement du tarif, pour un court laps de temps, avant l'application des droits sur la soude et les bois de teinture qui devaient suffire à produire annuellement les douze mille livres affectées à la chambre et à son député, avait pour objet de procurer promptement les trente-huit mille livres nécessaires pour payer l'arriéré et l'année courante des appointements du député et des frais de la chambre. Il fut l'objet d'une demande de révocation de la part de la communauté des marchands merciers drapiers du corps uni et de celle des épiciers, qui avaient offert de se charger de payer les trente-deux mille livres au député de la province pour ses appointements de quatre années, et les six mille à la chambre de commerce pour ses frais et honoraires d'un an et demi. La chambre avait accepté ces offres. Il avait été « convenu et arresté que par M. Le Couteulx ou tel autre marchand négociant de la ville de Rouen qu'il plairoit à M. Le Mesnager, il seroit fait un billet de vingt-quatre mille livres payables à luy ou à son ordre, valeur reçue des sieurs gardes desdites communautés ; et ce, huit jours après qu'il auroit obtenu arrêt de suppression dudit octroy ; et que, pour le surplus, montant à la somme de quatorze mille livres, il seroit fait un autre billet payable à Messieurs les sindics ou ordre, aussi valeur reçue desdits sieurs gardes, dont quatre mille comptant, aussitôt que M. Le Mesnager auroit agréé le billet de vingt-quatre mille livres, et dix mille au jour de Saint-Martin 1704. »

En conformité de ces propositions et de ces conventions, la chambre avait écrit au député et lui avait envoyé un projet d'arrêt pour révoquer les tarifs. M. Mesnager avait accepté les projets de billets et consenti à s'y employer. Mais, convoqués pour réaliser la convention, les gardes des communautés présentèrent à la chambre une simple promesse solidaire de payer à M. Mesnager la somme de vingt-quatre mille livres pour les trois années d'appointements à échoir à la prochaine Saint-Martin, et ce, huit jours après qu'il aura obtenu l'arrêt de suppression de l'octroi : il n'était plus question des appointements du député pour la quatrième année, ni des frais d'entretien de la chambre.

La chambre considérant que le billet présenté n'est aucunement conforme à ce qui avait été convenu et arrêté avec les gardes des communautés, ni à ce qui avait été mandé à M. Mesnager de leur part, et que cette manière d'agir faisait visiblement connaître que les communautés n'avaient pas l'intention d'exécuter ce qui avait été convenu pour demander la suppression de l'octroi en question de concert avec les syndics de la chambre ; considérant qu'il ne serait pas possible de différer davantage l'exécution des ordres du Roi et des arrêts et règlements de son Conseil, arrêta que le dernier arrêt de la cour des aides, contenant l'enregistrement pur et simple de ceux du Conseil, serait transcrit sur son registre et que le tout serait exécuté selon sa forme et teneur ; qu'en conséquence il serait procédé, à la prochaine assemblée, à la nomination des officiers et gens nécessaires pour faire la régie et perception des droits mentionnés au tarif du 19 juin, à moins de frais que faire se pourrait, et néanmoins, qu'après que la recette aurait été faite, jusqu'à concurrence de la somme de trente-huit mille livres et des frais de la régie, il serait présenté requête pour obtenir la suppression de l'octroi pour le temps qui en resterait lors à expirer (28 octobre 1703).

Le 31 octobre, la chambre choisit Jacob Cobert, marchand, pour faire la recette, Justice, comme contrôleur de la recette, Maubert, pour commis au bureau de la recette. Elle donna à Cobert deux mille livres une fois payées, tant pour ses appointements, frais de l'écritoire et de bureau, registres, papiers, gages ou récompenses des gardes ou receveurs particuliers des ports et commis ambulants, que pour les autres frais qu'il commanderait pour faire ladite recette, jusqu'à concurrence de trente-huit mille livres et des frais de régie. Justice eut six cents livres d'appointements une fois payées, et Maubert, quatre cents.

Lesdits receveurs et contrôleurs étaient tenus de se rendre à la chambre, aux assemblées ordinaires, tous les mardis de chaque semaine, à trois heures précises de relevée, pour rendre compte et raison de la recette et contrôle à celui des syndics qui s'y trouvera à cette même heure, pour en informer ensuite la compagnie (1).

La chambre les a autorisés à faire la recette, régie et perception des droits, conformément aux tarif, arrêt et règlement et lettres patentes du Roi qui ont été publiés, affichés et rendus publics en cette ville, et dont il leur a été fourni des imprimés avec copie de la délibération du 31 octobre, afin de se conformer exactement à tout ce qui y est porté concernant la recette et régie.

Et pour plus grande sûreté de ses droits et le soulagement du public, à la réquisition du sieur Cobert, la chambre lui a permis d'établir des receveurs

(1) Reg. des délib., I, 66.

particuliers aux principales portes de la ville pour recevoir les droits seulement jusqu'à trois livres et au-dessous, dont ils tiendront des registres en formule par lui cotés et paraphés, pour lui rendre compte de ce qui sera par eux reçu, sans que la chambre soit tenue pour cela d'aucuns frais que ce qui a été réglé et accordé au sieur Cobert.

Une lettre circulaire fut envoyée aux prieur et consuls de Dieppe, et aux maire et échevins des autres villes de la province qui devaient correspondre avec la chambre (1).

La perception des droits, à commencer du 1er juillet dernier, présentait des difficultés : la plus grande partie des marchands qui les devaient refusaient de les payer sous prétexte que les tarif et règlement n'avaient pu être rendus publics et les bureaux établis pour la recette qu'à la fin du mois d'octobre, à cause de la surséance portée par l'arrêt d'enregistrement de la Cour des aides, du 14 août : ils avaient envoyé leurs comptes à leurs correspondants sans y avoir employé lesdits droits qui, pour cette raison, tomberaient en pure perte pour eux. La chambre fit demander là-dessus, par son député Mesnager, les intentions du Roi et de son Conseil (2).

M. d'Herbigny, intendant de la province, vint prendre séance dans l'assemblée de la chambre du 11 décembre, à laquelle il avait fait mander les gardes des communautés des marchands. Il a témoigné que l'intention de Sa Majesté est qu'aussitôt que la perception de l'octroi aura été faite, jusqu'à concurrence de trente-huit mille livres, et trois mille livres en plus pour les frais de régie, ledit octroi cesse d'être levé, sans avoir égard au temps qui pourrait rester de celui porté audit arrêt.

Après que les gardes ont été sortis, il a été conféré sur tout ce que dessus et délibéré que, par ordre de M. l'Intendant, les gardes marchands feront incessamment assembler leurs communautés pour délibérer sur lesdites propositions, sçavoir si la perception dudit octroi se fera à commencer du 1er juillet dernier, parce qu'il cessera d'être levé aussitôt que la somme de trente-huit mille livres sera remplie, outre les frais de régie, conformément à la volonté de Sa Majesté, ou seulement du 1er novembre ; auquel cas lesdits marchands qui ont comparu en l'assemblée du 20 novembre, et les autres qui sont dans le même cas, fourniront, dès à présent, leurs soumissions

---

(1) Reg. des délib., I, 70.
(2) 20 nov. 1703; Ibid., I, 73.

pures et simples de payer à la recette ce qu'ils doivent pour les droits des marchandises qu'ils ont reçues depuis le 1ᵉʳ juillet jusqu'au dernier jour d'octobre, parce que, si ce qui sera reçu depuis le 1ᵉʳ novembre jusqu'au 31 décembre 1704 n'est pas suffisant pour remplir ladite somme de trente-huit mille livres et les frais, ce qui s'en faudra sera payé par ceux qui auront fait leurs soumissions, à proportion de ce que chacun pourra devoir à ladite recette, selon que le tout aurait été proposé par le sieur Planteroze et autres. Et de ce qui sera sur ce délibéré et arrêté par lesdites communautés, les gardes en rapporteront les actes en forme à la chambre, en l'assemblée de mardi prochain, pour être délibéré ce qui sera à propos pour le bien commun (1).

Le 18 décembre 1703, les gardes des communautés des marchands de cette ville et de la place de Rouen ont apporté à la chambre l'acte de la délibération faite en leur assemblée du 14 de ce mois, suivant l'ordre de M. l'Intendant et conformément à la délibération de la chambre de commerce du 11 de ce mois, duquel acte la teneur en suit :

Extrait du livre des délibérations des marchands du corps uny.

« Aujourd'huy, 14 décembre 1703, en la chambre des marchands du corps uny, située dans le couvent des R. P. Cordeliers, tous lesdits marchands, tant épiciers que de la place, intéressés aux droits de l'octroy, se sont assemblés selon la convocation qui leur a été faite par nous gardes en charge du corps uny, pour délibérer sur l'acte ci-dessus transcrit et à eux délivré par Mʳˢ les sindics de la chambre de commerce, suivant l'ordre de M. l'Intendant.

« Après que lecture a été faite dudit acte et en avoir donné communication par nous dits gardes en charge du corps uny, à tous les marchands qui se sont trouvés dans ladite assemblée et avoir pris leurs suffrages, il a été délibéré à la plus part, qu'il estoit plus convenable de commencer la perception dudit octroy le 1ᵉʳ juillet dernier, conformément à l'arrest du Conseil du 19 juin qui établit ledit octroy, afin que les trente-huit mille livres et les frais de la régie qu'il convient fournir et payer, tant pour l'établissement de ladite chambre de commerce que pour les appointements de notre député à Paris, soient plus tost acquittés et ledit octroy supprimé (suivent les signatures des vingt-neuf marchands présents).

(1) Reg. des délib., I, 77.

« Collationné par nous gardes en charge des marchands du corps uny, soussignés à Rouen, le 18 décembre 1703, signé : Bigault et de Planquois. »

Après lecture de cet acte, vu qu'il n'y a rien de contraire aux arrêts et règlements du Conseil ni aux délibérations de la chambre, il a été arrêté que la régie et perception de l'octroi se fera à commencer du premier jour de juillet dernier, à l'effet de quoi les receveurs et commis à ladite régie sont autorisés de faire les recherches et perquisitions nécessaires pour faire payer ceux qui doivent les droits des marchandises qu'ils ont reçues depuis ledit jour, conformément aux tarif, arrêts et règlements et auxdites délibérations (1).

Avant la fin de décembre 1703, huit mille livres étaient envoyées en lettres de change, au député, pour la première année de ses appointements ; les six derniers mois de la troisième année lui étaient payés le 1er avril 1704. Au commencement de juin, le produit de la recette ayant été suffisant pour remplir les sommes mentionnées en l'arrêt du Conseil du 19 juin 1703 et les frais de régie, la chambre fit cesser la levée des droits et envoya au contrôleur général un état de la recette et de la dépense de l'octroi. Le ministre manda, le 22 juillet, à la chambre, qu'il n'avait rien trouvé que de conforme aux intentions du Roi et que Sa Majesté approuvait que l'excédent de la recette montant à huit livres trois sols six deniers eût été donné aux pauvres.

III

Au 1er janvier 1705 commençait, au profit de la chambre de commerce, la perception du droit de quinze sols par chaque cent pesant sur les soudes et bois de teinture entrant dans la province de Normandie, dont l'octroi avait été accordé par l'arrêt du 19 juin 1703, pour les frais de la députation et de la chambre. La chambre de commerce, à qui était attribuée la régie de ce droit, la confia au même receveur qui avait exercé la régie du droit provisoire sur les marchandises entrant dans la ville de Rouen. Le receveur fut autorisé de proposer à la chambre des personnes de bonne conduite et solvables, à qui elle donnerait les pouvoirs nécessaires pour faire la perception des droits dans les autres villes et lieux de la province où il pourrait entrer et passer les marchandises y sujettes : les villes du Havre, Dieppe, Saint-

(1) Reg. des délib., I, 80.

Valery-en-Caux, Honfleur, Caen, Isigny, Barfleur et la Hougue, Cherbourg, furent ainsi pourvues chacune d'un receveur particulier qui devait remettre le produit de sa recette au receveur principal à Rouen, à la réserve de deux sols par livre que la chambre leur accorda et qu'ils pouvaient retenir par leurs mains sur ledit produit, pour leurs primes, port de lettres et autres, qu'ils pourraient faire à l'occasion de ladite régie et recette. Il était accordé au receveur principal un sol pour livre de tous les produits, tant à Rouen que dans le reste de la province, pour tous appointements et salaires de ses peines, outre les frais de régie et de port de lettres et autres menues dépenses qu'il conviendrait faire à l'occasion de la recette, dont il serait remboursé sur le produit de l'octroi.

Cependant, la ville de Rouen, qui, jusqu'au 31 décembre 1704, avait joui du droit de trente sols par cent pesant sur les soudes et bois de teinture, pour payer l'illumination des lanternes publiques, demanda que la jouissance de la moitié du droit, dont l'autre moitié était concédée à la chambre de commerce à partir du 1er janvier 1705, lui fût au moins maintenue pour l'entretien de ses lanternes. La chambre de commerce appuya la demande de la ville « comme une chose très utile pour le bien public. »

C'était au temps où l'épuisement du trésor royal provoquait l'établissement d'impôts nouveaux sous la forme de droits attribués à des offices dont la création trouvait toujours des traitants disposés à verser une finance dans les coffres du Roi.

Par l'édit du mois de janvier 1704, le Roi avait créé à Rouen des offices de contrôleurs des poids et mesures, auxquels étaient attribués des droits payables par les marchands et artisans se servant de poids et de mesures. Sur des mémoires présentés par des habitants de la ville, le Conseil, par arrêt du 13 juin 1705, avait, comme chose plus avantageuse aux marchands et habitants, substitué à ces droits les droits sur les marchandises portés par le tarif du 19 juin 1703, dont la perception avait cessé en juin 1704, et en avait ordonné et rétabli la levée pendant deux années, à commencer du 1er juillet 1705.

L'arrêt ordonnait en outre que les autres droits sur les soudes et bois de teinture seraient pareillement levés, pour le produit en être employé aux frais courants de la chambre de commerce, conformément à l'arrêt du 19 juin 1703. Des lettres patentes, en conséquence de l'arrêt du 13 juin, avaient été données le 17 juin 1705. Par arrêt du 20 juin, Phil. Cabochard avait été commis pour la levée et perception desdits droits d'octroi (1).

Emue du rétablissement des droits sur les marchandises entrant dans la ville, la chambre de commerce avait, le 1ᵉʳ juillet (2), député le prieur et le procureur syndic auprès de l'intendant, pour lui faire sur cela les remontrances nécessaires et lui faire connaître que les marchands négociants de la ville n'avaient eu aucune part aux mémoires dont il était parlé dans l'arrêt, ni aucune connaissance des démarches et propositions qui avaient été faites pour l'obtenir. Quelques jours après, une assemblée générale des anciens prieurs et consuls, convoquée par le prieur, avait décidé que le procureur syndic irait à Paris faire au Roi et à son Conseil pareilles remontrances pour obtenir la suppression dudit octroi, si faire se pouvait, ou demander la subrogation de la communauté des marchands pour la levée et perception des droits aux lieu et place des traitants (3).

Les sollicitations du procureur-syndic n'eurent pas le succès désiré. Il rapporta de Paris (3 août) l'opinion qu'on ne pourrait obtenir la subrogation, à moins de donner une somme considérable aux traitants, pour leur tenir lieu d'indemnité, outre le remboursement de leur finance, et qu'on serait encore obligé de continuer le sieur Devilliers, qui avait été établi pour faire la régie et la recette des droits ou de lui donner une somme en argent pour lui tenir lieu de récompense (4).

Une nouvelle assemblée générale appelée à délibérer sur l'affaire, décida que le procureur-syndic retournerait à Paris (commencement d'août). La chambre lui écrit (10 août) (5) de faire tout son possible pour empêcher au Conseil la jonction du droit des trente sols sur les soudes et les bois de teinture entrant dans la province, dont la communauté des marchands avait la régie, avec le droit rétabli sur les marchandises mentionnées au tarif du 19 juin 1703 entrant dans la ville, « comme une chose si onéreuse et si préjudiciable au commerce qu'on estimera autant l'abandon de l'une et l'autre imposition. » Même avec la protection du gouverneur de la province, le maréchal

---

(1) Carton n° 46, 1ʳᵉ liasse.
(2) Reg. des délib., I, 194.
(3) Ibid., I, 195.
(4) Ibid., I, 200.
(5) Ibid., I, 202.

  Médaille 1703

  Médaille 1719

  Médaille 1752

  Médaille 1781

duc de Harcourt, le procureur-syndic ne put empêcher que la jonction ne fût faite.

Par arrêt du Conseil du 1er septembre 1705, est révoqué le traité fait à Phil. Cabochard, suivant le résultat du Conseil du 20 juin 1705, pour la jouissance des droits portés au tarif du 19 juin 1703, et il est ordonné, sur les offres du nommé Landry, qu'il sera procédé, par devant M. de Courson, intendant à Rouen, à l'adjudication au rabais pour le temps de jouissance au-dessous de neuf années tant des droits portés au tarif de 1703 que de ceux de trente sols pour cent pesant sur les soudes et les bois de teinture, à commencer la jouissance du 1er juillet 1705 pour les droits du tarif de 1703, et du 20 dudit mois de juillet pour ceux sur les soudes et les bois de teinture, à la charge de payer par l'adjudicataire la somme de trois cent cinquante-huit mille livres pour le prix de l'adjudication et autres conditions portées audit arrêt (1).

Voici le procès-verbal de l'assemblée de la chambre de commerce qui fut tenue le lendemain de la signature de l'arrêt (2).

« Ayant été cy devant conféré à la chambre sur ce qu'il convenoit faire pour le bien et l'avantage du commerce, à l'occasion du rétablissement de l'octroy des droits établis sur les marchandises entrant en cette ville énoncées au tarif du 19 juin 1703, auquel octroy a été depuis joint celuy de trente sols sur chaque cent pesant de soudes et bois de teinture, et sur ce délibéré qu'il en seroit communiqué et fait part à Mrs les anciens prieurs et consuls pour en conferer et deliberer aussy de leur part comme d'une affaire qui regarde le commerce en général; mais s'estant assemblés et n'ayant deliberé aucune chose à cet égard, veu la provision et la conséquence de l'affaire, a été proposé en la présente assemblée de mettre en delibération si on convoquera au nom de la chambre tout le corps des marchands negocians de cette ville en général, à l'effet d'avoir leur avis, sçavoir s'il convient au commerce de se rendre adjudicataire des susdits octroys et en conséquence de faire la soumission requise de fournir au Roy les sommes à quoy la finance en a été fixée pour les rétablir. Sur quoy M. Dumont premier consul, président en cette assemblée en l'absence de M. le prieur, s'est retiré sans vouloir prendre les avis de la compagnie, disant qu'il n'estimoit pas que cette affaire fust de la compétence de la chambre, et ensuite M. Planteroze second consul et

(1) Carton n° 46, 1re liasse.
(2) Septembre 1705, Reg. des délib., I, 207.

M. Mustellier procureur sindic de la jurisdiction consulaire, se sont aussy retirés sans avoir voulu donner leur avis suivant le 17ᵉ article de l'arrêt du Conseil de règlement de la chambre du 19 juin 1703 portant que si les sindics d'icelle se trouvent de sentiments opposés sur les matières de commerce qui y seront agités, les opinions différentes seront écrites sur le registre avec les noms de ceux qui auront été de chaque opinion ; ce qui a obligé les autres sindics de la chambre, au nombre de cinq seulement, de se retirer aussy, toutefois aux protestations qu'ils font de porter leurs plaintes de ce que dessus à Mgʳ le controleur général et de suplier Sa Grandeur d'y pourvoir, afin que les affaires du commerce ne souffrent aucun retardement ny de prejudice par de pareilles contestations, signé : Judde, Bouëtte, V. Marye, N. Judde, Le Baillif. »

Voici le procès-verbal de l'assemblée suivante (1).

« En l'assemblée remise par ordre de Mgʳ de Lamoignon de Courson intendant en cette generalité à ce jour d'huy vendredy onzième du mois de septembre 1705, en laquelle mondit seigneur a fait l'honneur à la chambre d'y prendre séance.

« Sur ce qui a été représenté par M. Dumont que l'assemblée des anciens consuls qui avoit esté demandée par la deliberation cy dessus a esté faite le   du présent mois et qu'il y a esté deliberé qu'il seroit fait une assemblée générale de tout le commerce aux fins enoncées en l'autre part, il a esté arresté que la deliberation qui y a esté prise sera executée sans qu'il soit besoin d'en faire une nouvelle.

Signé : Delamoignon, Bizault, L. Dumont, Thomas Planteroze, Judde, Bouëtte, N. Judde, Le Baillif, Mustellier. »

La date de l'assemblée des anciens consuls mentionnée dans ce procès-verbal y est demeurée en blanc. Les délibérations de cette assemblée et de celle qui est également appelée de tout le commerce étaient portées sur les registres des délibérations de la juridiction dont la collection ne se retrouve plus. Mais le sens de ces délibérations nous est donné par quelques lignes d'une note rédigée en 1770 sur *l'établissement des droits d'octroy sur les marchandises* qui fait partie de la première liasse du carton n° 46 et qui dit :

« Par les deliberations des 22, 28 septembre et 21 octobre, la compagnie

(1) Reg. des délib., I, 207.

résolut que les prieur et juges consuls s'offriroient pour prendre l'octroi au nom du commerce. En conséquence ils autorisèrent M. le procureur syndic et M^{rs} Le Couteulx et Pierre Midy de faire ce qu'il conviendroit à l'adjudication qui devait se faire par devant M. l'intendant. »

L'adjudication devait se faire au moins disant d'années, à condition, entre autres choses, de payer annuellement à la chambre de commerce la somme de douze mille livres et de compléter pour l'année courante ce que la perception du droit de quinze sols sur les soudes et bois de teinture, interrompue le 20 juillet par les arrêts du Conseil en vue de l'adjudication des octrois, avait produit d'insuffisant pour parfaire la somme allouée par l'arrêt du 19 juin 1703 pour l'entretien du député et les frais de la chambre. Cette condition donnait satisfaction à la requête que la chambre avait présentée à l'intendant le 14 octobre (1), après avoir examiné le compte présenté par Cobert de la recette faite par lui du 1er janvier au 21 juillet 1705 et de la dépense et des payements qu'il avait faits suivant les ordres et les mandements de la chambre, et constaté qu'une somme de six mille sept cent trente-huit livres seize sols trois deniers était nécessaire pour parfaire celle de douze mille livres pour la présente année.

Le 24 octobre 1705 l'adjudication des octrois réunis fut faite à Duval, pour sept années deux mois, à la charge de payer trois cent cinquante huit mille livres pour le prix de l'adjudication, quinze mille livres fixé pour l'indemnité de Cabochard à cause de sa dépossession, et douze mille livres annuellement pour les frais de la chambre de commerce et de parfaire cette somme pour la présente année en complétant l'insuffisance du produit de la recette interrompue.

Acte avait été donné à Duval, adjudicataire, que ladite adjudication était faite pour et au profit du corps des marchands et négociants, ce qui avait été accepté par Joseph Mustellier, procureur syndic, et par les commissaires Pierre Midy et Le Couteulx en conséquence des délibérations de la compagnie.

Par arrêt du Conseil du 21 novembre 1705, l'adjudication faite par M. de Courson à la communauté des marchands de Rouen, sous le nom de David Duval, est confirmée : en satisfaisant aux conditions de ladite adjudication, ils jouiront des droits sur les marchandises et de trente sols sur les soudes et bois de teinture, auront permission d'établir un bureau dans les villes de

---

(1) Reg. des délib., I, 213 et 215.

Paris et d'Orléans et d'y préposer des commis ; veut Sa Majesté que les marchandises entrées en fraude des droits ou par contravention au présent arrêt soient confisquées au profit des marchands, et les contrevenants condamnés à cent livres d'amende chaque fois à leur profit, et pour l'exécution du présent contraintes comme pour deniers royaux.

Par délibération du 24 novembre 1705, en l'assemblée des commissaires nommés par une autre délibération générale des anciens prieurs et juges consuls du 22 septembre, il fut délibéré et arrêté que les officiers à nommer pour la perception des droits d'octroi seraient nommés par MM. du Siège et les neuf autres commissaires. Le sieur Cobert, auquel la chambre avait auparavant confié la recette des octrois qui lui avaient été accordés, fut rétabli, par les directeurs ainsi constitués, receveur général des droits sur les marchandises et des droits sur les soudes et bois de teinture. Il reçut mandement de payer annuellement à la chambre de commerce, suivant les ordres et mandements de M[rs] les syndics, la somme de douze mille livres qu'ils avaient droit de prendre chacun an sur le produit des octrois, à commencer du premier jour de juillet dernier.

IV

La direction de l'octroi des marchands, composée d'un personnel appartenant à la compagnie consulaire et ayant à sa tête les chefs de la juridiction et de la chambre, formait à côté de la chambre de commerce une administration distincte, mais toutes deux étaient également appliquées au bien du commerce.

La direction de l'octroi était composée de Messieurs du siège et de dix anciens prieurs et juges consuls nommés pour deux ans, renouvelables par moitié à la fin de chaque année. A la fin de décembre l'assemblée générale de la compagnie remerciait les cinq sortants et en nommait cinq nouveaux « pour du premier janvier prochain et pendant deux ans régir, gérer et décider les affaires qui surviendroient au sujet de la perception des droits, pour faire les emprunts qu'il conviendra de prendre et signer les billets ou contrats de constitution, soit sous signatures privées ou par devant notaires, pour satisfaire aux arrangements faits ou à faire suivant les arrêts du Conseil intervenus ou à intervenir, pour faire les racquits des sommes empruntées que l'on jugera à propos de faire, pour arrêter les comptes des employés à la perception desdits droits, et ceux de la compagnie qui seront à rendre à M. l'intendant du produit des susdits droits, conformément aux susdits arrêts, pour les lui faire arrêter et signer, et ensuite par la compagnie pour signer et arrêter pareillement les comptes du sieur Panel (1) touchant la recette et distribution qu'il fait des honoraires des jetons de la compagnie, pour veiller à la conduite des employés à la perception desdits droits, les destituer en cas qu'ils manqueroient à leur devoir, en commettre d'autres à leur lieu et place, pour régler ou augmenter ou diminuer leurs appointements, et enfin pour faire et signer toutes délibérations générales ou particulières où ils assisteront en leur dite qualité, et tous autres actes qu'il appartiendra au sujet de la perception et affaires concernant lesdits droits, conjointement avec M^{rs} les autres directeurs qui restent en exercice ; le tout pour le bien et avantage de la compagnie des marchands et du commerce en général, la compagnie promettant d'avoir agréable, ratifiant dès à présent tout ce qui a été fait et sera à faire tant par les sieurs directeurs restant, sortant et entrant en charge, conformément aux anciennes délibérations faites et à la présente, le tout à la pluralité des voix : la présente délibération signée de toute la compagnie » (2).

Grâce à la combinaison qui avait donné au commerce la régie et la perception d'un octroi dont il payait lui-même les droits, un impôt qui, entre les mains d'un fermier, aurait procuré, aux dépens des contribuables, le plus grand profit des traitants, fut mis au service de l'intérêt général auquel le Conseil d'Etat du Roi autorise le plus souvent la chambre de commerce de consacrer les ressources disponibles. C'est peut-être le seul exemple d'une imposition ayant le caractère des deniers royaux, dont la régie fut confiée à une communauté des marchands qui, sans avoir la libre disposition du produit des droits, veillait du moins à ce qu'il fût, autant que possible, employé au service des intérêts qu'elle représentait. Plus tard, cette exception dans le régime fiscal de la France, parut choquer le contrôleur général Terray, et il avait envie de la supprimer : il se contenta de grever l'octroi des marchands de charges dont il aurait dû rester affranchi.

---

(1) Greffier de la juridiction, qui faisait les fonctions de secrétaire trésorier à la direction de l'octroi, pour la distribution des jetons de présence.

(2) Carton n° 46, 1re liasse.

La durée de la levée des droits était déterminée par l'étendue même du service en vue duquel ils avaient été créés. La direction de l'octroi des marchands adjugé le 24 octobre 1705, avait comme première obligation celle d'amortir l'emprunt qu'elle avait été autorisée de contracter pour payer le prix de son adjudication. Avec le produit de sa recette, elle acquittait aux échéances les billets qu'elle avait souscrits à ses prêteurs ou soldait les quartiers des rentes qu'elle leur avait constituées. La durée de la perception, pour répondre à l'accomplissement de cette obligation et des autres charges de l'adjudication, avait été fixée à sept années et deux mois par le calcul du soumissionnaire. Elle pouvait être prorogée par arrêts du Conseil, si l'aliment de nouveaux services était demandé à la même source. C'est ce qui arriva pour l'octroi des marchands.

Au début, ces nouveaux services furent de la nature de ceux qui avaient fait mettre dans le cahier des charges de l'adjudication une grosse finance à verser dans les coffres du Roi. Le contrôleur général continua à demander au commerce le rachat d'offices créés dans un intérêt purement fiscal. Ainsi l'édit de mars 1710 avait créé des rentes provinciales dont la distribution était faite par des états arrêtés au Conseil. Plusieurs marchands de Rouen avaient représenté à la chambre [1] qu'ils s'étaient flattés que le contrôleur général accepterait les offres qu'ils avaient faites de fournir au Roi la somme de deux cent mille livres, pour être avec les autres habitants de la ville exemptés d'acquérir des rentes provinciales, que leurs offres n'avaient pas été acceptées, qu'au contraire ces taxes ayant été rendues arbitraires, il avait été signifié des rôles à plusieurs marchands, aux uns pour trois mille livres, aux autres pour cinq, dix et quinze mille, que cela faisait de grands bouleversements et avait mis tellement d'inquiétude dans les esprits que les uns avaient pris le parti de quitter la ville, d'autres de cesser de faire aucun commerce. La chambre délibère qu'il sera écrit à M. Mesnager, de faire connaître au ministre qu'en accordant aux marchands la prorogation des droits de leur tarif sur les marchandises pour le remboursement des deux cent mille livres offertes, ce ne sera point le public qui en souffrira, comme les traitants le lui ont mal à propos fait entendre, pour se rendre maîtres des taxes; qu'il a été accordé un tarif de droits sur les marchandises aux marchands de la ville d'Orléans pour le rachat de la capitation de tous les habi-

---

[1] Reg. des délib., I, 493, 1ᵉʳ sept. 1710.

tants; que ceux de Rouen ont racheté la leur de leurs propres deniers, et qu'ils avaient lieu d'espérer la même faveur pour être dispensés d'acquérir des rentes provinciales; et enfin que s'il ne plaît pas au contrôleur général que tous les habitants de cette ville en soient exempts, qu'il en exempte le commerce en particulier au moyen de la finance offerte.

Par une seconde délibération (9 septembre) (1) la chambre mande à son député qu'elle n'a pas entendu entrer en composition sur ces taxes, ni en demander de modération, parce qu'il ne paraît pas que personne en veuille rien payer et que leur instruction a toujours été et est encore suivant leurs premières propositions d'être déchargé d'acquérir de ces rentes au moyen de la somme de cent mille livres offerte et d'en être remboursés sur le produit des droits de leur tarif, qui leur sera pour cet effet continué autant de temps qu'il faudra pour le remboursement.

Mesnager demande le 11 octobre (2) à la chambre s'il est vrai qu'on ait saisi et mis en vente les meubles de M. Legendre pour l'assujettir au paiement des taxes pour acquérir des rentes provinciales. La chambre dément ce faux bruit, mais elle ajoute que plusieurs marchands ont été chez le gouverneur et chez l'intendant faire leurs plaintes et remontrances sur ce qui leur a été fait des commandements et sommations d'acquérir de ces rentes, disant qu'ils abandonneraient leur commerce et qu'ils ne fourniraient plus de matières aux maîtres et ouvriers pour les manufactures; sur quoi l'intendant envoya chercher la compagnie le 8 de ce mois pour lui dire de faire savoir aux marchands de continuer leur commerce comme à l'ordinaire.

L'arrêt du Conseil du 27 janvier 1711 (3) donna satisfaction à la chambre de commerce : « Sur la requête présentée au Roy en son Conseil par les prieur, juges consuls, syndic et communauté des marchands de Rouen, contenant que les principaux d'entr'eux ont été compris dans les états arrêtés au Conseil pour la distribution des rentes provinciales créées par édit du mois de mars 1710, ce qui cause un trouble considérable dans leur commerce et dans le crédit de leur négoce, ne pouvant employer à l'acquisition desd. rentes leurs fonds et ceux qu'ils empruntent des particuliers, lesquels sont destinés au payement des lettres tirées sur eux pour le rachat de leurs machines et à

(1) Reg. des délib., I, 494.
(2) Ibid., I, 497.
(3) Carton n° 46, 1re liasse.

entretenir une multitude infinie d'ouvriers des manufactures de draps et autres étoffes qui se font dans ladite ville et aux environs, qui ne peuvent souffrir d'interruption, et même que les bourgeois et habitans de ladite ville les plus aisés étant ceux qui leur confient leurs deniers, le commerce serait également altéré si lesdits bourgeois et habitants étoient ou demeuroient compris dans lesdits états : supplient Sa Majesté de les en descharger au moyen de la somme de deux cent vingt mille livres qu'ils offrent de payer à Sa Majesté en pure perte, pourvu qu'il plaise à S. M. de leur permettre d'en faire l'emprunt et pour satisfaire au remboursement dudit emprunt capital et intérêts, de continuer à percevoir les droits du tarif du 19 juin 1703 et celui des trente sols ordonnés par l'arrêt du Conseil du 7 juillet 1705, pendant neuf années à commencer des 1er et 20 juillet 1712. Le Roy ordonne qu'en payant deux cent vingt mille livres moitié comptant moitié courant d'avril, ils seront déchargés de l'acquisition des rentes provinciales, leur permet d'emprunter et de continuer pendant neuf ans la régie, perception et levée des droits qui cesseront immédiatement après le remboursement de l'emprunt. »

Les prorogations de l'octroi se succèdent rapidement pour gager le rachat de nouvelles taxes fiscales (1).

Par arrêt du Conseil du 28 juin 1712, la communauté des marchands de Rouen est déchargée du doublement des octrois en payant cent cinquante mille livres, et l'octroi est prorogé pour huit années à commencer les 1er et 20 septembre 1721, conformément aux précédents arrêts.

Par arrêt du Conseil du 8 août 1713 et lettres patentes en conséquence, les négociants et bourgeois de la ville de Rouen sont déchargés du dixième d'industrie en payant cent cinquante mille livres au trésor royal et la perception des droits est prorogée de six ans.

Nouvelle prorogation pour deux ans par arrêt du 20 août 1715, à cause de cent quarante et un mille huit cent quarante-trois livres trois sols six deniers et l'intérêt à six pour cent à payer aux nommés Drury et Lanson.

Prorogation pour six ans par arrêt du 21 décembre 1715, pour le paiement d'une somme de cent quinze mille cinq cent huit livres quatorze sols due par le corps uni des merciers-drapiers pour la suppression d'un droit de deux sols par livre sur chaque pièce d'étoffe de drap et de un sol sur chaque pièce d'autres étoffes de laine et de toile.

(1) Carton n° 46, 1re liasse.

Le rachat du doublement des octrois est payé cent douze mille cinq cents livres, moyennant une prorogation de deux ans par l'arrêt du 27 février 1719.

Enfin le rachat des offices des contrôleurs des octrois par une somme de trois cent soixante mille livres détermine une prorogation jusqu'à due concurrence par l'arrêt du 18 décembre 1725, on en était arrivé à ne plus assigner de date, même approximative, à l'expiration de droits dont le produit se trouvait engagé par une telle succession d'emprunts.

V

Dans l'intervalle le produit de l'octroi des marchands avait été mis à contribution pour des dépenses d'utilité publique : l'arrêt du 10 juillet 1714 avait prorogé la levée des droits d'un an à cause d'une somme de trente mille livres que le Roi avait ordonné à l'octroi de payer pour contribuer à la construction du lazaret du Hoc, à l'entretien duquel le même arrêt avait affecté une somme annuelle de mille livres sur les mêmes fonds.

Les arrêts des 13 octobre 1722, 27 septembre 1723, 16 janvier 1725, y avaient respectivement puisé cent mille livres pour la reconstruction de la Romaine, quarante-six mille sept cent cinquante-six pour celle des portes de la Haranguerie et de la Vicomté, soixante et un mille livres pour parachèvement de la Romaine, en prorogeant la levée des droits de deux ans et de deux fois un an. Nous ne mentionnons ici que pour mémoire l'arrêt du 22 décembre 1733 qui autorise la dépense pour la construction du bâtiment consulaire.

Cependant, à la requête du commerce, le droit de trente sols sur les soudes et bois de teinture avait été réduit à vingt sols par l'arrêt du 4 septembre 1717.

Vinrent des périodes de misère publique et de famine causées par de mauvaises récoltes. La caisse ou plutôt le crédit de l'octroi des marchands rendit alors de signalés services en permettant de faire, de concert avec la ville, des achats de blé pour approvisionner l'alimentation publique.

Par arrêt du Conseil du 19 novembre 1740 (1), le Roi approuva les emprunts faits précédemment par les octrois de la ville et des marchands de la somme de trois cent un mille cinq livres, savoir : cent cinquante et un mille deux cents par l'octroi des marchands, cent quarante neuf mille huit cent

(1) Carton n° 46, 1re liasse.

cinq par celui de la ville, pour achat de blé destiné à l'approvisionnement de la ville, et en outre permet aux directeurs desdits octrois d'emprunter aux mêmes fins la somme de sept cent mille livres, savoir, par l'octroi des marchands, quatre cent mille livres, et par l'octroi de la ville, trois cent mille, voulant que dans le cas où il se trouverait de la perte sur la revente des grains, elle soit passée dans la dépense des comptes de la régie desdits octrois dont Sa Majesté a prorogé et proroge la perception pendant le temps qui sera nécessaire pour parvenir au parfait remboursement de ceux qui ont prêté.

Par un autre arrêt du Conseil du 18 janvier 1752, le Roi autorise les directeurs des octrois à emprunter deux cent mille livres pour achat de grains étrangers pour la subsistance de la ville de Rouen, savoir, par l'octroi de la ville, quatre-vingt mille, par l'octroi des marchands cent vingt mille, ordonnant pareille prorogation des droits et même application de la perte.

La perte constatée sur l'ensemble de ces opérations qui montèrent à un million soixante et un mille quatre-vingt quatorze livres, s'élève à trois cent quarante neuf mille quatre cent trente-quatre livres.

Des achats de blé sont de nouveau autorisés, en 1768, par l'arrêt du Conseil du 5 décembre qui permet aux directeurs de l'octroi des marchands de faire de ces achats à l'étranger jusqu'à concurrence de trois cent mille livres, d'emprunter ladite somme, à affecter aux emprunts d'icelle le produit de l'octroi pour acquitter tant les capitaux que les intérêts, à la charge de les payer à mesure de la rentrée des deniers qui proviendront de la vente des blés.

Un arrêt du 10 mai 1771 leur permet encore de prolonger jusqu'à concurrence de cent vingt mille livres l'emprunt de trois cent mille livres autorisé par l'arrêt du 5 septembre 1768 et de renouveler leurs promesses pour ladite somme de cent vingt mille livres jusqu'à ce que les circonstances en permettent le remboursement.

L'octroi des marchands contribuait encore à d'autres dépenses qui avaient moins de rapport avec le commerce (1).

Le chapitre de l'église métropolitaine de Rouen avait obtenu, par arrêt du Conseil du 30 décembre 1732, pour l'édification du maître-autel, une somme de quarante mille livres, fournie moitié par l'octroi de la ville sur les boissons, bois, beurres et fromages, moitié par l'octroi des marchands.

---

(1) Les expéditions sur parchemin des arrêts du Conseil que nous allons citer se trouvent aux archives municipales de Rouen, tiroir 199, 1re liasse.

Les arrêts du Conseil du 24 juin 1731, 12 mai 1733, 15 octobre 1737, accordent aux RR. PP. Jésuites établis à Rouen, successivement soixante, cinquante, de nouveau cinquante mille livres à prendre par moitié sur les deux octrois, la dernière somme en dix ans par annuités de cinq mille livres, pour construire dans leur collège des bâtiments nouveaux et y faire des aménagements exigés par la fréquentation croissante de leur enseignement.

Par arrêt du 14 octobre 1738, l'octroi des marchands partage avec l'octroi de la ville la dépense déjà faite et la dépense à faire pour la réparation du pont de bateaux. Pour le même objet, les arrêts des 5 juin 1753 et 11 février 1755, répartissent de la même façon entre les deux octrois les sommes à fournir de deux fois quarante mille livres.

En 1752, la tranquillité publique ayant été troublée à Rouen par une sédition populaire, le Roi jugea à propos, pour faire cesser le désordre, d'y envoyer des troupes qu'elle crut devoir y faire ensuite demeurer pour maintenir la tranquillité publique. Depuis le 4 mai 1752 jusqu'au 1ᵉʳ janvier 1754, les frais de ce casernement étaient montés à quatre-vingt mille livres, somme dont l'arrêt du Conseil du 12 février 1754 imputa le remboursement à la ville sur le produit des deux octrois mis à contribution, chacun pour la moitié. Une contribution nouvelle de soixante mille livres leur fut encore partagée par l'arrêt du 13 janvier 1756 pour fournir à la dépense du casernement pendant ces deux dernières années.

Les deux octrois fournissaient encore, chacun par moitié, les fonds des réjouissances publiques : quinze mille livres à la naissance du Dauphin (arrêt du 18 mars 1730), dix mille livres pour marier de pauvres filles à la naissance du duc de Bourgogne (12 février 1754), vingt-quatre mille livres pour payer une partie des frais faits à la publication de la paix, en 1749, et au passage du Roi à Rouen (arrêt du 17 mars 1751).

L'arrêt du Conseil du 14 janvier 1749 avait, à la requête des maire et échevins, commis l'architecte Carpentier pour constater l'état de l'Hôtel-de-ville, en dresser procès-verbal, et faire plan et devis des réparations ou de la reconstruction. L'Hôtel-de-Ville, au dire de l'architecte, était totalement en ruine, il était impossible de le faire subsister par des réédifications et il était absolument nécessaire d'en construire un nouveau dont il avait dressé les plans et devis. L'arrêt du Conseil du 20 mai 1755 ordonna qu'il serait incessamment construit un Hôtel-de-Ville dans l'emplacement joignant à l'occident de la place du Vieux-Marché, autorisa à acquérir les maisons sises sur cet emplacement, à indemniser des servitudes reprises et à exécuter le plan de l'architecte Carpentier, en payant le prix des acquisitions, des indemnités et des ouvrages, sur les ordonnances de l'intendant, moitié des deniers de l'octroi des marchands, moitié de ceux de l'octroi des boissons, bois, beurres et fromages de la ville de Rouen ; « et comme les payements à faire pour lesdites acquisitions, indemnités de servitude et ouvrages pourront précéder la rentrée des fonds et revenants-bons desdits octrois, S. M. a permis et permet aux maire et échevins de la ville et aux directeurs desdits octrois, d'emprunter à intérêts exempts de la retenue du vingtième, deux sols pour livre du dixième, et autres accessoires, soit par billets, soit par constitution de rente, aux meilleures conditions que faire se pourra, pourvu qu'elles ne soient point au-dessus du denier vingt-cinq, toutes et telles sommes qui seront jugées nécessaires par le sieur intendant pour satisfaire aux payements convenus tant par les contrats de vente et indemnités que par l'adjudication des ouvrages de construction. Pourquoi S. M. autorise les maire et échevins d'affecter au remboursement desdits emprunts tous les biens patrimoniaux dudit Hôtel-de-Ville, ensemble les fonds et revenants-bons desdits octrois, moitié par moitié pour et autant qu'il sera nécessaire pour le paiement des intérêts desdits emprunts et le remboursement des capitaux et intérêts des sommes qui seront empruntées. »

Le taux trop bas de l'intérêt auquel les maire et échevins étaient autorisés d'emprunter, ne leur permirent pas de trouver, après plus d'un an, plus de quarante mille livres d'emprunts. Ils se voient dans la nécessité d'abandonner leur entreprise. Le Roi les autorisa d'emprunter en rentes viagères et même par arrêt de son Conseil du 31 août 1756 de porter le taux de l'intérêt au denier vingt. Mais après les acquisitions des maisons faites et les fondations en partie posées, le projet fut abandonné et l'octroi des marchands n'eut à contribuer que de soixante mille livres, en 1757, aux dépenses faites pour cet Hôtel-de-Ville abandonné.

VI

La même année, la chambre de commerce avait été autorisée de racheter des offices dont le commerce souhaitait depuis longtemps la suppression. Les offices de prud'homme, vendeur et contrôleur de cuirs avaient été érigés par l'édit de 1633 dans la ville de Rouen et plusieurs autres de la province de Normandie. La déclaration du Roi du 15 décembre 1703 avait confirmé les propriétaires de ces offices dans leurs fonctions et dans leurs droits et leur avait même accordé une augmentation d'un cinquième des droits moyennant une finance de quarante-cinq mille livres. Cette augmentation avait causé un vif émoi dans les communautés des tanneurs et des maroquiniers, dont les intérêts furent soutenus par la chambre de commerce et par son député au Conseil de commerce, Nicolas Mesnager : en septembre 1704, une transaction était intervenue. Mais d'autres difficultés surgirent en 1706, 1710, 1728, 1732, 1740, 1743. Las de tant de contestations avec le fermier des droits, le commerce s'adressa aux propriétaires des offices pour leur en proposer le rachat. Le chancelier Daguesseau et son frère le comte de Fresnes étaient les principaux détenteurs des titres de la propriété. Sachant le chancelier disposé à les céder sur la base du denier vingt du prix du bail, la chambre de commerce de Rouen se fit autoriser par un arrêt du Conseil du 22 juin 1756 à acquérir ces offices et à emprunter des directeurs de l'octroi des marchands les sommes nécessaires pour cette opération, la levée des droits étant prorogée jusqu'à l'extinction de l'emprunt. Lorsque les contrats eurent été passés avec les frères Daguesseau, un édit de mars 1757 porta qu'une fois l'acquisition de ces offices entièrement consommée par la chambre de commerce, ils demeureraient supprimés et que cependant les droits continueraient d'être perçus jusqu'au remboursement des emprunts faits pour les acquérir.

Le 6 juillet 1757, sur trois ordonnances de l'intendant, les directeurs de l'octroi des marchands versaient aux syndics de la chambre une somme de cent cinquante-huit mille six cent deux livres cinq sols pour les premiers paiements de l'acquisition ; le 28 janvier suivant, la chambre recevait deux nouvelles ordonnances pour toucher les soixante-seize mille trois cent soixante-livres qui en devaient solder le prix.

Le bail pour la régie des offices, dont les droits continuaient d'être levés jusqu'à l'extinction de ces emprunts, était demeuré aux mains des mêmes fermiers avec les nouveaux propriétaires. Le mauvais vouloir de ces fermiers, appuyé sur de hautes protections dont ils jouissaient, tint pendant neuf années la chambre de commerce en échec par sa procédure au Châtelet et au parlement de Paris. Le procès ne se termina qu'en avril 1767 par une transaction.

Par arrêt du 6 janvier 1768, les prieur, juges consuls et syndic des marchands de la ville de Rouen étaient maintenus dans la possession des offices de courtiers de change, laines et autres marchandises criées pour la ville de Rouen, comme à eux propriétairement appartenant, en payant au Roi la somme de vingt mille livres à prendre sur l'octroi des marchands : les directeurs de l'octroi étaient autorisés d'emprunter ladite somme et d'affecter les deniers de l'octroi à acquitter le capital et les intérêts de l'emprunt. Les lettres patentes données le même jour étaient enregistrées avec l'arrêt le 6 mars au parlement de Rouen.

L'octroi des marchands fournissait de quoi payer aux inspecteurs des manufactures tout ou partie de leurs appointements, gratifications ou indemnités, leurs commissions délivrées par le contrôleur général, déterminait l'importance de leur traitement, qui n'était ordinairement que de douze cents livres pour un sous-inspecteur. Parfois, une gratification était ajoutée au traitement : mille livres à l'inspecteur Godinot, autant à l'inspecteur Morel, qui avait l'inspection des manufactures particulières de coton à Rouen et à Vernon. Jean Holker avait une situation exceptionnelle : il avait été pourvu, le 15 avril 1755 (1), par le contrôleur général Moreau de Séchelles, d'une commission d'inspecteur général des manufactures et principalement de celles qui avaient été établies à l'instar des étrangers avec des ouvriers étrangers; il avait huit mille livres d'appointements qui lui étaient payés par les deux octrois de la ville et des marchands en exécution de l'arrêt du Conseil du 26 septembre 1730. Holker devait se transporter dans tous les lieux où il y avait des fabriques d'étoffes en soie, laine, fil, coton ou autres, soit en cuir, comme aussi dans les lieux où il y avait des calandres et des frises établies, ou d'autres machines à préparer les étoffes, à l'effet de les visiter et d'examiner si elles étaient faites et fabriquées convenablement. Il devait aussi donner des instructions aux ouvriers et faire faire tels changements qu'il jugerait à propos pour le bien desdites fabriques ou machines.

Les inspecteurs en retraite ou les veuves obtenaient, par arrêts du Conseil, des pensions : la veuve Fosse, mille livres, par arrêt du 21 mai 1746; la

---

(1) Reg. des délib., X, 76.

veuve de Langlois, le directeur de la manufacture de la Roche-Guyon, six cents livres, par arrêt du 10 février 1756; l'arrêt du 24 février de la même année assurait une pension de trois mille cinq cents livres à l'ancien inspecteur Chrestien. L'inspecteur des bois de la généralité touchait à l'octroi des marchands une indemnité de mille livres, en vertu d'un arrêt du 17 septembre 1737.

Quelques pensions étaient alimentées par la même caisse au profit de personnes étrangères au commerce.

Le peintre Descamps, qui tenait depuis plus de dix ans une école de dessin, gratuitement ouverte au public, fut, par l'arrêt du Conseil du 7 janvier 1750, rémunéré d'une somme annuelle de quinze cents livres aux dépens des deux octrois.

Un arrêt du 18 août de la même année avait attribué sur les mêmes caisses une subvention annuelle de mille livres au profit de l'écuyer Cottard, maître de l'Académie à cheval.

Le chirurgien Lecat, inventeur de la lithotomie, avait reçu, par l'arrêt du 25 février 1755, sur l'octroi des marchands, une pension de mille livres, dont la moitié fut continuée à sa veuve.

Le jardin botanique avait été créé par les soins et aux frais de l'Académie des sciences, belles-lettres et arts de Rouen : son directeur, le médecin Picard, et le secrétaire-trésorier de l'Académie obtinrent, par l'arrêt du 20 janvier 1756, sur le même octroi des marchands, l'un une pension de cinq cents livres, l'autre de trois cents.

Le 14 janvier 1762 (1), l'intendant demandait à la chambre son avis sur une requête d'un sieur Ligot, membre de l'Académie royale de Rouen et professeur de mathématiques, demandant l'autorisation de réunir tous les jours de la semaine une école gratuite de mathématiques dans celle établie pour le dessin. Il y avait déjà longtemps que l'intendant avait pensé à former cet établissement, s'il n'avait craint de mettre de nouvelles charges sur les octrois. Le sieur Ligot se contentant de cinq cents livres pendant la guerre, qui, à la paix, seraient portées à mille, payées moitié par l'octroi des marchands, moitié par celui de la Ville, M. de Brou ne voulait plus différer cet établissement dont le commerce et les arts pouvaient tirer de grands avantages; mais avant de proposer au Conseil de l'ordonner, il avait désiré mettre la chambre

---

(1) Reg. des délib., XII, 248, 262.

à portée de lui communiquer ses réflexions sur les avantages ou les inconvénients qui pourraient en résulter. La chambre approuva la proposition.

Diverses expériences avaient reçu aux dépens de l'octroi des marchands des encouragements sous forme de gratifications ou d'indemnités des frais : douze mille livres au sieur Daristoy pour les frais de l'épreuve de la filature à deux mains ; au sieur Godinot, deux mille trente-trois livres huit sols; au teinturier Gonin, trois mille six cents livres ; à l'inspecteur Morel, sept cent soixante-quatorze livres huit sols pour frais et gratifications à l'occasion d'expériences de teinture faites à Yvetot.

Un arrêt du 19 septembre 1752 avait ordonné le prélèvement sur l'octroi des marchands d'une somme de soixante mille livres sur douze années, à raison de cinquante mille livres par an, pour subventionner les entrepreneurs de la manufacture d'étoffes de coton établie au faubourg Saint-Sever, et en outre une pension viagère de quatre cents livres à la veuve de James Wildes, ouvrier anglais de cette manufacture.

Au mois de janvier 1762 (1), M. de Brou consultait la chambre sur une requête d'un sieur Gallemy, apprêteur d'étoffes de laine, qui avait déjà obtenu divers encouragements, pour établir à Rouen une presse et des frises à l'anglaise, propres à apprêter les étoffes de laine. Il demandait un nouveau secours de quatre mille livres pour soutenir cet établissement ; les mécaniques qu'il avait faites lui avaient coûté plus de vingt mille livres, sur quoi il en devait encore six mille, pour lesquelles il était exposé à la poursuite de ses créanciers qui étaient à la veille de le saisir et d'occasionner la chute de son établissement. Par les éclaircissements que le secrétaire de l'intendance, M. Dailly, avait pris de M. Auger, qui avait contribué de son côté à mettre M. Gallemy en état de former cet établissement, il paraissait effectivement que les presses à l'anglaise qui étaient à Rouen et les frises qui étaient à Darnétal, avaient coûté au moins vingt mille livres. Le sieur Gallemy consentirait, avec le secours de quatre mille livres, d'établir une nouvelle presse plus parfaite que celle dont on se sert dans la fabrique d'Elbeuf, mais qui servirait cependant à donner un apprêt semblable à celui que recevaient alors nos draps, de sorte qu'il réunirait dans un même lieu les presses à l'anglaise et celles dont on se servait ordinairement en France. Jusqu'alors il paraissait qu'on avait été content de ses apprêts, surtout dans les petites

(1) Reg. des délib., XII, 232, 236, 261.

  Jeton 1703

  Jeton 1707

  Jeton 1712

  Autre Jeton 1712

étoffes de laine. L'intendant sentait à merveille combien les Anglais l'emportaient et toute l'utilité qu'on pouvait tirer de la progression des apprêts. Mais comme la somme demandée ne laissait pas de mériter attention dans la circonstance présente, il était bien aise, avant que de mettre le Conseil dans le cas de la lui accorder sur le revenant-bon de l'octroi, de s'assurer de l'usage qu'il pourrait en faire et de prendre des mesures pour que cet établissement ne fût pas exposé dans la suite aux événements dont il se voyait menacé. En conséquence M. de Brou priait la chambre d'entendre le plus tôt qu'il lui serait possible le sieur Gallemy, et d'entrer dans tous les détails nécessaires pour constater l'utilité qu'on pouvait attendre des encouragements qu'on pourrait lui accorder ; il voudrait même qu'on pût prendre des arrangements avec lui pour que, dans le cas où il ne réussirait pas dans ses entreprises, l'octroi pût être remboursé des quatre mille livres qu'il lui avait déjà avancées et des nouvelles quatre mille livres qu'il demandait présentement. Il attendrait la réponse de la chambre pour écrire à M. de Trudaine qui l'avait consulté sur cet objet.

Sur le rapport du procureur-syndic chargé par la chambre de prendre des éclaircissements, la chambre répondit à l'intendant que le sieur Gallemy n'était point dans le cas de mériter la grâce qu'il sollicitait.

Le 10 février, M. de Brou écrivait de nouveau que, depuis que la chambre lui avait fait part de sa façon de penser sur les opérations de ce particulier, les sieurs Louis et Auger, qui avaient été dans le cas d'en conférer avec M. Dailly, paraissant y trouver des avantages, il avait cru devoir communiquer leurs réflexions à la chambre. Le sieur Louis assurait qu'il n'y avait point de comparaison à faire des apprêts ordinaires d'avec ceux du sieur Gallemy ; qu'il convenait en effet se négliger quelquefois, mais que comme, lorsque ce particulier travaillait avec attention, ses apprêts étaient bien supérieurs à ceux des apprêteurs de Rouen, il était dans le dessein de continuer à l'employer, quoique la différence du prix de ses apprêts empêchât beaucoup de ses confrères de le faire travailler. Le sieur Auger pensait de même sur la supériorité des apprêts du sieur Gallemy ; il observait que jusqu'alors on avait dédaigné nos doublures chez l'étranger, mais qu'il voyait jour à les faire goûter au moyen des presses de ce particulier ; enfin, il était si pénétré de l'utilité de cet établissement, et il en verrait la suppression avec tant de peine, qu'il consentait de donner son billet et de se rendre caution envers l'octroi des quatre mille livres qui seraient données à Gallemy, en s'obligeant de les rendre dans quatre ans, si d'ici à ce temps l'utilité des presses n'était point constatée. Les observations des sieurs Louis et Auger avaient paru à l'intendant mériter la plus sérieuse attention et l'avaient déterminé à engager la chambre de prendre de nouveau l'affaire en considération, que peut-être la proposition du sieur Auger pourrait apporter quelque changement à la façon de penser de la compagnie.

La chambre s'en tint à l'avis qu'elle avait porté en dernier sur la demande du sieur Gallemy.

VII

La généralité de Rouen avait en ce temps-là un intendant, M. Feydeau de Brou, qui donna toute son attention au développement de l'industrie et ne demandait qu'à y faire contribuer l'octroi des marchands. Le 14 juin 1756, il communiquait à la chambre de commerce une lettre qu'il avait écrite au contrôleur général pour lui proposer de permettre à la chambre de prendre tous les ans sur l'octroi une certaine somme pour distribuer des prix et des récompenses aux différents objets de commerce qu'elle croirait avoir le plus besoin d'encouragement. Il envoyait en même temps la réponse du ministre par laquelle il paraissait qu'il voulait bien approuver ses vues et le chargeait même de les communiquer à la chambre. M. de Trudaine lui avait confirmé encore plus clairement les intentions du contrôleur général. Dans l'impatience qu'il avait de faire réussir un projet qu'il croyait devoir devenir aussi utile entre les mains de la chambre, l'intendant avait pris le parti de le proposer, quelque informe qu'il fût, sans en avoir embrassé toutes les parties ; il comptait sur la chambre pour le rédiger et lui donner toute l'utilité dont il était susceptible. Il la priait de nommer incessamment des commissaires pour y travailler et la mettre en état même de former un projet d'arrêt du Conseil qu'il pût envoyer au contrôleur général, pour donner la solidité nécessaire à cet établissement. Il comptait que dans le mémoire que la chambre lui remettrait pour le contrôleur général et plus encore dans l'usage qu'elle ferait des récompenses dont elle aurait la disposition, elle voudrait bien étendre ses vues, non seulement sur le commerce et les manufactures, mais encore, s'il était possible, sur l'agriculture et sur la navigation, qui étaient également essentielles. La chambre trouverait sans doute que la somme, dont il demandait la disposition au contrôleur général, était bien faible pour tous ces différents objets ; mais il ne doutait pas que, dans le cas où cela serait nécessaire, le ministre, sur ses représentations, ne voulût se porter à l'augmenter. Il croyait d'ailleurs que, par toutes les distinctions flatteuses que la chambre pourrait ajouter dans la distribution et par la publicité qu'elle leur donnerait, qu'il regardait comme également honorables et pour ceux qui les dispenseraient et pour ceux qui les recevraient, il ne lui serait pas difficile d'exciter une émulation plus grande peut-être que si l'on augmentait le prix et la valeur des récompenses. Il n'avait pas craint de prendre sur lui d'assurer d'avance le contrôleur général de la reconnaissance de la chambre, parce qu'il connaissait ses sentiments pour tout ce qui pouvait contribuer au bien public. Enfin, indépendamment de l'utilité qu'il était persuadé que le commerce devait retirer de cet établissement, il ne dissimulerait pas à la chambre le plaisir qu'il aurait de la rendre par là, en quelque sorte, le juge des progrès du commerce, et de remettre ses récompenses et son encouragement entre ses mains.

Ce témoignage d'estime de l'administration et cette marque de confiance devaient flatter la chambre qui confia immédiatement l'étude de la question à trois commissaires, MM. Jore, Chapuis et Le Couteulx. Mais, soit que les commissaires se soient perdus dans le vaste champ ouvert à leurs recherches, soit que la chambre ait hésité à entreprendre un tel système d'encouragement avec les seules ressources de l'octroi des marchands, dont le crédit n'aurait été maintenu que par une augmentation de droits onéreux pour le commerce, nous ne trouvons aucune trace d'une suite donnée à un programme dont l'exécution eût fait honneur à la chambre de commerce de Rouen et à l'intendant Feydeau de Brou.

Le même intendant, deux ans après, cherchait dans le produit des octrois les moyens de prévenir la cherté du pain, en encourageant le commerce du blé. Il écrivait, le 19 décembre 1758 (1), à la chambre de commerce : « Vous sçavez, Messieurs, que lors de la cherté que nous eûmes le malheur d'éprouver il y a deux ans sur le bled, je ne trouvai point de meilleur moyen pour la diminuer et rétablir l'abondance dans la ville, que d'exciter le commerce des bleds en donnant une récompense de trois livres par muids de bled, mesure de Paris, à tous ceux qui apporteroient dans notre ville des bleds qu'ils justi-

(1) Reg. des délib., XI, 301.

fieroient étrangers ou de quelque autre province du royaume. Ce moyen eut en effet le succès que nous pouvions désirer, plusieurs négocians nous apportèrent des secours fort utiles et vous-mêmes voulûtes bien alors vous joindre à moi pour reconnaître et récompenser leur zèle. Quoiqu'il y ait tout lieu de croire que nous n'ayons pas à craindre à beaucoup près des circonstances aussi fâcheuses, j'ay cru devoir prier M. le Contrôleur général de me permettre d'employer les mêmes moyens pour les prévenir, et, en conséquence, il m'a autorisé à donner sur les octrois, d'icy au temps de la récolte prochaine, une gratification de trois livres par muids de bled, mesure de Paris, à tous ceux qui feroient venir dans la ville de Rouen des bleds qu'ils justifieroient avoir fait venir de quelque autre province ou des pays étrangers. J'ay écrit aux maire et échevins pour les prier d'en instruire les négociants de votre ville et je compte que, de votre côté, vous voudrez bien faire tout ce qui dépendra de vous pour les engager à se livrer au genre de commerce dont vous êtes plus faits que personne pour sentir toute l'utilité. Je vous prie de ne pas me laisser ignorer le succès des démarches que vous aurez faites. Vous connaissez quelle est ma façon de penser à ce sujet. Quoique l'utilité particulière dût seule déterminer à ce genre de commerce, je reconnaîtray toujours l'utilité publique qui en résulte dans tous ceux qui voudroient s'y livrer. »

La chambre n'entra pas précisément dans les vues de M. de Brou. Ces négociants avisés craignaient que cette récompense ainsi annoncée, loin de contribuer à l'abondance, ne répandît l'alarme parmi le peuple qui verrait avec inquiétude les soins que l'on prendrait pour lui procurer des secours, et n'engageât le laboureur à resserrer ses grains en lui faisant entrer la crainte d'une disette par les précautions mêmes que l'on prendrait pour la prévenir.

L'intendant, tout en convenant que l'extrême attention et l'inquiétude même du peuple sur tout ce qui se rapporte au blé doit rendre très circonspect sur le choix des moyens qu'on doit employer pour en faire venir, chercha à répondre aux craintes de la chambre par des considérations qui étaient d'un observateur très fin, et finit en disant qu'il voudrait que la publicité de la récompense et plus encore l'impression que leurs discours et leur façon de penser pouvaient faire dans le commerce, déterminassent enfin les principaux négociants à se livrer au même bien de l'Etat et à celui de leurs concitoyens.

La chambre se contenta de répondre qu'elle seconderait ses vues autant qu'il lui serait possible.

Cependant, l'intendant, avec l'autorisation du contrôleur général, avait puisé dans la caisse des deux octrois l'écu par muids de blé importé à Rouen d'une autre province ou de pays étranger dont il avait fait annoncer la gratification aux importateurs. Il faisait, le 25 mai (1), connaître à la chambre les heureux effets de cette mesure qui avait empêché l'augmentation du prix des grains pendant l'hiver. Après avoir continué ces encouragements tant qu'ils lui avaient paru nécessaires, dans un temps où les apparences de la récolte promettaient beaucoup, il croyait le moment venu de les interrompre et d'en fixer le terme au 30 juin.

VIII

L'octroi des marchands aurait pu donner au port de Rouen un accroissement considérable en fournissant les ressources pour travailler à améliorer le lit du fleuve par l'application du système dont l'ingénieur du Roi Magin avait fait dans la Seine, en 1757, une expérience séduisante.

Magin avait remarqué que la partie de la rivière entre Rouen et Caudebec, sur une longueur de quinze lieues, avait un lit profond, qui aurait permis aux plus grands navires de son temps d'arriver à Rouen, n'était l'obstacle qu'ils rencontraient plus bas, sur une longueur de douze lieues, entre Caudebec et la mer, dans les bancs de sable perpétuellement changeants de toute cette étendue, surtout la traverse d'Aizier, sous Villequier, et le banc du Tot à Quillebeuf.

Il avait observé qu'un épi flottant entre deux eaux où il y a du courant et des sables, détermine un mouvement des eaux qui entraîne les sables et creuse le lit de la rivière dans la région de l'épi. Il avait, depuis plus de quatre ans, fait l'expérience de son invention dans la rivière de Bordeaux et dans celle de Nantes, et constaté que l'approfondissement était proportionnel à la longueur et à la grosseur de l'épi. Il concluait qu'en multipliant ces épis et en les disposant dans la direction la plus avantageuse qu'on aurait choisie pour le chenal de la navigation, ce chenal s'entretiendrait constamment, se déterminant de lui-même à la moindre largeur qu'il puisse avoir et à la plus grande profondeur : les sables se déposeraient dans les côtés ou dans les endroits où il y aurait le moins de mouvement.

(1) Reg. des délib., IX, 432.

L'ingénieur du Roi vint à Rouen proposer l'application de son système à la Seine et solliciter d'abord qu'on voulût bien l'éprouver. L'intendant Feydeau de Brou, toujours jaloux de contribuer au bien du commerce, avait témoigné au prieur qu'il souhaitait que la chambre de commerce pût conférer avec M. Magin « pour aviser sur les moyens de rendre la rivière de Seine navigable depuis son embouchure jusqu'à Rouen, pour que les plus forts navires y puissent parvenir sans courir les dangers et les inconvénients des bancs de Quillebeuf et autres répandus le long de la rivière ».

Le 17 mai 1756, le prieur convoqua la chambre en une assemblée extraordinaire en laquelle il fit appeler dix anciens syndics particulièrement intéressés dans le commerce maritime de Rouen. Après que M. Magin eût exposé ses idées, on agita différents moyens de parvenir aux fins désirées, MM. du siège furent priés de rendre compte à l'intendant du résultat de la conférence (1).

Ce n'est que dix-huit mois plus tard, le 8 octobre 1757, que la chambre reprit en considération, dans une assemblée extraordinaire que M. Feydeau de Brou vint présider, les objets proposés par M. Magin, tendant à rendre la rivière de Seine navigable au moyen d'épis solides et flottants à faire le long du fleuve. Sur la proposition de l'intendant, la chambre nomma des commissaires pour assister aux essais que M. Magin devait faire de ses épis (2).

M. Magin se rendit immédiatement à Quillebeuf et, dès le 26 octobre, malgré les difficultés qu'il avait rencontrées à se procurer les bois nécessaires pour faire exécuter ses épis flottants, il avisa les commissaires qu'ils pouvaient se rendre à Quillebeuf pour voir eux-mêmes l'effet d'un épi flottant qu'il avait posé.

Les commissaires firent à la chambre, dans son assemblée du 14 novembre (3), rapport de ce dont ils avaient été témoins à Quillebeuf dans les journées des 30 et 31 octobre, de l'enlèvement des sables par l'effet des épis flottants posés à un ou deux pieds de l'action de l'eau. Ils estimaient qu'en multipliant, tant dans leur nombre que dans leur force, lesdits épis, on pourrait former, creuser et entretenir un canal de la rivière de Seine qui serait permanent tant qu'ils subsisteraient ou qu'ils seraient remplacés.

(1) Reg. des délib., X, 257.
(2) Ibid., XI, 26.
(3) Ibid., XI, 43-49.

« Il nous a paru, disaient-ils, que le peu de profondeur du canal de la rivière provient de ce que la plage de ladite rivière vis-à-vis de Quillebeuf ayant près d'une lieue de large d'une rive à l'autre, l'eau de ladite rivière, en faisant des circuits, se répand sur la superficie de la meilleure partie de cette plage en se divisant en plusieurs petits courants, ce qui ôte l'activité de l'eau, et, par une suite nécessaire, donne lieu aux bancs de sable de remplir le canal lorsque les grandes marées viennent à couvrir et remplir toute l'étendue de la plage, lesquelles marées sont si fortes et si violentes, surtout dans les équinoxes et dans le mois de juillet, qu'elles enlèvent des bancs de sable entiers dans d'autres endroits et changent le canal de la rivière.

« Le seul moyen d'empêcher ces événements seroit donc de former et creuser un canal de la rivière le plus droit qu'il seroit possible, qui pût ramasser et contenir toute l'eau de la rivière, sans qu'elle se divisât en plusieurs petits canaux, et qu'étant ainsi ramassée en un seul canal, elle eût plus d'action, pour, par son courant, nettoyer les sables qui y pourroient être apportés par son cours continuel. C'est là l'effet que le sieur Magin espère de ses épis flottants. »

Le procès-verbal des commissaires fut remis à l'intendant qui revint six jours après présider une nouvelle assemblée de la chambre, accompagné de M. Magin.

« M. Magin a remis sous les yeux de la compagnie un plan qu'il a fait dresser pour faire connoître les obstacles qui s'opposent à la sureté de la navigation et aussi pour démontrer les moyens que l'on pourroit mettre en usage pour former un chenal sûr et propre pour faire monter des navires de quatre à cinq cents tonneaux jusques à Rouen, et aussi pour se procurer par les mêmes moyens, dans le cours de la rivière, des rades assurées pour la marine royale.

« Sur quoy les avis de la compagnie pris, la chambre, considérant les avantages immenses qui résulteroient du projet de M. Magin, persuadée de la facilité de son exécution, a remercié M. l'intendant d'avoir bien voulu s'occuper d'un objet si utile et l'a prié de lui permettre de présenter un mémoire à ce sujet, espérant de son attention ordinaire pour le bien du commerce qu'il voudra bien l'honorer de sa protection et employer ses bons offices pour obtenir de Sa Majesté les secours nécessaires pour son exécution (1). »

(1) Reg. des délib., XI, 54.

Le mémoire, préparé par celui des commissaires qui avait rédigé le procès-verbal des essais, fut présenté à la compagnie dans son assemblée du 18 janvier 1758 (1). Il y était dit que pour s'assurer de la réussite parfaite des épis flottants, l'on pourrait commencer à former le chenal de la rivière de Seine depuis Quillebeuf jusqu'à la Roque ou Berville ; si l'on réussissait dans ces endroits, il y aurait comme une certitude que l'on réussirait partout et qu'en peu d'années le chenal de la rivière serait parfait. La dépense, depuis Quillebeuf jusqu'à la Roque, ne serait pas excessive, suivant ce que M. Magin en avait assuré à la chambre de commerce, puisque cela n'irait pas à plus de quatre-vingt à cent mille livres. Cette somme pourrait se prendre sur les octrois de la ville de Rouen, si le contrôleur général voulait les autoriser d'emprunter lesdites sommes (2).

La chambre envoya son mémoire à l'intendant qui lui conseilla de l'adresser au contrôleur général, en lui demandant avec instance la permission de prendre sur ses octrois les sommes nécessaires pour faire les expériences en grand ou plutôt, en quelque sorte, pour commencer l'ouvrage. Le contrôleur général lui renverrait très promptement, selon toute apparence, le mémoire ; il chercherait alors à lui indiquer les moyens non seulement de mettre la chambre en état de faire les expériences qu'elle désirait, mais même d'assurer la perfection de l'ouvrage, si ces expériences réussissaient.

La chambre s'empressa de déférer à l'avis de l'intendant et adressa son mémoire au contrôleur général avec une lettre où elle exprimait l'espoir qu'il voudrait bien favoriser et autoriser un projet qui serait très avantageux à la navigation et au commerce, si la réussite répondait aux expériences que M. Magin avait déjà faites.

La guerre soutenue alors contre l'Angleterre aurait dû porter davantage à l'exécution d'un projet dont on se promettait d'heureux résultats pour la protection de la flotte. Elle fut au contraire un embarras qui en empêcha la réalisation. Aucune suite, même dans le champ limité que la chambre de commerce avait proposé pour une application première du système ne fut donnée à des essais qui avaient fait naître de si belles espérances.

(1) Reg. des délib.,., XI, 83.
(2) Carton n° 27, 3e liasse, pièce n° 3.

IX

Les dangers que couraient les navires dans la montée de la Seine, particulièrement dans les parages de Quillebeuf, donnèrent lieu à l'organisation d'un service de secours dont la chambre de commerce fit d'abord les frais avec les deniers de l'octroi, en attendant que la navigation versât les siens dans une caisse qui servira singulièrement plus tard les intérêts du port de Rouen.

Le 30 juillet 1738 les marchands et négociants de la ville de Rouen représentaient à la chambre de commerce que le cours de la rivière de Seine se trouvait interrompu aux environs de Quillebeuf, que M. l'abbé de Jumièges ayant, pendant un grand nombre d'années, négligé de faire mettre les pieux nécessaires dans la rade et port de Quillebeuf et au rivage de la baronnie de Trouville, il y avait eu un grand nombre de navires qui y avaient fait naufrage, que les débris de plusieurs de ces navires étaient restés épars dans le chenal de la rivière, au travers de la Fontaine, au bout de la prairie de Norville, le long de la rade de Quillebeuf et autres endroits. Il y avait encore plusieurs rochers et grosses pierres qui se trouvaient couvertes d'eau dans le temps des marées et qui ne paraissaient que de morte eau, sur lesquels plusieurs navires avaient été crevés et avaient eu des voies d'eau qui avaient occasionné des avaries considérables (1).

Les pétitionnaires citaient les récents malheurs causés par ces écueils et priaient la chambre d'envoyer leurs plaintes au ministre de la marine « pour faire ordonner que toutes les cosses et carcasses de navires qui sont dans le chenal de la rivière, tant en dessus qu'en dessous de Quillebeuf, seront incessamment levées ainsi que les pierres et roches qui sont depuis ledit Quillebeuf jusqu'au Courval. »

La chambre délibère « qu'il sera écrit une lettre à M. le comte de Maurepas en conformité dudit mémoire pour le prier de donner les ordres nécessaires pour faire nettoyer la rivière de Seine au port et à la rade de Quillebeuf, et d'assurer la navigation dans ces endroits, afin de pouvoir éviter les naufrages qui y sont arrivés (2) ».

(1) Carton 27, 5ᵉ liasse.
(2) 4 août.

Le ministre écrivit aux officiers de l'amirauté de Quillebeuf « que l'intention de Sa Majesté étoit qu'ils fissent mettre des bouées sur les carcasses des navires et roches qui nuiroient à la navigation ». Comme il fallait pourvoir à la dépense, le ministre demanda qui ferait les frais, non seulement de l'établissement de ces balises, mais du remplacement de celles que la violence des marées pourrait emporter, et l'entretien des cordages qui y étaient nécessaires.

La chambre estima que l'expédient le plus convenable pour satisfaire aux dépenses des tonnes et balises extraordinaires qu'il avait fallu mettre sur les carcasses des navires naufragés à Quillebeuf, serait que ladite dépense fût prise sur les deniers de l'octroi. Le comte de Maurepas écrivit à M. de la Bourdonnaye au sujet des formalités nécessaires pour autoriser les directeurs de l'octroi à employer cette dépense dans leurs comptes. L'intendant fit savoir à la compagnie qu'il n'était pas d'avis que la dépense fût prise sur l'octroi des marchands « parce qu'il pourroit arriver que par la suite on chargeroit l'octroy de toutes sortes de dépenses qui en épuiseroient les fonds et revenus, ce qui pourroit l'anéantir. » En même temps il écrivait au secrétaire d'État de la marine « que le fonds de l'octroy était fort chargé et que M. le contrôleur général et lui souhaiteroient d'en liquider. »

Les officiers de l'amirauté avaient informé l'intendant que la dépense faite jusqu'alors pour les tonnes et balises ne montait qu'à cinquante-six livres, et qu'au moyen de cent cinquante livres par année, un des pilotes de Quillebeuf s'obligerait à les entretenir, et ils avaient pensé qu'on pourrait, pour cela, mettre un petit droit sur les bâtiments qui montent la Seine jusqu'à Rouen. C'est la première mention d'un droit à percevoir et d'un préposé à établir à Quillebeuf dans l'intérêt de la sûreté de la navigation. Mais, vu le peu d'importance de la dépense, l'intendant ne persiste pas dans son opposition : il fera ce que M. le Contrôleur général trouvera bon, et celui-ci répond à M. de Maurepas « qu'il consent volontiers que cette première dépense et celle qu'il en coûtera chaque année pour l'entretien de ces balises soient prises sur les fonds de l'octroy. »

Au printemps de 1753, une requête des habitants de Quillebeuf à M. Rouillé, secrétaire d'Etat de la marine, sollicite la continuation de quelques travaux nécessaires pour mettre de plus en plus, devant Quillebeuf, la Seine en état de procurer aux navires les avantages d'une posée sûre, qu'on ne peut trouver que dans ce port depuis le Havre jusques à Rouen. Il s'agissait de la perfection du quai au port de Quillebeuf (1).

(1) Carton 27, 1re liasse.

En même temps une pétition des négociants de Rouen expose que, comme le travail à faire cette jetée ne peut s'exécuter qu'avec un certain temps, il serait provisoire de faire mettre des pieux et poulies avec des rouets le long du quai, pour faciliter aux navires en danger, de se faire haler aux meilleurs endroits de la posée, d'autant qu'il est arrivé que des navires, forcés par des marées baissantes d'échouer sur l'amas de sable, ont été dans le plus éminent danger, malgré les secours des habitants de Quillebeuf, qui, à force de bras, ont eu bien de la peine à retirer lesdits navires de leur échouement.

Après informations prises, la chambre représente au ministre de la marine que jamais travail n'a été plus provisoire et nécessaire que celui qu'il convient faire au port de Quillebeuf, dont la situation vers l'embouchure de la Seine y contraint les navires montants et descendants d'y poser pour prendre les temps et vents propices pour continuer leur voyage. Les raz de marée qui s'y font sentir dans les coups de vent de l'ouest et du nord-nord-ouest y sont si violents que les pilotes employés à la conduite des navires ne peuvent gagner le port qu'aidés par les lamaneurs du lieu qui vont les aborder pour leur prêter secours. Le canal, trop resserré par les bancs de sable qui varient, y rend les courants si rapides, que les navires, en abordant le port pour gagner la posée, se trouvent exposés à de fréquents naufrages et courent risque d'être emportés soit sur les bancs de sable, soit sur les rochers du quai, où ils rencontrent une quantité de pierres écroulées des anciens talus des maisons qui le bordent, ce qui les met en danger d'être enfondrés dans leur choc, ou au moins d'y prendre des voies d'eau qui causent souvent des avaries aux navires et à leur cargaison.

Pour surmonter l'effort des courants que les bateaux lamaneurs ne peuvent vaincre, et pour secourir efficacement les navires montants, il convient placer des cabestans et des rouets à différents endroits du quai et plusieurs organaux le long du talus où les navires porteraient les amarres, à l'aide desquels ils pourraient gagner le port.

Un magasin placé sur la pointe ouest-nord-ouest du quai, pourvu de câbles depuis quatre pouces de tour jusqu'à dix pouces, de cent dix à cent vingt brasses de long, serait d'une grande utilité ; l'un des bouts desdits câbles serait porté par un bateau lamaneur au navire qui aurait besoin de ce secours, et l'autre bout retenu sur le cabestan, où huit ou dix hommes par leur travail feraient plus de besogne que deux ou trois cents hommes, femmes et enfants, qui sont employés à haler les navires.

Le ministre de la marine déclina pour son département l'étude de cette demande. Il renvoya le tout au garde des sceaux Machault qui était contrôleur général, en lui faisant part des observations qui lui avaient été faites sur le port de Quillebeuf.

La dislocation de la plus grande partie du quai de Quillebeuf à la suite des grosses eaux de la fin de l'hiver de 1757, encombra le lit de la rivière et le lieu de la posée d'une nouvelle masse de pierres dangereuses. La navigation s'en trouva si gênée qu'elle prit elle-même des arrangements avec le maître du port de Quillebeuf, auquel elle consentit de payer un léger tribut pour qu'il nettoyât les fonds de la passe et de la posée et les entretînt libres de tout obstacle.

Le 10 octobre 1757, la posée de Quillebeuf étant impraticable par les roches et pierres qui s'écroulaient des quais et carrières, les capitaines, maîtres et patrons naviguant en cette rivière, souscrivirent une soumission avec le nommé Joseph Le Tellier, maître de quai, qui s'obligea envers eux à retirer les pierres et roches de ladite posée moyennant une somme de deux sols six deniers par chaque navire qui allait et venait de la province, celle de cinq sols pour ceux qui naviguaient hors province ou à l'étranger, et celle de sept sols six deniers pour les navires étrangers.

Le ministre de la marine ne faisait pas de difficulté à autoriser une entreprise qui était pour le bien général de la navigation, les maîtres de navires s'imposant eux-mêmes cette loi. Il voulut cependant avoir l'avis de la chambre de commerce de Rouen, laquelle répondit qu'elle ne s'opposerait pas à cet arrangement, tant qu'il serait fidèlement exécuté par l'entrepreneur (8 mars 1758). La soumission fut contrôlée à Caudebec le 18 mai.

Cette première contribution demandée à la navigation, ou plutôt offerte par elle, pour l'organisation d'un service de secours à Quillebeuf, se bornait au nettoyage de la posée. La navigation rencontrait à cet endroit de la rivière une autre difficulté qui avait été signalée. Le promontoire formé par la pointe de Quillebeuf au fond de la baie était le point critique de cette navigation. Les navires mouillés en rade du Havre attendaient le flot pour franchir l'estuaire, guidés par les pilotes dans les passes au milieu des bancs. Ils devaient, en une marée, gagner la posée de Quillebeuf. Il fallait que le vent ne fût pas contraire, pour être assuré de doubler le bout de la jetée avant l'eau baissante. Souvent on avait recours aux bateaux lamaneurs qui conduisaient le navire au port à la force de leurs avirons. Si le jusant se prononçait avant qu'il ne fût amarré au quai, le navire était en danger d'être entraîné et de s'échouer sur les bancs qui ne tardaient pas à découvrir.

Le banc du Tot, près de Quillebeuf, était un vrai cimetière de bâtiments naufragés. Pour sauver le navire en péril, on envoyait la chaloupe du bord porter le bout d'un câble auquel la foule des habitants, amassée sur la jetée, jusqu'aux femmes et aux enfants, s'attelait pour haler le navire. Le maître de quai dirigeait la manœuvre, qui se répétait fréquemment, et il en avait pris le nom et la fonction de maître haleur. Les navires ainsi halés se rangeaient avec les autres à la posée, abrités par la pointe contre l'arrivée du flot, qu'ils attendaient pour poursuivre leur montée en rivière. Le navire en péril trouvait bien à terre des mains prêtes à saisir le grelin apporté du bord ; mais quand il ne possédait pas cet engin de salut, le port n'avait pas le moyen de le lui procurer. Ce défaut avait été signalé, et, à la chambre de commerce de Rouen comme sur le quai de Quillebeuf, on avait agité la question d'assurer le service du sauvetage en créant un dépôt des engins nécessaires.

Elle est reprise en 1775 à la chambre de commerce avec la démonstration qui lui est faite de la nécessité d'avoir un petit magasin à portée de la jetée, où se trouveraient renfermés quatre grelins de cent vingt brasses chacun de trois à quatre pouces de gros, deux ancres d'environ trois cents livres chacune, une chaloupe à quai dont on pût disposer, et une personne préposée par la chambre pour être présente à l'arrivée des navires et leur envoyer le secours qu'elle prévoirait être nécessaire.

La chambre agréa la proposition de créer un dépôt de grelins sur la jetée. Elle conféra pour la dépense avec l'intendant qui parut disposé à en admettre l'imputation sur la caisse de l'octroi des marchands. Elle lui présenta, le 18 janvier 1776, un devis de mille quatre cent cinquante livres pour la construction d'un petit magasin et la fourniture d'une ancre et de quatre grelins, et l'estimation de deux cents livres d'appointements à donner à l'homme préposé à l'entretien de ces objets et aux opérations qu'il conviendra faire. « Vous savez, Monseigneur, disait la chambre en terminant son mémoire, que la chambre de commerce ne possède rien ; elle est par conséquent dans l'impossibilité de faire cet établissement, si vous ne venez pas à son secours. Les revenus de l'octroy sont un impôt sur le commerce ; peuvent-ils avoir une destination plus juste en les employant au bien du commerce même ? »

L'intendant approuva les conclusions du mémoire et chargea même l'ingénieur en chef de la généralité de Cessart, de faire le plan du magasin. Le devis en montait à mille sept cents livres, au lieu des cinq cent cinquante prévus par la chambre. La chambre se contenta de la construction plus modeste proposée par le maître de port Le Tellier, qui sollicitait pour lui-même la garde du magasin et l'administration des engins de sauvetage. Elle lui délivra, le 25 juillet 1777, la commission par laquelle il était nommé et établi dépositaire d'une lanterne, d'une chaloupe, des grelins et ancres de secours, afin de s'en servir toutes les fois que des navires montant et descendant la Seine en auront besoin, soit de nuit, soit de jour, et, dans tous les cas, donner la préférence aux navires chargés de marchandises : commission à exercer aux appointements de deux cents livres par an, à commencer du 1ᵉʳ avril 1777. A cela s'ajoutait le produit de deux cents livres environ, dans les bonnes années, du droit modique payé pour le nettoyage de la rade de Quillebeuf par les navires qui s'arrêtaient à la posée, suivant la convention de 1754. C'est ce péage qui a été, par le décret de 1810, transformé en droit au profit du magasin de sauvetage de Quillebeuf, rétabli par le même décret sous l'administration de la chambre de commerce de Rouen (1).

X

Après la guerre de sept ans, notre marine marchande s'était trouvée tellement réduite que, après le rétablissement de la paix, le gouvernement cherchait à développer la construction navale. Dès le mois de mars 1763 (2), M. de Trudaine avait adressé à l'intendant de la généralité de Rouen un projet d'arrêt tendant à favoriser et à encourager la construction des navires en France. A Rouen, la démolition du grenier à sel, en 1765, donnait sur la rive gauche un emplacement qui parut d'abord convenir à l'établissement de chantiers de construction navale, et que la ville était disposée à céder à la chambre de commerce. Une commission de la chambre étudia la question avec l'ingénieur des ponts-et-chaussées Dubois, qui dressa un plan des ouvrages et un devis de la dépense à faire. L'assemblée générale de la compagnie, tenue le 27 août (3), arrêta que des démarches seraient faites pour

(1) *Le magasin de sauvetage de Quillebeuf et les services qu'il a rendus à la navigation de la Seine*, a été le sujet d'un livre publié en 1902 par l'auteur du présent écrit.
(2) Reg. des délib., XII, 460.
(3) *Ibid.*, XIII, 346.

acquérir le terrain au nom de la juridiction consulaire, et nomma des commissaires pour traiter avec les maire et échevins, aux conditions proposées par eux, qui étaient le prix de quinze cents livres de rente, racquitables à quarante mille livres, la convention ne devenant obligatoire qu'après l'obtention de l'arrêt du Conseil, des lettres-patentes et leur enregistrement.

Sur ces entrefaites (1), un mémoire était présenté à la chambre par un sieur Le Tellier qui offrait d'acquérir pour et au nom de la chambre et de la juridiction, moyennant procuration, un terrain du côté du Lieu-de-Santé, pour y former un chantier de construction de navires, dans lequel il serait facile d'en construire douze à la fois; il se chargeait d'exhausser le terrain, de faire un passage sur l'aqueduc du Lieu-de-Santé, de construire un large pont, un quai avancé, une cale de quarante pieds de large sur quatre-vingts pieds de long, d'y établir une forge et un hangar et d'enclore le chantier d'une palissade, le tout dans l'espace de deux ans, moyennant cinquante mille livres, payables en cinq paiements égaux, en fournissant caution.

L'ingénieur Dubois, consulté, trouva l'emplacement avantageux, estimant qu'il ne conviendrait à la chambre que de traiter avec les propriétaires, faire un chantier, exhausser le terrain, sans établir aucuns bâtiments, forge ni hangar. Ayant accepté d'étudier le projet, il rapporta (2) un devis estimatif des acquisitions et des frais à faire pour mettre le terrain en état de former le chantier. L'assemblée générale du 21 octobre, sur le rapport des commissaires, délibéra de renoncer au premier emplacement du grenier à sel et chargea les commissaires de conférer avec les maire et échevins au sujet du projet nouveau et de leur proposer d'acheter le terrain nécessaire et de faire les frais convenables pour établir les chantiers de construction, au moyen de ce que l'octroi des marchands y contribuerait jusqu'à concurrence de quarante à cinquante mille livres : la ville aurait la propriété du terrain, mais à la seule juridiction consulaire, comme représentant la communauté du commerce, appartiendrait à perpétuité le droit d'user des chantiers et de nommer les constructeurs qui devraient les occuper.

L'arrêt du Conseil du 15 septembre 1766 consacre l'entente intervenue entre l'hôtel de ville et la chambre de commerce, en autorisant les maire et échevins d'acquérir le terrain commençant au bout de l'avenue de l'Hôtel-

---

(1) 25 septembre, Reg. des délib., XIII, 363.
(2) 18 octobre, Ibid., XIII, 377.

Dieu et descendant le long de la rivière sur la longueur de cent quatre-vingts toises et sur la largeur de cinquante du côté de l'Hôtel-Dieu et de soixante-quinze à l'autre extrémité, et de faire la dépense nécessaire, de concert avec la juridiction consulaire, pour approprier le terrain à l'usage et destination de chantiers de construction et de carénage, et en rendre l'accès facile. L'arrêt ordonne que les deniers nécessaires pour faire l'acquisition des terrains et autres dépenses pour les levées, aqueducs, ponts, remblais, quais, talus et tous autres ouvrages convenables pour l'exhaussement du terrain et pour la rendre propre à former les chantiers, seront fournis par la juridiction consulaire représentant la communauté du commerce, sur les deniers provenant de l'octroi des marchands, jusqu'à concurrence de cinquante mille livres, en vertu des ordonnances de l'intendant qui seront expédiées au nom du receveur des revenus de la ville de Rouen dont les quittances seront passées et allouées aux directeurs de l'octroi et leur montant porté dans les comptes du receveur de la ville. Les chantiers seront et demeureront à perpétuité à la libre disposition de la juridiction consulaire de Rouen, qui les assignera et distribuera gratuitement à ceux qu'elle verra en avoir besoin pour la construction et le carénage des navires, les maire et échevins ne pouvant en aucun temps, ni sous quelque prétexte que ce soit, vendre, aliéner ou autrement disposer du terrain des chantiers.

L'adjudication des travaux devait être faite au rabais par devant l'intendant, en présence de deux commissaires de la juridiction.

Les chantiers et leurs emplacements seraient entretenus de toutes réparations sur les deniers provenant de l'octroi des marchands par les soins et sous les ordres de la juridiction consulaire. Et s'il était jugé convenable d'employer une partie du terrain qui serait acquis, à la création et embellissement de promenades publiques, la dépense de construction et d'entretien en serait faite par les maire et échevins sur les deniers patrimoniaux et d'octroi de la ville.

XI

Les travaux pour l'établissement des chantiers donnèrent à l'intendant l'occasion d'employer de nouveau les deniers de l'octroi des marchands au soulagement de la misère publique. Le 20 novembre 1767 (1), M. de Crosne

---
(1) Reg. des délib., XIV, 232.

 Jeton 1719

 Jeton 1721

 Autre Jeton 1721

 Autre Jeton 1721

disait à MM. du Siège que vu le haut prix du blé et le manque d'ouvrage dans la fabrique, il croirait convenable de faire faire quelques travaux publics qui pussent occuper les pauvres ouvriers de la ville qui se trouvent manquer de travail pendant l'hiver, qu'il pensait que l'ouvrage le plus utile serait de faire travailler à l'exhaussement du chemin du chantier et que les fonds nécessaires seraient pris sur les deniers de l'octroi sur les ordonnances qu'il délivrerait.

MM. du Siège lui répondirent qu'ils pensaient que ce serait rendre un grand service à la ville que de procurer aux pauvres ouvriers les moyens de supporter les misères du temps et ils l'assurèrent qu'ils ne doutaient pas que la compagnie verrait avec plaisir l'emploi des deniers de l'octroi pour un ouvrage aussi charitable et utile au commerce.

En conséquence, l'intendant s'étant transporté au chantier avec MM. du Siège et M. Dubois, ingénieur, il fut convenu qu'on ferait transporter des terres pour l'exhaussement du chemin dans la partie qui dépend des chantiers, et M. Dubois ayant proposé de faire transporter les terres que l'on pourrait retirer d'Eauplet en faisant élargir cette route, il fut arrêté avec l'intendant que l'on ferait transporter, pour plus grande économie, les terres par bateaux.

Le prieur exposait la chose à la compagnie dans son assemblée générale du 24 décembre et ajoutait que MM. du Siège avaient pris les arrangements convenables avec l'intendant et avec M. Dubois, que l'intendant avait nommé pour avoir l'inspection de ces ouvrages.

L'intention de M. de Crosne était de faire continuer ce travail jusqu'à la fin de mars et d'y employer environ cinq mille livres par mois, à quoi pourrait monter la dépense des ouvriers, suivant ce qu'on avait vu jusqu'à ce jour; en outre, l'achat des bateaux, tombereaux, brouettes, outils et ustensiles pourrait faire un objet d'environ quatre mille livres, qui ne serait pas en pure perte, puisque ces choses auraient toujours une certaine valeur. MM. du Siège s'étaient portés d'autant plus volontiers à cet objet de dépense, que le produit de l'octroi pendant les années dernières avait mis la compagnie en état de faire divers remboursements, et notamment le mois précédent elle avait encore remboursé une somme de trente-cinq mille livres en déduction de ses contrats et promesses. De plus il restait en caisse des fonds suffisants pour payer tous les travaux de l'hiver sans avoir besoin d'emprunter aucuns deniers. Vu ces circonstances et en ayant conféré avec les directeurs de l'octroi, MM. du Siège avaient arrêté qu'ils différeraient jusqu'à la prochaine assemblée générale ordinaire pour faire part à la compagnie de leurs opérations.

La compagnie remerciant le prieur de son attention fit à l'instant écrire une lettre au nom de la compagnie pour lui être adressée à Paris.

Lorsque le chemin des chantiers fut fait, la chambre de commerce, estimant qu'une corderie serait utilement mise dans les dépendances des chantiers de construction, décida, le 5 mars 1768 (1), de créer cet établissement le long du chemin des chantiers du côté de la prairie, de cent quatre pieds de largeur sur toute la longueur du chemin. L'intendant y ayant donné son approbation, l'entente se fit avec la ville, au nom de qui furent achetés les terrains destinés à cet usage, auquel ils ne devaient pas servir.

A cette époque, la misère des ouvriers nécessitait encore, sous une autre forme, l'intervention de l'octroi des marchands. Le 26 mars 1768 (2), l'intendant M. de Crosne vint présider l'assemblée de la chambre de commerce pour exposer lui-même que, pour subvenir aux pressants besoins des pauvres ouvriers de la ville, procurer aux femmes et aux enfants qui vivaient de la filature, la facilité de trouver chaque jour la vente du coton qu'ils ont filé et les mettre en état de subsister, il présentait à la chambre un projet d'association et de souscription sur lequel il priait la chambre de délibérer.

Lecture faite du projet et les avis pris, M. l'Intendant avait été remercié par la compagnie de son zèle pour les pauvres ouvriers de la ville, et comme suivant le projet, l'octroi des marchands devait intervenir garant des fonds qui seraient donnés par les souscripteurs, il fut arrêté qu'il serait convoqué le lendemain matin une assemblée générale des directeurs de l'octroi sur cet objet, en laquelle assemblée M. l'Intendant promit de venir présider.

Le lendemain, après l'assemblée des directeurs de l'octroi, M. de Crosne vint encore présider celle de la chambre de commerce. Il exposa que continuant à s'occuper des moyens de pourvoir au soulagement des pauvres que la cherté des vivres et l'inaction des manufactures mettaient hors d'état de subsister, il avait assemblé le matin les directeurs de l'octroi des marchands auxquels il avait communiqué le projet qu'il avait d'établir un fonds par voie de souscription; que les directeurs avaient consenti, sauf l'agrément du Conseil, d'affecter, pour sûreté du remboursement de la mise de chacun

---

(1) Reg. des délib., XIV, 270.
(2) Ibid., XIV, 284, 286.

des souscripteurs, le produit de l'octroi des marchands jusqu'à concurrence de cinq cent mille livres, parce que les sommes ainsi fournies par les souscripteurs leur seraient remises sans intérêt dans dix-huit mois, à compter du jour qu'ils auraient fourni leur argent; qu'il serait nécessaire d'établir une administration pour aviser aux moyens propres à procurer le soulagement désiré. C'est pourquoi il invitait la compagnie de lui donner son avis sur le parti qu'il conviendrait de prendre en conséquence.

La compagnie, ayant remercié M. l'Intendant de la confiance qu'il voulait bien lui témoigner, fut d'avis qu'il serait à désirer que MM. du bureau de ville voulussent bien tenir la caisse de la souscription dans l'hôtel commun ainsi que les assemblées auxquelles M. l'Intendant présiderait en cette partie et dans lesquelles on délibérerait de l'emploi des fonds et des moyens de subvenir d'une manière efficace au soulagement proposé.

L'hiver de 1770-1771 exigeait que l'administration pourvût encore aux besoins des ouvriers. La chambre avait l'intention d'en occuper aux travaux de terrassement de sa corderie. Par une délibération générale (1) la compagnie avait décidé la suppression pour cette année du repas que la juridiction consulaire était dans l'usage de donner lors de l'élection du procureur syndic, et d'employer le produit de cette suppression à former un atelier pour des travaux publics sous l'inspection des syndics de la chambre de commerce. MM. du Siège avaient fait part de cette délibération, en l'absence de M. de Crosne, alors à Paris, au secrétaire de l'intendance, M. de Saint-Seine, qui avait donné les plus grands éloges, tant à cette suppression qu'à l'application des sommes aux travaux publics. Il leur avait fait espérer que, vu la modicité de la somme, l'intendant se porterait volontiers à autoriser la chambre de commerce à prendre sur les deniers de l'octroi des sommes à suffire pour étendre le bienfait, observant cependant qu'il croyait indispensable, avant de commencer les travaux, de se concerter avec lui, afin que tous les ateliers pussent commencer en même temps; il ajoutait que l'intendant accepterait avec satisfaction que MM. de la chambre de commerce fussent seuls inspecteurs de l'atelier qui serait formé.

La chambre écrivit à l'intendant (28 janvier 1771) pour lui faire part de la délibération, l'informer des ouvrages que la chambre se proposait d'entreprendre et le prier d'accorder sur les fonds de l'octroi une somme qui, jointe

(1) Reg. des délib., XV, 113.

à celle provenant de la suppression du repas, pût rendre abondant le secours qu'on se proposait.

M. de Crosne fit de Paris, le 8 février, à la chambre la réponse suivante (1) :

« J'ay receu, Messieurs, la lettre que vous m'avez fait l'honneur de m'écrire pour me faire part du party que vous avez pris de supprimer cette année le repas du procureur syndic et d'en employer les fonds à soulager les ouvriers des manufactures que les circonstances actuelles laissent sans occupation. Vous m'avez marqué que vous êtes décidés à former un atelier de travail au chantier de construction pour combler le terrain destiné à la corderie. Mais comme les fonds de ce repas ne vous permettent pas de vous livrer à cet ouvrage avant d'être assuré de tous ceux qui y seront nécessaires, vous désirez que je vous authorise à prendre sur l'octroy une somme qui vous mette en état de commencer le plus tost possible.

« Je ne puis, Messieurs, que donner des éloges au sacrifice que vous faites, il est digne du zelle que vous estes accoutumés de mettre dans toutes les choses relatives au bien et à l'avantage du commerce ; je ne manqueray pas de le faire valoir auprès de M. le Contrôleur général et de lui faire connoistre que ce sacrifice est la suitte de ceux que vous avez faits les années dernières en pareilles circonstances, et je puis vous assurer de la satisfaction que j'auray toujours à faire réussir en toute occasion les vues d'utilité publique qui vous animent. Je sens qu'il sera nécessaire de mettre en état la corderie qui vous occupe et je suis aussi bien disposé que vous le désirez à vous procurer les facilités que les travaux de cette corderie exigent, mais j'ay à vous instruire des ordres qui m'ont été adressés par M. le Contrôleur général de la part du Roy pour des établissements d'ateliers de charité dans la généralité de Rouen.

« Sur le compte que j'ay rendu à ce ministre de la situation de ma généralité relativement à ses récoltes et à son commerce, il m'a mandé que Sa Majesté avait eu égard à mes représentations et qu'elle s'était déterminée à accorder non seulement du soulagement aux habitants taillables qui ont essuyé des accidents dans leurs récoltes, mais encore des fonds pour procurer pendant cet hiver la subsistance aux ouvriers des manufactures et aux journaliers qui se trouvent sans travail, et M. le Contrôleur général a fait

(1) Reg. des délib., XV, 124.

remettre ces fonds à ma disposition pour les employer à des ateliers publics de charité.

« Quoyque ces fonds soyent assez considérables, ils ne sont pas cependant suffisans pour fournir à l'entretien de tous les ateliers qui doivent estre établis dans ma généralité ; c'est ce qui a esté prévu par M. le Controleur général ; aussi m'a-t-il recommandé d'engager les seigneurs de paroisse, les communautés religieuses et d'habitans à y contribuer, et il m'a indiqué l'octroy dont vous avez la direction comme une ressource dont il convenait faire usage. Les invitations que j'ay faites n'ont pas été sans succès : M. l'archevesque, qui ne laisse échapper aucune occasion sans donner des marques de sa bienfaisance, m'a donné 4,200 livres, à compte desquelles il a déjà fait payer 3,000 livres. Plusieurs communautés religieuses et d'habitans se sont très bien montrées dans cette occasion, et entr'autres les religieux bénédictins de St Ouen, les chartreux, Madame l'abbesse de St Amand et la ville du Havre.

« Je dois vous recommander, Messieurs, que M. le controleur général m'a recommandé de faire une attention particulière à l'établissement des ateliers de charité et de donner la préférence aux ouvrages qui serviront à faciliter le transport des denrées et les communications que le bien du commerce exige. Suivant les vues de ce ministre, je me propose de faire établir incessamment treize ateliers de charité dans ma généralité. Il y en a trois de destinés aux abords de Rouen pour employer les ouvriers des manufactures et les journaliers de cette ville et des environs qui seront sans travail : l'un à Déville pour travailler dans la partie de ce village à la route du Havre, que je compte faire mettre cette année dans son état de perfection et pour faire, tout auprès de cette partie de route, un chemin d'embranchement et de communication à la route de Dieppe, à l'effet d'éviter la coste du Mont aux Malades ; l'autre au Mesnil Esnard à trois quarts de lieue de Rouen, sur la grande route de Paris par en haut, que j'ay très à cœur de mettre aussi dans son état de perfection ; le troisième de ces ateliers est destiné pour travailler à la coste de Canteleu et la rendre praticable.

« Je n'ay pas besoin de faire valoir l'établissement de ces deux premiers ateliers, leur utilité est démontrée par les grandes routes sur lesquelles ils doivent avoir lieu et dont il est bien important pour la ville de Rouen de s'occuper. Quoyque l'utilité du troisième atelier ne soit pas aussi évidente, il en résultera cependant bien des avantages. La coste de Canteleu est la seule voye par terre qui conduise de Rouen à Duclair. Vous sçavez qu'il se tient toutes les semaines dans ce bourg un marché qui contribue à l'approvisionnement des grains nécessaires à la subsistance des habitants de Rouen ; il est intéressant de rendre cette coste praticable, surtout dans les tems de glaces et d'inondations, dans lesquels on ne peut rien tirer de Duclair par la rivière. Elle servira encore à faciliter le transport à Rouen des denrées des paroisses qui sont au delà de cette coste ; les propriétaires de ces paroisses ont souvent fait des représentations sur la difficulté de cette coste, ils ont mesme offert de contribuer aux frais des travaux qui y sont nécessaires, et c'est une occasion favorable de profiter de leurs dispositions pour rendre cet abord accessible.

« L'établissement de la corderie que vous avez en vue, sera assurément utile, mais je ne vois pas que cette corderie soit d'une utilité prochaine. Quand on se livreroit dès à présent aux ouvrages qui doivent y estre faits, elle ne pouroit estre d'aucun service que les arbres qui y sont plantés ne soyent assez grands pour mettre les ouvriers et leur travail à l'abri du soleil et des injures de l'air. Lorsque ces arbres auront pris assez de grosseur pour fournir un ombrage suffisant, ce sera le tems, à ce qu'il me semble, de mettre cette corderie en état, et vous me trouverez très disposé à y contribuer en tout ce qui dépendra de moy.

« Vous estes bien les maitres, Messieurs, de disposer des fonds provenant de la suppression du repas de l'élection du procureur syndic, de la manière que vous le jugerez à propos, et on ne pourra qu'applaudir à l'usage que vous en ferez ; mais dans la circonstance où M. le Controleur général m'a indiqué les fonds de l'octroy comme une ressource pour les ateliers de charité dont j'ay envoyé l'état à ce ministre, il m'est impossible, malgré toute l'envie que j'ay de faire ce qui vous est agréable, de vous authoriser à employer ceux qui peuvent estre pris sur l'octroy des marchands, à une autre destination.

« Je me propose de retourner à Rouen aux environs du 20 de ce mois et de conférer avec vous sur le tems qui sera convenable d'ouvrir les ateliers. J'ay cru ne devoir point y mettre de précipitation pour ménager les fonds qui sont à ma disposition et en faire la dépense dans le tems de l'année où le pain est au plus haut prix. Nous aprochons de ce temps qui continue ordinairement jusqu'à la moisson.

« J'ay l'honneur d'estre avec un sincère attachement, Messieurs, votre très humble et très obéissant serviteur.   « De Crosne. »

Le 26 février, à la suite d'une conférence avec l'intendant, la chambre de commerce mit les deux mille livres économisées sur le repas de la juridiction en ses mains pour être employées aux travaux publics.

A cette époque, l'établissement des chantiers de construction était presque terminé : le tableau des dépenses présenté à la chambre le 28 septembre 1770 accusait une somme de quatre-vingt-quatre mille quatre cent cinquante-cinq livres quatorze sols deux deniers, sur laquelle soixante-douze mille deux cent trente livres dix-neuf sols onze deniers avaient été payés. Les derniers aménagements des cales et la continuation jusqu'à la rivière de l'aqueduc de l'Hôtel-Dieu coûtèrent encore environ huit mille livres.

Le terrain de la corderie fut, en 1783, cédé à la ville pour assurer la régularité du champ de foire qu'elle créa alors. La chambre de commerce eut en échange, pour l'établissement de la corderie, un terrain dépendant de l'abbaye de Bonne-Nouvelle.

L'octroi des marchands avait encore fourni les fonds pour payer le montant de la dépense des ouvrages que la ville avait fait faire pour établir sur le quai du Havre le chantier du bois à brûler, ainsi que l'y avait autorisé l'arrêt du Conseil du 7 mai 1767.

Enfin, l'arrêt du Conseil du 10 décembre 1773, qui chargeait la chambre de commerce de Rouen de la construction des phares sur les côtes de Normandie, à Barfleur, à la Hève et à l'Ailly, et lui en confiait l'administration, tout en créant un droit spécial pour l'entretien des feux et pour l'amortissement des frais d'établissement, mettait à la charge des directeurs de l'octroi des marchands le soin d'emprunter les sommes nécessaires. Il autorisait les prieur et juges-consuls et les directeurs de l'octroi à emprunter soit par contrats de constitution de rentes, soit par billets ou promesses portant intérêt, jusqu'à concurrence de la somme de deux cent cinquante mille livres, et à affecter audit emprunt le produit du droit établi par le même arrêt, ainsi que celui de l'octroi des marchands, tant pour les capitaux que pour les intérêts, en stipulant ledit emprunt au denier vingt, exempt de toutes impositions établies ou à établir.

Et comme ce premier emprunt n'avait pas suffi pour couvrir les dépenses du premier établissement et que l'expérience ayant fait reconnaître la nécessité de substituer au feu de charbon allumé dans un foyer à air libre, un système de lampes à huile brûlant devant des réverbères enfermés dans une lanterne, la chambre de commerce dut solliciter du Conseil, pour les directeurs de l'octroi, l'autorisation d'emprunter dans les mêmes conditions une nouvelle somme de deux cent mille livres, autorisation qui leur fut donnée par l'arrêt du 5 juillet 1779, pour fournir aux dépenses qui restaient à faire pour les phares, et en paiement de celles déjà faites, ainsi qu'au remboursement de l'ancien et successivement du nouvel emprunt (1).

XII

Quel ensemble de charges résultait-il pour l'octroi de marchands de tant de services divers qu'on lui faisait rendre et quel était le produit annuel qui lui permettait d'y faire face ?

Dans un état dressé en 1764 (2), en exécution d'une déclaration du Roi du 11 février, concernant les octrois et autres droits dont jouissaient les corps, état des droits dont jouissait la communauté des marchands de la ville de Rouen, nous voyons que le produit des dix dernières années, depuis et compris l'année 1753 jusques et compris l'année 1762, était pour les deux droits réunis (le tarif du 19 juin 1703 et les vingt sols sur les soudes et bois de teinture) monté à un million sept cent mille six cent cinquante-sept livres neuf sols dix deniers, ce qui donnait une année commune de cent soixante-dix mille soixante-cinq livres quatorze sols dix deniers.

Les charges à l'acquit desquelles ces produits étaient affectés étaient d'abord les charges ordinaires :

1° Les appointements et gratifications des employés.	15.114 liv.		
Les frais de perception...	766 liv.	12 s.	8 d.
Bois, bougie, etc........	730	»	»
Frais de bureau et d'impression........	1.040	»	»
Droits de présence de l'in-			
A reporter.....	17.650 liv.	12 s.	8 d.

(1) *Les phares établis sur les côtes maritimes de la Normandie par la chambre de commerce de Rouen et administrés par elle de 1773 à 1791* ont fait le sujet d'un ouvrage publié en 1900 à Rouen par l'auteur du présent livre.

(2) Carton n° 46, 2° liasse.

Report.....			17.650 liv.	12 s.	8 d.
tendant et des directeurs aux assemblées de l'octroi...............	6.758	» »			
Imposition des vingtièmes tant sur le produit des droits que sur le greffe de la juridiction......	7.590	» »	31.998 liv.	12 s.	8 d.
2° Frais de la chambre de commerce autorisés par l'arrêt du 19 juin 1703...........................			16.000	»	»
Excédent de la dépense de la chambre (moyenne de dix années)...............................			5.454	3	2
3° Entretien de la maison consulaire, du terrain et de la place de la Bourse, dépenses du procureur syndic pour le bien du commerce et le service de la juridiction, autorisées par les arrêts des 27 janvier 1711 et 28 juin 1712 et les lettres patentes du 11 septembre 1713 (moyenne de dix ans).............			23.720	11	»
4° Intérêts de trente-sept mille cinq cent quarante-quatre livres, capitaux empruntés en 1752 pour approvisionnement de blé par promesses des directeurs exigibles à l'échéance au denier vingt.............			1.877	5	»
Intérêts de cent quatre-vingt-un mille sept cent trente-quatre livres empruntées et fournies aux syndics de la chambre de commerce pour l'achat des offices des cuirs, par promesses des directeurs exigibles à l'échéance au denier vingt....................			9.144	6	6
Intérêts de cent cinq mille quatre cent quarante-neuf livres empruntées pour le même objet au denier vingt par contrats sous seing des directeurs......			5.272	9	4
5° Intérêts de quatre mille livres par contrat au denier vingt qui se paye à MM. les procureurs généraux..			200		
6° Rentes foncières de maisons enclavées dans le bâtiment consulaire.................................			515	10	»
7° Pensions, gratifications, appointements divers......			8.300		
8° Traitements et subventions pour les manufactures...			20.550	»	»
			123.782 liv.	17 s.	8 d.

Report.....	123.782 liv. 17 s. 8 d.

Puis les charges extraordinaires :

Sommes accordées par le Conseil à des entrepreneurs de manufactures pour leur encouragement, pour dédommagement de pertes souffertes, pour gratifications particulières, ainsi que pour l'entretien du pont de bateaux (moyenne de dix années)....................................	34.308 1 3

(non compris cent soixante-treize mille huit cent trente-deux livres payées de 1755 à 1763 aux maire et échevins sur les ordonnances de l'intendant.

Les charges montant ensemble à..................	158.090 liv. 18 s. 9 d.
laissent un reliquat de............................	11.974 16 1
sur le produit de la recette montant à.................	170.065 liv. 14 s. 10 d.

Sur quoi il faut observer ce que la direction doit en contrats et promesses exigibles à leurs échéances, et que les sommes payées aux maire et échevins ont augmenté sa dépense, ce qui a empêché le remboursement de partie des capitaux, et qu'en continuant de leur payer la somme de trente mille livres il se trouverait d'insuffisance dix-huit mille vingt-cinq livres trois sols onze deniers.

Dans un extrait des comptes (1), tant en recette qu'en dépense, rendus chaque année devant l'intendant du produit des droits de l'octroi depuis 1753 jusqu'en 1771, on lit comme total de ces dix-neuf années :

Recette.

Produit des droits...........................	3.520.191 liv. 19 s. 9 d.
Rente provenant de billets de banque.............	7.453 5 8
Emprunts autorisés par arrêts du conseil..........	3.829.358 8 9
Desquels emprunts reste dû :	
En contrats............ 83.549 liv. » »	
En billets .... 341.850 liv. 8 s. 11 d.	
425.399 liv. 16 s. 11 d.	
Diverses rentrées (vente de blés, etc.).............	396.723 17 8

(1) Carton n° 46, 2ᵉ liasse.

Dépense.

Charges de l'octroi (frais de régie, chambre de commerce, hôtel et juridiction consulaire, place de Bourse)............................	1.302.479 liv.	10 s.	3 d.
Acquits de billets et remboursements de contrats.....	4.108.692	15	10
Assignations diverses en vertu d'arrêts du conseil et d'ordonnances des intendants	1.796.123	16	9
Payement des vingtièmes ou sols pour livre	98.267	10	»
Payements contributifs à l'hôtel de ville en conséquence d'arrêts du conseil et lettres patentes	487.046	12	7

Le rendement de chacune des deux recettes, l'une de l'octroi du tarif du 19 juin 1703, l'autre du droit de vingt sols sur les soudes et bois de teinture, nous est donné par un état dressé à la fin d'un mémoire rédigé en 1771 sur *l'établissement des droits d'octroi sur les marchandises* (1).

Etat de la recette de l'octroi des marchands à Rouen depuis que les prieur et juges consuls sont directeurs dudit octroi.

Les droits d'octroi du tarif commencent au 1ᵉʳ juillet, ceux des soudes et bois de teinture le 20 décembre 1705.

	Octroi du tarif.	Soudes et bois.
Du 30 juin 1705 au 30 juin 1712......	149.184 liv. 10 s. » d.	445.433 liv. 9 s. 2 d.

(*Nota.* En 1712 un compte général a été rendu pour l'octroi du tarif depuis le 1ᵉʳ juillet 1705 jusqu'au 31 août 1712, et pour les soudes et bois jusqu'au 20 septembre 1712, temps auquel a fini l'adjudication faite sous le nom de David Duval à la communauté des marchands représentée par les juges consuls) des 1ᵉʳ et 20 septembre d'année en année jusqu'en 1725

---

(1) Carton n° 46, 1ʳᵉ liasse.

avec adjonction du dernier quartier de 1725. Total..... 1.130.284   3   6   669.410   12   2
A la suite les comptes sont rendus par année du 1ᵉʳ janvier au 31 décembre.

1726 à 1758. Total...... 1.836.076   6   7   855.387   »   7
1759 à 1769. — 1.440.137   15   9   636.242   16   5

Après la présentation de ces différents totaux par périodes, l'auteur du mémoire ajoute :

« Icy et après le produit de l'année 1779, j'ai rassemblé quarante-quatre années à commencer du 1ᵉʳ janvier 1726 jusques y compris l'année 1769 entière et j'ay trouvé que le produit total était de 7,081,235 liv. 8 s. 6 d. et par conséquent que l'année commune était de 160,937 livres, que le produit du droit de tarif était de 4,853,230 liv. 18 s. 5 d., par conséquent que l'année commune du tarif était de 110,300 livres; que le produit du droit de 20 sols sur les soudes et bois était de 2,228,005 liv. 10 s. 1 d. et l'année commune 50,600 livres.

« Puis prenant les quinze années à compter du 1ᵉʳ janvier 1755 jusqu'au 31 décembre 1769, lesquelles comprennent le temps de guerre et le temps de paix à peu près égal, je trouve que la recette totale a été.. 2.781.688 liv.
Et l'année commune............................... 185.445
Le tarif seul a produit. 1.916.499 liv. l'année commᵉ. 127.766 liv.
Le droit de vingt sols sur les soudes et bois.... 865.189   l'année commᵉ. 57.679
                  2 781.688 liv.   185.445 liv.

XIII

En 1749 la jouissance des octrois de Rouen avait été l'objet d'une compétition de la part d'une compagnie de traitants qui avait présenté au Conseil un mémoire aux fins d'obtenir, moyennant le paiement annuel de trois cent mille livres, à la fois l'octroi de la ville sur les boissons, bois, beurres et fromages, dont les maire et échevins jouissaient en conséquence des arrêts du Conseil des 30 juillet et 23 octobre 1709, et l'octroi des marchands comprenant l'adjudication faite aux prieur et juges consuls le 24 octobre 1705 des droits sur les marchandises dénommées au tarif du 19 juin 1703 et du droit de trente sols sur chaque cent pesant de soude et de bois de teinture établi par arrêt du 7 juillet 1705, réduit à vingt sols par arrêt du 4 septembre 1717 (1).

Les pétitionnaires appuyaient leur requête sur ce que les maire et échevins, les prieur et juges consuls de la ville de Rouen étaient les seuls dans le royaume qui se fussent fait un titre de propriété des octrois sans en rendre aucun compte à la cour des aides. Ils prenaient, pour la présenter, occasion de la démarche que faisaient alors les maire et échevins de la ville de Rouen pour obtenir que le Conseil affectât des fonds sur les deniers des deux octrois à la reconstruction projetée de l'hôtel de ville, et prétendaient que les deux administrations municipale et consulaire s'étaient concertées pour se faire proroger la jouissance de leurs octrois, sans considérer que tous ensemble ne faisaient qu'un seul et même corps de marchands négociants de la chambre de commerce et de l'hôtel de ville et que la perception qu'ils s'étaient attribuée de tous les différents octrois de la ville de Rouen était une nouveauté qui n'avait point d'exemple dans le royaume.

Deux députés envoyés à Paris auprès du Conseil, l'un pour l'octroi de la ville, l'autre pour celui des marchands, déjouèrent les efforts tentés pour en déposséder les maire et échevins et la communauté des marchands. Mais il resta de cette tentative dans l'esprit de l'administration, au sujet de la régularité de ces régies locales, un certain doute que nous verrons se manifester plus tard.

Les contributions variées demandées à l'octroi des marchands, les emprunts répétés faits sur son crédit, avaient nécessité pour la durée de la perception des droits dont le produit était l'aliment des unes et la garantie des autres, une prolongation désormais indéfinie. Les derniers arrêts qui avaient autorisé les emprunts n'avaient fixé d'autre limite à la levée des droits que le temps nécessaire pour amortir les charges de l'octroi. Les droits étaient onéreux au commerce et celui qui frappait les soudes et les bois de teinture à leur entrée dans la province de Normandie avait été plusieurs fois l'objet de

---

(1) Carton n° 46, 1re liasse.

réclamations. L'administration voyait avec regret le caractère de perpétuité que prenait l'impôt. Lorsqu'en 1760 le contrôleur général reçut de l'intendant de la généralité de Rouen, M. Feydeau de Brou, un projet d'arrêt pour autoriser les directeurs de l'octroi à faire un nouvel emprunt de deux cent cinquante mille livres, il hésitait à le soumettre au Conseil. Il le renvoya à M. de Trudaine, le conseiller d'Etat qui avait l'intendance du commerce. M. de Trudaine en conféra avec M. de Brou qui rendit compte de cette conférence dans une lettre adressée le 8 avril aux directeurs de l'octroi. M. de Trudaine lui avait témoigné la peine qu'il ressentait de prolonger encore par un nouvel arrêt la durée de droits aussi onéreux au commerce que ceux qui se percevaient à Rouen sur les marchandises. « Je lui ai répondu, dit M. de Brou, que le mal était fait par plusieurs arrêts précédents qui avaient rendu la suppression presque impossible, en affectant le produit à des dépenses auxquelles il est certain qu'il n'aurait pas dû être appliqué, et qu'il s'agissait aujourd'hui de vous mettre en état d'acquitter des charges et de remplir des engagements contractés sur la foi même des arrêts qui les ont autorisés. Mais cependant je vous avoue que je n'ai pas pu m'empescher de sentir en même temps la justice des observations de M. de Trudaine, dont je suis, Messieurs, affecté depuis longtemps. Ainsi je ne puis voir subsister qu'avec la plus grande peine un droit aussi onéreux au commerce que l'est celui qui se perçoit au profit de l'octroy dans toute la Normandie sur les soudes et bois de teinture, et l'affranchissement de ce droit ou une réduction considérable, si elle est possible, seroit sans contredit un des plus grands encouragements que l'on pût donner au commerce de la province. Je scay bien que ce n'est pas dans un moment où vos revenus ne peuvent pas même suffire à vos charges, qu'il faut songer à les diminuer ; mais il y a toujours des vues de bien public que l'on peut suivre. Ne pourroit-on pas, sans diminuer les droits, les réformer, faire un nouveau tarif et le rendre moins onéreux au commerce ? En un mot M. de Trudaine ne veut mettre cette affaire sous les yeux de M. le Contrôleur général, que lorsque je lui auray remis un tableau de vos revenus et de vos charges, que je luy auroy fait connoître les titres de l'établissement de votre octroy, ses progrès, les différentes raisons qui en ont augmenté les droits ou prolongé la durée et que je lui auray fait connoître, la solidité des raisons qui justifient les différentes dispositions de cet arrêt. Ainsy je vous prie de me remettre le plus tost qu'il vous sera possible, ces éclaircissements avec les observations dont vous le jugerez susceptible.

Cela est même d'autant plus instant, que je sens que l'obtention de votre arrest peut être assez pressée, pour vous mettre en état d'acquitter plusieurs de vos charges. Il est nécessaire, en attendant, de chercher le plus de ressources que vous pourrez dans votre commerce, voir les dépenses qui peuvent se supprimer ou du moins se réduire; ces retranchements qui sont peut-être nécessaires dans ce moment, y seront même utiles encore dans des temps plus heureux, soit parce qu'ils laisseront plus de fonds libres pour estre employés à des objets qui tendent réellement au bien du commerce et non à des dépenses qui vous soyent en quelque sorte étrangères, telles que plusieurs de celles qu'on vous a fait supporter jusqu'à présent, soit parce qu'en effet l'octroy au moyen de votre économie, se trouvant plus en état d'acquitter ses charges, il deviendra plus facile d'affranchir le commerce de droits onéreux dont vous devez plus que personne sentir tous les inconvénients. De Brou (1). »

Le 9 septembre suivant, l'intendant écrivait à la chambre de commerce en lui envoyant la copie de la lettre qu'il avait adressée le 8 avril aux directeurs de l'octroi pour leur faire part des difficultés qu'éprouvait l'emprunt qu'il avait cru, ainsi qu'eux, qu'il était nécessaire de faire alors, et pour leur proposer de réformer leur tarif. Il était bien aise que la chambre eût connaissance de ce qu'il leur avait mandé et qu'elle voulût bien concourir à un objet aussi utile. Il ne doutait pas qu'elle ne joignît ses soins et son travail à celui des directeurs de l'octroi pour que ce tarif fût rédigé dans des vues plus capables d'encourager les manufactures.

Après la lecture de ces lettres, la chambre délibéra qu'avant de rien statuer la compagnie générale serait assemblée pour y participer les deux lettres de l'intendant, comme intéressant le commerce en général. Dans l'assemblée générale tenue le 20 septembre, la compagnie nomma MM. Deschamps et L. Midy, commissaires pour, conjointement avec MM. P. Lebourg et N. Midy du Péreux, nommés par délibération des directeurs de l'octroi, travailler à la rédaction d'un nouveau tarif (2). Nous n'avons trouvé aucune trace du travail de la commission.

(1) Reg. des délib., XII, 12-14.
(2) *Ibid.*, XII, 18.

XIV

La chambre demandait qu'on déchargeât du moins l'octroi d'un nouvel impôt d'un vingtième ou sol pour livre qui lui était appliqué conformément à l'article 6 de la déclaration du 3 février 1760. L'intendant avait promis d'appuyer ses représentations et pris sur lui la surséance de l'établissement de cette perception pendant le délai nécessaire pour avoir la réponse du contrôleur général (22 août). Le 29 octobre (1), M. de Trudaine donna avis d'une décision favorable que l'octroi des marchands n'était pas dans le cas de la déclaration qui avait imposé le nouveau sol pour livre.

Mais quelques années plus tard, l'octroi eut à subir une surcharge beaucoup plus lourde, celle des huit sols pour livre établis par l'édit de novembre 1771. En juin 1772 (2), la chambre députa spécialement le second consul Duvergier pour faire à Paris, en compagnie du député Behic, les démarches nécessaires pour conjurer cette application. Le contrôleur général, l'abbé Terray, y répondit lui-même par la lettre suivante adressée aux syndics de la chambre de commerce :

« A Compiègne, le 19 juillet 1772.

« Messieurs, j'ai pesé toutes les considérations développées dans les mémoires qui m'ont été adressés tant par vous que par Mrs Béhic et du Vergier au sujet de la perception des huit sols pour livre sur les différents droits qui se lèvent au profit de la chambre de commerce de Rouen. Par le compte que j'en ai rendu au Roy j'ai mis dans tout leur jour les motifs qui vous ont paru solliciter le plus l'exemption de cette perception additionnelle. Mais Sa Majesté n'a pas jugé qu'elle pût nuire au produit du droit principal, ni par conséquent compromettre le crédit de la caisse dont vous avez l'administration. Celui dont elle a joui jusqu'à présent lui en assure un proportionné au nouveau revenu qui pourra lui être accordé pour l'établissement des feux et fanaux aux approches des différents ports de votre province. Vos soins et la vigilance que vous avez apportée jusqu'à présent dans cette administration, suffiroient pour vous mettre à l'abri de toute inquiétude relativement à l'échéance de vos engagements. Mais quand bien même la sécurité où vous

---

(1) Reg. des délib., XII, 28.
(2) Ibid., XV, 327.

devez être à cet égard, seroit ébranlée par les demandes imprévues de quelques prêteurs, la caisse a dans son propre fonds les ressources nécessaires pour y faire face, sans que vous fussiez même obligés de solliciter les secours extraordinaires que vous pourriez espérer du gouvernement, qui se trouve aujourd'hui plus que jamais dans le cas de concourir à la prospérité des produits dont il vous laisse la régie. Le Roy n'ayant donc pu accorder l'exemption que vous auriez désirée, vous voudrez bien vous conformer aux dispositions de l'arrêt du conseil du 22 décembre dernier, pour que les préposés de la ferme générale n'éprouvent plus de contradiction dans le recouvrement des 8 sols pour livre en sus des droits que vous faites percevoir au profit de votre chambre en vertu du tarif et des lettres patentes du 19 juin 1703.

« Je suis, Messieurs, votre très humble et très affectionné à vous servir.

« TERRAY (1) ».

Malgré le ton impératif de la conclusion de la dépêche du ministre, la chambre de commerce ne se tint pas pour irrévocablement évincée et nomma deux commissaires pour faire une lettre et un mémoire sur le préjudice qui résulterait de la perception des huit sols pour livre pour le commerce en général et particulièrement si cette perception était exercée sur les matières propres à alimenter les manufactures de cette ville ainsi que celles dont elle est entourée (2).

Le mémoire qui accompagnait la lettre (3) faisait ressortir combien l'origine de l'octroi était honorable pour le corps du commerce de la ville de Rouen, puisque son objet fut de le rembourser d'une cotisation qu'il fit sur lui-même pour subvenir plus promptement aux besoins pressants de l'Etat.

« En conséquence, la régie en fut confiée aux prieur, juges consuls et syndics des marchands, sous les ordres des intendants, qui président, quand bon leur semble, aux assemblées des directeurs de l'octroi ; les comptes se rendent annuellement au contrôleur général, en la personne du commissaire départi. Les fonds de la recette sont enfermés sous trois clefs et rien n'est payé par les directeurs caissiers que sur les mandements des directeurs

---

(1) Reg. des délib., XV, 343.
(2) *Ibid.*, XV, 345.
(3) Carton n° 46, 1re liasse.

autorisés par la compagnie des anciens prieurs et juges consuls, et, pour les objets non ordinaires, que sur les ordres exprès des intendants.

« Cette forme de régie particulière et peu dispendieuse par comparaison aux droits régis par des fermiers ou par des traitants, a procuré à cet octroi le crédit le plus entier. Le gouvernement en a souvent et très abondamment fait usage, il a puisé des millions dans ces octrois, tant pour faire des pensions de retraite, récompenser l'industrie, soutenir des manufactures, exciter les entrepreneurs de nouvelles fabriques, s'attacher des ouvriers étrangers rares dans leur espèce, subvenir aux pauvres, au peuple, aux ouvriers oisifs dans les temps d'inaction, faire venir des blés étrangers dans ceux de calamité, établir des ateliers publics, accélérer des bâtiments publics et nécessaires, aider le corps municipal : et toujours le gouvernement a trouvé dans le crédit de ces octrois, presque sur-le-champ, le secours qu'il désirait, parce que, dans sa sagesse, il a bien voulu écouter les représentations des régisseurs et proportionner ses demandes aux forces des octrois compensées par les charges existantes et momentanées.

« La différence du produit des octrois en temps de paix ou de guerre, exige que la prudence tire la ligne des charges sensiblement au-dessous de celle du produit d'une année commune calculée en quinze ou vingt ans. Dans l'état actuel, les octrois ont produit une année commune de 185,000 livres. Les charges ordinaires et extraordinaires actuelles s'élevant de 170,000 à 172,000 livres, il ne reste de libre que 13 à 15,000 livres, qui puisse servir à éteindre les capitaux, somme sensiblement faible pour rembourser les principaux de 79,549 livres empruntés en constitution, et de 323,771 livres empruntés par promesses payables à l'an sous les signatures privées des directeurs autorisés. Les octrois ont été affectés et engagés envers les prêteurs pour ces emprunts.

« L'imposition de huit sols pour livre produirait une diminution dans le produit du droit principal affecté aux prêteurs et entrainerait la perte du crédit de l'octroi.

« La diminution du crédit sera réelle ; mais ne fût-elle que d'opinion, la réalité ou l'opinion produiront le très grand mal de mettre l'octroi des marchands dans l'impuissance de tenir ses engagements et l'irréparable malheur de la perte de son crédit.

« Pour donner le jour à cette observation, il faut rapprocher les emprunts de cet octroi ; celui de 76,549 livres de principal constitué par contrats n'occupe pas l'esprit; mais celui de 323,771 livres fait et dû par promesses payables à l'an donne une grande inquiétude, et, on ose le dire, l'inquiétude la mieux fondée; car ces promesses sont exigibles : chaque année, à leur échéance, la plénitude du crédit dont l'octroi jouissait, en procurait le renouvellement pour l'année suivante; et, comme l'octroi était dans l'usage de faire tous les ans quelque remboursement en extinction de capitaux, ce renouvellement était même sollicité. Ce crédit a toujours été utile au gouvernement dans les temps fâcheux, il se maintiendra, il se renouvellera même à l'exemple de ce qui a été fait jusqu'à présent, si l'octroi des marchands est exempté des huit sols pour livre. Ses prêteurs considéreront cette exemption comme une faveur, l'octroi comme une imposition réservée à fournir des secours dans les calamités publiques ou dans celles particulières à une ville qui renferme une quantité de manufactures, qui en est entourée et dans laquelle les ouvriers viennent se réfugier quand ils manquent de travail, mais dont la multiplication alors effraye le citoyen.

« Au contraire, si l'on fait percevoir les huit sols pour livre sur ces octrois, les prêteurs qui en connaissaient les forces, qui savaient que leur produit n'est assis que sur des perceptions dépendantes des vicissitudes du commerce et de ses convenances particulières, qui n'ont jamais vu cet octroi assujetti à aucune perception de la part du gouvernement, regarderont cette innovation comme une cessation de la protection qu'il lui a accordée jusqu'ici; ils n'apercevront qu'une diminution certaine dans le produit du droit principal; ils fondront successivement sur l'octroi, ils voudront être payés de leurs promesses à l'échéance, ils se refuseront à les renouveler et l'octroi sera dans l'impuissance de les satisfaire; le discrédit le plus entier prendra alors la place de la confiance dont nous venons de tracer les heureux effets; il entraînera nécessairement la suspension des payements courants, et de plus (ce qui mérite la plus sérieuse attention), il entraînera la suppression des secours que l'octroi des marchands fournissait pour les travaux publics, du secours qu'il fournit au corps municipal, qui lui-même ne pourra plus subvenir à ses hôpitaux ni à ses dettes.

« Les liaisons, les influences de cet octroi ne peuvent être bien appréciées que par les intendants sous les yeux desquels ces rapports se passent, sont conduits et ménagés. Mais on peut dire avec vérité que l'octroi des marchands est un point de réunion général tout à fait essentiel à maintenir et très dangereux à blesser. »

Le mémoire fait finalement ressortir l'impossibilité de se prêter aux vœux du ministère pour l'établissement des feux dont la chambre de commerce avait cherché à aplanir les difficultés en voyant dans l'octroi des marchands et dans son crédit appuyé sur la confiance entière que le commerce a dans sa régie, un moyen presque sûr de procurer au ministère les avances nécessaires.

La chambre de commerce envoya son mémoire au contrôleur général, au ministre Bertin, à M. de Boynes, secrétaire d'Etat de la marine et à M. de Trudaine, intendant du commerce. L'éloquent plaidoyer de la chambre en faveur de l'octroi des marchands, même avec l'appui qu'elle sollicitait autour du contrôleur général, ne put vaincre l'obstination de celui-ci qui fit, le 14 août, la réponse suivante aux syndics de la chambre de commerce :

« Messieurs, les considérations que vous me présentez par votre lettre du 4 de ce mois au sujet de la perception des 8 sols pour livre sur les droits de l'octroi des marchands de votre ville, avaient été pesées avant la décision rendue sur les premières représentations faites à ce sujet. Quelle que soit la faveur que mérite le commerce extérieur et que le Roy lui accordera toujours, cette partie du corps politique de l'Etat doit, comme toutes les autres, contribuer aux besoins communs, et il y a sans doute beaucoup moins à craindre que celle-cy souffre d'une augmentation sur les droits de votre octroy, que la quotité à laquelle ils sont portés n'équivaut pas encore ce qu'ils représentaient dans leur origine en 1694. Votre inquiétude sur l'effet que produira cette augmentation, n'est donc pas aussi fondée qu'elle peut le paraître. Au surplus, vous devez être persuadés qu'en toutes circonstances je donnerai à vos représentations sur l'avantage et les intérêts du commerce toute l'attention que mérite cet objet, que j'ai toujours regardé comme un des plus importants de mon administration.

« Je suis, etc. « TERRAY (1). »

N'espérant plus obtenir que la perception ne se fît pas sur les objets du tarif au total, la chambre envoya copie de la lettre du contrôleur général à l'intendant actuellement à Paris, en lui adressant des observations propres à faire connaître au ministre que les bois de teinture, les soudes et les laines devaient être exceptés de la perception, comme marchandises de première

---

(1) Reg. des délib., XV, 358.

nécessité pour les manufactures et de trop faible valeur pour supporter cette surtaxe (1).

M. de Crosne leur répondit de Paris le 11 septembre :

« Je vois avec beaucoup de peine, Messieurs, par la lettre que vous m'avez fait l'honneur de m'écrire, que M. le Contrôleur général n'a point eu d'égard à vos représentations. Je feray avec plaisir auprès de lui les démarches que vous désirez pour obtenir du moins l'exemption des 8 sols pour livre sur les objets détaillés dans votre lettre, et je ne négligerai rien pour y réussir. J'aurois la plus grande satisfaction si je pouvois vous annoncer une réponse favorable. Vous connoissez, Messieurs, tout mon zèle pour ce qui peut contribuer à l'avantage du commerce et vous me verrez toujours empressé à seconder les vues qui vous animent. Je vous prie de me présenter un mémoire. En le présentant à M. le Contrôleur général j'ajouteray de vive voix tout ce qui me paroîtra pouvoir contribuer à le faire accueillir (2). »

Le mémoire fut fait et envoyé. Nous n'avons pas trouvé la preuve que, même présenté et appuyé par l'intendant, il ait convaincu le contrôleur général Terray.

XV

La chambre de commerce paraît avoir un moment redouté de la part du même ministre quelque entreprise contre la régie de l'octroi. Le 10 mars 1773, M. de Crosne écrivait de Rouen (3) aux directeurs de l'octroi des marchands que le contrôleur général lui mandait qu'il avait besoin de connaître exactement le produit des droits de l'octroi et lui demandait de lui envoyer très promptement l'état, certifié des directeurs, tant en recette qu'en dépense, pendant les vingt dernières années, à compter de 1753 jusques et compris 1772. Le 26 mars il leur écrivait de nouveau que le contrôleur général le pressait de lui envoyer l'état. En envoyant cet état (4) à l'intendant, les directeurs de l'octroi lui exprimèrent leurs inquiétudes. L'intendant les calma en leur écrivant de Paris le 9 avril (5) :

(1) Reg. des délib., XV, 363.
(2) *Ibid.*, XV, 370.
(3) Carton n° 46, 2ᵉ liasse.
(4) *Ibid.*, 1ʳᵉ liasse.
(5) *Ibid.*, 2ᵉ liasse.

« J'ai fait part, Messieurs, à M. le Contrôleur général de vos inquiétudes sur la demande qu'il m'avoit marqué de vous faire de l'état des produits et des dépenses de l'octroi des marchands dans les vingt dernières années. Il m'a chargé de vous tranquilliser et de vous assurer qu'il n'avoit eu d'autre objet que de connoitre quel seroit le produit des huit sols pour livre qu'il avoit besoin de sçavoir dans ce moment-cy. Je m'empresse de vous annoncer les dispositions de M. le Contrôleur général. »

Jusqu'à quelle époque les huit sols pour livre grevèrent-ils les droits de l'octroi des marchands ? L'octroi fut-il compris dans les différents droits qui en furent affranchis après la chute du ministère qui suivit l'avènement du nouveau Roi, par l'arrêt du Conseil du 15 septembre 1774 ? on peut en douter ; car il est encore question de la perception des huit sols pour livre sur l'octroi dans une pièce sans date (1) qui contient des *Observations sur la proposition de faire régir l'octroi des marchands par le préposé à la perception des huit sols pour livre* : observations adressées au directeur général des finances, qui n'était autre que Necker, lequel les aurait sans doute provoquées par la lettre suivante qu'il écrivit le 26 décembre 1777 aux syndics de la chambre de commerce de Rouen (2) :

« Je désire, Messieurs, être instruit des différents objets de dépense dont est tenue votre chambre de commerce et sur quelle partie de revenus cette dépense est assignée. Vous voudrez bien m'envoyer le plus tôt possible des éclaircissements à ce sujet et me marquer en même temps si votre chambre de commerce est chargée de l'inspection de quelques espèces d'octroi ou de quelque autre droit de la même nature. En ce cas, il seroit nécessaire que vous m'envoyassiez un état circonstancié de l'établissement du droit, de l'époque où il doit cesser et de son produit annuel. »

Que ce soit ou non l'époque et l'occasion des observations des directeurs de l'octroi, elles contiennent une si vaillante défense de la régie de cet octroi et une exposition si instructive de son action, qu'il est intéressant de donner cette note en manière de conclusion. La voici :

« 1° Le préposé à la recette des huit sols pour livre n'a point d'autre fonction que de recevoir du receveur de la direction les huit sols pour livre de la recette du droit principal sur les états qui lui en sont fournis chaque mois

(1) Carton n° 46, 1re liasse.
(2) Reg. des délib., XVI, 100.

par ce même receveur, d'où il suit que le préposé pour les huit sols pour livre n'a aucune connaissance de la manutention des droits de l'octroi des marchands et il lui seroit impossible de faire par lui-même la perception de ces droits sans avoir une régie établie ainsi qu'elle l'est par la direction actuelle. On observe même que la perception des droits est compliquée et sujette à des distinctions à raison des privilèges d'exemption accordés à Paris et à Orléans, et à raison de certaines marchandises qui payent à l'entrée de la province et d'autres qui ne payent qu'à leur arrivée à Rouen ; il y a même des marchandises qui ne payent point de droits aux fermes et qui sont sujettes à des droits de l'octroi ;

« 2º Vu la nécessité d'une régie particulière pour opérer la perception des droits de l'octroi des marchands, on ne croit pas possible d'en établir une qui soit plus simple, plus convenable et plus économique.

« La gestion qui en est confiée à la communauté des marchands de Rouen, représentée par les prieur et juges consuls, lui donne un mérite de plus et lui procure l'avantage d'être d'une grande ressource dans bien des circonstances. On en fait usage dans les calamités publiques et dans les moments de besoins de toute espèce qui ont été à la connoissance de M[rs] les Contrôleurs généraux et de M[rs] les Intendants de la généralité.

« C'est la confiance en cette direction qui a facilité par la voye du crédit les moyens de se procurer les sommes considérables dont le gouvernement, la ville et le commerce ont eu besoin, et cela s'est toujours fait sans le moindre bruit et sans éclat.

« Il est donc essentiel de conserver le crédit qui est fondé sur la confiance que donne la direction actuelle.

« Telle autre régie, direction ou administration que l'on veuille y substituer, elle n'aura pas la même confiance, car la confiance ne se commande point, et le public en aura toujours davantage dans la régie faite par ses représentants que dans une régie faite par le gouvernement.

« Il est de l'intérêt du gouvernement de se ménager de pareils moyens intermédiaires et succursaux pour se procurer des ressources dans les besoins urgents. L'expérience du passé justifie qu'il en a fait usage avec succès.

« Donc la moindre nouveauté est dangereuse dans ses effets, même dans l'opinion, au point que dans le moment présent, si l'on en avoit connoissance, elle seroit dans le cas d'arrêter la circulation qui existe en cette partie et de tarir la source du crédit dont l'octroi jouit.

« L'octroy doit présentement pour les emprunts faits dans les différentes circonstances dont on vient de parler, environ 700,000 livres, dont en contrats portant intérêts, environ 130,000, et en promesses au porteur 570,000, payables dans le courant de la présente année, et de ces dernières il y en a d'exigibles pour 210,000 livres jusqu'à la fin de mars prochain, le reste successivement, de mois en mois.

« L'octroy, outre les engagements ci-dessus, est encore chargé de dépenses annuelles pour l'hôtel de ville, pour la chambre de commerce, pour la juridiction consulaire, pour les hôpitaux, pour les manufactures, pour diverses inspections, pensions, gratifications et autres objets autorisés : ces charges montant à environ 140,000 livres.

« Le crédit de l'octroy l'a mis dans tous les temps en état de satisfaire à tous ces différents objets sans interruption. Le moindre discrédit le mettra dans l'impossibilité d'y pourvoir, par la raison qu'ayant 570,000 livres à payer dans le courant de l'année, non compris les charges annuelles, l'octroy se trouve dans la nécessité d'emprunter pour acquitter le montant desdites promesses, ce qui ne pourra se faire que par la continuation de l'emprunt et par conséquent du crédit.

« Il faut observer qu'en cas de guerre le produit de l'octroy diminueroit considérablement, ce qui rendroit d'autant plus nécessaire la continuation de l'emprunt et du crédit, puisque les charges ordinaires et autorisées montent environ à 140,000 livres, non compris les intérêts des capitaux empruntés.

« On remarque déjà depuis quelques jours, vraisemblablement sur le soupçon de quelque nouveauté, que plusieurs prêteurs sont inquiets et s'empressent de demander le remboursement des promesses échues ; il y a même des porteurs qui ont prévenu d'avance qu'ils exigeront le paiement de leurs promesses aux échéances.

« Pourquoy il convient d'observer à M. le Directeur général des finances que l'octroy des marchands étant dans une classe différente de toutes les autres impositions, et que ne pouvant être apporté aucun changement dans son administration sans les plus grands inconvénients, il est à propos qu'il soit excepté de la disposition générale dont il est question dans la lettre de laquelle M. l'Intendant a envoyé l'extrait.

« Il est même de la plus grande importance que les directeurs de l'octroy soient très promptement en état de tranquilliser les créanciers, d'autant plus que, dans le moment présent, il n'y a point d'argent en caisse. »

Le traité de commerce conclu avec l'Angleterre en 1786 fut l'occasion d'un nouveau recours à la caisse de l'octroi des marchands, à cause de la grande perturbation qu'il apporta dans le travail des manufactures à Rouen. Au mois d'octobre 1787 (1), les faïenciers de Rouen avaient adressé à M. de Tolozan, intendant du commerce, un mémoire où ils exposaient la misère de quinze cents familles réduites à la mendicité par le défaut de travail des ouvriers de leurs manufactures à cause de l'excessive importation des faïences anglaises et demandaient qu'on les secourût l'hiver prochain. L'intendant, M. de Maussion, auquel M. de Tolozan avait renvoyé la requête, désirait avoir l'avis de la chambre sur l'espèce de secours qu'il serait possible de procurer aux pauvres ouvriers en faïence et la priait de lui marquer ce qu'elle croyait que la caisse de l'octroi pourrait fournir dans cette circonstance. Les délibérations de la chambre ne disent pas ce qui résulta de la conférence de ses commissaires avec ceux de l'octroi pour l'allégeance de la misère publique avec les deniers de l'octroi. Les secours durent s'étendre à d'autres industries que celles de la faïence ; car, sur la demande de l'intendant, la chambre rechercha de quels secours et de quels encouragements aider chaque branche d'industrie éprouvée par la même cause, et elle lui remettait au mois de mars un mémoire qui contenait l'étude des différentes questions économiques nées de l'application du traité de commerce (2).

XVI

En 1787, les réformes économiques qu'étudiait le gouvernement menaçaient sérieusement la conservation des droits de l'octroi des marchands : l'extinction en était nommément portée dans l'état des droits supprimés qui avait été imprimé à la suite d'un mémoire présenté au bureau de l'intendant (3). L'intendant, M. de Villedeuil, avait observé que ce droit appartenait à la chambre de commerce de Rouen qui, sur son produit, avait contracté et assigné des engagements considérables. L'octroi devait, en contrats et promesses, plus de sept cent mille livres (4); les engagements

---

(1) Reg. des délib., XIX, 236.
(2) Ibid., XIX, 259, 275.
(3) Carton 46, 1re liasse.
(4) Sur les cuirs............................. 257 971 17 3
    Sur les blés............................. 166 755
    Sur les offices de courtiers.............. 12 075
    Sur les phares........................... 263 413 11 7
                                              700 215   8 10

par promesses étaient exigibles en principal et intérêts à l'échéance et sur la somme de sept cent mille livres, il y en avait pour cinq cent soixante-neuf mille huit cents. Le bureau avait estimé devoir porter cette observation à Sa Majesté et pensait qu'elle déterminerait le Roi à ne pas comprendre ce droit dans la suppression, ou, si l'intérêt du commerce exigeait qu'il fût supprimé, à pourvoir d'une manière inébranlable à la sûreté des engagements contractés sur le produit de l'octroi.

On tentait de le sauver en le réduisant. Le prieur, M. Le Couteulx de Canteleu, écrivait de Paris, le 24 mai 1787, aux directeurs de l'octroi, qu'il avait eu la veille une conférence avec M. de Villedeuil qui avait pris la défense de l'octroi : il avait fait insérer dans l'arrêté de son bureau une réclamation en son nom, à laquelle le bureau avait déclaré qu'il se réunissait pour la conservation de l'octroi des marchands, sur la promesse qu'il avait faite au nom des directeurs de l'octroi, de la juridiction consulaire et de la chambre de commerce, de présenter au Roi un projet et une supplique d'allègement sur les droits qui se percevaient sous la dénomination générale d'octroi des marchands, pour autant qu'ils seraient trouvés onéreux au commerce.

M. de Villedeuil désirait que les directeurs de l'octroi s'occupassent le plus promptement possible de rédiger ce projet de réduction et de faire un tableau des dépenses réduites à ce qui était absolument nécessaire :

1° Pour les intérêts des capitaux empruntés ;

2° Pour les appointements et gratifications des employés à la perception ;

3° Pour les pensions qui y sont affectées, en distinguant celles qui doivent se considérer comme alimentaires pour ceux en faveur desquels elles ont été octroyées ;

4° Pour l'administration de l'octroi ;

5° Pour les frais et dépenses de la chambre de commerce ;

6° Pour les frais et dépenses de la juridiction.

« M. l'Intendant, ajoutait M. Le Couteulx, désire que vous conserviez sur ces différents objets l'aisance convenable ; il sent fort bien qu'il faut se réserver successivement des moyens de remboursement, pour ne point refuser les promesses dont on exigeroit le payement, ces remboursements à échéance et à volonté ayant jusqu'à ce jour soutenu votre crédit. M. l'Intendant est pénétré aussi de la sollicitude que vous devez avoir pour le soutien et l'existence de vos préposés, des égards que peuvent mériter les pensionnaires de l'octroi ; et, quant aux dépenses de la juridiction, de la chambre de commerce et de votre administration, Messieurs, il s'en rapporte à votre sage économie et au désintéressement d'un corps connu sous les rapports les plus avantageux. Ce corps, appuyé de la réclamation du bureau de M. l'Intendant, de sa réclamation personnelle et d'un projet aussi raisonnable que celui qu'il vous propose, peut être assuré d'être favorablement écouté et de réussir dans ses demandes. »

La chambre de commerce avait sollicité l'appui du maréchal de Castries qui avait répondu de Versailles le 22 avril à la lettre des prieur et juges consuls du 18, et à leur mémoire concernant les droits de l'octroi des marchands, qu'il examinerait avec la plus grande attention les motifs qu'ils y avaient rassemblés pour établir l'utilité de la conservation de ces droits, et qu'il en ferait usage avec plaisir, si l'occasion s'en présentait.

Le droit de vingt sols sur les soudes et bois de teinture qui entraient dans la province de Normandie avait, pour les manufactures normandes, le grave inconvénient, en frappant les matières premières de leur fabrication, de créer à leur détriment une inégalité par rapport aux manufactures des autres provinces. Informé de ces plaintes, M. de Maussion, qui avait remplacé M. de Villedeuil à l'intendance de la généralité de Rouen, demandait, en septembre 1787, à la chambre de commerce, des renseignements sur ce droit. La question avait été, en décembre, portée devant l'assemblée provinciale qui avait été réunie à Rouen, par la présentation d'un mémoire qui exposait le préjudice éprouvé par les fabriques de la province. La chambre de commerce, à qui le mémoire avait été renvoyé, après avoir pris l'avis des directeurs de l'octroi, conclut à la réduction du droit de vingt sols à cinq sols, soit, avec les dix sols pour livre, sept sols six deniers. L'assemblée provinciale sollicita du Conseil un arrêt qui fut rendu dans ce sens, le 1er février 1789, mais ne fit porter la diminution que sur les soudes et potasses : les bois de teinture étaient assujettis à l'ancien droit, sur l'observation de l'intendant que le produit de l'octroi aurait trop à souffrir d'une réduction générale ; on voulait voir comment il pourrait suffire à ses dépenses. L'épreuve ayant été concluante, la chambre obtint, pour réduire de même le droit sur les bois de teinture, un arrêt que le conseil rendit le 25 avril (1). On était à la veille d'une

---

(1) Reg. des délib., XIX, 223, 252, 266, 332, 347 ; XX, 1, 12, 15.

révolution qui allait faire sombrer l'octroi des marchands tout entier dans le naufrage de la fiscalité de l'ancien régime.

Le 10 avril 1791, M. Deschamps, député de la chambre au conseil de commerce, et M. Dufour, député de la même compagnie auprès de l'assemblée nationale, écrivaient de Paris (1) :

« Messieurs et chers Confrères,

« Les dernières tentatives de M. de Canteleu ne lui ont pas mieux réussi que les premières, et il ne nous reste aucun espoir sur la conservation de notre octroi. S'il est possible d'en sauver quelques lambeaux, ce ne peut être que par la voie de la municipalité, avec laquelle la direction pourroit s'entendre pour faire connoître, au district et au département même, l'utilité dont cet octroi fut dans tous les temps, et celle dont il seroit très certainement à la commune. Ces administrations considéreront sans doute qu'il faudra doter les tribunaux de commerce et que les frais de dotation devroient être pris sur le produit de la partie de l'octroi dont elles pourroient obtenir la conservation. Nous disons la partie, parce qu'on ne doit espérer la totalité et que très sûrement on solliciteroit sans succès la perception sur autres objets que ceux entrant dans la ville et pour sa consommation.

« La municipalité pourroit considérer ce produit de l'octroi comme nécessaire à ses établissements publics de la nature de ceux que l'assemblée nationale a compris dans les dépenses locales des villes et à l'entretien desquels elle veut que les villes cherchent les moyens de pourvoir. Vous savez, Messieurs, que par un dernier décret elle a demandé des comptes, des détails sur ces dépenses, et qu'elle a autorisé provisoirement une perception de sols pour livre additionnels par émargement sur les rôles des contributions foncières. Par la lettre de ce décret, il n'est question que de sols pour livre, mais il se pourroit faire que dans son esprit la ville de Rouen obtiendroit un tarif sur les marchandises entrantes. En supposant que ces idées vous paroissent justes, vous importe-t-il de les présenter à la municipalité ? Nous nous en rapportons à votre sagesse et à votre civisme éclairé. Nous vous observerons seulement qu'on ne peut douter que la direction et la caisse passeront dans la municipalité ; qu'en vain nous solliciterions l'une et l'autre,

(1) Carton n° 46, 1re liasse.

parce que l'assemblée nationale ne connoît et ne veut connoître aucune autre administration que celles de département, de district et de municipalité. »

Le 21 avril, le député Deschamps écrivait au premier consul Willart : « Je voulois vous informer de ce que penseroit le comité des finances. J'ai vu hier soir M. Le Couteulx qui m'a dit qu'il venoit à l'instant d'en conférer avec M. Dupont de Nemours, qui a été nommé rapporteur. Ce M. Dupont lui a dit qu'il feroit incessamment son rapport, qu'il avoit lu avec attention le mémoire et que son opinion étoit que toutes les dettes de l'octroi étoient une charge particulière à la ville. Ainsi, il ne faut pas s'attendre à une autre façon de penser de la part du comité. M. Le Couteulx m'a répété ce que nous avons mandé à la chambre, M. Dufour et moi : que la juridiction se coalise avec la municipalité pour dresser le tableau des charges des deux octrois et qu'elles présentent des moyens pour remplacer les produits afin de pouvoir subvenir à ces charges. »

Le 27 septembre 1791, l'assemblée nationale décréta la suppression des chambres de commerce. La loi n'en fut pas immédiatement promulguée, mais, dès le 1er octobre, un billet du secrétaire général du département de la Seine-Inférieure invitait les membres de la chambre de commerce à se trouver par commissaires au directoire du département, lundi 3 de ce mois, à sept heures du soir, pour conférer sur des objets qui intéressaient la chambre (1).

La conférence entre le directoire du département et les commissaires de la chambre avait été relative aux importants services que la suppression de la chambre laissait en l'air, l'octroi des marchands, l'administration et la régie des phares établis sur les côtes de Normandie et les droits de feux.

Réunie le surlendemain, après avoir entendu le rapport de ses commissaires, la chambre les avait priés de référer aux directeurs de l'octroi ce qui concernait l'octroi, et, quant à l'objet des phares et droits de feux, il avait été arrêté qu'il serait présenté un mémoire à MM. du directoire du département, qui, en donnant l'état des forces et des charges de la caisse et de la régie des feux, tendît à démontrer la nécessité de veiller à l'administration des phares, à la sûreté du payement et acquit des engagements d'emprunts par contrats et promesses, en offrant la remise de tous les titres concernant les phares.

(1) Reg. des délib., XX, 263 ; carton 35, 15e liasse.

Deux jours après, le mémoire était signé par la compagnie, et, vu les circonstances, remis de suite au directoire du département avec l'état de la caisse et les arrêts du conseil des 10 décembre 1773, 5 juillet 1779 et 10 novembre 1786 qui concernaient les feux.

XVII

Quant aux droits d'octroi, ils n'existaient plus depuis le 1er mai 1791, d'après la loi du 25 février précédent. Mais l'octroi des marchands avait une liquidation à faire : nous avons vu quelles obligations il avait à remplir, soit par acquit de billets, soit par remboursement de rentes constituées. Le 30 décembre, le syndic trésorier rappela à la chambre qu'elle avait aussi des rentes. Lorsque l'arrêt du conseil du 22 juin 1756 avait autorisé la chambre à acquérir les offices de prud'homme, vendeur et contrôleur des cuirs, en empruntant des directeurs de l'octroi les sommes nécessaires pour cette opération, et que l'édit de mars 1757 porta suppression de ces offices aussitôt l'acquisition consommée, la chambre avait désintéressé les propriétaires, et de la liquidation des offices elle avait obtenu seize contrats de constitution de rente perpétuelle sur le Roi, formant un capital de deux cent treize mille trois cent trente et une livres et donnant un revenu annuel de dix mille six cent soixante-six livres. Au cours du temps, le tirage annuel avait fait sortir de la roue quatre parties de rente à rembourser, et, lorsque les chambres de commerce furent abolies, celle de Rouen était encore propriétaire de douze de ces parties. C'est ce que rappela le syndic trésorier à la fin de l'année 1791. Les douze contrats de constitution de rente, dont la chambre n'avait dans ses archives que des copies collationnées sur timbre, étaient aux mains de MM. Le Couteulx et Cie, à Paris, qui en procuraient annuellement la rentrée. Dans les circonstances présentes, il avait paru, au syndic trésorier, convenable de rétablir, dans les archives de la chambre, les grosses de ces contrats, et il avait écrit à MM. Le Couteulx pour leur en demander le renvoi. La chambre remercia le trésorier de son attention et le pria de continuer ses soins. Le 11 janvier, il informa la chambre que MM. Le Couteulx de Paris avaient renvoyé les contrats à leur maison de Rouen. La chambre en signa une reconnaissance qui fut remise à MM. Le Couteulx pour leur décharge.

Le 21 janvier 1792, M. le Prieur a exposé à la compagnie que MM. Le Couteulx et Ce ont remis, contre la décharge qui leur a été fournie, les grosses de douze contrats de constitution de rente originairement sur le Roi, en date du 10 décembre 1762, ainsi que les titres nouveaux, en date du 27 août 1765, montant ensemble à la somme capitale de cent soixante-deux mille trois cent trente et une livres treize sols trois deniers, produisant, au denier vingt-cinq, six mille quatre cent quatre-vingt-treize livres cinq sols quatre deniers de rentes annuelles sujettes à la retenue du dixième ; que ces contrats sont le résultat et le produit de la liquidation des offices et droits des offices de prud'homme, vendeur et contrôleur des cuirs créés dans la généralité de Rouen, acquis des deniers fournis aux syndics de la chambre de commerce par les directeurs de l'octroi des marchands, autorisés à emprunter les sommes nécessaires pour l'acquisition desdits offices et droits, aux termes de l'édit du mois de mars 1757 ; que la chambre de commerce n'a qu'une propriété précaire de ces contrats, dont le produit de la recette des rentes était versé à la caisse dudit octroi ; que vu la cessation de la perception des droits d'octroi il n'existe pas à ladite caisse des fonds suffisants pour l'acquittement de ses engagements ; que ces contrats ne peuvent être considérés que comme un des gages des créanciers de l'octroi ; qu'il semble naturel d'aviser aux moyens de faire passer aux directeurs de l'octroi des marchands ou aux créanciers de cette direction les titres desdits contrats et toutes les facultés nécessaires pour en assurer aux uns ou aux autres la propriété ou le pouvoir d'en faire l'aliénation à l'acquit et décharge de la direction de l'octroi (1).

« Sur quoi, les avis de la compagnie pris, la chambre prenant en considération l'exposé de M. le Prieur, a arrêté que M. Paul-Louis Baudouin, syndic trésorier de la chambre de commerce, est autorisé à faire ou à faire faire par procureur nommé à cette fin, au nom des anciens prieur, juges consuls, syndics de la chambre de commerce, la vente et cession desdits contrats de la manière la plus convenable, après et ainsi qu'il en sera délibéré, s'il y a lieu, par MM. les directeurs de l'octroi, à l'effet d'employer le produit de ladite vente à l'acquittement des dettes dudit octroi ; qu'un autant de la présente délibération signé de la compagnie sera remis à M. P.-L. Baudouin pour lui valoir aux fins que dessus ; que néanmoins ladite délibération

(1) Reg. des délib., XX, 280.

n'aura son effet qu'après qu'elle aura été homologuée par MM. les administrateurs composant le directoire du département auxquels elle sera présentée.

« Arrête en outre que les grosses desdits contrats seront provisoirement remises aux directeurs de l'octroi pour être déposées à la caisse dudit octroi. »

La délibération de la ci-devant chambre ne reçut pas du directoire du département l'homologation qu'elle sollicitait. La lettre suivante l'apprit au syndic trésorier Baudouin (1).

« Rouen, le 4 février 1792, l'an 4e de la liberté.

« Monsieur,

« Le directoire du département, en applaudissant à la sagesse des motifs qui ont porté Messieurs de la chambre de commerce à prendre la délibération du 21 janvier dernier, n'a pas pensé qu'il lui fût possible de l'homologuer. Le principal obstacle qui se rencontre, Monsieur, à l'exécution de cette délibération, n'est pas la suppression de la chambre prononcée par l'assemblée nationale, puisque l'envoi de cette loi n'a point été fait officiellement. Mais les droits d'octroi n'existant plus depuis le 1er mai 1791, d'après la loi du 25 février précédent, on ne peut pas autoriser les ci-devant directeurs de cet impôt à prendre des délibérations et à passer des actes publics en une qualité qu'ils n'ont plus. Le directoire croit, Monsieur, qu'il n'y a d'autre parti à prendre dans les circonstances présentes, que de faire déposer les contrats de rente originairement sur le Roi, à la caisse de l'octroi, et d'engager MM. les ci-devant directeurs à adresser au ministre un supplément à l'état de situation qu'ils lui ont envoyé et dans lequel ils porteront à l'actif les 162,331 livres 13 sols 3 deniers, produisant, au denier 25, 6,493 livres 5 sols 4 deniers de rentes annuelles, et au passif les sommes dues aux créanciers pour cet objet. L'assemblée nationale devant s'occuper incessamment de la situation de l'octroi, pourvoira dans sa sagesse à la vente et à l'emploi de

---

(1) Carton 35, 15e liasse.

ces rentes. J'ai l'honneur, Monsieur, de vous renvoyer les pièces et la délibération qui étaient jointes à votre lettre du 30 du mois dernier.

« Le suppléant du procureur général syndic du département de la Seine-Inférieure,

« THIEULLEN.

« *M. Baudouin, syndic trésorier de la chambre de commerce, à Rouen* (1). »

Dans son assemblée du 24 février, la chambre décida que copie de cette lettre serait remise aux directeurs de l'octroi pour être jointe aux contrats déjà déposés à la caisse dudit octroi.

La loi relative aux objets de comptabilité dont les chambres de commerce étaient chargées, du 6 septembre 1792, implique la liquidation de l'octroi des marchands (2). L'article 1er conservait provisoirement les droits que percevaient les chambres de commerce. L'article 2 donnait aux directoires des départements pouvoir d'en confier la perception aux districts, aux municipalités ou à tels préposés qu'ils jugeraient convenable d'établir. D'après l'article 3, leur produit serait employé, comme il l'était par les chambres de commerce, à acquitter les dépenses à leur charge, les intérêts de leurs dettes. L'article 4 ordonnait aux administrateurs des chambres de commerce

---

(1) La lettre se termine sans salutation, conformément au nouveau régime dont le directoire du département avait recommandé l'usage, comme en témoigne la lettre suivante (*a*) :

« Rouen, le 26 mars 1791.

« Le directoire du département. Messieurs, vient de nous informer que le Roy, voulant remédier à la diversité qui règne dans le protocole de la correspondance des départements, a pensé qu'une forme simple, dégagée de tout cérémonial, conviendroit mieux et seroit plus analogue à l'esprit et aux principes de la constitution ; Sa Majesté a, en conséquence, autorisé ses ministres à ne souscrire leurs lettres que de leurs qualités et de leurs noms. D'après cela, le département nous invite à adopter cette forme. Nous nous y sommes conformés et nous vous invitons de même, Messieurs, à vous y conformer vis-à-vis de nous, en vous priant d'être persuadés, qu'en nous dégageant du précédent formulaire, nous n'en conservons pas moins les sentiments d'un attachement fraternel et respectueux.

« Les administrateurs composant la direction du district de Rouen,

« DE BONNE.   LEFEBVRE.   BOUVET.

« MM. les membres de la chambre de commerce. »

MM. du directoire du district se prêtaient avec esprit aux exigences du nouveau protocole.

(2) *Bulletin des lois*, t. VI, p. 208.

(*a*) Carton n° 35, 15e liasse.

de remettre leur compte de liquidation et leur état de situation aux directoires de département, qui les feraient passer au ministre, et le ministre en donnerait connaissance à l'assemblée nationale. L'article 8 disait que les négociants qui composaient la chambre lors de sa suppression, nommeraient entre eux quatre commissaires liquidateurs qui veilleraient à la conservation des fonds libres destinés au payement des créanciers et qui feraient dresser les comptes de liquidation, l'état des capitaux et des dettes, pour mettre l'assemblée nationale à même de pourvoir, par un nouveau décret, à l'aliénation des capitaux et à l'entier payement des créanciers.

Nous n'avons trouvé aucun document, dans les archives de la chambre de commerce qui nous renseigne sur l'exécution qui fût faite de cette loi à Rouen.

CHAPITRE VIII

BUDGET DE LA CHAMBRE

I. Premier établissement des fonds mis à la disposition de la chambre de commerce. Syndic trésorier. Dans les premiers temps le secrétaire est comptable. A partir de 1713, le procureur syndic est annuellement nommé syndic trésorier. Reddition annuelle du compte. — II. Insuffisance des fonds disponibles. Palliatif provisoire : Augmentation de deux mille livres encore insuffisante. Ordonnance de l'intendant pour solder l'excédent de dépenses. — III. En 1733, demande d'augmentation nouvelle de deux mille cinq cents livres. Négociation à Paris. Résistance de l'intendant du commerce et du contrôleur général. Nouveau mémoire en 1735, nouvelles démarches : même résistance. IV. La question est reprise en 1745. Arriéré soldé en 1749 par les ordonnances de l'intendant. Aucune augmentation régulière. Nouvelles ordonnances en 1753, en 1758. Arrêt du 23 avril 1767. Augmentation de dix-huit cents livres à cause de trois syndics en plus. — V. Eclaircissements demandés en 1791 par le directoire du département.

I

Le budget de la chambre de commerce avait été déterminé par les articles 22 et 23 de l'arrêt d'établissement du 19 juin 1703, lesquels avaient ordonné qu'il serait employé chaque année sur les fonds de l'octroi une somme de huit mille livres pour les appointements du député et une de quatre mille pour les frais de la chambre, tant pour les appointements du secrétaire, frais de l'écritoire, bois, bougies, chandelles et autres frais, que pour payer le prix de deux jetons d'argent du poids de dix deniers chacun qui seraient donnés à la fin de chaque assemblée à chacun des syndics qui y auraient assisté et d'une médaille d'or qui serait donnée à chacun des syndics en sortant de charge et au député au conseil de commerce, lorsqu'il cesserait d'en faire les fonctions.

Le syndic trésorier (article 25) ne pouvait disposer des deniers provenant de l'octroi que sur les ordres signés au moins de six syndics, ordres qu'il devait rapporter avec les quittances des parties prenantes, au moyen de quoi les sommes qu'il aurait payées seraient allouées et passées au compte qu'il devait rendre de sa gestion à la chambre, au plus tard dans le mois de janvier, tant du provenu des droits que de la dépense qu'il aurait faite. Le syndic trésorier n'était pas tenu de compter à la chambre des comptes ni ailleurs qu'à la chambre de commerce; aussitôt son compte arrêté par la chambre, au plus tard le 15 février, il devait être envoyé au contrôleur général des finances.

Le secrétaire de la chambre fut, dans le début, comptable des fonds mis à la disposition de la compagnie. Carnay malade fut, à partir du 28 décembre 1711, suppléé dans son emploi de secrétaire de la chambre par le greffier de la juridiction, qui fut en même temps chargé de la caisse. Mais à la fin de 1712, lorsque les fonctions de secrétaire furent provisoirement exercées par un commis, la chambre, se conformant à son arrêt d'établissement, choisit un trésorier parmi ses membres. Le 16 janvier 1713, elle élut comme tel le procureur syndic qui entrait en charge à cette époque. Désormais le procureur syndic de la juridiction consulaire sera en même temps trésorier de la chambre de commerce. Avec les fonds que lui versaient sur sa quittance les directeurs de l'octroi, il payait les dépenses sur les mandements signés des syndics de la chambre. Dans le mois qui suivait sa sortie d'exercice, il rendait à la compagnie son compte de gestion, que venaient entendre les anciens syndics qui avaient été en exercice pendant l'année du compte à rendre.

Le ci-devant syndic trésorier présentait avec son compte les pièces justificatives des recettes et dépenses par lui faites pour le service de la chambre pendant l'année de son service commencée le...... finie le...... Le tout mis sur le bureau, il était d'abord procédé à l'examen de la recette, vérification de laquelle faite, elle était arrêtée à la somme de..... Ensuite il était procédé à l'examen de la dépense et on remettait souvent au lendemain de continuer la vérification de tous les articles, tant sur les mandements de la chambre et autres pièces que sur le registre des délibérations. Les articles étant alloués, on en faisait *jet et calcul*, lequel se trouvait monter à la somme de..... La différence était portée au compte du trésorier en exercice, soit en recette, soit en dépense, et bientôt elle le fut toujours en dépense, car les quatre mille livres attribuées à la chambre pour ses frais et honoraires ne tardèrent pas à se trouver insuffisants.

Pour finir le calcul du compte, la chambre déduisait la recette de la dépense et constatait que le syndic trésorier se trouvait en avance pour son compte d'une somme dont elle lui délivrait à l'instant mandement sur le syndic trésorier en exercice, pour être ladite somme employée en dépense dans le compte qu'il rendrait de sa gestion pour l'année courante. Au moyen de quoi la chambre demeurait quitte envers ledit comptable, lequel de son côté était bien et dûment déchargé des recettes et dépenses du présent compte, ainsi que des pièces justificatives d'icelui, lesquelles étaient remises, avec un double dudit compte signé des sieurs oyans et du comptable, aux archives de la chambre (1).

II

Cette insuffisance des ressources mises à la disposition de la chambre de commerce pour son entretien se fit sentir presque dès le début de son fonctionnement. Déjà en 1707 (2), la chambre priait le député au conseil de commerce de solliciter une augmentation de deux mille livres pour ses frais. Elle l'obtint un peu plus tard, aux dépens du député, lors de la mutation de la personne, par l'arrêt du 22 mars 1712 (3), qui réduisit ses appointements de huit mille à six mille livres, partageant également entre le député et la chambre les douze mille livres versées annuellement par la caisse de l'octroi aux mains du syndic trésorier. L'arrêt imposait la condition qu'il ne fût fait par la chambre aucune dépense extraordinaire, comme de voyage ou autre, que par une délibération visée par l'intendant, auquel les comptes en seraient rendus annuellement. Et comme il fallait acquitter les dettes de la chambre, le même arrêt ordonnait la surséance de six mois à la nomination du député qui remplacerait Mesnager envoyé par le Roi comme plénipotentiaire à Utrecht : le semestre d'appointements disponible servirait à libérer la chambre. L'arrêt du Conseil du 26 janvier 1715 rétablit à huit mille livres les appointements du député, la chambre conservant le bénéfice de l'augmentation de son propre fonds. Le 5 octobre 1722, les appointements du député furent même portés à dix mille livres : à partir de ce temps la caisse de l'octroi fournit une somme annuelle de seize mille livres au syndic trésorier de la chambre.

(1) Reg. des délib., IV, 274-275.
(2) Ibid., I, 332.
(3) Ibid., II, 31-32.

Cette somme était loin de répondre aux besoins de la compagnie, surtout dans certaines circonstances critiques de l'économie publique. Le 2 décembre 1720, « sur ce qui a été représenté à la chambre que l'augmentation considérable sur les matières d'or et d'argent qui est survenue en différens temps, a mis depuis plusieurs années et dans la présente année la chambre hors d'état de supporter les frais et dépenses tant d'appointemens, honoraires et autres déboursés extraordinaires, il a été délibéré qu'il sera présenté une requête à M. de Gasville, intendant, pour le supplier d'accorder sur l'octroi un supplément de six mille livres pour fournir aux dépenses des années précédentes et de la courante (1). » L'intendant, par son ordonnance du 10 décembre, accorda la somme demandée. En février 1722, il donna une nouvelle ordonnance de cinq mille livres pour fournir aux dépenses de 1721.

Le 2 juin 1733 (2) MM. du Siège sont priés de se retirer par devant l'intendant pour obtenir les fonds nécessaires pour le reliquat du compte du trésorier qui s'élevait à six mille six cent quatre-vingt-onze livres onze sols, et pour les dépenses ordinaires de la chambre, qui excèdent annuellement les seize mille livres qu'elle a à prendre sur l'octroi. Le reliquat comprenait l'excédent de la dépense de la chambre dans les années 1730, 1731 et 1732 pour une somme de cinq mille quatre cent quatre-vingt-onze livres onze sols, et une dépense de mille deux cents livres faite pour des essais de *platilles,* toile allemande avec laquelle le commerce de Hambourg faisait à Cadix une concurrence fâcheuse aux *blancards* de Rouen, et dont la chambre de commerce cherchait à encourager la fabrication en Normandie. Le syndic trésorier de l'exercice de 1732 rapportait le 27 août son compte dossé de payement ce jour, grâce à une ordonnance que l'intendant lui avait remise sur l'octroi pour le remboursement de cette somme (3).

III

Il fallait mettre fin à cette perpétuelle nécessité de solliciter de l'intendant de telles ordonnances pour acquitter les dettes de la chambre. Le 15 décembre 1733 (4), un mémoire sur l'origine de l'excédent des dépenses annuelles de la

---

(1) Reg. des délib., III, 253.
(2) *Ibid.*, VI, 39.
(3) *Ibid.*, VI, 83.
(4) *Ibid.*, VI, 134.

chambre, tendant à demander une augmentation de deux mille cinq cents livres par an aux fonds destinés pour le travail et la dépense de la chambre, fut envoyé à M. J. Amaury (1), alors à Paris, qui voulut bien se charger de suivre les fins du mémoire.

Toute l'année 1734 se passa sans résultat, si bien que le 31 décembre (2), le syndic trésorier représenta que les fonds de la chambre de seize mille livres à lui remis n'étaient pas suffisants pour en acquitter toutes les charges et dépenses pendant l'année, que les fonds se trouvaient employés et qu'il restait encore à payer plus de deux mille cinq cents livres. MM. du Siège se retirèrent par devant l'intendant et la chambre arrêta de présenter un mémoire au contrôleur général pour tâcher d'obtenir une augmentation de fonds.

L'intendant s'était borné à donner le 12 février 1735 (3) une ordonnance aux directeurs de l'octroi de payer pour cette fois seulement et sans tirer à conséquence pour l'avenir, la somme de six cents livres aux syndics de la chambre pour les rembourser de pareille somme par eux avancée, au compte des frais de la députation faite au Conseil au cours de l'année 1734 pour s'opposer à la demande de MM. de Saint-Malo pour la franchise de leur port.

Un projet de mémoire fut remis le 3 mars par le secrétaire sur le bureau de la chambre, concluant qu'il plaise au Conseil d'accorder à la chambre un supplément de deux mille cinq cents livres par an pour l'excédent de ses dépenses.

Le mémoire (4) établissait l'insuffisance des fonds accordés par le Roi pour le service de la chambre sur les résultats des années antérieures ; il citait en particulier les excédents de dépenses de 1730, 1731, 1732 qui s'étaient accumulés jusqu'à la somme de six mille six cent quatre-vingt-onze livres, pour laquelle le trésorier de l'année 1732 avait présenté sa requête à l'intendant pour en obtenir le remboursement sur l'octroi. L'intendant, après avoir examiné et vérifié d'où ce vide pouvait provenir, en avait accordé la reprise sur l'octroi. Les exercices 1733 et 1734 ayant encore présenté un excédent de deux mille cinq cent soixante-huit livres, les syndics s'étaient pourvus vers l'intendant pour lui demander de nouveau son ordonnance. Mais il les avait

---

(1) Jean Amaury, prieur du 1ᵉʳ août 1731.
(2) Reg. des délib., VI, 274.
(3) Ibid., VI, 288.
(4) Carton n° 1, 2ᵉ liasse n° 5, 14 mars 1735.

renvoyés cette fois à se pourvoir au Conseil afin d'obtenir un supplément annuel pour parer à l'excédent de la dépense de la chambre.

Dans ces circonstances, la chambre qui prévoyait qu'elle serait encore en insuffisance de fonds non seulement pour l'année courante, mais pour les subséquentes, se crut obligée de représenter au contrôleur général les causes de l'excédent de ses dépenses annuelles, qui étaient : le haut prix des matières qui avait causé l'augmentation du prix des jetons et des médailles pour les honoraires ; — une médaille d'or distribuée chaque année au sieur Poret, et depuis au sieur Vastel, son successeur à l'inspection du marché de Saint-Georges pour la police du règlement du 13 mars 1731 concernant les toiles, dont la chambre n'était pas originairement chargée ; — les honoraires des inspecteurs des manufactures de Rouen, Elbeuf et Darnétal, qui depuis trois années ont séance à la chambre de commerce une fois tous les mois et en outre par extraordinaire toutes les fois qu'il s'agit de traiter des manufactures ; — les assemblées extraordinaires de la chambre pour travailler sur les affaires qui lui sont adressées par le Conseil du Roi, ce qui ne peut se déterminer. La chambre observe seulement qu'en 1732 ces affaires ont été fréquentes.

En cet état, les syndics de la chambre de commerce suppliaient le contrôleur général de lui accorder un supplément de fonds de deux mille cinq cents livres par an sur l'octroi des marchands, à commencer du 1er janvier 1734, à quoi ils estimaient que l'excédent des dépenses de la chambre pouvait monter année commune.

Approuvé le 11 (1), le mémoire fut envoyé au contrôleur général et à M. Fagon, conseiller d'État, chargé de la direction des affaires commerciales, et une copie au député Pasquier, qui fut prié d'en poursuivre les fins au Conseil. La requête suscita des objections de la part de M. Fagon (2), une demande d'éclaircissements de la part du contrôleur général : M. Pasquier mandait le 24 avril (3) que le contrôleur général avait chargé M. de la Bourdonnaye d'examiner le mémoire au sujet de l'augmentation des fonds de la chambre et les états de ses dépenses des années précédentes, pour lui en rendre compte avec son avis. M. Pasquier avait vu à Paris l'intendant, qui lui avait dit avoir remis le tout au contrôleur général avec un avis favorable.

(1) Reg. des délib., VI, 290, 292.
(2) *Ibid.*, VI, 301.
(3) *Ibid.*, VI, 304.

Celui-ci avait écrit le 18 à M. de la Bourdonnaye la lettre suivante, dont lecture était donnée à la chambre le 29 avril :

« Monsieur,

« Quoyque les arrêts du Conseil qui ont réglé les dépenses de la chambre de commerce de Rouen, ne vous autorisent point à demander aux sindics de cette chambre un compte particulier de l'employ annuel de seize mille livres, cependant, comme les excédents qu'ils ont demandez augmentent tous les ans, et qu'ils demandent aujourd'hui un nouveau supplément de deux mille cinq cents livres par an, il convient absolument de connoître l'employ des sommes qui ont été consommées jusqu'à présent. Aussi je vous prie d'ordonner aux sindics de cette chambre de vous remettre un compte en détail de l'employ des seize mille livres accordées à la chambre et de l'envoyer avec votre avis. »

La chambre fit faire des copies collationnées des deux derniers comptes qui lui avaient été rendus des années 1733 et 1734 pour être remises à l'intendant, afin de justifier l'excédent des deux exercices.

Le contrôleur général n'était pas disposé à accorder l'augmentation des fonds annuels de la chambre et les instances de M. Pasquier auprès de M. Fagon n'obtenaient pas son intervention utile auprès du ministre en faveur de la requête de la chambre. Le syndic trésorier se trouvait dans un si grand embarras pour payer les dépenses de la chambre, qu'il retardait le payement des appointements du député. Nous avons vu qu'en 1737 M. Pasquier porta la chose devant l'intendant qui ordonna que les syndics payeraient au député ses appointements de quartier en quartier à raison de deux mille cinq cents livres par chacun sur ses simples quittances et sans aucun retardement, et leur enjoignit de réserver sur la somme de seize mille livres qu'ils recevaient chaque année des directeurs de l'octroi, celle de dix mille fixée pour les appointements du député, sans pouvoir en employer aucune chose aux dépenses de la chambre, à peine d'en répondre en leurs propres et privés noms.

IV

La chambre renouvelait sa demande auprès du contrôleur général, le député renouvelait ses démarches en vue d'obtenir le supplément de fonds nécessaires pour suffire aux dépenses annuelles. La répugnance de Fagon paralysa pendant dix ans les efforts de la chambre et ceux du député. En juin 1745, M. Pasquier reprend la question, Fagon étant mort; il tâchera de profiter de quelque moment favorable pour parler au contrôleur général Orry ; mais il craint qu'il n'ait été prévenu ci-devant et mal disposé par Fagon. Il sondera le terrain auparavant, de peur d'essuyer un refus, contre lequel il serait bien difficile de revenir dans la suite (1).

Ce n'est qu'au mois de janvier 1749 que la chambre de commerce est mise en mesure de solder son arriéré, sans obtenir encore le supplément de fonds pour l'avenir. Sur une requête présentée au nom de la chambre, l'intendant de la Bourdonnaye accorda une ordonnance de la somme de quatorze mille huit cent quatre-vingt-deux livres seize sols six deniers, à laquelle étaient montés, depuis et y compris l'année 1733, les reliquats des syndics trésoriers de la chambre. La compagnie était ainsi mise en état de rembourser au député Pasquier un mémoire de huit cent vingt livres de frais qu'il avait faits pour la chambre. En renvoyant la quittance, le député reparle de l'augmentation des fonds qu'il n'a pu faire accorder du vivant de M. Fagon ; depuis sa mort, il en a parlé au ministre Rouillé, qui lui a répondu que le temps de guerre n'était pas favorable pour cela, mais que, la paix faite, il croyait que la chambre pourrait réussir dans sa demande (2). Le 28 juillet, M. de Trudaine, qui avait remplacé M. Fagon, écrivait à l'intendant qu'il n'y avait rien à changer pour le moment sur ce qui concernait les moyens de pourvoir aux dépenses nécessaires de la chambre ; elle ne pouvait y apporter trop de ménagement et d'économie, puisque ces fonds se percevaient sur le public.

Le 15 janvier 1753, une ordonnance de neuf mille quatre cent quatre-vingt-treize livres deux sols permettait de solder les comptes de 1749, 1750 et 1751, et le 30 janvier une autre de deux mille neuf cent cinquante-quatre livres dix sols, celui de 1752 (3).

Lorsque MM. du Siège allèrent remercier l'intendant sur la remise qu'il avait faite des excédents de dépenses des syndics trésoriers des années 1749 à 1752, M. de la Bourdonnaye leur fit entendre qu'ils devraient faire des observations à M. de Trudaine pour obtenir une augmentation de fonds (4).

(1) Reg. des délib., VIII, 26.
(2) Ibid., VIII, 370.
(3) Ibid., IX, 323.
(4) Ibid., IX, 326.

Suivant cet avis, la chambre dressa un mémoire en forme de lettre à M. de Trudaine et une autre lettre à M. de la Bourdonnaye, alors à Paris, pour accompagner le mémoire. L'intendant assura qu'il s'occuperait de l'affaire dès que le contrôleur général la lui aurait renvoyée « ayant toujours été disposé à penser sur cela comme il convenait au bien de la chose (1) ».

Le 27 juin 1753 il communiquait à la chambre, en lui demandant son avis, la lettre suivante qu'il avait reçue de M. de Trudaine :

« Monsieur, j'ay l'honneur de vous envoyer un mémoire de la chambre de commerce de Rouen qui demande une augmentation de fonds, pour subvenir aux dépenses qu'elle est obligée de faire. Il paraît par leur exposé que dans les quatre dernières années vous avez suppléé aux excédents de leur dépense en le faisant payer sur les octrois et que c'est de votre consentement qu'ils font aujourd'hui cette demande. Peut être conviendrait-il de laisser encore quelques années les choses en l'état où elles sont, sauf à vous à passer à la chambre les frais que vous jugerez indispensables, ainsi que vous avez fait jusques à présent, et dans quelque temps nous verrons s'il conviendra de luy accorder l'augmentation de fonds qu'elle demande, en faisant quelques changements. Je désirerois savoir quel est le produit de l'octroy qui se lève en vertu de l'arrêt du 19 juin 1703 et l'employ qui s'en fait. Je vous prie de m'envoyer copie du dit compte qui vous en a été rendu. Vous voudrez bien y joindre votre avis sur la proposition de la chambre. Je suis, etc.

« TRUDAINE. »

La chambre différa à statuer jusqu'au retour de M. de la Bourdonnaye, priant MM. du Siège de conférer alors avec lui sur les motifs de la lettre de M. de Trudaine.

Nous ne trouvons plus de document qui nous renseigne sur ce qui résulta de cette démarche.

Nous constatons qu'à défaut de l'augmentation du fonds annuel, les comptes des syndics trésoriers accusent chaque année un excédent de dépenses. Au bout d'une certaine période, ces excédents font une assez forte somme et la chambre présente requête à l'intendant pour avoir une ordonnance équivalente sur la caisse de l'octroi. L'ordonnance du 12 novembre 1758 est de vingt-cinq mille neuf cent soixante livres dix sols deux deniers pour les années

(1) Reg. des délib., IX, 362.

de 1753 à 1757. En novembre 1764, l'intendant de la Michodière accorde pour le même objet une nouvelle ordonnance sur les directeurs de l'octroi : il écrit à cette occasion la lettre suivante (1) :

« Je viens, Messieurs, de faire expédier une ordonnance de la somme de quatre mille cinq cent vingt-six livres au profit de M. Prevel sindic et trésorier de la chambre de commerce, pour luy faire rembourser sur l'octroy des marchands l'excédent de dépenses que vous avez alloué dans le compte qu'il vous a rendu de son maniement et que vous avez arrêté le 10 juillet dernier. Les dépenses de la chambre de commerce ayant été fixées, Messieurs, à la somme de seize mille livres, par l'arrêt du conseil du 7 octobre 1722, il semble qu'elles n'auraient pas dû excéder ces seize mille livres. Je scay que depuis longtemps cette somme ne s'est pas trouvée suffisante pour les dépenses qu'exigent les services de cette chambre et que mes prédécesseurs se sont portés à faire rembourser sur l'octroi des marchands l'excédent de dépenses qui s'est trouvé annuellement dans le compte du trésorier. Moy même j'ay eu cette facilité et je me suis porté bien volontiers aux vœux de la chambre à cet égard. Mais comme il convient de se mettre à l'abri de toute critique sur cet excédent de dépenses, je vous préviens que je ne le feray plus rembourser sans y être autorisé ou par M. Trudaine ou par M. le controleur général. Je vous invite d'en écrire à l'un ou à l'autre. J'ay lieu de croire que je seray consulté sur votre demande ; vous ne devez pas douter que je ne rende justice au service de la chambre et que je ne fasse connoistre que l'excédent dont il s'agit a été nécessaire et qu'il convient d'augmenter en proportion la fixation portée par l'arrêt du Conseil dudit jour 7 octobre 1722. J'ay l'honneur d'être avec le plus parfait attachement, Messieurs, votre très humble et très obéissant serviteur.

« De la Michodière. »

On remet sur le bureau et on fait lecture de la lettre écrite à M. de la Bourdonnaye par M. de Trudaine le 24 mai 1753, par laquelle il autorisait l'intendant à passer à la chambre l'excédent des syndics trésoriers. La chambre délibère de faire un mémoire pour le contrôleur général, tendant à supplier le Conseil de fixer une augmentation de fonds pour la dépense de la chambre de commerce, la somme de seize mille livres étant insuffisante, et MM. du siège furent priés de présenter à l'intendant la lettre de M. de Trudaine (2).

(1) Reg. des délib., XI, 286.
(2) Ibid., XIII, 153.

L'arrêt du 23 avril 1767, qui augmenta de trois syndics la chambre de commerce de Rouen, ordonna en outre qu'il serait pris annuellement sur l'octroi des marchands une somme de dix-huit cents livres pour fournir aux frais que l'augmentation de trois syndics pouvait occasionner, ce qui porta le fonds annuel à dix-sept mille huit cents livres, chiffre qui ne variera plus jusqu'à la suppression de la chambre de commerce en 1791.

V

A la veille de finir, les dépenses de la chambre de commerce furent de la part du directoire du département l'objet d'une critique que nous relevons dans une lettre que ces Messieurs écrivaient le 21 février 1791 à la direction de l'octroi, et où nous trouvons aussi un blâme à l'adresse du député Deschamps à cause de l'augmentation de deux mille francs qu'il avait obtenue pour ses appointements.

« *Extrait de la lettre de Messieurs du directoire du département à la direction de l'octroi, concernant les dépenses de la chambre de commerce* (1) :

« QUATRIÈME CHAPITRE :

« Nous avons également besoin de connaître les *différents arrêts du Conseil* en vertu desquels la dépense de la chambre de commerce est portée à dix-sept mille huit cents livres. Cette énonciation vague, *différents arrêts*, est contraire à l'ordre de la comptabilité et toute dépense autorisée par un ou plusieurs arrêts doit être justifiée et soutenue dans chaque compte par l'énonciation de celui où ces arrêts sont rapportés. Nous vous prions de nous en faire remettre une copie.

« OBSERVATIONS GÉNÉRALES :

« Nous remarquons dans le dixième chapitre de dépenses un article de deux mille livres d'augmentation d'appointements accordée à M. Deschamps votre député, en vertu d'une lettre du ministre du 2 septembre 1789. Nous respectons comme vous, Messieurs, cette faveur. Mais nous éprouverons le

(1) Carton n° 46, 1re liasse.

même sentiment, en réfléchissant que ce supplément accordé dans un temps où il n'étoit question que d'économies publiques, paroit les contrarier. Nous avons remarqué avec toute la ville que la résidence de M. Deschamps à Paris ne vous a pas paru suffisante pour défendre et faire valoir les avantages du commerce, puisque vous lui avez adjoint MM. Dufour et de Montmeau qui y ont séjourné pendant longtemps et doivent avoir occasionné une dépense notable. »

La nouvelle administration du département n'avait plus le moelleux que la chambre était habituée à trouver chez les intendants de la généralité. Nous n'avons pas retrouvé la réponse que lui fit la compagnie. Elle avait chargé MM. du Siège, le procureur syndic et M. Dupont de s'occuper de l'examen des observations des administrateurs du directoire du département et sur leur rapport elle avait adopté une réponse qui fut remise aux directeurs de l'octroi avec prière de l'insérer dans la lettre qu'ils devaient eux-mêmes écrire.

CHAPITRE IX

INSPECTION DES MANUFACTURES

Fleurets-Blancards visités et marqués à la halle de Rouen, exportés à Cadix pour les Indes occidentales. — Règlements de Colbert. Règlement du 24 décembre 1701. Inspecteurs marchands des manufactures de toiles. Leur nomination dans l'ordre du tableau des anciens prieurs et consuls. Dispenses exceptionnelles. — Agrandissement de la halle aux toiles. — Inspecteurs royaux des manufactures établis par Colbert. Etats semestriels des manufactures présentés à la chambre de commerce. Plainte d'un inspecteur. Mésintelligence sourde. — Nouvelle plainte d'un inspecteur. Lettre du contrôleur général à l'intendant, sévère pour la chambre (11 décembre 1730). — La chambre se justifie. Mémoire de la chambre. Mémoire Godeheu. Paix rétablie. — Nouvelle lettre du contrôleur général (10 décembre 1731) donne lieu à nouvelle explosion. Résistance obstinée du secrétaire de la chambre aux ordres du prieur. — La délibération du 22 décembre rétablit l'entente avec les inspecteurs. — Inspecteur au marché de Saint-Georges : arrêt du 13 mars 1731. — La chambre s'oppose vainement à la création de sous-inspecteurs. Inspecteur général Holker. Remplacement de l'inspecteur Vastel au marché de Saint-Georges. — Médaille d'or refusée à un inspecteur qui la sollicite (1763). Médaille d'or offerte à l'inspecteur Godinot (1765). Lettre du contrôleur général Terray. Négligence des inspecteurs (1774). Leur maintien mis en question (1788).

Les manufactures de la province apportaient au commerce de la ville de Rouen et au trafic de son port une contribution assez importante pour ne pas laisser la chambre de commerce indifférente à leur fabrication. A la fin du XVIIe siècle, Rouen faisait une exportation considérable des toiles de lin blanchies qu'on appelait *fleurets-blancards* (1) et qui étaient marquées de ses armes et de son nom. Les balles sorties de la halle de Rouen composaient des chargements complets pour Cadix, d'où la marchandise normande par-

(1) Voir le mémoire publié en 1874, à Pont-Audemer, par M. A. Montier : *Recherches sur le commerce et la fabrication dans le Lieuvin, aux XVIIe et XVIIIe siècles, des toiles de lin dites « Rouens-Fleurets-Blancards »*.

tait sous pavillon espagnol pour les Indes occidentales, protégée par les galions de Sa Majesté catholique, qui en rapportaient du Nouveau-Monde la valeur en lingots. En 1698, l'intendant de la généralité de Rouen écrivait que ces toiles étaient en grande réputation aux Indes sous le nom de *Rouens* et qu'en temps de paix on y en envoyait pour plus d'un million tous les ans.

La manufacture d'un produit de cette importance avait été l'objet de l'attention particulière d'un gouvernement jaloux de favoriser le commerce de la France. Des règlements suivaient la fabrication de cette toile depuis le choix du fil, son lessivage, la composition, le duitage et la largeur du tissu, la longueur des pièces, ouvrage principalement des tisserands du Lieuvin et du Roumois, où presque chaque habitation avait son métier à tisser. Les pièces de toile, concentrées au marché de Saint-Georges-du-Vièvre, étaient portées à la halle de Rouen, où elles étaient visitées et ne recevaient la marque que si la fabrication en était conforme aux règlements. Après la marque, elles étaient envoyées dans les curanderies des environs pour être lessivées et blanchies sur le pré. Devenues blancards, on en faisait des balles qui étaient estampillées à la halle de Rouen.

Les anciens règlements avaient été remis en vigueur par Colbert avec l'édit de janvier 1664 qui rappelait l'obligation, pour les toiles fabriquées en Normandie, d'être apportées à la halle de Rouen pour y être visitées et marquées, avant d'être envoyées en pays étranger, afin d'y maintenir leur bonne réputation : six inspecteurs des manufactures de toiles étaient établis pour l'ensemble du royaume, dont trois pour la seule Normandie, à Rouen, à Caen et à Alençon.

Les abus ayant continué à causer la diminution de la manufacture des toiles, le Conseil avait, par arrêt du 27 juin 1676, nommé deux des principaux marchands de Paris, de Rouen et de Saint-Malo, avec ordre de se rendre auprès du ministre pour être entendus sur les moyens de la rétablir. A la suite de cette conférence, Colbert avait fait le règlement du 14 août 1676, qui établissait dans chaque ville où se vendaient les toiles un bureau pour la visite et pour la marque.

C'était implicitement abroger la disposition de l'édit précédent concernant l'obligation de la visite et de la marque à Rouen. Les commissionnaires, qui achetaient les toiles sur le lieu de fabrique, les faisaient visiter au marché voisin. La halle de Rouen, moins bien pourvue, ne fournissait plus au port de cargaisons complètes.

L'assemblée des notables, tenue le 16 janvier 1683 à Rouen, sous la présidence du premier président du parlement Pellot, délibéra que le seul remède pour la bonne fabrique des toiles était de les faire apporter en écru à la halle de Rouen pour y être visitées et marquées. Le règlement du 10 avril suivant satisfit à ce vœu.

Mais de nouveaux abus s'étant depuis lors produits, l'arrêt du Conseil du 24 décembre 1701 compléta par de nouvelles dispositions les prescriptions antérieures et ordonna qu'à Rouen toutes les visites seraient faites par l'inspecteur royal des manufactures et par deux principaux marchands de la ville. L'élection des deux inspecteurs marchands se faisait tous les ans par les prieur et juges-consuls en charge et les anciens prieurs et consuls ; ils devaient être choisis parmi les anciens juges-consuls, les anciens échevins ou les principaux négociants. Telle est l'origine des fonctions d'inspecteurs des manufactures de toiles qui, jusqu'à la Révolution, furent remplies à tour de rôle par les anciens juges-consuls et dont ils s'acquittèrent régulièrement suivant l'ordre du tableau, pendant l'année qui précédait leur entrée comme syndics à la chambre de commerce.

Ils avaient la garde des marques qui étaient enfermées, à la chambre de commerce, dans une armoire à double serrure et double clef, dont l'une restait aux mains des inspecteurs marchands, l'autre était remise à l'inspecteur du Roi (1). Les curandiers ne pouvaient blanchir aucune pièce qui n'eût été marquée aux deux bouts, à l'un sur un coin, à l'autre en son milieu. Après le blanchiment, les pièces rapportées au bureau de la visite étaient emballées par qualités séparées ; les ballots étaient visités par l'inspecteur des manufactures et par un inspecteur marchand et marquées, sur un des côtés, des armes de la ville, et, au-dessous des armes, de l'inscription F. B. ROUEN. B. F.

L'arrêt du 24 décembre 1701 avait reçu son exécution immédiate avec l'élection de deux anciens prieurs ou consuls aux fonctions d'inspecteurs des manufactures de toiles pour la durée d'une année, par l'assemblée des prieur et juges-consuls en charge et des anciens prieurs et consuls. Chaque année,

---

(1) Assemblée du 4 juin 1714 en laquelle ont été convoqués les inspecteurs du Roi auxquels on a remontré que, conformément à l'arrêt du Conseil, les marques devaient être remises dans une armoire à la juridiction, dont il sera remis une clef aux inspecteurs du Roi et une à MM. les inspecteurs marchands, dont lesdits inspecteurs sont demeurés d'accord en présence de M. Marye, inspecteur marchand.

l'assemblée générale se tenait pour le même objet le jour anniversaire de la signature de l'arrêt.

Lorsque la chambre de commerce fut créée dix-huit mois après la nomination des premiers inspecteurs marchands, nous avons vu que le contrôleur général avait indiqué à l'assemblée, réunie pour l'élection des syndics, qu'il serait conforme aux intentions du Roi que les deux inspecteurs marchands en exercice fussent compris au nombre des élus : ce qui fut fait et devint désormais la règle. Le dernier jour de décembre, la compagnie nommait toujours syndics les deux anciens prieurs ou consuls qui avaient été choisis le 24 décembre de l'année précédente inspecteurs des manufactures de toiles et qui venaient de sortir de leurs fonctions.

La composition des deux assemblées générales qui élisaient, l'une les syndics, l'autre les inspecteurs marchands, n'était pas originairement la même. Celle-ci comprenait tous les anciens prieurs ou consuls ; l'autre prétendit d'abord n'admettre que ceux qui avaient été syndics de la chambre. Nous avons vu que cette contestation se résolut presque immédiatement par un accord qui consista précisément à établir la règle ci-dessus. L'ordre du tableau fut la loi des élections des deux assemblées, et nous trouvons consignés dans les registres des délibérations de la chambre de commerce les procès-verbaux des assemblées générales pour la nomination des inspecteurs des manufactures de toiles, aussi bien que ceux des assemblées de la compagnie pour la nomination des syndics de la chambre.

L'ordre du tableau créait même une obligation pour celui dont le tour venait, d'accepter les fonctions d'inspecteur, à moins de faire admettre une excuse : on le dispensait, en ce cas, du service de l'inspection et on réservait son droit d'être nommé syndic l'année suivante.

A la fin de décembre 1729, c'était le tour de Georges Godeheu, ancien député, de prendre le service de l'inspection. Il était entré dans la compagnie comme procureur syndic le 14 janvier 1710. Le 29 avril 1715, il avait été élu député au conseil de commerce, fonctions qu'il avait résignées en avril 1720, quand il avait été nommé administrateur de la compagnie des Indes. L'ordre du tableau avait présenté son nom en 1721 ; c'était à la fin du mois d'octobre, pour remplacer pendant les deux derniers mois de l'année un inspecteur marchand décédé : Godeheu, bien que retenu à Paris, avait accepté de tenir sa place pour cette fin d'exercice, après laquelle il fut nommé syndic. Lorsque son tour revint en 1729 pour le service de l'inspection, il fit présenter son excuse à la compagnie par le contrôleur général lui-même.

La lettre écrite de Marly le 18 décembre par le contrôleur général à la chambre (1), portait que « le sieur Godeheu, qui a toujours conservé sa maison de commerce à Rouen et qui depuis dix-huit ans a été pour la première fois membre de la chambre de commerce de cette ville, se trouvant obligé de résider à Paris et de voyager de temps en temps pour le bien des affaires de la compagnie des Indes, qui intéressent aussi le commerce général du royaume, il n'est pas possible qu'il puisse s'employer à l'inspection des toiles à la halle de Rouen, où il doit être nommé à la fin de ce mois pour servir pendant l'année prochaine; et comme il ne seroit pas équitable que l'application que le sieur Godeheu donne aux affaires générales luy portast préjudice, et qu'il fust privé du droit qu'il a d'estre nommé à son tour pour remplir une place à la chambre de commerce ; que d'ailleurs ayant été député de la province de Normandie pendant cinq ans, en cette qualité il a rendu tous les services qui ont dépendu de luy au commerce de Rouen et qu'il s'y employe encore volontiers, lorsque l'occasion s'en présente ; il ne doute pas que ces considérations ne portent la chambre à le dispenser de la prochaine inspection des toiles et qu'elle ne luy accorde l'entrée à la chambre sans remplir les fonctions de cette même inspection ; de quoy M. le controleur général assure qu'il sçaura à la chambre tout le gré qu'elle peut désirer ».

La chambre délibéra que ladite lettre serait lue en l'assemblée générale qui allait se tenir dans quelques instants et qu'il y serait proposé de suivre, dans l'élection qui allait être faite de MM. les inspecteurs, les intentions de M. le contrôleur général en nommant un autre inspecteur à la place de M. Godeheu, en lui conservant son rang pour entrer l'année prochaine à la chambre de commerce.

En effet, en l'assemblée générale de MM. les syndics de la chambre de commerce anciens et en exercice du jeudi vingt-deuxième jour de décembre 1729, M. Godeheu a été exempté de l'inspection des toiles parce que, néanmoins, conformément aux intentions de M. le contrôleur général, il entrera à la chambre suivant son rang d'ancien syndic.

Godeheu remercia la chambre de ce qu'elle s'était portée, sur la lettre du contrôleur général, à l'exempter du service de l'inspection des toiles pour

(1) Reg. des délib., V, 150.

l'année suivante. La chambre lui répondit qu'elle avait suivi son inclination en répondant aux intentions de M. le contrôleur général.

Jusque vers le milieu du siècle, il n'y eut pas d'autres exemptions demandées à la compagnie. Dans l'assemblée générale du 23 décembre 1749 (1), M. Le Couteulx des Aubris a représenté à la compagnie que son grand âge et les infirmités qui en sont une suite inséparable, ne lui permettant plus de faire les fonctions d'inspecteur des manufactures de toiles, il prie la compagnie de le dispenser de faire ce service. D'une voix unanime, M. Le Couteulx des Aubris a été dispensé du service d'inspecteur, à cause de son grand âge et plus encore en faveur des services essentiels qu'il a rendus au commerce et à la compagnie. A la fin de l'année suivante, il était renommé syndic.

Son exemple venait d'avoir des imitateurs. Le 21 décembre 1750, suivant l'ordre usité, la compagnie avait prié MM. Taillet et Le Page d'accepter les fonctions d'inspecteurs des manufactures de toiles pour une année. MM. Taillet et Le Page représentèrent que leur grand âge et leurs infirmités les mettaient hors d'état de remplir ces fonctions, et prièrent la compagnie de les en exempter. MM. Le Picard, Le Planquois, Antoine Le Couteulx, Charles Bordier père, Le Couteulx de la Noraye et Lallemant, firent les mêmes représentations et la même demande. Sur quoi, les avis de la compagnie pris, MM. Rolland et Joseph Prier ont accepté de remplir les fonctions d'inspecteurs des toiles, sans que cela pût préjudicier aux anciens qu'on exemptait du service, pour entrer à leur tour, en qualité de syndics, à la chambre de commerce, suivant l'ordre usité, parce que ceux qui les remplaçaient, quand viendrait leur rang d'entrer à la chambre, seraient exemptés de repasser à l'inspection.

C'est à cette époque que l'intendant du commerce fit sa première proposition de modifier l'ordre usité pour le renouvellement annuel des syndics de la chambre de commerce et commença auprès de celle-ci la campagne qui aboutit à l'arrêt du 23 avril 1767, par lequel le nombre des syndics fut porté de neuf à douze et leur renouvellement emprunté par moitié aux anciens et aux modernes du tableau des anciens syndics.

Un an après la large exemption du service de l'inspection accordée aux

---

(1) Reg. des délib., VIII, 466.

plus âgés, quatre anciens syndics furent nommés inspecteurs pour remplacer les quatre plus anciens des dispensés de l'année précédente (1).

Au 31 juillet de l'année suivante (2), avec l'assentiment de l'intendant, consulté par MM. du siège, la compagnie, régulièrement assemblée pour la confection annuelle de la liste des quatre noms à proposer pour l'un d'eux être élu second consul, prit une délibération qui avait pour objet de perpétuer le même esprit dans le bureau de visite, en substituant à la nomination simultanée, à la fin de décembre, des deux inspecteurs des manufactures, la nomination de l'un en juillet, de manière qu'il se trouvât toujours un inspecteur marchand ayant déjà six mois d'exercice et connaissant parfaitement les usages et les pratiques reçues dans le bureau, lors de l'entrée en fonctions de son nouveau collègue.

Les seules exemptions demandées ensuite par les anciens syndics que l'ordre du tableau présentait pour le service de l'inspection des blancards, furent accordées en décembre 1773 à M. Marin-Claude Bulande, « vu sa résidence à Paris et la nécessité que la fonction d'inspecteur soit remplie personnellement », et en décembre 1775, M. P.-V. Midy « vu le contenu en sa lettre ».

Une délibération de la chambre de commerce, du 3 avril 1743 (3), nous donne comme un petit tableau de ce qu'était la halle aux toiles au milieu du XVIIIe siècle :

« A été fait lecture d'un mémoire présenté à la chambre par MM. les marchands et fabricants de toiles et toileries fréquentant la halle foraine de cette ville, expositive que le lieu servant à faire la vente et l'achapt des dites marchandises étant trop petit et resserré pour contenir toute la quantité qui s'en fabrique, le tumulte, la confusion, l'embarras et l'obscurité qui y reignent, empeschent les marchands de connoistre si les marchandises qu'ils achetent sont de bonne ou mauvaise qualité ; que sur la plainte des marchands et fabriquants, MM. les maire et échevins de cette ville ayant eu égard à leur requeste présentée en 1739, leur accorda l'emplacement des halles d'en haut dans toute leur étendue, aux charges par eux de se retirer vers M. l'intendant pour qu'il fust pourveu aux frais qu'il conviendroit faire

(1) Reg. des délib., IX, 174.
(2) Ibid., IX, 232.
(3) Ibid., VII, 129.

pour mettre les halles en état d'y recevoir les marchandises qui s'exposent en vente le vendredy de chaque semaine ; que les dits marchands et fabriquants ayant en conséquence présenté leur requeste à M. l'intendant, il n'y a point statué et les a renvoyez au Conseil. Dans cet état ils prient la chambre de faire ses représentations à M. le controleur général aux fins de leur requeste.

« A esté fait aussi lecture du mémoire présenté par lesd. marchands et fabriquants fréquentant lad. halle foraine à M. le controleur général contenant les mêmes motifs que dessus et le suplient de pourvoir aux fonds nécessaires pour le rétablissement desd. halles. A ce mémoire sont joints la requeste présentée par lesd. marchands à MM. les maire et échevins le 29 mars 1739 et la délibération du bureau de l'hotel de ville du 15 avril de la même année.

« A été délibéré que le mémoire sera envoyé à M. le controleur général et à M. Fagon, et M. le procureur sindic a été prié de dresser un mémoire au nom de la chambre pour appuyer la demande desd. négociants et fabriquants, desquels susdits mémoires il sera envoyé un double à M. l'intendant qui est actuellement à Paris pour le prier d'appuyer de son crédit lesd. mémoires pour obtenir les fonds nécessaires pour l'établissement desd. halles. »

Les relations que la chambre de commerce avait avec les inspecteurs royaux des manufactures ne se bornaient pas à la visite en commun que les inspecteurs marchands faisaient avec eux des toiles blancards sous la halle de Rouen.

Les inspecteurs institués par Colbert pour veiller à l'observation des règlements de la fabrication arrivaient pourvus d'une commission du contrôleur général des finances, qu'ils faisaient enregistrer au greffe de l'Hôtel-de-Ville et qu'ils présentaient à la chambre de commerce. Leurs appointements étaient fixés par un arrêt du conseil qui disait sur quels fonds du commerce ils seraient pris : quand il n'y avait pas de droit spécial établi sur la marchandise même, objet de la visite, l'octroi des marchands était la source habituelle où ils étaient puisés.

Il y avait à Rouen un inspecteur des draps et deux inspecteurs des toiles, assistés plus tard de sous-inspecteurs. L'inspecteur des draps était même tenu, par sa commission, dans les intervalles où sa présence n'était pas nécessaire pour le service de la halle aux draps, de se rendre au bureau général des toiles, notamment le jour de la halle foraine, pour y aider et secourir les inspecteurs et sous-inspecteurs, dans la visite des toiles et toileries et y faire, de concert avec eux, tout ce qui serait convenable au bien du service.

Tous les six mois, l'inspecteur devait envoyer au contrôleur général un état de tout ce qui avait été visité et marqué à la halle, avec la comparaison du pareil état des six mois précédents. Il était tenu de faire au ministre toutes les représentations qu'il jugerait nécessaires et convenables sur tout ce qui pouvait intéresser la manufacture et indiquer les moyens de remédier aux abus qu'il découvrirait.

En janvier 1713, le contrôleur général Desmarets, qui avait nommé à Rouen un second inspecteur des toiles, ne se contentait pas de recevoir lui-même les états semestriels dressés par les inspecteurs concernant les manufactures. Il écrivait aux syndics de la chambre de commerce que les inspecteurs devaient leur en remettre copie et il invitait la compagnie à les examiner. La chambre en conféra avec les inspecteurs qui lui donnèrent communication de la lettre qu'ils écrivaient au contrôleur général au sujet des mémoires et états demandés par lui et touchant leur exercice dans les villes et villages pour la visite des manufactures (1). La chambre ne paraît pas avoir été d'accord avec les conclusions de cette lettre ; car, après cette lecture, elle délibéra qu'il serait attendu ce que M. l'Intendant proposerait à la chambre sur ces affaires et qu'on en instruirait le député, M. Le Baillif. Le 28 mai suivant (2), la chambre entendait la lecture des inspecteurs des toiles Chéron et Roullier au sujet des moyens de conserver les manufactures et décida qu'il en serait gardé une copie.

Quelques jours après, les deux inspecteurs des toiles étaient convoqués à la chambre où il leur fut remontré que, conformément à l'arrêt du conseil, les marques devaient être déposées dans une armoire à la juridiction, dont il serait remis une clef aux inspecteurs du Roi et une aux inspecteurs marchands, dont les inspecteurs du Roi demeurèrent d'accord, en présence de M. Marye, inspecteur marchand, et ils furent gratifiés des honoraires.

La rédaction de ces procès-verbaux trahit entre les syndics de la chambre

---

(1) Reg. des délib., II, 123.
(2) Ibid., 143.

et les fonctionnaires de l'Administration une certaine mésintelligence qui se manifestera plus tard.

Cependant M. Desmarets tenait à avoir l'appréciation des chambres de commerce sur les manufactures. Il écrivait de Versailles, le 23 janvier 1714, à MM. les Syndics de la chambre de commerce de Normandie :

« La paix qui a été conclue avec la plus grande partie des puissances de l'Europe ayant porté le Roy à redoubler son attention pour chercher les moyens de perfectionner et d'augmenter les manufactures de son royaume, Sa Majesté m'a ordonné de vous écrire que vous ayez à examiner avec attention les états des manufactures et les mémoires qui vous seront remis tous les six mois par les inspecteurs, et que vous dressiez un mémoire dans lequel vous marquerez les moyens que vous croirez les plus convenables pour perfectionner les manufactures et en augmenter le commerce. Vous aurez soin de m'envoyer ces mémoires aussitôt qu'ils seront dressés, afin que j'en rende compte au Roy (1) ».

La chambre avait elle-même demandé que les inspecteurs lui fissent part des observations que leur suggérait la visite des manufactures.

Le 9 juillet 1714, MM. Chéron et Roullier sont venus à la chambre, qui ont apporté un état des manufactures pendant les six premiers mois de la présente année, et ce conformément aux ordres de M. le contrôleur général : il a été délibéré que ledit état sera mis aux archives de la chambre et qu'il en sera tenu une note pour en informer M. le contrôleur général toutes fois et quantes que la chambre en sera requise (2).

Le 13 juin 1715, M. Chrestien, inspecteur des manufactures de draperies de la généralité de Rouen présente à la chambre un mémoire et deux états de draperies fabriquées pendant l'année 1714 (3).

Désormais eut lieu la présentation périodique et régulière par les inspecteurs du Roi, à la chambre, des états semestriels des manufactures de leur département. En 1718, le contrôleur général ordonna même aux inspecteurs des manufactures voisines d'envoyer à la chambre de commerce de Rouen copie des états et des mémoires qu'il recevait d'eux tous les six mois : c'est ce que firent Watier pour les serges d'Aumale, Barbot pour les

---

(1) Carton 12, 13e liasse.
(2) Reg. des délib., II, 150.
(3) Ibid., II, 208.

frocs et draperies d'Alençon, Chrestien pour les draperies d'Elbeuf, dont il avait l'inspection en même temps que celles de Rouen.

Les archives de la chambre de commerce à Rouen virent ainsi s'accumuler d'année en année, jusqu'en 1790, des documents intéressants pour connaître l'importance et la variété de l'industrie textile en Normandie pendant le xviiie siècle.

C'est avec l'inspecteur Chrestien que la chambre de commerce de Rouen eut les premiers désagréments. Il avait écrit d'Elbeuf, le 17 juillet 1720, au contrôleur général Roujault la lettre suivante :

« Monseigneur,

« J'ay l'honneur d'envoyer à Votre Grandeur l'état des manufactures de draperies du dernier semestre de 1719....... J'ay remis un double de cet état à M. l'Intendant, et en ayant présenté aussy un au greffier de la chambre de commerce, en exécution de la lettre que Votre Grandeur a pris la peine de m'écrire du 20 avril dernier, il m'a renvoyé à lundy pour la remettre aux syndics de cette même chambre, qui doivent tenir leur assemblée ce jour là.

« Quant aux mémoires d'observations qui concernent le commerce des manufactures, que l'on nous ordonne d'en remettre les doubles à ces syndics, je leur en ay remis un, dont vous avez le double, Monseigneur, que je vous ay donné dans le dernier voyage que j'ai fait à Paris, auquel mémoire ils n'ont pas jugé à propos de répondre, parce qu'il semble que ce mémoire blesse les marchands, dont ils sont du nombre. C'est ce qui m'a rendu odieux ; mais comme ce mémoire ne contient que la vérité et qu'il n'est dressé que pour le bien des manufactures, je m'en embarrasse fort peu ; au reste, s'ils m'avoient fait l'honneur de me faire demander les doubles de ces états, je les leur aurois remis aussy tost.

« Le Conseil aura la bonté de faire attention, s'il luy plaist, que la plupart de ces marchands syndics de la chambre de commerce sont marchands de laines et de draperies, et par conséquent sous mon inspection ; que j'en ay fait condamner plusieurs à de bonnes amendes, pour avoir vendu des laines fourbaudées, et qu'il ne leur convient point de me présenter une sellette au bout de leur table, comme ils ont fait, pour me seoir ; ils ne sont pas plus qualifiés que les maire et échevins avec lesquels nous avons séance. En un mot, c'est de leur incivilité que je me plains à mon tour (1) ».

Le contrôleur général trouva que l'inspecteur avait raison de se plaindre du mauvais accueil qui lui avait été fait par les syndics de la chambre de commerce de Rouen et, en envoyant à celui qui remplissait la place qu'il avait lui-même occupée d'intendant à Rouen, copie de la lettre du plaignant, il disait : « Je les ai trouvés très polis de mon temps et je suis très étonné qu'ils donnent occasion aux plaintes du sieur Chrestien. Le Conseil vous prie, sans les commettre les uns avec les autres, de faire en sorte que les choses se passent d'une manière convenable. Ce sont eux-mêmes qui ont demandé qu'on obligeât les inspecteurs de leur faire part des observations qu'ils font sur la fabrique ; en y satisfaisant par les inspecteurs, il est juste qu'on leur donne la distinction qu'ils sont en possession d'avoir (2) ».

L'incident dut se vider convenablement, car il n'est pas fait mention dans les procès-verbaux de la communication faite par l'intendant à la chambre. Il avait dû cependant demeurer quelque aigreur dans les rapports entre les deux parties. On en eut bientôt la preuve.

En février 1723 (3) le Bureau du commerce avait renvoyé à l'intendant et l'intendant avait renvoyé à la chambre, pour avoir son avis, une proposition de M. de Laval, inspecteur des draps à Rouen, de créer des ambulants pour assurer l'observation des règlements. Les six ambulants qu'il s'agissait d'adjoindre à l'inspection auraient été payés sur l'augmentation proposée d'un sol au droit sur chaque pièce d'étoffe. La chambre n'y vit qu'une charge nouvelle pour le commerce, sans plus grande sûreté pour l'exécution des règlements. « Le sieur de Laval, dit-elle, qui n'a que six heures de travail par semaine à la halle pour deux mille livres d'appointements, dont il est bien payé, auroit dû, depuis qu'il est en place, donner quelque marque de son travail en arrestant quelques-unes des étoffes étroites qu'il prétend s'introduire dans la ville de Rouen ; en un mot, c'est au sieur de Laval à ambuler et à veiller à ce qu'il n'entre que des étoffes conformes aux règlements, de concert avec les gardes-merciers, qui ne demandent pas mieux que de l'accompagner dans ses visites. » La chambre se borna à demander au Conseil de rendre un arrêt qui, en renouvelant les règlements de 1669, portât des

(1) Carton 12, 13ᵉ liasse.
(2) Ibid.
(3) Reg. des délib., IV, 75 et 78.

peines assez fortes contre les aubergistes qui facilitaient les fraudes aux fabricants en repostant chez eux leurs marchandises étroites et de mauvaise qualité.

En dehors des jours où ils apportaient leurs états, les inspecteurs demanmandaient quelquefois d'entrer à la chambre. Le 17 janvier 1727, les inspecteurs des toiles Le Chéron et Clément vinrent apporter à la chambre la copie d'un procès-verbal contre un maître toilier, garde de sa communauté, pour contravention aux règlements. La lecture en fut remise à la prochaine assemblée, à laquelle les inspecteurs furent invités à venir entretenir la compagnie de l'observation des règlements et gratifiés des honoraires de la séance.

Il avait été fait, le 21 juillet 1730 (2), lecture du brevet accordé par le contrôleur général au sieur Jean Dumont de Mettreville, en date du 19 juin, pour occuper la place d'inspecteur des toiles et toileries dans la généralité de Rouen, au lieu et place du sieur Le Chéron de Freneuse, ledit brevet signé Orry, visé de M. de Gasville, intendant, et registré au greffe de l'Hôtel-de-Ville. La chambre avait délibéré que ledit brevet serait remis au sieur de Mettreville par le secrétaire de la chambre.

Le 29 novembre suivant, les inspecteurs Clément et de Mettreville s'étaient présentés à la chambre pour remettre les états des manufactures du premier semestre de l'année ; mais ils n'étaient pas entrés.

Le 16 décembre (3) « a été fait lecture d'une lettre écrite par M. le Contrôleur général à M. l'Intendant, datée de Versailles le 11 de ce mois et communiquée à la chambre par M. de Caumont, subdélégué, contenant des plaintes portées à M. le Contrôleur général par les sieur Clément et de Mettreville, inspecteurs des toiles, sur ce que, s'étant présentés à la chambre le 29 du mois dernier, on leur répondit que la chambre étoit occupée et qu'il falloit qu'ils attendissent, ce qui les obligea à se retirer, et de ce que, depuis le temps que le sieur de Mettreville est à Rouen, il n'a été appelé à aucune assemblée.

Le contrôleur général Orry s'exprimait dans les termes sévères que voici :

« Versailles, le 11 décembre 1730.

« Monsieur, les sindics de la chambre de commerce de Rouen se comportent avec les inspecteurs des manufactures d'une manière peu convenable.

(1) Reg. des délib., IV, 422.
(2) *Ibid.*, V, 193.
(3) *Ibid.*, V, 220.

Je suis informé que, depuis le temps que le sieur de Mettreville est à Rouen, non seulement il n'a été appelé à aucune assemblée, mais même que s'étant présenté avec le sieur Clément, son confrère, à la chambre, le 29 du mois dernier, on leur répondit qu'il falloit qu'ils attendissent, ce qui les détermina à se retirer. Si la chambre de commerce agissoit avec le zèle et le concert nécessaire au soutien des manufactures, elle n'affecteroit pas un pareil mépris pour ceux qui sont commis pour veiller à l'exécution des règlements et elle conféreroit souvent avec eux pour s'instruire de ce qui se passe à ce sujet. Mais je voy que l'esprit de négligence et même d'opposition au bien du commerce y règnent toujours, malgré les réprimandes qu'elle s'est attirées en différents temps, et je vous prie de lui faire connoître qu'à la preuve que je recevroy d'une conduite si irrégulière, je demanderoy au Roy des ordres pour contenir les membres de cette chambre dans leur devoir. C'est ce que je vous prie de leur faire entendre et par la lecture de ma lettre et par les reproches que vous leur ferez assez vifs pour qu'ils prennent la résolution de se corriger à l'avenir. Je vous prie même de me marquer ce que vous avez fait à ce sujet.

« Je suis, etc.

« Orry. »

Après la lecture de cette lettre, la chambre avait délibéré de travailler à un mémoire de ce qui s'était passé au sujet du sieur de Mettreville, pour détruire les faits avancés par lui. Le mémoire serait remis à M. de Caumont, et un double serait rapporté à la chambre pour y être délibéré à qui il serait envoyé à Paris pour en suivre les fins auprès du contrôleur général et de M. Fagon. Et comme il s'était agi dans la présente assemblée des intérêts et de l'honneur de la compagnie, il ne fut pas distribué d'honoraires (1). Il n'en fut distribué davantage à l'assemblée du 19 décembre où la chambre approuva le mémoire ainsi rédigé :

« Très humbles remontrances que font à M^r le Contrôleur général les sindics de la chambre de commerce de Normandie sur le contenu en la lettre écrite par Monseigneur à M. de Gasville, intendant, le 11 décembre 1730.

« Il ne se pourroit imaginer rien de plus affligeant pour la chambre que de voir par la lettre de Monseigneur qu'elle a eu le malheur d'encourir sa

---

(1) Reg. des délib., V, 220.

disgrace, si elle n'avoit pas la consolation de pouvoir aisément détruire les idées désavantageuses que ses ennemis se sont efforcés d'en donner à Monseigneur.

« Il s'agit de deux faits que Monseigneur reproche à la chambre au sujet des inspecteurs des toiles. Ces faits étant accompagnés de circonstances dont on a affecté de les dépouiller, retomberont, à ce que la chambre espère, sur les auteurs de la peine que lui fait vivement ressentir une lettre aussi remplie d'amertume.

« Le 14 novembre dernier, le sieur de Mettreville, l'un des deux inspecteurs, dit au secrétaire de la chambre que le lendemain il viendroit avec le sieur Clément son confrère, apporter à la chambre le double de l'état qu'ils avoient envoyé à Monseigneur de la situation et du travail des manufactures de leur inspection pendant les six premiers mois de 1730. Le secrétaire, lors de l'assemblée, en informa la chambre. Elle envoya demander au sieur de Mettreville, qui demeure proche du lieu de l'assemblée, s'il jugeoit à propos de venir et lui fit dire qu'elle l'attendoit. Il se contenta de répondre que le sieur Clément n'étant pas venu chez lui au rendez-vous, ce seroit pour une autre assemblée.

« Le 22 du même mois, le secrétaire de la chambre avertit le sieur de Mettreville qu'il y avoit assemblée le soir. Il l'assura qu'il viendroit. Et cependant, par la même raison qu'à l'assemblée précédente, les deux inspecteurs ne s'y rendirent point, quoique la chambre les eût encore attendus.

« Enfin, le 29 au matin, le sieur de Mettreville passa chez le secrétaire de la chambre et l'assura qu'il viendroit l'après-midi à l'assemblée apporter l'état en question, quand même le sieur Clément qu'il avoit prévenu, lui manqueroit encore de parole.

« Ils vinrent effectivement le même jour pour entrer à l'assemblée de la chambre, qui tenoit depuis une heure, et se firent annoncer.

« La chambre délibéroit alors sur les moyens de satisfaire aux ordres de Monseigneur passés en sa lettre adressée à la chambre du 20 novembre. Elle les fit prier d'attendre un instant, et il ne se passa pas une demi-minute entre le moment où ils s'étoient fait annoncer et celui où il fut dit de les faire entrer. La chambre apprit que sur la réponse qui leur avoit été faite, le sieur de Mettreville s'étoit retiré, disant n'avoir pas le temps d'attendre, qu'il avoit remis l'état au garçon de la chambre et avoit fait partir avec lui le sieur Clément.

« La chambre fut surprise d'un procédé aussi particulier et renvoya cependant après ces inspecteurs qui ne se trouvèrent plus : preuve certaine que toute cette marche étoit concertée entr'eux dans la vue de chercher matière à porter plainte contre la chambre à Monseigneur.

« Personne n'ignore que toute compagnie qui délibère ne veut et ne doit point être interrompue. Et la chambre, en cette occasion, n'en a pas agi avec ces inspecteurs autrement qu'il lui est d'usage d'en agir même avec les anciens membres de la chambre, quand ils ne sont pas en exercice.

« Elle prit donc le parti de faire extraire sur le registre des délibérations leur état qui se trouva par eux certifié du 28 octobre, un mois avant d'être apporté.

« Aussitôt l'assemblée finie, le secrétaire de la chambre fut, comme ami, voir le sieur de Mettreville pour lui marquer la surprise de la compagnie sur leur retraite précipitée. Et le sieur de Mettreville lui fit entendre que quand les inspecteurs se présentoient à la chambre, ils devoient entrer sur le champ. Quelques membres actuellement de la chambre rencontrèrent, le jour suivant, le sieur de Mettreville et lui marquèrent la même chose, à quoi il fit la même réponse. Les uns et les autres lui firent connoître qu'il ne devoit pas ignorer la règle et l'usage des compagnies qui ne doivent pas être interrompues lorsqu'elles délibèrent.

« Dans ces circonstances la chambre n'auroit pu penser que le sieur de Mettreville ne se fust pas reconnu trop vif dans son procédé.

« Cependant il a cru devoir informer Monseigneur du prétendu mépris marqué à sa personne en qualité d'inspecteur et a adjouté à cette plainte que depuis le temps qu'il est à Rouen il n'a été appelé à aucune assemblée de la chambre.

« Le sieur de Mettreville ne peut disconvenir que quand il est venu à l'assemblée du 12 juillet dernier en compagnie du sieur Chrestien, inspecteur de la manufacture des draps, pour se faire reconnoître en qualité d'inspecteur des toiles, il fut reçu par la chambre avec toutes les démonstrations de politesse et de confiance convenables à un sujet qui promettoit autant que luy pour travailler de concert au soutien et à l'accroissement des manufactures.

« Il ne peut encore disconvenir qu'il fut prié par la chambre de venir à ses assemblées quand il reconnoîtroit dans son inspection quelque chose d'avantageux ou de préjudiciable aux manufactures, afin d'en conférer ensemble et écrire de concert à Monseigneur. Il le promit et depuis ce temps la chambre n'a entendu parler de lui que quand il s'est agi de l'état du semestre de janvier, quoique les jours d'assemblée soient fixés au mercredy de chaque semaine, à quatre heures.

« La chambre, informée par les inspecteurs-marchands qu'il ne se passoit rien à l'inspection des toiles blancards qui méritât d'en informer Monseigneur, a pensé et pense encore sur le silence des sieurs Clément et de Mettreville qu'il en est de même des petites manufactures de fil et de coton, d'autant qu'elle n'entend aucunes plaintes dans le public sur ces fabriques. Et que s'il en étoit autrement, les inspecteurs ayant de tous temps eu des ordres du Conseil à eux renouvelés en janvier 1714 par M. Desmarets, et en avril 1720 par le conseil de commerce de remettre à la chambre avec leurs états des mémoires séparés contenant leurs observations sur les différentes fabriques de leurs inspections, les sieurs Clément et de Mettreville auroient dû accompagner d'un pareil mémoire l'état qu'ils ont fait remettre à la chambre le 29 novembre.

« La chambre auroit pu porter ses plaintes à Monseigneur de cette obmission de leur part et de leur procédé méprisant et concerté pour la chambre qui se proposoit de se concerter avec eux dans l'assemblée du 29 novembre sur l'état qu'ils apportoient. Mais comme la division entre elle et les inspecteurs ne peut être que préjudiciable aux manufactures, elle avoit pris le parti de dissimuler jusqu'à ce qu'il se trouvast occasion de les instruire en termes bien mesurés de leurs devoirs.

« Par ce détail, la chambre se flatte que Monseigneur ne trouvera pas qu'elle ait mérité d'être taxée d'un esprit de négligence et même d'opposition au bien du commerce, comme le porte la lettre adressée à M. de Gasville. Ces reproches qui intéressent l'honneur de la compagnie et dont les inspecteurs font trophée dans le public, lui sont assez sensibles pour chercher à en effacer jusqu'à l'idée même. Bien loin de s'opposer à ce qui peut procurer le bien du commerce, elle a toujours travaillé à remplir ses fonctions avec distinction, et elle travaillera de même à mériter pour le commerce et les manufactures la protection de Monseigneur, d'où dépend tout leur avantage.

« Enfin, la chambre est persuadée que si le sieur de Mettreville n'avoit pas de préjugés trop étendus sur le titre d'inspecteur, il se seroit épargné la peine de se plaindre, le chagrin qu'il doit en attendre d'être blâmé, et à une compagnie formée et établie par le Roy pour toute une province, la triste nécessité de répondre aux injustes accusations d'un inspecteur (1). »

(1) Reg. des délib., V, 225 et seq.

Une copie de ces remontrances, à la fois déférentes et fières et qui, dans un ferme et fin langage, faisaient dignement la leçon à chacun, fut adressée à MM. Godeheu, Pasquier et Amaury, lesquels furent priés de voir l'intentendant qui était alors à Paris, pour lui demander son agrément de présenter à M. le contrôleur général le mémoire de la chambre pour travailler de concert à justifier la compagnie des reproches qui lui étaient faits par la lettre du ministre.

MM. Godeheu et Pasquier mandèrent qu'ils feraient conjointement tout ce qui serait nécessaire pour dissiper dans l'esprit du contrôleur général et de M. Fagon les mauvaises impressions qu'on leur avait voulu donner de la chambre et obtenir qu'on lui rende justice contre les inspecteurs. Ils envoyaient un projet de mémoire, que M. Godeheu avait fait, lequel ils croyaient ne pouvoir faire qu'un bon effet par la suite, en le présentant en même temps que les remontrances.

Le mémoire portait (1) :

« La chambre de commerce de Rouen, sans s'arrêter aux écritures des deux inspecteurs des toiles, qu'elle refute par le mémoire qu'elle a eu l'honneur de présenter à Monseigneur le contrôleur général et dont elle a lieu d'espérer la justice.

« Propose qu'il plaise à Monseigneur ordonner :

« 1° Que les inspecteurs des toiles et draperies seront tenus de se rendre à la chambre de commerce à commencer le dernier mercredy du mois de janvier prochain, et continuer ainsi tous les trois mois, sans qu'ils puissent s'en dispenser, si ce n'est pour cause de maladie ou de campagne pour le service de leur employ ;

« 2° Que dans ces assemblées indiquées, il ne sera traité à la chambre que des manufactures, soit de toiles et toileries ou de lainages ;

« 3° Que les inspecteurs seront obligés d'apporter à la chambre, aux assemblées indiquées, les mémoires de leurs observations, soit pour l'avancement des manufactures, soit pour les abus qui auroient pu s'y glisser, le tout signé par les inspecteurs et ensuite transcrit sur les registres de la chambre ;

« 4° Que, les inspecteurs présents, il sera fait lecture des mémoires et observations desdits inspecteurs, lesquels mémoires et observations seront

(1) Reg. des délib., V, 233.

discutés dans la même assemblée, après laquelle, si la chambre le juge à propos, elle appellera les gardes des communautés de fabriques et autres, pour, eux entendus, estre par la chambre délibéré sur les représentations qu'il conviendra faire à Monseigneur, et le tout estre envoyé dans quinzaine ;

« 5º Si les inspecteurs ne donnent point de mémoires, lorsqu'ils se rendront à la chambre les jours d'assemblée pour les manufactures, il en sera fait mention sur le registre, dont l'extrait sera pareillement envoyé à Monseigneur le contrôleur général ;

« 6º Les articles proposés, après avoir été approuvés par Monseigneur, seront inscrits sur le registre de la chambre, dont l'extrait sera délivré aux inspecteurs des toiles et draperies, afin qu'ils en ayent connoissance pour s'y conformer.

« La chambre ne trouve que ce moyen proposé pour oster aux inspecteurs l'envie d'écrire témérairement contre une chambre composée de négociants sans reproche, et qui n'ont d'autres vues que le bien général des manufactures et du commerce.

« Si les inspecteurs se présentent à la chambre avec la décence qu'ils doivent, ils y seront reçus de même ; ils y auront aussy toute la liberté de soutenir leurs propositions qui ne doivent tendre qu'au bien, sans s'écarter par des menaces d'écrire, ce qui ne peut convenir à une compagnie assemblée.

« L'intention de Monseigneur est que les inspecteurs travaillent ; la chambre de commerce a esté et sera toujours preste à donner son explication sur les mémoires qui luy seront présentés ; elle ne peut sçavoir le bien ou le mal des manufactures que par ce qui luy est apporté.

« Si Monseigneur agrée ces propositions, le Conseil se trouvera soulagé de beaucoup d'écritures inutiles et à même temps en état de décider sur l'encouragement des manufactures ou réprimer les abus, puisqu'il y aura le mémoire des inspecteurs et les avis de la chambre.

« Monseigneur est encore suplié de renouveler aux inspecteurs des généralités de Rouen, Caen et Alençon, les ordres pour remettre tous les six mois à la chambre de commerce les états des manufactures et les mémoires séparés de leurs observations. Il n'y a, jusqu'à présent, que le sieur Watier, inspecteur à Aumale, et le sieur Barbot, inspecteur à Alençon, qui ayent satisfait à l'un et à l'autre. Les autres inspecteurs se contentent de remettre les états sans mémoires, et les inspecteurs de la généralité de Caen n'ont jamais remis ny état ny mémoire. »

La chambre approuva le mémoire, écrivit à M. Godeheu pour le remercier et le prier d'en poursuivre avec M. Pasquier les fins ainsi que du mémoire justificatif de la compagnie.

Le 17 janvier (1) a été fait lecture d'une lettre écrite à la chambre par M. Pasquier, en date du 14 de ce mois, par laquelle il mande que M. Godeheu et luy ont cru, avant que de présenter à M. le contrôleur général les remontrances de la chambre, devoir en entretenir M. Fagon, auquel ils ont dit sommairement ce que contenoient ces remontrances, qu'il a jeté les yeux dessus et qu'il leur a dit en même temps qu'il sçavoit ce que c'étoit, qu'il les avoit, que M. de Gasville les avoit données à M. le contrôleur général qui les luy avoit envoyées ; qu'ils appuyèrent beaucoup auprès de M. Fagon sur le trop de créance que l'on donne à ce que mandent les inspecteurs sur les sujets qui regardent la chambre, que cela luy attire des lettres mortifiantes sans l'avoir entendue ; qu'ils luy représentèrent qu'en telles occasions il paroissoit nécessaire de faire examiner si les inspecteurs étoient bien fondés, que dans celle-cy M. le contrôleur général pourroit charger M. de Gasville d'en prendre connoissance pour luy en rendre compte ; que M. Fagon leur répondit que c'étoit une affaire finie, qu'il falloit que la chambre agist avec zèle et de concert avec les inspecteurs pour le bien des manufactures. Que sur cela ils présentèrent à M. Fagon le mémoire qui regarde les arrangements de la chambre pour les assemblées où se trouvent les inspecteurs ; que M. Fagon leur dit que cette idée luy paroissoit bonne et de luy laisser le mémoire, qu'il l'examineroit. Et qu'après cela ils n'avoient pas cru devoir aller chez M. le contrôleur general, M. Fagon gouvernant entièrement ces affaires-cy. »

Les inspecteurs Clément et de Mettreville vinrent, le 22 août, apporter à la chambre les états du second semestre de 1730 et ceux du premier semestre de 1731. Le 12 décembre, mandés par la chambre (2), ils avaient remis, sur le bureau, un état des pièces de toileries, toiles fortes et blancards marqués au bureau général de visite de Rouen, pendant le mois de novembre, avec la comparaison contre le mois d'octobre précédent, par lequel il appert que, pendant le mois de novembre, il a été apporté à la visite quinze

(1) Reg. des délib., V. 258.
(2) Ibid., V, 307.

mille cinq cent quatre-vingt-six pièces, et, pendant le mois d'octobre, quatorze mille neuf cent cinquante-deux pièces desdites toileries et toiles fortes. Et cet état ayant paru nécessaire a être fourni tous les mois, les inspecteurs ont promis d'en fournir un pareil à la fin de chaque mois pour mettre la chambre en état d'être instruite de ce qui se passe dans les manufactures de toileries et toiles fortes, et ils ont été gratifiés des honoraires.

La paix paraissait rétablie entre les syndics de la chambre et les inspecteurs du Roi : dans le même mois de décembre 1731, une nouvelle lettre du contrôleur général fut l'occasion d'un nouveau trouble.

Dans le chapitre relatif au secrétaire de la chambre, nous rapporterons la lettre que le contrôleur général Orry écrivait le 10 décembre 1731 à l'intendant, pour lui rappeler celle qu'il lui avait écrite le 24 décembre 1730, et pour le prier de l'informer « si la chambre de commerce invite les inspecteurs à venir à ses assemblées pour l'instruire de ce qu'ils voient dans leurs inspections et prendre de concert les délibérations convenables au soutien des manufactures et au bien du commerce. » En communiquant cette lettre à la chambre, dans son assemblée du 17 décembre 1731 (1), le prieur J. Amaury lui donna pour commentaire un exposé de l'opposition qu'il rencontrait chez le secrétaire aux efforts qu'il faisait lui-même en vue de répondre aux intentions du contrôleur général.

« Le sieur prieur, longtemps avant d'être arrivé à la tête de la compagnie, étoit bien dans l'intention d'appeler souvent à la chambre les sieurs inspecteurs, qui ne sçavoient lui en refuser le témoignage, puisqu'il s'en est plusieurs fois ouvert avec eux, de manière à fomenter l'union entre la chambre et eux ; d'autant plus que cela doit tendre au bien des manufactures et remplir les vues de Monseigneur. Cela auroit donc eu tout le bon succès que le prieur en avoit espéré, sans l'obstacle que le secrétaire de la chambre y a toujours apporté. Et, en effet, dès le commencement d'août que ledit sieur prieur eut l'honneur d'être placé à la tête de la compagnie, il voulut inviter aux assemblées de la chambre lesdits inspecteurs, et, en conséquence, il donna ordre au secrétaire de la chambre de leur envoyer les billets ordinaires. Le secrétaire s'y opposa formellement, sous prétexte que ce n'étoit point l'usage, que c'étoit compromettre le siège, la chambre de commerce et la compagnie en général, et donner trop d'autorité auxdits inspecteurs, qui

(1) Reg. des délib., V, 308.

en avoient déjà plus qu'ils n'en devoient avoir ; que par conséquent il ne leur enverroit point les billets, que c'étoit à eux à venir à la chambre, s'ils vouloient. »

Malgré les représentations du prieur, le secrétaire persista à dire qu'il n'enverrait point les billets, ou, si le prieur voulait en user ainsi, qu'il lui en donnât l'ordre par écrit. Comme il n'avait jamais été d'usage dans la compagnie de donner de pareils ordres par écrit au secrétaire, le prieur ne le voulut pas faire, prétendant que son ordre verbal suffisait, d'autant plus qu'il était donné en présence et de concert avec les premier et second consul et procureur syndic.

Sur cette première contestation, le prieur jugea à propos de se retirer conjointement avec le procureur syndic chez M. Le Couteulx de la Noraye (1), ancien prieur, pour en conférer ensemble. M. Le Couteulx fut d'avis de ne point s'arrêter aux oppositions du secrétaire. Quelques jours après, le prieur lui donna ordre de nouveau d'envoyer les billets d'avertissement aux inspecteurs, pour qu'ils se trouvassent à la chambre : sur quoi il forma la même contestation que le prieur ne put terminer qu'en lui accordant qu'il ajoutât aux billets *et d'apporter leurs états*.

Les inspecteurs se trouvèrent donc à la chambre le 27 août. Mais le prieur, ayant su que cette forme d'invitation les avait offensés, en ce qu'ils savaient assez ce qui était leur devoir, sans le leur prescrire ainsi dans un billet d'invitation, envoya, quelque temps après, de concert avec MM. du siège, le concierge de la juridiction dire au secrétaire de faire porter des billets aux inspecteurs de se rendre à la chambre de commerce. Sur quoi le secrétaire le vint trouver et renouvela la même contestation qu'auparavant, sous prétexte que les inspecteurs s'étaient prévalus dans le public qu'il leur avait envoyé les billets de la chambre, et qu'en un mot le prieur compromettait la chambre par une telle conduite, parce que c'était fléchir à l'égard des inspecteurs. Cela donna lieu à une altercation assez vive entre le prieur et le secrétaire en présence de MM. du siège et de M. Le Couteulx de la Noraye, sans que le secrétaire voulût obéir, s'en tenant toujours à dire que le prieur eût à lui donner l'ordre par écrit. Enfin, comme le temps s'écoulait sans que les inspecteurs vinssent à la chambre, à cause de toutes ces contestations réitérées que le secrétaire faisait naître, en faisant toujours envisager que la

---

(1) Prieur en 1715, syndic en 1724-25.

compagnie serait scandalisée si l'on envoyait des billets d'invitation aux inspecteurs tels qu'aux syndics de la chambre, le prieur, de concert avec MM. du siège, prit le parti d'envoyer, contre l'usage de tout temps, un ordre écrit de sa main au secrétaire, le 12 de ce mois, pour que les inspecteurs fussent appelés ledit jour à la chambre par des billets ordinaires purement et simplement : à quoi il satisfit, et les inspecteurs se trouvèrent pour la seconde fois à la chambre.

Sur la demande du prieur, les premier et second consuls, M. Le Couteulx de la Noraye et le procureur syndic, lui donnèrent acte sur le registre de la chambre, à la suite de ce qu'il y avait écrit lui-même et signé, de la vérité de son exposé.

A l'assemblée du lendemain, à laquelle il avait fallu continuer l'affaire, le secrétaire Delaunay, qu'on avait fait se retirer la veille après avoir pris communication de ce qui avait été porté au registre, représenta qu'il ne s'était jamais envoyé de billets aux inspecteurs pour conférer avec eux sur les manufactures de leur inspection; qu'il a toujours remontré à M. Amaury, prieur, que, depuis l'établissement de la chambre, il n'a jamais été d'usage de leur envoyer de billets, quand il a été question de leurs états de semestre. Sur ce que M. Amaury lui avait dit que le sieur de Mettreville n'entendait point apporter à la chambre les états de semestre, à moins qu'il ne fût prié d'y venir par des billets à l'ordinaire, le secrétaire, à cette raison, a joint celle de dire que les jours d'assemblées de chaque semaine étant fixés au mercredi, à quatre heures, ce qui avait été fait sous le priorat de M. Behic par rapport aux inspecteurs, afin qu'ils n'ignorassent point le jour et l'heure de l'assemblée pour apporter leurs états de semestre et de quartier, suivant les ordres de M. Desmarets, du mois de juin 1714, du conseil de commerce en avril 1720, et suivant les articles 30 et 50 des deux règlements du 13 mars dernier pour les toiles et toileries, et que c'est cette prétention de la part du sieur de Mettreville et ces ordres qui font loi aux inspecteurs, qui ont déterminé le secrétaire à demander à M. Amaury ou un ordre par écrit ou de le faire délibérer par la chambre : ce que M. Amaury n'a pas jugé à propos de faire, ni même de porter ses plaintes à la chambre contre le secrétaire, que depuis la lettre de M. le contrôleur général du 10 de ce mois.

Nous dirons la désapprobation unanime donnée par la chambre au secrétaire de sa conduite, et l'injonction qui lui fut faite de se conformer toujours aux ordres verbaux qui lui seraient donnés par le prieur ou celui qui le représente. Les inspecteurs eurent dès lors la satisfaction d'être convoqués aux assemblées de la chambre par des billets comme les syndics, et quatre jours après, les inspecteurs Clément, de Mettreville et Chrestien, appelés de la sorte, prennent séance dans l'assemblée du 22 décembre, dont le procès-verbal suit :

« A esté repété par M. le prieur qu'après avoir travaillé à justifier la compagnie auprès de Mgr le contrôleur général de l'inexécution de ses ordres par rapport à l'invitation de MM. les inspecteurs des manufactures aux assemblées de la chambre, par les deliberations des 17 et 18 de ce mois, il ne restoit plus à la compagnie qu'à faire connoistre à Mgr le contrôleur general que les intentions qu'elle a eues n'ont jamais tendu à s'écarter en aucune façon de la deference qu'elle doit à ses ordres; mais au contraire qu'elle a toujours esté et sera toujours dans la disposition de concourir avec lesdits inspecteurs au soutien des manufactures et à leur agrandissement, en travaillant conjointement avec eux à réformer et prevenir les abus qui pourroient s'y introduire ; que par consequent il conviendroit prendre une deliberation d'appeler à la chambre lesdits sieurs inspecteurs au moins une fois tous les mois, independamment des cas particuliers et provisoires qui pourroient se rencontrer, pour décider avec eux toutes les matières qui interesseront les manufactures et leur commerce ; pour quoy il seroit à propos que lesdits inspecteurs communiquassent toujours à la chambre les mémoires qui leur seront adressés et les découvertes qu'ils auront faites dans les exercices de leurs inspections, de même que la chambre communiqueroit de son côté tout ce qui parviendroit à sa connoissance sur les mêmes matières, afin que, en rapportant le tout en deliberation, on pût toujours découvrir le party le plus convenable et le plus utile ; que pour cet effet il avoit mandé lesdits sieurs inspecteurs en cette assemblée pour convenir avec eux sur la communication respective de tout ce qui concerneroit les manufactures.

« Sur quoy, après avoir conferé avec lesdits sieurs inspecteurs, les avis de la compagnie pris, il a été deliberé conjointement avec lesdits inspecteurs que, lorsqu'il viendra à leur connoissance quelque chose d'interessant concernant les manufactures, ils le communiqueront à la chambre dans les assemblées qui seront tenues à cet effet une fois le mois, et que la chambre respectivement leur communiquera ce qu'elle croira utile pour le bien et l'avantage des manufactures, pour sur le tout en deliberer ensemble et prendre de concert les mesures les plus convenables ; que cependant, s'il se rencontroit des cas provisoires dans l'intervalle d'une assemblée à l'autre, lesdits inspecteurs en confereront avec M. le prieur pour convenir d'un jour pour assembler la chambre et en deliberer. Et a esté aussy arresté que copie au long de la presente deliberation sera donnée à M. l'intendant par MM. du siège, ensuite de celles des 17 et 18 de ce mois, pour estre envoyée à Mgr le contrôleur général, s'il le juge à propos, et ont esté lesdits inspecteurs gratifiés des honoraires de la chambre. »

L'intendant vint présider l'assemblée suivante tenue le 28 décembre (1) et fit connaître à la chambre qu'il approuvait fort la délibération qu'elle avait prise le 22 pour appeler les inspecteurs à ses assemblées tous les mois et dans tous les cas où il s'agirait de quelque matière concernant les manufactures et qu'il en rendrait compte au contrôleur général.

Le 16 février suivant (2), l'inspecteur de Mettreville vint faire verbalement à la compagnie un détail de la situation et du progrès des manufactures de toileries depuis les derniers règlements, qui avaient autorisé la substitution en chaîne du fil de chanvre au fil de lin dans la fabrication des siamoises, en vue de réserver le fil de lin à la manufacture des blancards, à laquelle il faisait parfois défaut.

Quatre jours après (3), M. de Laval, inspecteur des draps à la halle foraine, est venu dire à la chambre qu'il trouvait à présent les draperies plus parfaites parce que les inspecteurs veillaient plus qu'auparavant sur les fabricants.

Le 5 mars (4), les inspecteurs des toiles accompagnaient devant la chambre les gardes passementiers et toiliers : ceux-ci venaient représenter que les derniers arrêts qui défendaient le port et l'usage des toiles peintes, n'autorisaient personne d'arrêter ni saisir les contrevenants, et qu'il serait à propos d'autoriser les communautés qui y sont intéressées d'en faire les arrêts et poursuites en conséquence, sans modération d'amendes.

Après que les quatre gardes se furent retirés, gratifiés des honoraires, la chambre délibéra qu'il serait écrit au contrôleur général pour le supplier d'accorder aux communautés les fins de leur mémoire.

---

(1) Reg. des délib., V, 340.
(2) Ibid., V, 341.
(3) Ibid., V, 342.
(4) Ibid., V, 347.

Quinze jours plus tard (1), les trois inspecteurs de Rouen remettaient six états des visites par eux faites en janvier et février tant chez les passementiers de cette ville que chez les toiliers de la ville, faubourgs et banlieue de Rouen et ceux des campagnes du pays de Caux. Lesdits états très complets dressés par M. de Mettreville avaient été unanimement approuvés et l'inspecteur remercié de son attention à en donner communication à la chambre.

Les mêmes inspecteurs assistaient à l'assemblée du 2 avril (2) à l'occasion d'un mémoire présenté à la chambre par les fabricants de Darnétal, et à celle du 19 avril on leur donnait lecture de la lettre du controleur général qui priait l'intendant d'entendre la chambre de commerce conjointement avec les inspecteurs sur un placet présenté par les fabricants de toile et les curandiers de Caudebec : lettre et placet étaient remis aux inspecteurs pour, conjointement avec M. Antoine Le Couteulx, faire les observations convenables et être délibéré à la prochaine assemblée.

Le même jour la chambre approuve le mémoire d'observations remis par les fabricants de Louviers, Elbeuf, Rouen et Darnétal et en envoie au controleur général une copie signée des syndics de la chambre et par l'inspecteur Chrestien; et comme pour donner une marque encore plus apparente de la collaboration des inspecteurs avec les syndics, c'est à partir de ce jour que les inspecteurs appelés aux assemblées où ils avaient séance à la suite des syndics, signent aussi à leur suite sur le registre au pied de la délibération.

Le secrétaire Delaunay fut encore témoin de cette assimilation nouvelle et dut tenir le registre et présenter la plume aux inspecteurs après les syndics. Il ne résigna ses fonctions qu'un an plus tard (21 avril 1733).

Enfin, le 26 juillet 1732 (3), il a été délibéré que, pour se conformer à la délibération de la chambre du 22 décembre dernier, par laquelle il est porté que MM. les inspecteurs des manufactures seront appelés à la chambre une fois par mois, indépendamment des matières extraordinaires qui pourraient se présenter, et attendu qu'il convient de fixer un jour d'assemblée auxquels MM. les inspecteurs seront appelés chaque mois, afin qu'ils puissent préparer les matières qu'ils auront à proposer, lesdits sieurs inspecteurs seront appelés à la seconde assemblée de chaque mois, laquelle sera au second

(1) Reg. des délib., V, 326.
(2) Ibid., V, 350.
(3) Ibid., V, 386.

mercredi, suivant les délibérations précédentes qui ont termé les assemblées ordinaires de la chambre au mercredi de chaque semaine à quatre heures précises.

Un arrêt du Conseil du 13 mars 1731 avait réglé la police du marché de Saint-Georges-du-Vièvre où les fabricants du Roumois et du Lieuvin portaient les toiles qui devenaient les blancards de Rouen. Un inspecteur y avait été créé par ordonnance de M. de Gasville auquel, à la fin de chaque année, il serait délivré, pour tous honoraires, par la chambre de commerce de Rouen, aux frais de la caisse de l'octroi des marchands, une médaille d'or semblable à celles qui se donnaient aux syndics à la fin de leur exercice. Poret, inspecteur au marché de Saint-Georges, fut appelé à la chambre avec les inspecteurs de la généralité de Rouen et la médaille d'or due pour son exercice (1) révolu au 1er juin, lui fut présentée (22 août 1732). Au mois de mars 1734 (2) le neveu et successeur de Poret, le sieur Vastel, venait présenter à la chambre la commission d'inspecteur qu'il tenait du contrôleur général. La chambre lui remettait au mois de juillet pour la veuve de Poret la médaille d'or due pour les honoraires de l'exercice du défunt inspecteur pendant l'année écoulée (3).

La question du règlement des rapports des inspecteurs des manufactures avec les chambres de commerce s'était posée ailleurs qu'à Rouen. Le 24 février 1740 (4), le député Pasquier envoyait à la chambre un mémoire que l'inspecteur des manufactures du Poitou avait présenté au contrôleur général, par lequel il demandait d'avoir entrée, séance et voix délibérative à la chambre de commerce de la Rochelle dans les affaires qui avaient rapport aux manufactures. M. Pasquier priait la chambre de lui mander ce qu'elle pensait du mémoire et l'usage qu'elle pratiquait à l'égard des inspecteurs des manufactures. La chambre informa M. Pasquier de la manière dont elle en usait avec les inspecteurs, en lui envoyant copie de la délibération par laquelle il avait été arrêté qu'ils y seraient appelés une fois le mois : qu'ils s'y trouvent en effet et y apportent un état des pièces qui ont été marquées dans le mois précédent au bureau de l'inspection. Comme il

(1) Reg. des délib., V, 404.
(2) Ibid., VI, 187.
(3) Ibid., VI, 238.
(4) Ibid., VII, 200 et suiv.

paraissait que l'inspecteur du Poitou n'était pas résidant à la Rochelle, comme le sont à Rouen les inspecteurs de ladite ville, il serait plus convenable, s'il était jugé nécessaire qu'il fût admis, que, quand il serait à la Rochelle, il fût voir le président de la chambre pour lui communiquer ce qu'il aurait à proposer, afin que le président fixât le jour où il ferait convoquer la chambre ; quant à la séance dans la chambre, les inspecteurs se placent après tous les syndics.

Les honoraires de la chambre faisaient comme une addition aux appointements des inspecteurs, qui en revendiquaient le bénéfice quand ils étaient empêchés par leur service d'assister aux assemblées. Le 3 juillet 1737 (1) « a été exposé par M. le Prieur, que M. Delaval, inspecteur des manufactures à la halle aux draps de cette ville, n'ayant pu se trouver depuis quatre années ou environ aux assemblées de la chambre, auxquelles il a été appelé pour y conférer et travailler sur le fait des manufactures, conjointement avec MM. les inspecteurs des toiles et draperies, attendu qu'il a été obligé de se rendre à Paris par ordre du Conseil, où il est resté pendant ledit temps à travailler sur lesdites manufactures, il ne seroit pas juste qu'il fût privé de ses honoraires desdites assemblées, ayant été arrêté et occupé pour le service et le bien du commerce et des manufactures ». Par adoption des motifs, la chambre délibéra de délivrer à M. de Laval mandement du montant des honoraires des assemblées auxquelles il avait été appelé.

A l'assemblée de juin 1738 (2), l'inspecteur Gilbert fut gratifié de quatre jetons, parce que lors de l'assemblée de mai à laquelle les inspecteurs avaient été appelés, le sieur Gilbert était allé en tournée pour le fait de son inspection.

En 1750, M. de Trudaine, intendant du commerce, voulut que la chambre de commerce de Rouen eût connaissance, non seulement des états des manufactures de la généralité, mais de ceux de toute la province. Le 28 juillet (3) il écrivait à l'intendant, M. de la Bourdonnaye, que le contrôleur général approuvait que tous les inspecteurs des manufactures de la province envoyassent à la chambre des doubles de leurs états de fabrique et des foires, ajoutant qu'il leur écrivait lui-même à cet effet et leur mandait d'en-

---

(1) Reg. des délib., VI, 460.
(2) Ibid., VII, 61.
(3) Ibid., VIII, 548.

voyer dès à présent ceux de cette année. Dans le courant du mois d'août, la chambre reçut des deux inspecteurs de la généralité de Caen, de celui des laines et de celui des toiles, aussi bien la récapitulation des étoffes fabriquées pendant le premier semestre de 1750, que celle des étoffes apportées et de celles vendues à la foire de Caen. Celui d'Alençon envoya aussi deux états pour les différentes espèces de toiles et d'étoffes en laine fabriquées pendant le même semestre dans les manufactures de la généralité.

M. de Trudaine écrivait le 20 septembre 1753 à M. de la Bourdonnaye (1) : « On représente très fort à M. le garde des sceaux que les deux inspecteurs de la toillerie de Rouen ne sont pas suffisants pour subvenir à l'ouvrage, qui est en effet bien considérable. Je vous prie de vouloir bien me mander ce que vous en pensez et s'il conviendroit de donner aux sieurs Martin et Cordet des commissions de sous-inspecteurs en portant leurs appointements jusqu'à douze cents livres chaque, comme aussy s'il seroit possible de prendre ces appointements sur l'octroy des marchands. »

La proposition communiquée à la chambre de commerce ne lui plut pas, car elle ne se hâtait pas d'y répondre. Sur un rappel du secrétaire de l'intendance, au mois de décembre, elle répond qu' « elle ne peut convenir de cet avancé et qu'elle n'est pas d'avis qu'on multiplie les sujets dans l'inspection, ce seroit augmenter les frais sans nécessité, sans utilité pour le public et sans aucun avantage pour les manufactures ». Elle envoie un relevé de la quantité des pièces qu'ont produites annuellement les manufactures pendant les dix dernières années suivant les états déposés par les inspecteurs royaux : depuis 1746 le travail est moins considérable que dans les années précédentes. « Il ne résulteroit de cette augmentation que de la confusion. L'inspection se trouve composée de deux inspecteurs royaux et des gardes toiliers et passementiers pour ce qui concerne la fabrique de la ville et de la banlieue, et pour les marchandises foraines de deux inspecteurs royaux, d'un inspecteur échevin sortant d'exercice et d'un inspecteur syndic de la chambre de commerce. Dans ce nombre ne sont pas compris les deux inspecteurs marchands préposés conjointement avec les inspecteurs royaux à la visite des toiles blancards. La police administrée par des gens connaisseurs et dans la maturité de l'âge, ne laisse rien à désirer. La fabrique a acquis un degré de

(1) Carton n° 12, 4e liasse.

perfection qu'elle n'avait pas. L'augmentation proposée seroit sans avantage et onéreuse : il n'y a rien à innover. »

Néanmoins, le 31 mai 1755 (1), deux sous-inspecteurs des manufactures de toiles et toileries de la généralité de Rouen présentaient à la chambre de commerce leurs commissions : ils étaient commis à la tenue des registres dans le bureau général des toiles et toileries à Rouen, aux appointements de douze cents livres par an sur l'octroi des marchands; ils devaient aider et secourir les deux inspecteurs dans la visite des toiles et toileries apportées au bureau général, sans avoir voix délibérative ni le droit de décider seuls de la quotité et du sort desdites toiles et toileries; ils devaient arrêter les toiles défectueuses qui seraient ensuite examinées plus particulièrement par les inspecteurs qui dresseraient les procès-verbaux de saisie, que le sous-inspecteur pourrait signer et sur lesquels il serait statué par les juges des manufactures. Le sous-inspecteur était tenu d'accompagner l'un des inspecteurs tant chez les fabricants de la ville et faubourgs de Rouen que chez ceux de la campagne ainsi que dans les curanderies et blanchisseries de la généralité de Rouen. Il se conformerait au surplus à ce qui serait jugé convenir au bien du service du bureau de l'inspection par les inspecteurs auxquels il était subordonné.

Les fonctions d'inspecteur général des manufactures étrangères établies dans le royaume furent créées par le contrôleur général Jean Moreau de Séchelles en faveur du sieur Holker, auquel il délivra, le 15 avril 1755 (2), une commission d'inspecteur général des manufactures et principalement de celles qui ont été établies à l'instar des étrangers et ouvriers étrangers, aux appointements de huit mille livres, payables sur l'octroi des marchands de la ville de Rouen et aux mêmes privilèges, exemptions et droits dont jouissent les inspecteurs des manufactures. « En conséquence, ledit sieur Holker se transportera dans tous les lieux où il y aura des fabriques d'étoffes en soie, laine, fil, coton ou autres, soit en cuir, comme aussi dans les lieux où il y a des callandres et des frises établies, ou autres machines à préparer les étoffes, à l'effet de les visiter et d'examiner si elles sont faites et fabriquées convenablement. Il donnera aux ouvriers des instructions et fera faire tels changements qu'il jugera à propos pour le bien desdites fabriques ou

---

(1) Reg. des délib., X, 51.
(2) *Ibid.*, X, 74.

machines et fera généralement tout ce qui lui sera par nous prescrit pour l'avantage et le progrès de toute espèce de manufactures du royaume. Ledit sieur Holker nous rendra successivement compte de ses travaux et nous donnera ses avis sur tout ce qui pourra intéresser les manufactures.

« Fait à Versailles le 15 avril 1755.

« DE SECHELLES. »

Le sieur Vastel, inspecteur au marché de Saint-Georges, était en même temps négociant et commissionnaire à Rouen. Il était résulté de ce cumul de fonctions et d'occupations qui n'étaient pas compatibles, des inconvénients que la chambre avait signalés dans un mémoire au conseil et dont le député Pasquier avait poursuivi le redressement auprès du bureau du commerce, à l'examen duquel le contrôleur général avait renvoyé la question. L'avis unanime du bureau (1), fut de révoquer la commission d'inspecteur du sieur Vastel et qu'on nommât une personne qui ne fût ni commissionnaire ni marchand pour faire les fonctions d'inspecteur à la police du marché de Saint-Georges. En remerciant le contrôleur général et M. de Trudaine sur le succès de l'affaire Vastel (2), la chambre représenta qu'il y aurait danger que celui qui serait préposé à la police du marché de Saint-Georges eût aucune inspection dans Rouen sur les toiles blancards (15 mars).

Dès le 5 mars (3) M. de Machault avait répondu à M. de la Bourdonnaye la lettre suivante dont l'intendant envoya copie à la chambre en avril : « Monsieur, on m'a rendu compte de votre lettre du 9 juillet 1750, ensemble des différents mémoires qui y étoient joints respectivement fournis tant par la chambre de commerce et par plusieurs negocians et fabricans de la province de Normandie, que par le sieur Vastel, à l'occasion des fonctions d'inspecteur, de négociant et de commissionnaire que ce particulier a réunies. Le tout examiné, il m'a paru qu'il étoit également contraire aux règlements et à l'usage généralement observé dans les autres fabriques, qu'une même personne réunît de pareilles fonctions. Mais en adoptant à cet égard les représentations de la chambre de commerce et y déférant même par la suppression de la place d'inspecteur que le sieur Vastel a jusqu'à présent exercée, et à laquelle je me propose de suppléer incessamment par la nomination d'un sujet qui, sous le titre de commis à la marque, exercera les mêmes fonctions,

(1) Reg. des délib., février 1751, IX, 14.
(2) Ibid., IX, 24.
(1) Ibid., IX, 33.

je ne pense pas pour cela que les plaintes que l'on a faites sur la façon dont ce particulier s'est acquitté de celles d'inspecteur soient fondées. Il me paroit au contraire que l'on peut attribuer à sa vigilance et aux soins qu'il s'est donnés, la bonne qualité des blancards ; et pour qu'il ne reste de cela aucun doute de la satisfaction que j'ay de ses services, vous voudrez bien notifier à la chambre de commerce que mon intention est que, malgré sa retraite, elle lui délivre à la fin de cette année la médaille d'or qu'elle est dans l'usage de lui donner et qu'à l'avenir elle lui donne une pareille médaille en argent.

« Je suis, etc.

« Machault. »

En lui envoyant la copie de la lettre du contrôleur général, l'intendant écrivait lui-même de Paris à la chambre :

« J'ay receu, Messieurs, votre lettre du 7 de ce mois avec le mémoire qui était joint sur les inconvéniens qu'il y auroit à nommer à la place du sieur Vastel un même homme pour faire l'inspection des blancards à Saint-Georges et à Rouen. Il paroit que vous pensez comme les auteurs du mémoire qu'il faudroit charger quelqu'un à Saint-Georges d'y veiller seulement à la police du marché, sans qu'il se meslât d'autre chose, et que les inspecteurs tant royaux que marchands de Rouen suffiroient pour decider de la qualité des blancards qui y seroient apportés à la visite. Je suis à portée de proposer sur cela à M. de Trudaine l'arrangement qui paroitra le plus convenable au bien de ce commerce ; car il me dit il y a quelques jours qu'il me chargeoit de lui écrire une lettre sur cette matière et qu'il ne prendroit aucun parti par rapport à cette inspection sans l'avoir receue. Mais avant de l'écrire, je voudrois approfondir un peu la question dont il s'agit. N'ayant point icy le règlement de 1731, je ne puis en examiner la lettre et l'esprit, qui sont pourtant des objets de considération. D'ailleurs les inspecteurs de la halle de Rouen, tant royaux que marchands, n'ont-ils pas déjà plus de travaux qu'ils n'en peuvent faire ? A peine leur attention peut-elle suffire pour les toiles et toileries, combien en laisse-t-on passer sans presque les voir ! combien de pièces échappent à la faveur du grand nombre, du peu de temps et de la précipitation ! Que sera-ce si l'on charge ces mêmes inspecteurs de la visite des blancards, qui doit être exacte, suivie et exempte de négligence ? Quoique les heures soient différentes, le grand détail des autres inspections peut faire tort à celle des blancards. Ces réflexions m'engagent à renvoyer votre lettre et le mémoire à

M. Boitard (le secrétaire de l'intendance à Rouen). Si vous avez, comme je n'en doute pas, quelques observations à faire sur cette matière et sur ce que je vous marque dans ma lettre, vous les lui remettrez. Il pourra composer le tout avec le règlement de 1731, auquel il faut se dispenser, autant que possible, de donner atteinte, et la question se trouvant par là plus approfondie, je seray en état d'en rendre compte à M. Trudaine.

« Je suis, etc.

« DE LA BOURDONNAYE. »

A la suite d'une conférence avec M. Boitard (1), la chambre se mit en état de travailler à un mémoire pour remplir la demande contenue dans la lettre de l'intendant.

Cependant M. Pasquier écrivait de Paris (20 mai) (2) que le mémoire que la chambre avait adressé au Conseil avait été communiqué aux députés qui avaient donné leur avis : qu'ils proposaient de donner l'inspection du marché de Saint-Georges à une personne soit de Rouen, soit de Saint-Georges même, qui n'aurait d'autre fonction que de veiller à la police du marché et d'apporter à Rouen toutes les semaines l'état des toiles qui y auraient été apportées et marquées de la marque de Saint-Georges, et de donner à ce préposé quelques appointements qu'on pourrait prendre sur l'octroi; que, comme cette place n'est pas d'une grande importance, ils ont aussi proposé de laisser le choix de la personne à l'intendant, qui, étant sur les lieux, peut mieux connaître à qui on peut confier cette fonction.

Le mémoire que la chambre envoya quelques jours après à l'intendant (3), tendant à faire connaître au Conseil que l'exercice du marché de Saint-Georges pourrait être borné seulement pour ce qui concernait la police dudit marché, sans que celui qui y serait préposé pût assister ni avoir voix délibérative au bureau d'inspection de Rouen pour la qualité des toiles blancards.

La chambre eut satisfaction par la nomination du sieur Gamel Dumont (4) qui vint, le 5 février 1752, présenter à la chambre la commission que M. de Machault lui avait donnée le 17 janvier de préposé à la police du marché de Saint-Georges. Au mois de septembre suivant (5) la chambre le sachant à

(1) Reg. des délib., IX, 41.
(2) Ibid., IX, 69.
(3) Ibid., IX, 73.
(4) Ibid., IX, 181.
(5) Ibid., IX, 263.

Rouen, l'invitait à venir lui faire part de la manière dont les choses se passaient au marché de Saint-Georges.

Le 12 juin 1763 (1) l'intendant envoyait à la chambre un mémoire que le sieur Morel, ci-devant employé dans l'inspection des manufactures de cette ville, qui désirerait obtenir la distinction d'une médaille d'or telle que la chambre la donne aux syndics de la chambre à la fin de leur exercice. Il priait la chambre de lui mander si elle avait auparavant accordé pareille distinction et si elle voyait quelque inconvénient à la demande du sieur Morel.

La chambre avait plusieurs fois spontanément offert cette distinction à des personnages qu'elle voulait honorer ou récompenser (2), mais c'était la première fois qu'elle en était sollicitée par un quemandeur. Le prieur fut prié de se transporter chez l'intendant pour lui dire qu'il n'avoit point été d'usage de faire une pareille gratification.

Mais deux ans après, le 28 décembre 1765 (3), après la distribution annuelle des médailles d'or aux cinq syndics qui sortaient d'exercice, « la chambre, de son propre mouvement, a pris en considération les services assidus, distingués et sans exemple que M. Godinot, inspecteur des manufactures de toiles et toileries de la généralité de Rouen, a rendus au commerce et aux manufactures et désirant lui en marquer sa satisfaction, a arrêté qu'il lui serait présenté une médaille d'or.

En mars 1770 (4) le contrôleur général Terray avait mandé à l'intendant que par le compte qu'il s'était fait rendre de l'état actuel du commerce et des fabriques du royaume, il y avait lieu de remarquer que l'esprit d'insubordination et d'indépendance qui régnait depuis quelque temps parmi les fabricants et l'éloignement dans lequel ils étaient de s'assujettir à aucune règle, avaient occasionné beaucoup de fraudes et de malversations qui ne pouvaient que nuire au soutien et à l'accroissement du commerce. Afin d'y remédier, il avait écrit aux inspecteurs des manufactures pour leur prescrire la conduite qu'ils avaient à tenir à l'avenir. Il avait envoyé copie de cette lettre à l'intendant, en lui recommandant de tenir la main à l'exécution de ses ordres.

L'intendant, estimant qu'il convenait que la chambre eût connaissance de

---

(1) Reg. des délib., XI, 506.
(2) Voir la communication faite en 1897 à l'Académie de Rouen sur les *jetons et médailles de la chambre de commerce de Rouen*, par l'auteur de ce livre.
(3) *Ibid.*, XIII, 406.
(4) *Ibid.*, XV, 2.

la façon de penser du contrôleur général sur les fabriques et le commerce, et que la lettre du ministre aux inspecteurs l'en instruisait pleinement, lui en envoya une copie pour satisfaire aux intentions de l'abbé Terray.

La chambre mit les lettres aux archives, mais les archives ne les ont pas gardées.

Quelques années après, à l'époque du ministère Turgot, le prieur exposait (19 octobre 1774) (1) que les inspecteurs des manufactures de la province qui, suivant les ordres du ministre et du Conseil, étaient dans l'usage d'envoyer à la chambre les états d'inspection des manufactures de leur département, avaient depuis plusieurs années pour la plupart cessé de remplir ce devoir. Sur le rapport que les deux commissaires auxquels la chambre remit le dossier concernant les inspecteurs, firent de la question au mois d'avril, la chambre arrêta (2) qu'il serait écrit par son secrétaire à MM. les inspecteurs des manufactures de la province pour les rappeler à leurs obligations. Et si l'on pousse l'indiscrétion jusqu'à déchiffrer l'écriture raturée qui est à la suite, on lit : « et étant informée que M. de Boisroger inspecteur des draperies de Rouen, qu'elle est dans l'usage de faire appeler tous les mois avec celui de la toilerie, s'étoit présenté pour signer le registre des deliberations aux jours des assemblées où il a été appelé, et pour recevoir les honoraires qui y sont distribués, comme s'il y eût assisté, il a été arresté que les dits honoraires ne luy seront payés que lorsqu'il aura été présent au jour d'appel à commencer le 19 octobre 1774 et qu'il en sera prévenu dans la lettre qui lui sera écrite. »

Aussi on mit en question le maintien des inspecteurs. Le député Deschamps écrivait à la chambre le 7 mars 1788 (3) que le bureau du commerce avait arrêté la veille d'écrire à la chambre de commerce ainsi qu'à l'intendant pour demander des instructions sur les inspecteurs et les préposés aux manufactures, leurs fonctions, leur utilité, le retranchement qu'on peut faire et l'économie qu'il est possible d'apporter pour procurer du soulagement à l'industrie. La lettre devait être signée par M. de Sauvigny, président, M. Boutin, conseiller d'Etat et M. Tolozan, intendant du commerce.

Il n'est plus ensuite question des inspecteurs des manufactures à la chambre.

(1) Reg. des délib., XVI, 104.
(2) *Ibid.*, XVI, 152.
(3) Carton n° 1, 10e liasse.

CHAPITRE X

I. Commerce des colonies au début de la guerre de Sept-Ans. Armement pour la course projetée à Rouen en 1756. — II. Dire de la chambre de commerce de Rouen à l'enquête faite en faveur du commerce par le ministère Choiseul, en 1766.

Commerce des colonies au début de la guerre de Sept-Ans.
Armement pour la course projetée à Rouen en 1756.

La guerre que l'Angleterre déclara à la France le 27 mai 1756, plus de six mois après l'avoir commencée par la capture audacieuse, à la hauteur de Terre-Neuve, de trois cents bâtiments marchands et de deux vaisseaux du Roi, jeta dans le commerce de la France avec ses colonies un trouble dont nous trouvons les effets dans les délibérations de la chambre de commerce de Normandie.

Lorsque Louis XV hésitait encore à répondre à l'agression violente qu'il avait subie sur mer, ses ministres songeaient à pourvoir aux besoins de nos colonies.

Les députés au conseil de commerce adressaient le 14 mars 1756, aux chambres de commerce du royaume, la lettre-circulaire suivante :

« Messieurs,

« Nous avons cru devoir représenter fortement à M. le garde des sceaux (M. de Machault, qui avait le département de la marine) les difficultés qu'il y a maintenant à pourvoir les isles françoises de l'Amérique de tout ce qui leur est nécessaire ; il nous a paru que dans les circonstances présentes, très peu de négociants seroient disposés à reprendre leurs armements interrompus depuis quelques mois, soit par le risque d'être pris, soit par le poids des assurances dont la prime est déjà excessive, soit par l'incertitude d'avoir des matelots qui, sans doute, seront préférablement engagés pour le service du Roy et à la course, si elle a lieu. Dans cette situation, nous avons pensé qu'il ne seroit pas possible de se passer, du moins pour le présent, du secours de l'étranger pour assurer l'approvisionnement de nos isles, et après avoir bien réfléchi sur tous les inconvénients qui peuvent se trouver dans l'usage d'une telle ressource, il nous a paru qu'il y en avoit encore moins à rendre la permission de commercer aux isles générale et commune à toutes les nations amies, qu'à n'accorder que des permissions particulières à de certains négociants qui pourroient en solliciter. C'est ce qui nous a engagés à prier M. le garde des sceaux de permettre à toutes ces nations de faire le commerce des isles, jusqu'à ce qu'il en soit autrement ordonné, et de les autoriser à porter par leurs navires, en partant directement de tels ports qu'ils voudront, soit françois, soit étrangers, aux isles françoises de l'Amérique, soit à celles du Vent ou Sous-le-Vent, les denrées et marchandises nécessaires pour la consommation et l'usage des habitants desdites isles, et d'y charger lesdits navires des fruits et marchandises du pays, pour faire leur retour à leur choix ou dans les ports étrangers ou dans ceux de France, aux conditions cy après expliquées :

« 1° Qu'avant que les propriétaires ou capitaines desdits navires, puissent partir de leurs ports pour lesdites isles, ils seront tenus de demander une permission qui leur sera expédiée par ordre du ministre, et qui ne pourra leur estre accordée qu'en rapportant les trois pièces cy après mentionnées, sçavoir, 1° un certificat en bonne forme, légalisé par les magistrats du port du départ des navires, par lequel il apparoisse du nombre de tonneaux que contiendra chaque navire ; 2° une quittance de la somme qui aura été payée entre les mains du trésorier général des colonies en exercice, à raison de vingt livres par tonneau du port de chaque navire ; 3° une promesse d'un négociant d'une des principales villes du royaume, reconnu pour bon et solvable par le receveur général des fermes du Roy, lequel à cet effet visera ladite promesse, par laquelle ledit négociant s'obligera pour les propres deniers de S. M. à payer audit receveur les droits du domaine d'Occident sur la valeur du chargement du navire y mentionné, conformément à l'état qui en sera expédié auxdites isles et qui sera en conséquence remis au receveur ;

« 2° Que les permissions qui seront expédiées par l'ordre du ministre, contiendront le nom du navire, celui du capitaine, celui du port de son départ, le nombre de tonneaux dont sera le navire, le nom de l'isle pour laquelle il sera destiné, et la limitation du temps pour lequel elles seront valables, afin que sur la représentation faite par le capitaine de la permission en bonne forme dont il sera porteur, il soit sans aucune difficulté admis dans le port de sa destination par les gouverneurs, intendans et autres officiers pour y faire son débarquement et y charger les fruits et marchandises du pays qu'il lui conviendra d'apporter en Europe;

« 3° Qu'avant que lesdits capitaines puissent prendre auxdites isles leur chargement de retour, ils seront tenus de payer entre les mains du commis du trésorier des colonies dudit lieu, la somme de vingt livres en monnaie du pays pour chaque tonneau de la contenance de leur navire, avec défenses à tous officiers et à tous commis à ce préposés de ne délivrer auxdits capitaines les expéditions de leurs chargements que sur la représentation de la quittance dudit trésorier justificative de la somme qu'il aura reçue pour le nombre de tonneaux que contiendra le navire ;

« 4° Que, au cas que les trésoriers ou receveurs chargés de faire auxdites isles la perception du droit de vingt livres par tonneau ayant lieu de croire que la jauge du navire soit plus forte que celle portée dans les certificats qui en auront été fournis au port du départ, il leur sera permis de les faire jauger après leur déchargement par un jaugeur juré, et de faire acquitter non seulement le droit selon la vraie contenance reconnue, mais encore ce qui auroit été perçu de moins en France, avec moitié en sus, eu égard à la différence des espèces ;

« 5° Que pour indemniser les négocians françois de la portion de commerce dont ils seront privés par la participation des étrangers à celui des isles, il soit, par le trésorier général des colonies en exercice, tenu un compte particulier du produit des droits par tonneau payés tant en France qu'aux isles, pour estre le produit entier desdits droits réparti chaque année, sur les ordres de S. M., à ceux de ses sujets qui justifieront avoir expédié des ports du royaume des navires pour lesdites isles, et ce à proportion du nombre de tonneaux que contiendront leurs navires, soit que lesdits navires fassent heureusement leur voyage ou qu'ils périssent, ou soient pris en allant auxdites isles ou en revenant.

« Telles sont, Messieurs, les conditions que nous avons proposées. M. le garde des sceaux a bien voulu les approuver, en y faisant quelques additions que nous n'aurions pas osé proposer, et qui, en procurant plus de facilités, font connoistre la confiance dont ce ministre nous honore. Ces additions consistent à nous charger du soin de délivrer les permissions qui nous seront remises en blanc numérotées, à tenir un état des navires étrangers pour lesquels elles seront données, et de ce qui aura été payé tant icy qu'aux isles pour les droits par tonneau de chaque navire, à tenir un autre état des navires françois qui pourront estre expédiés des ports du royaume pour les isles, des noms de leurs armateurs et du nombre de tonneaux qu'ils contiendront, et enfin former chaque année un état de répartition pour les armateurs françois du produit entier des droits par tonneau qui auront été payés pour les permissions accordées aux navires étrangers.

« C'est de quoy M. le controleur général nous a permis de vous informer, afin que vous puissiez en instruire les négotians de votre port. Nous vous observons cependant que, sans leur donner copie de cette lettre qui doit estre pour vous seuls, il suffira que vous leur fassiez part soit verbalement soit par écrit, s'ils le désirent, des conditions qu'elle renferme.

« Au moyen de ces arrangements, vous pourrez nous faire adresser les mémoires et pièces des étrangers qui voudront armer pour les colonies et nous nous chargerons de leur remettre ou à leurs correspondants soit à Paris soit dans quelqu'une des villes où il y a des chambres de commerce, les passeports dont ils auront besoin.

« Nous avons l'honneur d'estre très parfaitement, Messieurs, vos très humbles et très obéissants serviteurs.

« BOUCHAUD, DELESCLUSE, CASTAING, PERNON, St AMAND, MARION, BEHIC, LE COUTEULX (DE LA NORAYE), MONTFERRIER, DULIVIER (1). »

Le ministre de la marine avait permis aux députés du commerce d'écrire cette lettre-circulaire pour informer le commerce de l'arrangement pris afin d'approvisionner les colonies. Le député Behic demandait à la chambre de commerce son sentiment. Toutefois il la priait de ne l'asseoir qu'après avoir mis de côté toute idée de convois ou d'escadres aux atterrages pour protéger notre commerce maritime. Les négociants auraient sans doute préféré cette forme d'approvisionnement et cette protection, et le ministre sentait très

(1) Reg. des délib., X, 208 et suiv.

bien la préférence que mériterait cette voie, si elle eût été praticable sans partager les forces navales de Sa Majesté. Les ordres les plus sévères avaient été donnés pour empêcher l'admission des interlopes aux colonies, et la chambre était priée de fournir un état des vaisseaux étrangers qui pourraient être admis à y décharger.

« C'est au commerce, écrivait le député, à se servir lui-même. Le ministre témoigne à MM. les députés une confiance qu'ils n'osaient pas en attendre ; il leur est essentiel, pour le bien du commerce, d'y répondre, et ils ont besoin de l'attention de la chambre pour seconder ses vues favorables. »

La chambre fut loin d'abonder dans le sens marqué par le député : elle considéra le projet comme d'une très dangereuse conséquence et ne pouvant qu'avoir des suites très funestes pour le commerce. Elle chargea deux commissaires de faire un mémoire de représentations au conseil, lequel, approuvé dans une assemblée tenue le 22 mars sous la présidence de l'intendant Feydeau de Brou, fut envoyé au garde des sceaux, au contrôleur général et à M. de Trudaine.

La chambre avait fait part de son sentiment aux autres chambres de commerce, qui manifestaient spontanément la même opposition au projet de donner aux étrangers la liberté d'armer pour nos colonies, sans être obligés de faire le retour en France. Telles étaient les dispositions des esprits à Nantes, à La Rochelle, à Bordeaux, à Lille. Les juges-consuls de Saint-Malo écrivaient (1) que cette liberté serait la ruine du commerce français, mais qu'au point où la chose en était, suivant l'avis des députés, ils ne faisaient aucun doute que toute représentation à ce sujet tomberait et serait sans effet, que le coup était frappé, le ministre ayant approuvé l'avis qu'on lui avait donné ne s'en dédirait pas. Le bien de l'Etat, qui semble faire l'objet de la mesure, l'emportera sur toute considération qu'on traitera de particulière. On n'a pas jugé à propos de demander l'avis d'aucune place, persuadé qu'on y aurait trouvé de fortes oppositions. Ils seraient très surpris que toutes les représentations des chambres, même réunies, apportassent le moindre changement à un parti qui paraissait décidé avec réflexion et sans retour, puisque ce n'était qu'un avis qu'on donnait comme d'une chose arrêtée par le ministre.

Le député Behic répondait le 4 avril, après avoir lu le mémoire de la

---

(1) Reg. des délib., X, 223.

chambre, que ses réflexions étaient très solides et que les inconvénients qu'elle exposait étaient tout à fait propres à faire connaître que l'objet du commerce des îles est tel par toutes les parties qu'il vivifie, qu'il mérite des forces pour le soutenir : il croyait qu'il ne serait pas difficile, à l'aide du mémoire de la chambre, d'en faire la démonstration. Quelques autres chambres de commerce, entre autres Bordeaux et Nantes, se récriaient vivement ; deux députés de Bordeaux devaient être arrivés à Paris, et on en annonçait de Nantes.

Cependant M. de Machault, par une lettre du 19 avril, faisait savoir que les conjonctures où se trouvait le commerce par rapport aux hostilités des Anglais, avaient déterminé le Roi à suspendre l'exécution de l'article 2 des lettres patentes d'avril 1717 concernant le commerce des colonies, par lequel les négociants qui armaient pour les colonies étaient obligés, sous peine de dix mille livres d'amende, de faire revenir leurs vaisseaux directement dans le port de leur départ. Ils pouvaient, jusqu'à nouvel ordre, leur faire faire leur retour dans les ports qui leur seraient le plus convenables ; les ordres étaient donnés à cet effet tant aux officiers des amirautés qu'aux commis des fermes.

C'était une facilité donnée au commerce français ; mais le ministre persistait à vouloir donner aux étrangers la liberté d'approvisionner les îles françaises de l'Amérique, en apportant cependant certains ménagements dans la pratique.

Le 8 juin 1756, il écrivait la lettre suivante aux chambres de commerce :

« L'objet que je dois, Messieurs, me proposer dans les divers arrangements qui peuvent être pris par rapport au commerce des colonies dans la conjoncture présente, c'est de procurer, autant qu'il sera possible, aux habitans de chaque colonie, non seulement les vivres et les autres provisions qui peuvent leur être nécessaires, mais encore un débouchement utile de leurs marchandises ; et le commerce françois n'est pas moins intéressé que les colonies elles-mêmes à ce que cet objet soit rempli. Toutes sortes de raisons doivent faire désirer que ce commerce puisse seul y suffire, et la protection que je lui dois et dont vous sçavez que je suis toujours prêt à lui faire ressentir les effets, m'engagera à lui en procurer tous les moyens que les temps et les circonstances pourront permettre. C'est dans cette vue que j'ai examiné avec toute l'attention que l'importance de la matière peut exiger, les différentes propositions qui ont été faites tant pour l'approvisionnement des colonies que pour le débouchement de leurs marchandises, ainsi que les observations qui me sont revenues de la part des chambres de commerce sur le projet particulier qui leur avait été annoncé. Après avoir combiné toutes les considérations qui m'ont paru devoir entrer dans cet examen, et particulièrement celle de la circonstance actuelle de la guerre que l'Angleterre vient de déclarer, j'ai cru qu'il pouvoit être utile de se servir des batiments neutres pour le commerce des colonies. Mais comme mon intention est que ce ne soit que pour multiplier les facilités dont les négocians de France peuvent avoir besoin pour ce commerce, au lieu de faire distribuer des passeports par les députés au bureau du commerce, que j'avois d'abord résolu de charger de cette distribution, je prendrai le parti, suivant la proposition qu'ils m'en ont faite, d'en faire adresser à chaque chambre un certain nombre qu'elle fera distribuer selon les circonstances et les demandes qui pourroient être faites. Je m'en rapporterai aux chambres tant pour cette distribution que pour les dispositions qu'elles jugeront devoir régler par rapport à l'usage qui sera fait des passeports, et je n'y mettrai de ma part d'autre condition que celle de porter des chargements de vivres et autres provisions nécessaires dans les colonies et celle d'assurer les droits du domaine d'Occident dus en France sur les chargements qu'ils prendront aux colonies. Il faudra à cet effet que vous chargiez trois de vos membres de délivrer les passeports selon les dispositions que vous aurez faites et de m'en rendre compte. Vous m'enverrez de votre part tous les mois des états des expéditions qui auront été faites par les négocians de Rouen, soit sous le pavillon de France, soit sous quelque pavillon neutre. Je prendrai d'ailleurs des mesures pour être exactement et continuellement instruit de l'état de ce commerce. Car je vous préviens que du moment que j'aurai lieu de juger que le double objet de l'approvisionnement des colonies et du débouchement de leurs marchandises courra risque de n'être pas rempli, il n'est pas de parti que je ne prenne pour y pourvoir efficacement. J'espère que je ne me trouverai pas dans cette nécessité, au moyen de l'usage qu'on fera de l'arrangement auquel je me détermine pour le présent et qui doit être reçu comme une nouvelle preuve de ma confiance dans le zèle des chambres et de mes dispositions en faveur du commerce.

« Je suis à vous, Messieurs.

« Machault. »

Cette lettre du garde des sceaux, secrétaire d'Etat de la marine, dont la forme courtoise marque bien son époque, émanait d'une autorité qui savait ce qu'elle voulait et faisait sentir la fermeté qu'elle mettrait à le faire exécuter ; mais en même temps elle montrait cet esprit libéral dont l'administration de l'ancien régime usait habituellement à l'égard du commerce, avec un scrupuleux souci de ménager les intérêts et de respecter les convenances de chacun dans la mesure du bien public.

La lettre fut remise sur le bureau le mardi suivant 15 juin, dans une assemblée à laquelle le député Behic était présent et douze anciens syndics de la chambre avaient été appelés, et que présidait l'intendant Feydeau de Brou. La chambre délibéra qu'il serait écrit à M. de Machault pour le remercier de ses intentions en faveur du commerce et lui annoncer qu'elle allait se concerter avec les autres chambres de commerce sur les moyens d'avitailler les colonies et de faciliter l'exportation de leurs denrées en Europe et le prier de permettre à la chambre de surseoir à la délivrance des passeports, sur l'assurance dans laquelle elle était que les négociants allaient faire tous leurs efforts pour approvisionner eux-mêmes les colonies sans le secours des navires neutres.

La communication du ministre fut l'objet d'une nouvelle correspondance entre les chambres de commerce. Les juge et consuls de Nantes furent les premiers à interroger la chambre de Normandie sur ses intentions et à lui proposer des moyens de parer autant que possible aux inconvénients qui résulteraient de cette admission des vaisseaux neutres (1). La chambre leur répondit que le véritable esprit de la lettre de M. de Machault, au moins dans le sens que la chambre l'entendait, était de n'admettre les vaisseaux neutres et de ne leur accorder de passeports qu'autant que l'on verrait qu'il ne serait point expédié de navires français en nombre suffisant pour le double objet de l'approvisionnement des colonies et le débouché de leurs denrées. Elle les priait de leur mander s'ils prévoyaient qu'on fît dans leur port des armements qui pussent répondre aux vues du ministre.

Les juge et consuls de Saint-Malo demandaient à la chambre de Rouen à quelles dispositions elle se fixerait pour obvier aux inconvénients, afin de se concilier sur les objets qui seraient prescrits.

Les échevins et directeurs du commerce de Marseille estimaient bien déli-

(1) Reg. des délib., X, 279.

cate la direction que le ministre confiait aux chambres pour l'usage des passeports. Ils voudraient qu'on dressât un plan de cette direction qui servît de règle commune aux chambres de commerce.

Comme mesure à prendre pour parer à la nécessité de délivrer des passeports aux neutres, la chambre de commerce de Rouen avait proposé que chaque chambre de commerce maritime construisît trois ou quatre frégates pour assurer le commerce des colonies.

Les juge et consuls de Saint-Malo approuvaient le projet, mais ne pouvaient y contribuer, les états de leur province étant surchargés par le nombre de troupes qui étaient actuellement dans la province de Bretagne. Ils estimaient qu'on ne devait se servir de vaisseaux neutres, que dans le cas où la guerre maritime ne permettrait pas de remplir le double objet que le ministre avait en vue, et ils indiquaient les conditions qu'il serait à propos d'imposer à l'admission des neutres.

La chambre de commerce de la Rochelle ne pouvait, faute de fonds, concourir au projet de la chambre, et elle envoyait un mémoire sur les formes à observer quant à la disposition des passeports en faveur des vaisseaux neutres.

Ni Marseille, ni Nantes n'y pouvaient concourir davantage. Nantes concertait avec la Rochelle et Bordeaux les conditions à imposer aux neutres pour la délivrance des passeports.

La chambre de commerce de Rouen s'assembla le 5 août (1) avec le député Behic et les douze anciens syndics précédemment appelés, sous la présidence de l'intendant Feydeau de Brou, pour examiner les réponses qu'elle avait reçues à ses propositions. Les défaillances des uns, le silence des autres ne la découragèrent pas de tenter la réalisation du projet de construction qui pouvait seul empêcher la délivrance des passeports. Elle nomma MM. Hellot, Le Couteulx, Dupont, Chapais et Nic. Midy du Péreux commissaires, priés de faire un plan et un devis d'armement.

Huit jours après la chambre prenait connaissance d'une lettre du garde des sceaux qui, pour la mettre en état d'exécuter l'arrangement qui avait été arrêté pour l'approvisionnement des colonies, lui envoyait dix passeports numérotés de 76 à 85. « Vous aurez soin, disait-il, de m'informer des noms de ceux dont vous aurez fait choix pour les charger de les distribuer et du

(1) Reg. des délib., X, 306.

nombre qui en aura été distribué chaque mois, et vous vous conformerez à ce que je vous ai expliqué par ma lettre du 8 juin dernier » (9 août). La chambre répondit à M. de Machault en lui faisant encore sentir tous les inconvénients qu'entraînait l'admission des navires neutres au commerce des colonies, que néanmoins, en exécution de ses ordres, elle avait nommé MM. Chevremont, A. Le Couteulx et P. Levavasseur, qui occupaient alors le siège de la juridiction pour la délivrance des passeports. Ces commissaires étaient priés d'arrêter les conditions sous lesquelles ils seraient délivrés.

Dans l'assemblée du 3 septembre (1) les commissaires ont dit que depuis que la chambre les a chargés de ce qui concerne les passeports envoyés de Compiègne par M. de Machault, le commerce en ayant été informé, plusieurs négociants de Rouen, du Havre et d'Honfleur auraient demandé qu'il leur en fût délivré pour la navigation aux colonies françaises par la voie des nations neutres, savoir : de Rouen, MM. Midy frères, Bottereau, Le Mesle et Caron fils pour six passeports, du Havre, MM. Chauvel, représentés par MM. Ribart et fils pour un passeport, et d'Honfleur, MM. Premond, représenté par M. Hortner pour un passeport. Ils auraient fait connaître auxdits négociants que l'intention du ministre, aux termes de sa dépêche du 8 juin, était que les passeports admissifs des bâtiments neutres ne fussent considérés que comme un moyen de multiplier les facilités dont le commerce de France pourrait avoir besoin pour le service des colonies et qu'ils ne devaient être distribués que selon les circonstances, au cas seulement où, contre toute attente, il arriverait que la navigation du royaume ne pourrait seule suffire ; que pour avoir sur ce point les communications nécessaires, ils avaient écrit aux chambres de Nantes, la Rochelle et Bordeaux dont on attendait les réponses.

Par les réponses mises sur le bureau, il parut qu'à la Rochelle il s'armait vingt-cinq navires pour les îles, qu'à Bordeaux l'état du chargement des vivres partis pour les colonies françaises pendant le mois de juillet s'élevait à plus de deux mille cinq cents tonneaux, et que les chargements expédiés ou à expédier en août iraient à plus de quatre mille tonneaux.

« Sur quoi délibéré, la chambre a arrêté que le cas n'est pas de délivrer desdits passeports quant à présent, et M^{rs} les commissaires sont priés d'en informer ceux de M^{rs} les négociants qui en avaient demandé.

« Comme aussi, afin d'écarter l'ombrage que le commerce a paru prendre

---

(1) Reg. des délib., X, 328.

de l'avenir desdits passeports, la chambre a prié M^{rs} les commissaires de faire entendre de nouveau à M^{rs} les negocians tant de cette ville que de la province, qu'elle ne délivrera point de passeports tant que les armements propres du royaume paraitront suffire au service des colonies; que c'est l'intention du ministre de conserver exclusivement au commerce de France le commerce des colonies; que les passeports ne sont aux mains des chambres que comme un moyen de précaution réservé au seul cas où l'admission des neutres deviendroit indispensable, cas qui n'existera point, si le zèle de M^{rs} les negocians reprend ou continue son activité pour les armemens; et enfin, que si contre toute espérance, les conjonctures à la suite faisoient naitre le cas d'user desdits passeports, les chambres et celle-ci en particulier apporteroient à la distribution d'iceux toutes les précautions possibles en faveur de M^{rs} les négocians.

« De plus, M^{rs} les commissaires ont été priés de continuer la correspondance avec les chambres de commerce maritimes et dans les ports de la province, afin d'être assidument informés des armements et des expéditions qui se feront pour les colonies, et des navires qui en seront de retour, comme aussi de se procurer successivement des avis de l'état des colonies tant sur le prix que tiendront les vivres et comestibles d'envoy que sur celuy des denrées et productions de leur crû, et aussi, autant que faire se pourra, des avis sur le nombre et chargement des prises ennemies qui y auront été conduites, pour du tout faire rapport à la chambre, laquelle, pour rassembler et d'autant mieux conserver ses écritures de la correspondance à ce sujet, invite M^{rs} les commissaires d'en faire tenir registre particulier. »

En accusant au ministre réception de ses passeports, la chambre lui fit connaître la délibération qu'elle venait de prendre à leur sujet.

Dans les autres ports on ne paraissait pas plus qu'à Rouen disposé à distribuer les passeports. Les commissaires nommés à Nantes écrivaient à la fin d'août (1) que de quinze passeports envoyés par le garde des sceaux, ils en avaient délivré un à un négociant de leur ville, qui avait armé sous pavillon hollandais, la recommandation expresse du ministre n'ayant pas permis de le refuser. Il n'y avait pas d'apparence qu'ils fussent sitôt dans le cas d'en délivrer d'autres et MM. de la Rochelle et de Bordeaux n'y paraissaient nullement disposés, les colonies étant pourvues, suivant les dernières nouvelles,

(1) Reg. des délib., X, 332.

et il y avait beaucoup de navires en armement dans ces deux ports ; de Nantes cinq devaient partir sous peu, il en était parti huit depuis le mois de juin, en comptant le navire armé sous pavillon neutre, tous directement pour les colonies.

Le projet d'armement en vue d'établir des frégates pour faire la course sur l'ennemi de l'Etat, dont le plan et le devis avaient été confiés à cinq commissaires nommés dans l'assemblée du 5 août, fut rapporté à la chambre dans son assemblée du 22 septembre avec la proposition de faire construire douze petites frégates ou corvettes de dix à douze canons de six livres de balle et d'équipage à proportion. Après quelques changements et additions, le projet mis au net fut rapporté dans une autre assemblée tenue le 4 octobre sous la présidence de l'intendant. Il fut délibéré qu'il en serait tiré trois copies pour être envoyées au garde des sceaux, au contrôleur général et à M. de Trudaine, accompagnées de lettres pour leur demander leur approbation.

Le projet décide l'achat ou la construction de douze frégates ou corvettes de soixante-huit à soixante-douze pieds de quille, armés de douze à quatorze canons, équipées à proportion, ne formant qu'une même société. Pour subvenir à l'entreprise il sera établi par voie de souscription un fonds de cent vingt mille livres divisé en deux cents actions de six mille livres chacune. Les souscriptions seront reçues à Paris chez MM. Le Couteulx et C^a, et à Rouen au secrétariat de la chambre de commerce. La caisse générale de l'entreprise sera régie par trois commissaires nommés par la chambre parmi les syndics actuels ou anciens : leur régie sera gratuite. La chambre établira six directions particulières dont chacune sera chargée de l'achat ou construction, armement et régie de deux frégates : chaque direction composée de trois négociants intéressés dans l'entreprise, nommés par la chambre. Les directeurs nommeront, sous l'agrément de la chambre, les capitaines des deux frégates, et choisiront, de concert avec le capitaine, les autres officiers. Chaque direction donnera les ordres et instructions à ses capitaines, suivra les opérations et affaires qui résulteront des prises et rançons, tiendra du tout une exacte correspondance et écritures nécessaires, informera la chambre au moins une fois par mois des événements et progrès de la course et généralement de tout ce qui intéressera l'entreprise. Les trois commissaires de la caisse générale fourniront à chaque direction les fonds nécessaires pour sa régie sur les mandats de la chambre. Les comptes de chaque direction seront présentés à la chambre de commerce, examinés par commissaires et arrêtés dans une assemblée présidée par l'intendant. Chaque direction rendra un compte final à la chambre et remettra le solde à la caisse générale, après quoi la chambre fera dresser un état et balance générale de l'entreprise qui sera arrêté en présence de l'intendant. La répartition finale se fera, comme les répartitions partielles, soit à Paris chez MM. Le Couteulx et Cie, soit à Rouen au bureau de la caisse générale près la chambre de commerce.

Le 7 décembre, M. de Brou écrivait de Paris à la chambre (1) : « M. le contrôleur général et M. de Trudaine m'ont chargé, Messieurs, de vous marquer qu'ils approuvoient on ne peut pas davantage le projet d'armement de douze frégates que vous leur avez proposé, et de vous marquer, en même temps, la satisfaction qu'ils avoient du zèle que vous témoignez en cette occasion. Ainsi vous ne pouvez à présent le rendre trop tôt public ni apporter trop de diligence dans l'exécution. Je ne doute pas que vous n'ayez dans toute la suite de ce projet le même zèle et la même bonne volonté qui vous ont animés en le formant et que je suis bien persuadé de retrouver en vous toutes les fois qu'il s'agira de choses utiles à l'intérêt de l'Etat et à celui du bien public. »

M. de Machault écrivait le 13 décembre à la chambre : « J'ay, Messieurs, examiné le projet que vous m'avez adressé concernant l'armement en course de douze frégates ou corvettes. Quoique l'exécution de ce projet présente des difficultés, je trouve bon que vous le rendiez public, et je suis persuadé que la confiance qui vous est acquise peut contribuer beaucoup à le faire réussir. En tous cas, je vous sçauray bon gré du zèle qui vous l'a inspiré. »

Dès le 11, la chambre avait délibéré de faire imprimer le projet pour le rendre public, et le 13, elle avait procédé à la nomination des trois commissaires prévus par l'article 8 pour régir la caisse générale : MM. A.-L. Lecouteulx et H. Jos. Le Vachier, syndics actuels, et Ch.-N. Bordier, ancien syndic, nommés commissaires, acceptèrent. Les deniers de la caisse seraient déposés à la juridiction consulaire dans un coffre à trois clefs dont une pour chaque commissaire qui ne serait tenu à aucune recette ni à aucun payement que sur mandat de la chambre, ferait la régie gratuitement, sans autre obligation que celle de commissaires gratuits pour et au nom de la chambre de commerce.

(1) Reg. des délib., X, 406.

Il avait été ensuite procédé à la nomination des directeurs pour la construction, l'armement et la régie des frégates par couples de deux : avaient été nommés :

Pour le 1ᵉʳ couple : Pʳᵉ Chevremont, prieur, syndic en exercice.
                Le Bourg, ancien syndic.
                L.-Alex. Dambourney, négociant.
—   2ᵉ — Levavasseur, 2ᵉ consul, syndic en exercice.
                Isambert, ancien syndic.
                Gᵐᵉ-Léon Levavasseur, négociant.
—   3ᵉ — Jacques Dupont, ancien syndic.
                R. Dugard, négociant.
                Gosselin, négociant.
—   4ᵉ — Midy frères, ancien syndic.
                Lézurier, ancien syndic.
                Ant.-Adr. Le Breton, ancien syndic.
—   5ᵉ — N.-L. Dupuis, ancien syndic.
                Pʳᵉ Godefroy, négociant.
                Jᵉˢ Hellot, négociant.
—   6ᵉ — J.-Bᵗᵉ Boisjouvin, ancien syndic.
                L. Moy, négociant.
                J.-Bᵗᵉ Boisjouvin fils, négociant.

Les trois directeurs de chaque direction étaient garants solidaires des faits de leur direction : celui qui tiendrait la caisse dans chaque direction aurait chez lui un coffre fermant à trois clefs dont une à chaque directeur.

La chambre de commerce avait reçu, pour son projet d'armement en course, les félicitations du contrôleur général M. de Moras, qui ferait connaître avec plaisir la protection qu'il lui accordait (24 décembre). M. de Trudaine lui souhaitait le succès qu'on lui devait désirer ; mais il n'était pas à portée de lui procurer des actionnaires. L'intendant M. de Brou avait fait venir de Rouen un paquet d'exemplaires imprimés du projet et en avait remis au maréchal de Belle-Isle et à M. de Luxembourg, gouverneur de la province, qui désiraient autant que lui de pouvoir contribuer à le faire réussir. « La nature du projet, disait-il, le corps qui l'a formé et le nom des personnes qui le dirigent, doivent certainement en assurer le succès (23 décembre). »

A Paris, M. Le Couteulx de la Noraye, député des six corps au bureau du commerce, cherchait à remplir les vues de la chambre dans la commission qu'elle lui avait donnée, conjointement avec M. Behic, au sujet des souscriptions pour la course (29 décembre).

Quelques jours après (5 janvier 1757), Damiens commettait son attentat à la vie du roi Louis XV.

La souscription ne marchait pas au gré de la chambre. Le 12 janvier, le prieur expose à la compagnie que, pour en accélérer le progrès, il croit indispensable que la chambre envoie à Paris une personne pour seconder la bonne volonté et les soins de MM. Le Couteulx et Behic. La chambre y députe son secrétaire L. Jore qui devra concerter avec MM. Le Couteulx et Behic toutes les démarches convenables pour cet objet. Elle expédie d'autre part une lettre circulaire à toutes les chambres de commerce, pour accompagner l'envoi du projet de course.

L'intendant écrivait à Rouen, le 19 janvier, à la chambre : « L'intérêt que M. le contrôleur général, M. le duc de Luxembourg et M. le maréchal de Belle-Isle ont pris au projet d'armement que vous avez formé, leur fait désirer, Messieurs, d'avoir un état de tous ceux qui ont souscrit tant de Paris que de la ville de Rouen, non seulement pour en être instruits eux-mêmes, mais pour en rendre compte au Roy. Je vous prie donc de m'envoyer cet état pour qu'il puisse être mis sous les yeux de Sa Majesté qui a bien voulu donner à votre projet des marques singulières de sa bonté et de sa protection (1). »

La chambre recevait en même temps une lettre écrite de Paris par son secrétaire en mission qui lui disait, sur la conférence qu'il avait eue avec MM. Le Couteulx et Behic, que ces Messieurs pensaient qu'il ne convenait pas quant à présent de faire aucunes démarches par rapport aux circonstances actuelles, et que lorsque le Roi aurait réintégré le parlement dans ses fonctions, toute la confiance publique se ranimerait et les choses reprendraient leur état naturel.

Le prieur avait été prié de remettre au plus tôt à l'intendant les instructions qu'il demandait et M. Jore avait été invité à se conformer aux avis de MM. Le Couteulx et Behic et de rester à Paris jusqu'à nouvel ordre.

Cependant les réponses qui venaient des chambres de commerce n'étaient

(1) Reg. des délib., X, 446.

pas encourageantes : Bordeaux disait que le même esprit ayant agi sur toutes les places de commerce, elles s'étaient efforcées à l'envi de justifier au garde des sceaux l'effet de ses invitations et qu'il n'y avait pas un d'eux qui n'eût déjà pris des intérêts considérables sur les corsaires déjà partis de leur port et sur ceux qui armaient actuellement les frégates qui étaient sur leurs chantiers (25 janvier) (1).

De Bayonne, de Marseille, de la Rochelle, de Nantes, arrivaient force louanges du zèle de la chambre de commerce de Rouen, avec des témoignages qu'ils se seraient intéressés avec plaisir à son projet de course, s'ils n'avaient déjà donné leurs attentions pour des armements qui ne leur permettaient pas de concourir à ceux qu'on se proposait de faire à Rouen.

La chambre résolut d'écrire au contrôleur général (19 février) (2) pour l'informer de l'état actuel des souscriptions pour l'armement et lui demander des ordres sur la conduite qu'elle devait tenir à cet égard. Jore continuait d'avoir le désagrément de ne faire aucun progrès dans les souscriptions à espérer et le prieur croyant inutile qu'il prolongeât son séjour à Paris, décidait la chambre à le rappeler (2 mars). Le 23 mars, il rapportait devant la chambre les opérations qu'il avait faites à Paris au sujet du projet de l'armement : n'ayant pu parvenir, malgré toute la bonne volonté de MM. Le Couteulx et Behic et tous les mouvements que lui-même s'était donnés, à compléter le nombre des souscriptions, ces Messieurs lui auraient dit qu'il n'y avait pas d'apparence que le projet eût son exécution ; conséquemment qu'il n'avait d'autre parti à prendre qu'à s'en retourner à Rouen pour en faire part à la chambre qui aviserait sur ce qu'elle aurait à décider. Avis pris, MM. du siège ont été priés d'assembler MM. les directeurs pour leur faire part de l'état des choses et leur annoncer la nécessité de prendre un parti final, à moins qu'ils n'aient quelque moyen à proposer pour la réussite du projet.

Ce que MM. Le Couteulx et Cie écrivaient de Paris rendait la décision urgente : la plus grande partie des souscripteurs leur demandaient depuis longtemps de retirer leur signature, à quoi ils avaient répondu qu'ils en informeraient la chambre et qu'ils seraient en état de leur rendre compte en bref de sa dernière détermination ; qu'à présent ils se trouvaient sans excuse,

---

(1) Reg. des délib., X, 154.
(2) Ibid., X, 470.

et que plusieurs d'entr'eux menaçaient de les y obliger, s'ils différaient plus longtemps : ils priaient la chambre de leur répondre et de leur faire voir les ordres qu'il lui aurait plu de leur donner (11 avril) (1).

Le prieur, en conséquence de la délibération du 23 mars, avait convoqué les directeurs et leur avait fait part du peu de succès que la chambre avait eu pour les souscriptions : il leur avait témoigné la nécessité de prendre un parti final, à moins que les commissaires n'eussent quelque moyen à proposer pour la réussite du projet. Les commissaires avaient répondu qu'ils considéraient l'affaire comme manquée et priaient en conséquence la chambre de leur remettre leur engagement.

Le prieur avait sursis d'en faire son rapport à la chambre, parce que l'intendant étant à Paris avait écrit à M. Dailly, secrétaire de l'intendance, de faire dire à la chambre de ne point terminer cette affaire, sans que préalablement il en eût conféré avec le contrôleur général. Ayant eu l'honneur de voir M. l'Intendant depuis son retour, il lui aurait dit que M. le Contrôleur général serait d'avis que la chambre n'abandonnât point son projet ; que, s'il ne pouvait avoir son exécution dans toute son étendue, au moins il pourrait l'avoir en partie et que la chambre pourrait se restreindre à faire construire six frégates au lieu de douze, au moyen cependant de l'agrément et du consentement de ceux qui avaient souscrit.

Sur le rapport que le prieur lui fit de la chose, dans son assemblée du 15 avril, la chambre délibéra que, vu l'impossibilité de pouvoir exécuter le projet, les souscriptions seraient rendues à tous ceux qui avaient souscrit, que MM. les directeurs seraient remerciés au nom de la chambre, et qu'il serait répondu à MM. Le Couteulx et Cie pour les remercier des soins qu'ils s'étaient donnés et les prier de rendre les souscriptions à tous ceux qui les avaient déposées entre leurs mains.

II

Dire de la chambre de commerce de Normandie à l'enquête faite en faveur du commerce par le ministère Choiseul, en 1766.

Le 6 octobre 1766 (2), dans une assemblée extraordinaire de la chambre de commerce de Rouen, à laquelle le député au conseil de commerce, Behic,

(1) Reg. des délib., X, 500.
(2) *Ibid.*, XIII, 541.

avait été appelé, le prieur donna lecture de la lettre que le contrôleur général de La Verdy avait écrite le 30 septembre aux syndics de la chambre :

« Le Roy ayant ordonné, Messieurs, à M. de Montaran de se rendre à Rouen pour prendre des éclaircissements sur des objets de commerce intéressants, il ne manquera pas de s'adresser à vous pour lui procurer les secours et les lumières dont il pourra avoir besoin ; je ne doute pas que vous n'alliez au-devant de ce qu'il pourra souhaiter à cet égard pour l'utilité du commerce en général et pour celui de votre province en particulier. Vous ne manquerez donc pas de le prévenir, de le recevoir comme vous le devez dans vos assemblées et mesme de convoquer, s'il est nécessaire, les assemblées extraordinaires qu'il vous demandera. Ce que vous pourrez faire pour le succès de sa mission sera une nouvelle preuve de votre zèle pour l'interest du commerce, je suis, Messieurs, entièrement à vous.

« De La Verdy. »

Ensuite fut lue la lettre de M. de Montaran du 2 octobre :

« Vous estes informés, Messieurs, par la lettre de M. le contrôleur général que les ordres du Roy m'envoyent à Rouen pour y prendre des éclaircissements sur des objets de commerce intéressants, et je ne croiray avoir bien remply l'objet de ma mission qu'autant que je pourray mettre les ministres en état d'effectuer les intentions favorables qu'ils ont pour le commerce. Ce sera leur faire essentiellement ma cour que de leur en présenter les moyens, et j'espère que vous voudrez bien y concourir avec moy en me procurant les secours et les lumières que je ne puis trouver ailleurs aussi sûres et aussi abondantes que dans votre chambre. Je vous les demande donc d'avance et vous prie mesme de preparer avant mon arrivée les objets interessants dont vous croyez que nous devons principalement nous occuper.

« P. S. Je compte arriver le 8 de ce mois à Rouen. »

M. Michau de Montaran (Jean-Jacques Maurille) qui avait pris séance au conseil de commerce le 13 avril 1758 en qualité d'intendant du commerce à titre de survivancier de son père, était chargé de faire dans les provinces une enquête en vue du relèvement de la fortune de la France auquel travaillaient, après les désastres de la guerre de sept ans, les collaborateurs du ministère réparateur du duc de Choiseul.

La chambre s'était ajournée au lendemain en assemblée extraordinaire, aux fins de préparer les objets de commerce à traiter, assemblée à laquelle furent appelés MM. Jacq. Dupont, Behic, Chapais, Guillebon de Neuilly, Le Couteulx de la Noraye, Levavasseur et R. Durand.

Elle y travailla encore le 8, jour de l'arrivée de M. de Montaran. Aussitôt que la chambre en fut informée, le secrétaire se rendit chez lui pour lui demander à quelle heure MM. du siège pourraient lui rendre leurs devoirs au nom de la chambre.

Le lendemain, M. de Montaran se rendit à la chambre (1). « MM. du siège avertis ont été au-devant de M. de Montaran quelques pas en avant de la porte de la chambre, MM. les syndics se sont avancés en dedans de la chambre, lorsque M. de Montaran y est entré, et de suite on a pris séance, M. de Montaran à la place de M. le prieur, M. le prieur à sa droite, M. le second consul à sa gauche.

« M. de Montaran a dit estre chargé par le Roy de témoigner à la chambre la protection dont Sa Majesté l'honore, a dit ensuite que les intentions du ministre pour le commerce et pour la chambre en particulier sont des plus favorables.

« Ensuite, M. le prieur en lui adressant la parole lui a dit : Monsieur, nous sommes prévenus par M. le contrôleur général que vous venez icy chargé d'objets intéressants pour le commerce. La chambre, flattée de vous voir présider à ses assemblées, espère que vous voudrez bien lui en donner communication. Instruite par vos connoissances supérieures, éclairée par vos lumières, elle s'empressera de témoigner son zèle pour le service de Sa Majesté et pour l'utilité du commerce.

« Après quoy M. de Montaran a donné lecture d'un mémoire sur le commerce du Nord et a engagé la chambre à luy donner ses observations sur les moyens d'établir et étendre le commerce et la navigation française.

« Ce que la chambre a fait de suite comme cy-après :

« 1° Que l'établissement d'un commerce direct dans les différents ports du Nord et notamment de la Russie, ne peut estre que très avantageux au bien de l'Etat ;

« 2° Que pour établir une navigation directe dans le Nord, il est de toute nécessité que la navigation française puisse se monter sur le ton d'économie de la navigation étrangère. A cet effet, il est indispensable de laisser aux

---

(1) Reg. des délib., XIII. 544.

armateurs la faculté de composer leurs équipages ainsi qu'ils aviseront bien, sans les assujettir ainsi qu'on l'a fait jusqu'à présent à prendre un nombre considérable de mousses et de novices qui multiplient les frais de leurs armements. Il est indispensable aussi d'affranchir de tous droits, mesme de ceux d'aides, les vivres et généralement tout ce qui sert à l'avitaillement de nos navires ;

« 3° Pour déterminer les négociants français à se livrer à ce genre de commerce, il faut un traité entre les puissances qui pourvoye à la sûreté des personnes, des effets et des recouvrements. Il doit estre stipulé par ce traité que les François devront jouir de tous les avantages dont jouissent et pourront jouir dans la suite les nations les plus favorisées ;

« 4° Que l'encouragement donné dans le mémoire dont a été donné lecture, doit estre accordé à raison de tant par tonneau à tous navires françois indistinctement qui sortiront des ports de France pour ceux du Nord au-delà du Sund.

« 5° Que l'objet ne seroit pas remply, si la gratification consistoit seulement dans l'exemption des droits d'entrée et de sortie des marchandises, puisque la plupart des marchandises à importer ou à exporter sont exemptes de droits ou n'en payeroient qu'un très modique, si l'on établissoit le nouveau tarif qui a été précédemment proposé. Tels pour l'importation les bois de construction, les chanvres, etc. Tels sont pour l'exportation les sucres, les sirops, les caffés et les indigots qui sortent des entrepôts. Tels sont encore les taffias et les guilledives, lorsqu'ils seront admis à l'entrepôt pour l'étranger.

« 6° Que l'objet seroit manqué si l'on n'accordoit la gratification qu'aux navires qui seroient consignés à des maisons françoises établies dans les ports du Nord ou qui auroient été expédiés par ces maisons pour les ports de France et pour le compte de François; quoi qu'il soit à désirer qu'il se forme beaucoup d'établissements dans les ports du Nord, on doit estre persuadé que ces établissements tels qu'ils doivent estre pour mériter la confiance, ne peuvent avoir lieu qu'après un laps de temps assez considérable, ils ne peuvent estre que l'effet d'un commerce déjà établi et pour la formation duquel les encouragements proposés sont un préalable nécessaire.

« 7° Indépendamment de la gratification par tonneau à accorder à la navigation françoise, on pourroit accorder quelques faveurs particulières à ceux qui formeroient des établissements dans le Nord, mais ces faveurs ne doivent pas porter sur la marchandise, parce qu'il en résulteroit infailliblement une inégalité destructive de la portion de commerce déjà existante.

« 8° Les eaux-de vie de cidre et de poiré seroient un objet considérable pour la navigation française dans le Nord, sans préjudice des autres productions du royaume; la chambre persiste à demander qu'il soyt rendu une loy qui permette de les exporter pour l'étranger. »

Ces observations n'étaient que les premières réflexions de la chambre d'après une simple lecture entendue du mémoire de M. de Montaran. Si ce mémoire était donné en communication à la chambre, il pourrait, dit le procès-verbal, occasionner d'autres et plus amples réflexions.

Lorsque M. de Montaran est sorti, MM. les Syndics l'ont reconduit jusqu'où ils l'avaient reçu, et Messieurs du Siège jusqu'en haut de l'escalier.

M. de Montaran vint prendre séance à l'assemblée du lendemain. Il ne pouvait donner communication de son mémoire, qui était encore entre les mains des ministres. Il demanda l'avis de la chambre sur la quotité de la gratification par tonneau, ajoutant qu'elle avait été fixée sous M. de Colbert à quatre livres du tonneau. Sur quoi il lui a été observé que quatre livres du temps de M. de Colbert pouvaient aujourd'hui valoir huit livres, et il a paru en convenir.

Et M. de Montaran n'ayant plus rien à communiquer à la chambre de la part du ministère, par M. le prieur a été proposé à M. de Montaran de conférer sur différents objets intéressants pour le commerce, et de suite la compagnie s'est occupée principalement du cabotage et du commerce des colonies; et M. de Montaran ayant désiré que la chambre lui donnât un précis de ses observations sur ces deux objets, la chambre pour se mettre en état de les satisfaire, a arrêté qu'elle s'assemblerait le lendemain pour les rédiger.

Elle s'assembla non seulement le lendemain samedi, mais tous les jours de la semaine suivante et les trois premiers de celle d'après et mit par écrit le précis de ses observations sur le cabotage, le commerce des colonies et d'autres questions relatives au commerce de Rouen et aux manufactures de la province.

Elle en donna lecture à M. de Montaran dans les assemblées des jeudi, vendredi et samedi 23, 24 et 25 octobre auxquels il vint présider et nous reproduisons ainsi les considérations présentées par la chambre de commerce de Rouen dans l'enquête faite par l'administration du Roi.

Précis des obvervations de la chambre sur le cabotage.

Le premier point pour rendre la navigation florissante est d'employer tous les moyens qui peuvent concourir à faire marcher au moins en égalité d'avantages la navigation française avec la navigation étrangère. Nous avons dans le cabotage des concurrents redoutables dans les puissances maritimes du Nord, surtout dans les Hollandais. La cause en vient de ce que l'on a mis des entraves, des gênes, des non-valeurs à notre navigation, dont la politique étrangère a su préserver la sienne. D'après ces principes le commerce demande :

1° Que les armateurs ayent la liberté de composer leurs équipages ainsi qu'ils aviseront bien, sans les assujettir à prendre un nombre de novices et mousses autre que celui dont ils auront besoin ;

2° Exemption de tous droits de sortie, même de ceux d'aides, pour tous objets servant à l'avitaillement et à l'équipement des navires ;

3° La chambre estime qu'il est essentiel, pour assurer de plus en plus l'accroissement de la navigation française, qu'il y ait une loi qui assujettisse les fermiers à n'employer que des bateaux français pour le transport des sels, et que cette loi serait commune à tous entrepreneurs et fournisseurs pour le compte du Roi ;

4° La chambre peut donner pour certain que le droit de cinq livres et celui de dix livres imposés sur les navires étrangers ne sont pas suffisants pour assurer la préférence à notre navigation et qu'il serait nécessaire de les doubler, ce qui conduirait naturellement à l'exclusion tant désirée. Il convient en outre d'imposer un droit de dix livres par tonneau sur tous navires étrangers qui viendront en France d'un port étranger autre que ceux de leur nation. Il est d'autant plus nécessaire d'imposer ce droit que l'exportation des blés multipliant les navires français dans les ports étrangers, il est intéressant de leur ménager un fret pour leur retour ;

5° La chambre observe qu'il est contre les bons principes de confier la perception du droit de tonnage à tous fermiers quelconques intéressés à composer du droit : ainsi il est essentiel de mettre ce droit en régie et en des mains intéressées au bien général du commerce.

Observations sur le commerce des colonies françaises.

1° La chambre persiste à dire que le commerce des colonies ne peut être rétabli ni se soutenir qu'autant que toutes les lois prohibitives de toute espèce de commerce étranger seront remises en vigueur et persévéramment observées. Elles ont créé les colonies, elles les ont élevées, elles seules peuvent les maintenir et les conserver à la France. Le commerce attend avec la plus grande impatience le renouvellement de cette loi prohibitive qui lui est annoncée depuis plus de quatorze mois. Nul prétexte pour admettre l'étranger dans nos colonies. Le commerce de France y fournira tout, il le peut, il le fera. Il débouchera également toutes leurs productions, sans en excepter les tafias et guilledives. Il ne s'agit que d'en avoir l'entrepôt en France et cet entrepôt sera encore un objet de plus à la navigation française;

2° Il ne suffit pas d'écarter le navire étranger de nos colonies; il faut en écarter de même la marchandise étrangère : de là la nécessité d'abolir tous ports francs dans nos colonies, notamment ceux établis à Sainte-Lucie pour les îles du Vent et au mole Saint-Nicolas pour la partie de Saint-Domingue. Les ports francs donnent la facilité aux Anglais et aux autres nations d'introduire leurs marchandises dans nos colonies et d'en enlever les denrées, ce qui diminue de nécessité le commerce français. L'établissement que les Anglais ont fait d'un port franc à la Dominique ne peut être un exemple pour la France. L'avantage que les Anglais retirent de la Dominique provient principalement du commerce interlope qu'ils sont à portée de faire dans nos colonies. La fréquentation accordée des ports francs ne sert qu'à rendre plus précieuses aux Anglais les cessions qu'on leur a faites. Il est même nécessaire qu'en supprimant les ports francs dans nos colonies, il soit fait défense aux Français d'aller traiter dans les ports francs étrangers à l'Amérique;

3° La chambre persiste encore à demander que la communication entre la Martinique, la Guadeloupe et autres îles françaises soit rétablie. Cette communication est de droit naturel; elle est réciproquement utile et nécessaire au commerce et aux colonies;

4° Il est important que la justice subvienne à la sûreté et à la célérité des recouvrements et que le séjour des navires ne soit pas prolongé par la chicane des débiteurs. La déclaration du 12 janvier 1745 y avait pourvu. Mais il arrive que les conseils supérieurs y contreviennent;

5° Un des principaux avantages du commerce des colonies consiste dans la plus forte consommation possible des marchandises de la métropole. Dès le 1er janvier dernier on a restreint à la Martinique cette consommation par la défense aux nègres et négresses de colporter dans les campagnes et habitations. Cet article pourrait paraître minutieux ; mais dans le fait, il ne l'est pas, il procurait aux manufactures du royaume un débouché très considérable. Le bien du commerce demande que cette défense soit levée. On sent assez que ce colportage si utile n'a été interdit que par des motifs d'intérêt particulier tendant à favoriser le débouché des marchandises étrangères ;

6° L'abus de mouiller les cotons à l'Amérique en les emballant subsiste malgré les défenses portées par l'arrêt du conseil du 20 décembre 1729, confirmées par un autre arrêt du 16 décembre 1738. Le désordre est même augmenté depuis la paix à tel point qu'on ne reçoit presque aucune partie de coton dont les balles ne renferment quantité de coton gâté et pourri par l'eau que l'habitant fait jeter dans l'intérieur des balles en emballant. Il est de la plus grande nécessité de réprimer ce désordre, en rappelant par une loi nouvelle les dispositions des arrêts ci-dessus cités ;

7° On oblige les navires pour l'Amérique de prendre le cinquième du total de leurs équipages en novices, le sixième en mousses, en sorte que sur l'équipage composé de trente personnes, il y en a dix en novices et mousses ; déduisant du surplus l'état-major, les officiers mariniers et nos mariniers qui de nécessité sont nombreux pour le commerce de l'Amérique, il ne reste que peu de matelots effectifs. L'économie et même la sûreté de la navigation exigent que l'armateur soit affranchi de ce nombre de novices et de mousses : l'économie, en ce que cette quantité de gens inexperts consomme en frais l'armateur, occupe le vaisseau, nécessite plus d'encombrement en boissons, eau et victuailles ; la sûreté, en ce qu'un équipage nombreux en apparence, se réduit dans le fait à très peu d'hommes effectifs en état de secourir le vaisseau dans le danger, et d'aider dans les opérations de la traite, dans lesquels cas ce nombre de gens superflus ne fait qu'embarrasser et gêner.

On ne doit pas craindre que le commerce étant dégagé de la sujétion dont on vient de parler, il se forme moins de matelots ; au contraire, la navigation favorisée par la liberté se multipliera, il y aura plus d'empressement à embrasser un état qu'on verra protégé, il y aura plus de navires, et cette abondance de navires formera par elle-même un plus grand nombre de matelots ; car l'armement prendra toujours des mousses et des novices, mais suivant la convenance de ses armements, et moins il y en aura sur chaque navire, mieux ils se formeront ;

8° Autre charge sur la navigation aux îles de l'Amérique, charge qui lui est devenue pesante, parce que l'effet de la loi est devenu abusif, les engagés d'une part, les fusils boucaniers ou de chasse de l'autre. Dans l'origine, les engagés, vulgairement appelés *trente-six mois,* à cause de la durée de leur engagement, étaient utiles aux colonies, parce qu'il fallait peupler les colonies; ils n'étaient point onéreux au commencement, parce que l'armateur était dédommagé des frais de leur transport par le prix de la vente qu'il en faisait à l'habitant. Aujourd'hui les colonies sont peuplées, elles sont garnies de nègres qui remplissent les travaux auxquels étaient destinés les engagés, et cependant la charge subsiste sans objet, et l'armateur est privé du prix de la vente qu'il était dans le cas de faire. Ce passage d'engagés s'est insensiblement converti en passage gratuit pour des protégés, protégés qui réclament et trop souvent exigent des égards gênants pour le capitaine et des dépenses onéreuses pour l'armement.

Il était également utile, dans le principe, d'approvisionner d'armes les colonies; elles en sont pourvues, et cependant la loi subsiste; mais elle n'est plus qu'un objet de bursalité : en effet, si l'on avait continué d'en porter, les colonies seraient remplies de fusils. Le commerce réclame donc avec raison la dispense d'une loi qui n'a plus d'objet, tant à l'égard des engagés qu'à l'égard des fusils boucaniers;

9° Le commerce a fait diverses représentations sur le dépôt ordonné des gages des matelots déserteurs à l'Amérique. Ses représentations sont restées jusqu'ici sans effet. Et cependant elles sont d'autant plus justes que ces gages doivent appartenir à l'armateur, pour le dédommager en partie des sommes qu'il est obligé de payer aux journaliers que le capitaine prend pour remplacer les déserteurs pendant les opérations de sa traite et des gages exorbitants qu'il est forcé d'accorder à d'autres matelots pour ramener son vaisseau. L'effet de cette loi, dont le commerce n'a jamais pu connaître le principe, multiplie les désertions au très grand préjudice des armateurs. Il y a plus : les commissaires des classes à l'Amérique ferment les yeux sur la désertion, on peut dire même, ils la favorisent, en admettant sans attention tous les matelots qui se présentent, lorsqu'aux termes de la loi ils n'en devraient admettre aucun qui ne fût porteur d'un congé. Le commerce ne saurait se persuader que le ministre laisse subsister cette loi.

Observations sur la traite des noirs.

Il est nécessaire de donner des encouragements pour la traite des noirs. Dans l'origine et lors des lettres patentes de 1716, l'intention du gouvernement a été de faire jouir le commerce de l'exemption du demi-droit sur toutes les productions des colonies en retour de la traite des noirs. Les lettres patentes s'en expliquèrent généralement, il ne fut excepté aucune des productions que fournissaient alors les colonies. Mais le commerce ne jouit plus aujourd'hui de cette exception que sur les sucres pour les colonies de la Martinique et de la Guadeloupe, et, pour Saint-Domingue, sur les sucres et l'indigo. Le cacao, qui était alors une des principales productions des colonies, jouissait de l'exemption du demi-droit. Il a été remplacé par le café, et cette denrée, un des principaux objets du produit des colonies, ne jouit d'aucun droit d'exemption : ce qui fait que la traite des noirs ne jouit qu'en partie des avantages dont le gouvernement a eu l'intention de la faire jouir.

Le commerce demande donc que le demi-droit d'exemption soit pareillement accordé sur les cafés qui seront rapportés en retour du produit de la vente des noirs. Cette demande est d'autant plus fondée qu'aujourd'hui les cotons ne payent aucuns droits à l'entrée, et que ceux sur l'indigo ont été réduits de moitié. Le gouvernement ayant pour but de favoriser la traite des noirs et de mettre les armateurs en état d'en fournir le plus grand nombre et au meilleur marché possible, la chambre observe à cet égard qu'il conviendrait affranchir le commerce des dix livres qu'il est obligé de payer par tête de nègre, négresse, négrille ou négrillon qu'il introduirait dans les colonies. La chambre observe aussi que la navigation à la côte d'Afrique doit être dispensée comme les autres de prendre des mousses et novices au-delà de ses besoins. Ce sont les matelots qui font la manœuvre ; ce sont eux qui, dans la tempête, sauvent les navires ; ce sont encore eux qui contiennent les nègres ; ce ne sont ni les mousses ni les novices, qui ne font qu'embarrasser.

Observations sur la pêche française.

L'utilité de la pêche est reconnue. La chambre croit devoir témoigner, au nom du commerce, sa reconnaissance sur les soins et la protection particulière que le ministère a accordé à cette navigation. Malgré les succès qu'elle a éprouvés, elle n'est point encore à l'état de perfection où elle peut atteindre, s'il plaisait au Roi lui accorder de nouvelles grâces telle qu'une gratification de tant par tonneau sur les navires qui iraient à la pêche. Elle pourrait parvenir à marcher de pair avec la pêche étrangère. Les Anglais, qui connaissent bien le prix d'un commerce où tout est profit pour la nation, ont accordé à leurs pêcheurs la gratification que la chambre demande pour les pêcheurs français. Cette demande doit paraître d'autant mieux fondée que les Anglais, par la possession entière où ils sont du Canada, ont un avantage sensible sur nous. Ce serait encore un moyen efficace d'encourager la pêche française que d'en ouvrir la consommation dans l'intérieur du royaume en supprimant les droits.

Observations sur le droit local de cinquante sols sur les sucres et cires.

La chambre estime que l'égalité est nécessaire au bien du commerce. Il est indispensable qu'une partie des citoyens ne soit pas assujettie à des droits dont une autre partie ne serait pas chargée, sans quoi celle qui supporterait un impôt quelconque et qui lui serait particulier, ne pourrait travailler en concurrence. Tel est l'effet du droit local qui se perçoit à Rouen à l'entrée des sucres et cires. La chambre a fait nombre de représentations à cet égard. Elle les réitère encore et se flatte que le ministère profitera du renouvellement du bail pour affranchir la ville de Rouen de ce droit onéreux, ainsi qu'il l'a promis au commerce.

Observations sur les manufactures.

La chambre observe que les manufactures sont un objet des plus importants dans l'Etat. Sous M. Colbert, il avait été fait des règlements sages, ils avaient pour but de porter et de soutenir à l'étranger le crédit de nos manufactures. On s'en est écarté sous prétexte d'augmenter la consommation. La liberté qu'on a laissée au fabricant a dégénéré en abus, et il est à craindre que cette liberté indéterminée n'entraîne le discrédit et la perte de nos fabriques. Il y aurait peut-être de l'inconvénient de les rappeler strictement aux anciens règlements. Il en faut néanmoins, mais il faut les combiner aux circonstances actuelles.

Dans cet état, la chambre pense qu'il serait à propos de consulter les fabricants assemblés en corps, pour savoir s'il conviendrait modifier les anciens règlements et, dans ce cas, les engager à s'expliquer sur les changements qu'ils jugeraient à propos d'y faire. La chambre désirerait que l'avis de ces fabricants lui fût donné en communication pour la mettre en état d'y faire ses observations et de les faire passer au Conseil.

Le troisième jour où fut achevée la lecture de ces observations, le samedi 25 octobre, que M. de Montaran présida pour la dernière fois l'assemblée de la compagnie, la chambre, voulant que son hôte gardât un souvenir de l'accomplissement de sa mission, le prieur lui présenta une médaille d'or de la chambre et lui dit : « Monsieur, comme voici le dernier jour que nous aurons l'honneur de vous posséder, au nom de la chambre, j'ai l'honneur de vous présenter cette médaille comme un gage de sa reconnaissance et de l'hommage qu'elle rend au zèle qui vous anime pour le bien du commerce. »

M. de Montaran répondit en termes gracieux pour la chambre et en faveur du commerce, et donna ensuite à la chambre lecture d'un mémoire qu'il avait fait sur le génie de Colbert.

Les observations de la chambre furent consignées dans un mémoire qui fut envoyé au duc de Praslin, secrétaire d'Etat de la marine, au contrôleur général M. de Laverdy, à M. de Montaran et au député M. Behic.

Le 18 décembre, M. le duc de Praslin écrivait aux syndics de la chambre de commerce (1) :

« J'ay reçeu, Messieurs, avec la lettre que vous m'avez écrite le 22 du mois dernier, le mémoire dans lequel vous avez rassemblé le précis des différents points et objets de commerce qui ont fait la matière de vos conférences avec M. de Montaran lors de son passage en votre ville. J'en ay pris connoissance et j'en ay lu les articles dans la disposition de procurer au commerce, en ce qui regarde mon département, toutes les facilités et les encouragements qui seront possibles. Mais comme la plupart de ces articles sont susceptibles de discussion et d'examen, et qu'il en est qui dépendent de M. le contrôleur général, ou dont les dispositions peuvent nous estre communes, je dois attendre le rapport que M. de Montaran fera à ce ministre et à moy des opérations et de la tournée qu'il vient de faire par ordre du Roy. Cet intendant vient d'arriver, et je concourray volontiers à ce qui sera jugé praticable pour le bien du commerce.

« Je suis, Messieurs, entièrement à vous.

« Le duc de Praslin. »

(1) Reg. des délib., XIV, 14.

CHAPITRE XI

LE SECRÉTAIRE ET LES ARCHIVES DE LA CHAMBRE

Le secrétaire. I. Ses fonctions. Claude Carnay, secrétaire, 28 juillet 1703. Intérim par le greffier Panel, puis par le commis Saint-Paul, 1712-1717. Le valet de la chambre. Delaunay, secrétaire, août 1717. — II. Contestation entre le secrétaire et le prieur. — III. Choulle nommé secrétaire par l'intendant, 21 avril 1733. Remise des archives par Delaunay. — IV. La chambre rétablit son droit de choisir son secrétaire en nommant Joré, 2 novembre 1740 : nomination approuvée par le contrôleur général. Inventaire des archives. Joré chargé de la perception de l'indult. Pension à Joré démissionnaire par raison d'âge, 1773. — V. Baraguey, secrétaire, 28 juillet 1773. Traitement augmenté à cause de la création des phares. — IV. Saffrey, dernier secrétaire de la chambre, 7 octobre 1778. Augmentation d'appointements. Liste des secrétaires, 1703-1791. *Les archives.* 1715, mise en ordre des papiers. Archives au domicile du secrétaire jusqu'à l'occupation du nouveau bâtiment consulaire. Inventaire dressé par Delaunay lors de son remplacement, 1733. — Inventaire au départ de Choulle, 1741. Registre sommier des délibérations, par Joré. Inventaire général lors de sa retraite, transcrit sur le registre des délibérations, 1774. Nouveau classement par Baraguey, également transcrit, 1776. Gratification spéciale de Baraguey. Papiers du député Behic, 1782. Suppression des chambres de commerce, 1791. Circulaire du ministre de l'intérieur Delessart. Lettre du directoire du département de la Seine-Inférieure. Réponse des syndics. Yvelin et Saffrey, gardiens des archives de la chambre. Procès-verbal du 29 fructidor an II (15 septembre 1794). Cahier d'inventaire rédigé vers 1810. État actuel des anciennes archives. *Fin de la chambre.* Compliment de M. de Bonne. Vœu du directoire du département de la Somme. Communication du directoire du département de la Seine-Inférieure. La chambre remet l'administration des phares et la caisse des feux ainsi que les titres de rentes de l'octroi des marchands.

Le secrétaire de la chambre.

I

La chambre de commerce appointait un secrétaire qui tenait la plume dans les assemblées, rédigeait les délibérations, gardait les registres et les archives, assistait le prieur pour la correspondance comme pour tous les actes de son administration. L'arrêt d'établissement de la chambre avait créé la fonction et en avait compris le traitement dans les quatre mille livres attribuées à la chambre pour les frais d'entretien sur les fonds qui lui étaient fournis par la caisse de l'octroi des marchands. L'arrêt portait que le secrétaire était nommé par la chambre pour deux ans ; il était indéfiniment rééligible pour une égale période.

Le 28 juillet 1703 (1), la chambre choisit pour secrétaire Claude Carnay, dont elle fixa, le 31 octobre (2), les appointements à mille deux cents livres. Il est à croire que le fait, constaté plus tard, que le secrétaire était logé, sinon par les soins, du moins aux frais de la chambre, exista dès le début, comme indemnité légitime de la garde qu'il devait faire chez lui des papiers de la compagnie. Carnay fut continué dans son emploi, aux mêmes conditions en 1705, en 1707, en 1709, en 1711. Tombé malade en 1712, sa fonction fut remplie depuis le 1er août jusqu'à la fin de l'année par Panel, greffier de la juridiction consulaire. Le 28 décembre, Carnay, malade, gardant le titre de secrétaire avec sept cents livres de ses appointements annuels et le jeton d'argent par assemblée qui y avait été ajouté, la chambre nomma pour faire la besogne un commis, le sieur Saint-Paul, auquel elle donna les cinq cents livres par an qui restaient disponibles du traitement du titulaire.

Le secrétaire signait et envoyait les billets par lesquels les syndics étaient convoqués à chaque assemblée, aussi bien les ordinaires que les extraordinaires (3). Le billet était porté par le valet de la chambre au domicile de chacun. Jean Vallée faisait cet office depuis le 31 octobre 1703 (4), qu'il avait été nommé par la chambre pour rendre le service nécessaire à la compagnie les jours d'assemblée, porter les billets d'avertissement et faire tout ce qui lui serait ordonné, avec quarante livres par an pour ses gages. Le salaire du serviteur demeura tel pendant vingt-deux ans.

En 1725, Vallée ayant représenté que cette somme était trop modique pour la cherté des vivres et denrées, obtint une augmentation de vingt livres (5). Trente-deux ans plus tard (16 mars 1757), Richard Bastard dit Grandville, concierge serviteur de la juridiction, requit une nouvelle majo-

(1) Reg. des délib., 1, 35.
(2) Ibid., 1, 66.
(3) Ibid., II, 86.
(4) Ibid., 1, 66.
(5) Ibid., IV, 263.

ration, en disant que soixante livres payaient bien modestement le travail qu'il faisait dans le cours d'une année, distribuant les semonces de la compagnie et portant journellement les lettres à signer chez chacun de MM. les syndics, travail devenu depuis quelques années beaucoup plus considérable : la chambre doubla ses gages (1).

La rédaction des procès-verbaux, déjà très sommaire par la plume de Carnay, était devenue plus maigre encore sous la main de son suppléant. Il n'en est pas moins, à la fin de chaque année, de 1713 à 1716, continué pour un an aux mêmes conditions (2). La chambre fit enfin cesser ce service provisoire en donnant à Claude Carnay un successeur par la nomination de Delaunay comme secrétaire, en août 1717 (3). Elle réduisit à quatre cents livres la pension de Carnay, en fit une de trois cents à Saint-Paul, et comme pour payer ces sept cents livres la chambre n'avait d'autres fonds que les douze cents livres affectés annuellement au traitement du secrétaire, le nouveau titulaire dut pendant quelque temps se contenter de cinq cents livres d'appointements et du jeton d'argent par assemblée (4).

Avec Delaunay, la rédaction des délibérations prend un peu plus de développement : assez brève au début, elle arrive à donner, après l'analyse succincte de la correspondance du député, le sens de ce qu'y répond la chambre. Les procès-verbaux ne reproduisent rien de la discussion : ils n'indiquent que la question et la décision prise. Si, renvoyée à des commissaires, elle est rapportée avec un mémoire d'observations, on ne mentionne que l'approbation du mémoire, sans en dire les motifs ni souvent même en donner les conclusions.

La chambre, ayant lieu d'être contente des services de Delaunay, répondit en 1723 au désir qu'il avait plus d'une fois exprimé, « attendu le haut prix où toutes choses sont montées, d'être pourvu d'une augmentation d'appointements », en doublant par chaque assemblée le jeton du secrétaire, qui désormais en toucha deux, comme les syndics.

Le renouvellement biennal de la nomination du secrétaire ordonné par l'arrêt de création avait, par la durée même de ses fonctions, cessé de se faire pour Delaunay : il s'était si bien installé dans sa place, qu'il était comme le

(1) Reg. des délib., X, 481.
(2) Ibid., II, 115, 178, 249, 339.
(3) Ibid., III, 5.
(4) Ibid., III, 49.

secrétaire perpétuel de la chambre. Il voyait passer les syndics, les juges, les prieurs, lui demeurait gardien des traditions, observateur des usages; il avait de son importance à cet égard un sentiment tel, qu'il manqua un jour gravement à la déférence qu'il devait au prieur.

II

Ce fut à l'occasion des inspecteurs royaux des manufactures, qui avaient avec la chambre de commerce des relations que le contrôleur général encourageait. L'appui du ministre favorisait les prétentions des inspecteurs qui aspiraient à être traités à l'égal des syndics. Pour l'honneur de la compagnie, Delaunay maintenait les distances. Sur une plainte des inspecteurs, le contrôleur général adressa (10 décembre 1730) à la chambre une mercuriale dont la chambre fut affligée et le secrétaire fort irrité. Le prieur, Jean Amaury, voulant, pour répondre au désir du contrôleur général, vivre en bonne harmonie avec les inspecteurs, avait donné l'ordre au secrétaire de les convoquer par billets, comme les syndics, aux assemblées de la chambre auxquelles ils devaient apporter les états des manufactures. Delaunay s'y refusa; il en demandait l'ordre par écrit, qui lui fut dénié; il obtint de mettre sur le billet une mention qui froissa les inspecteurs. La résistance du secrétaire retardait la convocation des inspecteurs. Cependant, au bout d'un an, le contrôleur général voulut savoir quel avait été l'effet de son intervention. Cette nouvelle lettre amena le prieur à porter devant la chambre assemblée la contestation qu'il avait avec le secrétaire (1).

Il fit connaître, Delaunay s'étant retiré, qu'en sa qualité de prieur il avait fait ce qu'il devait et que sans les oppositions et l'opiniâtreté du secrétaire de la chambre, loin qu'on pût se plaindre de ce que les inspecteurs n'eussent pas été invités aux assemblées de la chambre, le contrôleur général n'aurait aujourd'hui que des louanges à donner à la chambre de son attention et de son zèle à travailler conjointement avec les inspecteurs au soutien des manufactures, puisque telle avait toujours été l'intention de la compagnie. « Tout le mal, ajouta-t-il, procède de ce que le secrétaire de la chambre a voulu depuis longtemps se soustraire de la dépendance et de la subordination et usurpe pour ainsi dire l'autorité à la faveur du long temps qu'il y a qu'il est

(1) Reg. des délib., 17 décembre 1731.

dans la place et de ce qu'il croit savoir les droits et les usages de la chambre mieux que ceux qui s'en trouvent successivement à la tête. »

Le lendemain Delaunay, après avoir pris connaissance du procès-verbal de la veille, devant la chambre assemblée de nouveau, présenta sa défense : il dit pour se justifier que depuis l'établissement de la chambre, il n'avait jamais été d'usage d'envoyer aux inspecteurs des manufactures des billets quand il était question d'apporter les états de semestre ou de quartier, qui était une obligation pour eux suivant les ordres du contrôleur général Desmarets en janvier 1714, du conseil de commerce en 1720, et suivant le règlement du 13 mars 1731 sur les toiles.

Le prieur maintint que la désobéissance du secrétaire était suffisamment établie, et, celui-ci s'étant retiré, « la chambre, d'une voix unanime, a désapprouvé le secrétaire de sa conduite et lui a fait injonction de porter à l'avenir le respect qu'il doit à ses supérieurs et de se conformer toujours aux ordres qui lui sont donnés verbalement par M. le prieur ou celui qui le représentera, sans jamais en exiger par écrit ni y former la moindre opposition et de se contenir dans la subordination de son emploi. »

Le lendemain, dans une nouvelle assemblée, la question du secrétaire fut reprise : il a été représenté par M. le prieur que par l'édit d'établissement de la chambre de commerce il est expressément porté que le secrétaire de ladite chambre qui aura été choisi, en fera les fonctions pendant deux années, après lesquelles il pourra être continué ; que cependant le sieur Delaunay, secrétaire, n'a pas fait renouveler son élection, ce qui est contre les règles et tendrait insensiblement à le soustraire de la dépendance et de l'autorité de la chambre. Sur quoi les avis de la compagnie pris, il a été unanimement délibéré que ledit secrétaire sera tenu de se conformer à l'édit d'établissement de la chambre et de se retirer dans le temps requis par devers la compagnie pour être continué dans ses fonctions, si elle l'estime convenable.

Delaunay avait depuis le 17 décembre cessé de tenir la plume pour écrire les délibérations sur le registre ; il la reprend à partir du 22.

III

Le 27 août 1732, après lecture de l'article 14 de l'arrêt pour l'établissement de la chambre de commerce, le sieur Delaunay, secrétaire fut continué pour deux ans dans les mêmes fonctions et aux mêmes appointements et émoluments dont il avait joui jusqu'alors. Mais il n'acheva pas ce nouveau mandat et son remplacement paraît avoir été brusque ; il ne fut pas fait conformément à l'arrêt de 1703.

« En l'assemblée extraordinaire du 21 avril 1733, en laquelle M. l'Intendant est venu présider et le s^r Girault, secrétaire de l'intendance, a été agréé pour secrétaire de la chambre en cette partie, a été dit par mondit sieur que l'intention de Sa Majesté est que le s^r Gustave-Claude Choulle soit installé au lieu et place du s^t Delaunay aux mêmes appointements, logement et honoraires dont ledit sieur Delaunay a joui. »

Le lendemain, Delaunay demande que la chambre nomme des commissaires pour recevoir les papiers des archives de la chambre, à l'inventaire desquels il travaillait, pour en avoir ensuite décharge. A cette époque, le secrétaire de la chambre de commerce avait les archives de la compagnie dans le domicile qu'il occupait en ville aux frais de la chambre. MM. Antoine Le Coulteux et Bordier furent nommés commissaires. Delaunay offrit de leur remettre les archives, dont l'inventaire était dressé ; à l'égard de la maison que son successeur réclamait (13 mai), il priait la chambre « de lui accorder jusqu'à la Saint-Jean, ne pouvant trouver de logement avant ledit temps, qui est le terme des maisons de louage. Sur quoi le sieur Choulle ayant représenté qu'il a un besoin pressant dudit logement et d'être en possession des archives pour prendre les lumières, connaissances et instructions nécessaires pour le service de la chambre, il a été délibéré que Messieurs du siège en parleront à l'intendant et le prieront de décider sur la demande du s^r Choulle. » L'intendant recevait à ce sujet une lettre du contrôleur général, datée de Versailles du 20 mai 1733 : « Monsieur, le s^r Choulle, secrétaire de la chambre de commerce de Rouen, me marque qu'il n'a pu encore parvenir à avoir le logement destiné à celui qui remplit cette place, non plus que les papiers et archives qui sont toujours entre les mains du s^r Delaunay son prédécesseur, qui occupe aussi l'appartement et qui demande un nouveau délai jusqu'à la St Jean pour en sortir. Je veux bien donner encore ce dernier terme au sieur Delaunay, après lequel je vous prie de donner les ordres les plus précis pour qu'il ne diffère plus à quitter ce logement; mais en attendant il faut qu'il mette le sieur Choulle en possession des papiers et archives en lui remettant les clefs de la chambre où ils sont ou du moins des armoires qui les renferment ; et c'est à quoi je vous prie aussi d'obliger le s^r Delaunay de satisfaire au plus tôt et de vouloir bien m'informer des ordres que vous aurez donné à ce sujet. Je suis, etc. ORRY. »

En répondant le 22 au contrôleur général, M. de la Bourdonnaye lui expliquait les mesures que Delaunay se proposait de prendre pour opérer sa décharge des papiers et archives qu'il avait en dépôt. Le contrôleur général approuvait le 15 mai ces mesures, mais voulait que tout fût fini pour la Saint-Jean et priait l'intendant d'y tenir la main.

Les deux lettres du contrôleur général communiquées par l'intendant furent lues à la chambre de commerce le 28 mai, en même temps que les commissaires rapportaient avoir reçu de Delaunay les archives qui étaient chez lui et en représentaient sur le bureau l'inventaire qu'ils avaient examiné et vérifié en présence du sieur Choulle et qu'ensuite tous les papiers et registres avaient été remis dans l'ancienne armoire de la chambre servant aux archives dont la clef fut remise sur le bureau. La chambre délibéra que l'inventaire signé des commissaires et du sieur Choulle serait transcrit au bas de la présente délibération et ensuite remis aux archives et que la clef de l'armoire où sont déposés les papiers contenus audit inventaire serait remise au sieur Choulle, ce qui a été fait sur-le-champ, et que copie de la présente délibération serait délivrée au sieur Delaunay pour sa décharge.

IV

Choulle remplit les fonctions de secrétaire de la chambre de commerce jusqu'à sa mort, survenue à Paris à la fin d'octobre 1740. Cette fois, la chambre prit ses mesures pour ne pas laisser usurper le droit qu'elle avait de nommer son secrétaire. Le jour même qu'il eut avis du décès, le prieur tint une assemblée générale des anciens prieurs, juges consuls et syndics de la chambre pour délibérer sur la nomination à faire d'un secrétaire. La compagnie décida que la nomination se ferait au scrutin, au prochain jour, et que l'intendant serait invité de s'y trouver. Au préalable, la liste des concurrents trouvés avoir les qualités requises pour remplir la place, serait arrêtée par les syndics de la chambre. L'intendant ayant donné heure et jour pour l'assemblée générale, le prieur fit devant la chambre, le 2 novembre, rapport du nombre des personnes qui lui avaient présenté requête tendante à avoir la place vacante de secrétaire de la chambre de commerce, savoir Louis Jore, Hébert de Navarre, François Bordier et René Dehors, tous marchands en cette ville. La chambre délibéra que tous quatre seraient mis sur la liste qui devait être distribuée à chacun des anciens prieurs et juges consuls pour l'un d'eux être choisi pour secrétaire de la chambre, conformément à la délibération du 31 octobre et à l'article 14 de l'arrêt du conseil du 19 juin 1703, pour faire les fonctions pendant deux ans et être continué, ou un autre nommé en sa place, si la chambre et les anciens prieurs, juges consuls et syndics le trouvaient à propos, aux appointements, honoraires et logement dont jouissait le feu sieur Choulle (1).

Le même jour, Louis Jore fut choisi par l'assemblée générale, et le 5 novembre installé dans ses fonctions : sa première écriture sur le registre est de ce jour.

Cependant, le contrôleur général informé de la vacance de la place par le décès de Choulle, y avait pourvu de son côté en nommant un sieur Cartain pour en remplir les fonctions et en donna avis à l'intendant. Cet avis transmis au prieur fut par lui communiqué à la chambre dans son assemblée du 12 novembre, en lui rappelant que la compagnie n'avait agi qu'en conséquence de l'arrêt d'établissement qui autorise la chambre à faire la nomination de son secrétaire, en élisant le 2 novembre, dans une assemblée générale présidée par l'intendant, le sieur Jore, installé depuis dans ses fonctions par l'assemblée du 5. La chambre arrêta qu'il serait écrit au contrôleur général une lettre de respectueuses représentations sur le droit de la chambre à elle attribué par l'arrêt de son établissement, droit dans lequel il sera supplié de vouloir bien la maintenir.

Le procès-verbal de l'assemblée suivante n'est plus écrit de la main de Jore, qui attendait la décision supérieure. Dans cette assemblée, sur la proposition du prieur, la chambre avait délibéré d'écrire à M. Fagon au sujet de la nomination faite par le contrôleur général du sieur Cartain comme secrétaire de la chambre, pour lui rendre compte de la régularité avec laquelle la compagnie avait antérieurement procédé à la nomination du sieur Louis Jore, et le prier d'accorder sa protection à la compagnie pour la faire maintenir dans le droit de nommer le secrétaire de la chambre.

L'écriture de Jore reparaît au procès-verbal de l'assemblée du 21 décembre dans laquelle est fait lecture d'une lettre adressée le 12 par le contrôleur général à l'intendant et dont celui-ci avait remis une ampliation à Messieurs du siège.

(1) Reg. des délib., VII, 250-52.

« Monsieur, suivant les observations contenues dans votre lettre du 12 du mois dernier, au sujet du secrétaire de la chambre de commerce de Rouen, je ne puis qu'approuver l'élection qui a été faite du sieur Louis Jore pour remplir cette place.

« Votre très humble et très affectionné serviteur,

« ORRY. »

La chambre arrêta qu'il serait incessamment écrit au contrôleur général et à M. Fagon pour les remercier de la protection qu'ils avaient bien voulu accorder à la compagnie en cette occasion, en approuvant la nomination et en maintenant la compagnie dans la prérogative de nommer son secrétaire.

Le 5 janvier 1741, la chambre nomma des commissaires pour faire l'inventaire des titres, pièces et dossiers étant aux archives, et qui devaient être remis au nouveau secrétaire. Cet inventaire fut présenté le 26 avril à la chambre, qui ordonna qu'une copie en serait remise aux archives de la juridiction, une autre copie avec la minute aux archives de la chambre.

Lorsqu'en 1745, l'indult fut établi pour le convoi des navires marchands aux colonies françaises de l'Amérique, le ministre de la marine confia à la chambre de commerce de Rouen le soin d'en assurer la perception en Normandie. Pour répondre à l'invitation de M. de Maurepas, la chambre proposa son secrétaire Jore, dont le choix fut approuvé du ministre. Les honoraires du receveur de l'indult fixés d'abord à quatre deniers par livre, furent, sur les représentations de Jore et sur les observations de la chambre dont le ministre avait demandé l'avis, réglés par le ministre de la marine Rouillé à un sol par livre, dont il revenait six deniers au sieur Jore et six deniers au sieur Prier qu'il employait pour suivre les opérations de la recette au Havre (mai 1749). Les comptes de la recette étaient arrêtés à la fin de l'année avec l'intendant de la marine au Havre (1).

Louis Jore remplit les fonctions de secrétaire jusqu'en 1773. En l'assemblée du 21 juillet de cette année, « a été fait lecture d'une requête présentée à la compagnie par le sieur Louis Jore, secrétaire de la chambre, expositive qu'il remet la place de secrétaire qu'il exerce depuis l'année 1740 ; que se voyant à la soixante-dixième année de son âge, il pense marquer son respect à la compagnie en se retirant, au lieu de conserver la place jusqu'à la fin de sa vie, au risque de ne pouvoir plus la remplir à la satisfaction de la compagnie :

---

(1) Reg. des délib., VIII, 51 et 56, 336, 353, 367, 389, 405.

le supliant se flatte qu'elle voudra bien, en considération de ses longs services, lui accorder une pension de retraite, de laquelle il prie de régler l'objet et l'assignation.

« Sur quoi les avis pris, la chambre a reçu la démission du sieur Louis Jore, qui a été remercié de l'exactitude avec laquelle il a rempli ses exercices de secrétaire de ladite chambre durant trente-trois années, et quoique, aux termes de l'article 14 de l'arrêt du 19 juin 1703, elle soit autorisée à nommer un successeur audit sieur Jore, la chambre a délibéré que ladite requête sera portée dans une assemblée générale des anciens sindics de la chambre, pour y être procédé à l'élection d'un nouveau secrétaire et fait droit sur la demande dudit sieur Jore d'une pension de retraite ; et comme il a été jugé convenable de prier M. l'Intendant de se trouver à ladite assemblée comme président de la chambre, Messieurs du siège ont été priés de voir mondit sieur l'intendant pour l'instruire de la démission du sieur Jore et en même temps demander le jour le plus prochain qu'il pourra donner pour indiquer ladite assemblée.(1) ».

V

Dans l'assemblée générale tenue le lendemain, et présidée, au désir de la compagnie, par M. de Crosne, intendant de la généralité de Rouen, le sieur Thomas Baraguey fut « élu à la pluralité des suffrages pour faire les fonctions de secrétaire de la chambre de commerce pendant deux années, après lesquelles il sera continué ou en sera nommé un autre en sa place, s'il est ainsi jugé à propos, et ce aux mêmes appointements, honoraires et logement dont jouissoit le sieur Louis Jore (2) ».

La compagnie avait en outre arrêté qu'il serait fait une pension de retraite au secrétaire démissionnaire, laissant à la chambre de commerce le soin d'en déterminer la quotité d'accord avec l'intendant. Le 1ᵉʳ septembre, la chambre arrêta que le secrétaire actuel ou celui qui pourrait lui succéder en cas de décès, ou autrement, serait tenu de faire au sieur Jore une pension de trois cents livres sa vie durant (3).

Thomas Baraguey avait été installé dans ses fonctions le 28 juillet 1773.

(1) Reg. des délib., XV, 507.
(2) Ibid., XV, 508.
(3) Ibid., XV, 517.

A la large et grande écriture que Louis Jore avait conservée jusqu'à la fin, succède sur les registres des délibérations, un petit grimoire menu et confus ; la rédaction en est aussi fort inférieure, son laconisme ne fait même pas connaître le sens des délibérations.

Depuis l'établissement des phares que l'arrêt du Conseil du 10 décembre 1773 avait autorisé la chambre de commerce de Rouen à créer à l'Ailly, à la Hève et à Barfleur, et dont l'administration lui avait été confiée ainsi que la perception des droits établis pour subvenir à leur construction et à leur entretien, le travail du secrétaire de la chambre s'était considérablement accru par les registres et autres écritures qu'il était obligé de tenir aux termes des différentes délibérations de la chambre relatives à l'administration de cet objet : sur l'observation du prieur qu'il lui paraissait juste de lui donner des appointements particuliers pour ce service, la chambre arrêta le 2 août 1776 qu'il lui serait payé annuellement 300 livres à compter du 1er janvier 1774 (1).

Le 21 novembre suivant, il lui était alloué cinquante louis de gratification pour un nouveau classement des archives (2).

VI

Le 1er octobre 1778, Baraguey était entré en fonctions de receveur de l'Hôtel-de-Ville, sans se démettre de celles de secrétaire de la chambre de commerce. Dès le lendemain, le prieur en informa la compagnie en la priant de délibérer. Elle pria MM. du siège de convoquer une assemblée générale aux fins que la compagnie eût à délibérer s'il lui convenait dans cette circonstance que M. Baraguey continuât ses fonctions de secrétaire. L'assemblée générale du 7 octobre lui donna pour successeur, aux mêmes conditions, le sieur Jean-Jacques Saffrey, qui était secrétaire de l'octroi des marchands ; remplacé comme tel par Yvelin, il fut installé le lendemain (3). MM. du siège écrivirent à l'intendant pour l'instruire de l'élection faite par la compagnie du sieur Saffrey, pour remplir la place de secrétaire. M. de Crosne leur répondit le 28 octobre, de Paris, en approuvant la nomination.

(1) Reg. des délib., XVI, 311.
(2) Ibid., XVI, 359.
(3) Ibid., XVII, 73 et 74.

L'écriture de Saffrey est plus nette. Il donne la substance des lettres des ministres au lieu de la reproduction intégrale qu'en faisait Baraguey. Le 8 juillet 1786, la chambre porte de trois cents à six cents livres son indemnité annuelle pour les écritures des phares. Le 29 octobre 1787, le prieur présente à la chambre la requête du secrétaire qui expose que les appointements de sa place fixés en 1703 à douze cents livres, n'ont point varié jusqu'à présent, que, vu l'augmentation que toutes choses ont éprouvées depuis quatre-vingts ans, il espère que la compagnie voudra bien y avoir égard et lui accorder une augmentation d'appointements. La chambre, considérant la gradation survenue en tout pendant ce laps de temps, et voulant donner un témoignage de satisfaction au sieur Saffrey, porta ses appointements à dix-huit cents livres.

Et, sur l'observation du prieur, que la chambre pourrait trouver convenable d'accorder une augmentation de gages au nommé Leblanc, concierge, ces gages, qui avaient été majorés de trente livres par an à la fin de décembre 1773, furent portés de cent cinquante à deux cent cinquante livres. Il les toucha pour la dernière fois le 30 décembre 1791 : la chambre avait alors cessé d'exister. Saffrey fut le dernier secrétaire de la chambre de commerce de Normandie.

Ainsi la chambre de commerce avait eu successivement pour secrétaires :

1° Claude CARNAY, 23 juillet 1703-août 1712. Suppléé par le greffier Panel d'août à décembre 1712 et par le commis Saint-Paul du 28 décembre 1712 au mois d'août 1717;

2° DELAUNAY, d'août 1717 au 21 avril 1733;

3° Gaston-Claude CHOULLE, du 21 avril 1733 au 31 octobre 1740;

4° Louis JORE, du 2 novembre 1740 au 21 juillet 1773;

5° Thomas BARAGUEY, du 28 juillet 1773 au 30 septembre 1778;

6° Jean-Jacques SAFFREY, du 8 octobre 1778 à décembre 1791.

Les archives de la chambre.

Les archives de la chambre de commerce de Normandie ont été tenues avec un soin remarquable. Le secrétaire de la chambre en avait la garde. La maladie du premier titulaire de cette charge, qui donna lieu, à partir du mois d'août 1712, à un intérim de six années, paraît avoir, dans le début, quelque peu nui à la bonne tenue de la collection des écritures et des mémoires qui commençaient à s'accumuler. Aussi, le 20 août 1715 (1), on proposa de mettre en état d'ordre tous les papiers concernant la chambre, depuis son établissement jusqu'à ce jour : la chambre autorisa MM. Chapais, second consul, et Guillebon, procureur-syndic, à commettre telle personne qu'ils jugeraient à propos pour ce faire, et de régler et payer ce qu'il conviendrait.

Deux ans après, août 1717, les archives, confiées au nouveau secrétaire en titre Delaunay, paraissent avoir été aux mains d'un conservateur qui classait les documents au fur et à mesure qu'ils étaient créés.

Logé en ville aux frais de la chambre, il gardait chez lui tous les papiers et registres de la compagnie. Il fut remplacé dans ses fonctions (21 avril 1733) à la veille de la construction du nouveau bâtiment de la juridiction, où secrétaire et archives de la chambre de commerce devaient trouver asile.

Lorsque Delaunay fut remplacé, deux syndics de la chambre furent nommés commissaires pour recevoir de lui les archives qu'il avait en sa maison : ils en vérifièrent, en présence de son successeur Choulle, l'inventaire dressé par celui qui en demandait décharge, et ensuite tous les papiers et registres furent replacés dans l'ancienne armoire de la chambre, dont la clef, rapportée sur le bureau, fut remise au nouveau secrétaire, à qui l'on fit transcrire sur le registre des délibérations l'inventaire signé des commissaires et de lui (2).

En janvier 1741, lorsque Louis Jore remplaça Choulle, il y eut même reconnaissance et remise régulière au nouveau secrétaire des pièces et dossiers qui étaient aux archives dans le nouveau bâtiment des consuls. L'inventaire en fut présenté, le 26 avril, à la chambre, qui ordonna qu'une copie en serait déposée aux archives de la juridiction, une autre copie avec la minute aux archives de la chambre (3).

Vers la fin de la longue période que Louis Jore fut secrétaire de la chambre, le 1ᵉʳ février 1769 (4), le prieur Jean-Baptiste Hurard, par l'examen qu'il avait fait des archives de la chambre, avait observé qu'il n'avait point été établi de registre sommier portant par extrait, année par année, date pour

(1) Reg. des délib., II, 226.
(2) Ibid., VI, 20.
(3) Ibid., VII, 303.
(4) Ibid., XIV, 406.

date, toutes les délibérations prises par la chambre depuis son établissement. Il lui avait paru utile et même nécessaire et, sur sa proposition, la chambre délibéra qu'il serait formé un registre sommier tel que le prieur le demandait, et qu'après y avoir porté par extrait toutes les délibérations antérieures, on y porterait celles à prendre par la suite au fur et à mesure qu'elles seraient prises, et à cette fin, nomma Simon Jore pour faire ce travail sous les yeux du secrétaire de la chambre. Le 21 octobre 1770 (1), le prieur fit savoir à la compagnie que Simon Jore était en état de produire son travail jusques et y compris l'assemblée du 26 octobre 1761 : mis sur le bureau avec tous les registres de la chambre, l'examen du registre sommier fut confié aux syndics Rondel et Hellot, nommés commissaires.

Après la retraite de Louis Jore (28 juillet 1773), par délibération du 11 août, au rapport de MM. Levavasseur et de Montmeau, commissaires, on avait arrêté un état et inventaire général des registres, dossiers et autres objets contenus aux archives de la chambre, dont la transcription fut faite à la suite de la délibération (2).

En juin 1774, en présence de Thomas-Simon Baraguey, dans l'année de sa prise de possession des fonctions de secrétaire résignées par L. Jore, fut refait l'inventaire général des registres, dossiers et autres objets contenus aux archives de la chambre de commerce : il fut transcrit au long à la suite de la délibération du 6 juin (3), et il en fut fait deux exemplaires, dont l'un fut déposé par le prieur aux archives de la juridiction, l'autre resta aux mains du secrétaire. En outre, cet inventaire fut transcrit sur un registre particulier, à la suite duquel devaient être portées les pièces qui surviendraient ultérieurement ; et pour maintenir l'ordre établi dans le chartrier, le secrétaire dut tenir état, sur un registre particulier, de toutes les pièces qu'il serait dans le cas de déplacer du chartrier pour les remettre aux syndics nommés commissaires.

Le 21 novembre 1776 (4), le prieur représente que depuis le dernier inventaire, avec le recouvrement de différentes pièces et l'addition de celles qui s'y sont ajoutées ensuite, l'insuffisance de l'armoire servant de chartrier a mis dans l'obligation de donner une nouvelle forme à l'arrangement des

(1) Reg. des délib., XV, 76.
(2) Ibid., XV, 514.
(3) Ibid., XVI, 36.
(4) Ibid., XVI, 358.

pièces et papiers, en rassemblant dans un même carton les liasses qui avaient rapport à celles qui y étaient originairement. Pour procurer d'ailleurs plus de facilité de trouver à l'instant les pièces dont MM. les syndics pourraient avoir besoin, le secrétaire s'est occupé d'une nouvelle forme d'inventaire qui répondra à ce but. En conséquence, il a mis sur le bureau ledit inventaire, un alphabet général des registres des délibérations indicatif, *dito* des copies de lettres, *dito* des cartons, *dito* des édits, arrêts, plus un inventaire particulier de chaque carton et de chaque collection d'arrêts, observant que, pour le plus grand ordre, ledit secrétaire a composé à la suite de chaque registre un état alphabétique des matières qu'il contient.

« Sur quoi délibéré, examen fait des états, inventaires et autres pièces ci-dessus citées, la chambre a arrêté que le nouvel inventaire soit transcrit à la suite de la présente délibération et qu'il en soit fait un double pour être remis aux archives de la juridiction et l'original rester aux archives de la chambre ; et, en ce qui concerne les états par ordre alphabétique, il a été arrêté aussi qu'ils resteront aux archives pour y avoir recours au besoin.

« Et la chambre, prenant en considération le travail pénible et assidu auquel le sieur Baraguey s'est livré, l'utilité qui résultera de la manière intelligente dont le travail est composé, et désirant donner au sieur Baraguey des marques de sa pleine satisfaction, elle a arrêté qu'il lui serait accordé une gratification de cinquante louis que le sieur procureur syndic est autorisé de lui payer. »

A ce trésor de documents vint s'ajouter, quelques années plus tard, un appoint considérable apporté par M. Joseph Behic, ancien député au conseil de commerce et syndic perpétuel de la chambre de commerce.

Pendant l'espace de vingt-trois années qu'il avait rempli les fonctions de député, il avait vu passer dans ses mains quantité d'affaires, sur nombre desquelles il avait reçu des éclaircissements de la chambre, soit par les lettres qu'elle lui avait écrites, soit en lui envoyant les ampliations des mémoires adressés aux ministres ou aux magistrats du département dont les affaires dépendaient. Non seulement il avait conservé ces lettres et ampliations, mais il y avait joint un grand nombre de mémoires des autres chambres de commerce et places du royaume. Il avait d'ailleurs rassemblé dans l'intervalle de son exercice un assez grand nombre de décisions du conseil rendues sur des difficultés générales et particulières qui s'étaient élevées entre les négociants des différentes places ou provinces, et les adjudicataires des fermes générales ou d'autres fermes séparées des fermes générales.

Dans la vue d'être, en sa qualité de député, d'autant plus utile au commerce, M. Behic avait traité avec la veuve d'un premier secrétaire d'un des fermiers généraux, considéré comme très instruit dans la partie des fermes générales, d'un projet de dictionnaire des fermes, dans lequel ce secrétaire avait sur chacun des mots insérés aux tarifs de 1664, 1667 et autres, rapproché sur un bulletin la date de toutes les lois et arrêts du Conseil qui avaient rapport à l'objet qu'il entendait traiter et sur lesquels il avait déjà couché par écrit ses observations particulières. M. Behic s'était porté à faire cette acquisition pour être d'autant plus en état d'apprécier les principes dont les parties s'appuyaient lors des difficultés qui surviennent fréquemment entre le commerce et les fermes.

La démission qu'il avait faite de la députation l'engagea à présenter à la chambre la collection de ces papiers, comme pouvant lui devenir utile en rappelant ce qui s'était passé, fait ou écrit sur certaines demandes qui, échouées dans un moment, peuvent se renouveler dans d'autres circonstances ; qui pouvaient d'ailleurs compléter ou au moins augmenter des dossiers d'affaires que la chambre avait traitées, appuyées ou proposées à l'administration.

Pénétré de cette idée, il offrait, le 14 juin 1782 (1), à la chambre de commerce, de déposer aux archives de la compagnie les mémoires, décisions du conseil, projet de dictionnaire des fermes, et priait la chambre d'autoriser le secrétaire Saffrey de se transporter chez lui pour distraire les papiers ou mémoires qu'il croirait inutiles.

La chambre accepta avec reconnaissance l'offre de son ancien député, comme une preuve de son zèle pour tout ce qui pouvait contribuer à l'avantage du commerce, et désirant lui donner un témoignage de ses sentiments à son égard, elle lui fit présenter une médaille d'or, qu'il accepta en remerciant la compagnie.

Lors de la suppression des chambres de commerce, les archives de celle de Rouen, si riches et si bien ordonnées, restèrent d'abord en place. La chambre ne s'évanouit pas du coup. Dans une lettre-circulaire datée du

---

(1) Reg. des délib., XVIII, 62.

27 novembre 1791 (1), le ministre de l'intérieur Delessart avait expliqué le décret du 27 septembre 1791, qui supprimait les chambres de commerce, par « la nécessité que l'assemblée nationale avait reconnue de réunir en un seul point toutes les parties de l'industrie nationale, afin qu'elles pussent s'accroître et se fortifier l'une par l'autre, et d'avoir toujours près du ministre de l'intérieur un bureau qui fût spécialement chargé d'assurer l'exécution des décrets concernant le commerce et d'éclairer la responsabilité du ministre. » Le 26 octobre, un comité avait été formé par le Roi sous le titre de *Bureau central de l'administration du commerce*, lequel devait « s'occuper sous les ordres du ministre de rechercher avec précision et certitude les besoins, les intérêts et les rapports des différentes branches de commerce et d'industrie. » — C'est ce que faisait, avec plus de certitude et de précision, sur un ton moins pédant et dans un meilleur style, l'ancien conseil au bureau du commerce, sous la direction du contrôleur général, avec la collaboration assidue et la consultation des députés du commerce, toujours en relation avec les chambres de commerce. — La circulaire, après avoir exposé les instructions que le ministre avait remises à ce comité, dit que les membres qui le composent ont commencé leurs travaux et s'occupent de réunir tous les matériaux nécessaires. Et après des considérations amphigouriques qui contrastent singulièrement avec la langue précise et simple dont se servaient les administrations précédentes, le ministre invite les administrateurs du directoire du département de la Seine-Inférieure, à lui faire passer le plus tôt possible les pièces, mémoires et observations qui leur paraîtraient les plus propres à remplir les intentions de l'assemblée nationale et le projet de Sa Majesté dans l'établissement du bureau central du commerce. « Vous trouverez, disait-il, ces diverses pièces dans les archives que la chambre de commerce a dû vous soumettre et vous pourrez vous faire aider dans cette utile recherche par les anciens membres de la chambre et négociants éclairés. » A peine la chambre disloquée, on éprouvait le besoin d'en réunir les membres. Le ministre espérait tout de la longue expérience et des lumières des négociants qui seraient appelés pour lui faire parvenir les observations et les mémoires qu'il demandait.

Ceux qui avaient composé la chambre de commerce ne s'étaient d'ailleurs pas séparés. Ils avaient, après l'abolition de l'institution, formé une *Société*

---

(1) Carton 35, 15ᵉ liasse.

libre du commerce, qui conservera la tradition des travaux dont s'occupait la chambre, jusqu'au jour où, par l'arrêté du 14 prairial an IX (3 juin 1801) le ministre de l'intérieur Chaptal établit à Rouen pour le département tout entier un conseil de commerce, dont le règlement donné le 18 fructidor an IX (5 septembre 1801) subsista jusqu'à la réorganisation nouvelle des chambres de commerce par les soins du même ministre, en exécution de l'arrêté des Consuls du 3 nivôse an XI (24 décembre 1802).

Après que la chambre de commerce avait été invitée à se trouver le 3 octobre 1791, à sept heures du soir, par commissaires au directoire du département, pour y recevoir des administrateurs la communication du décret de l'assemblée nationale du 27 septembre qui la supprimait, la compagnie avait dû continuer à s'assembler jusque dans le mois d'avril 1792, pour liquider les comptes de sa gestion de l'octroi des marchands et de la caisse des feux et assurer le sort de ses rentes sur les cuirs. Les syndics tinrent leur dernière assemblée le 13 avril pour répondre à l'invitation que leur avaient adressée le 21 mars les administrateurs du directoire du département(1), en conséquence de la lettre circulaire du ministre de l'intérieur du 21 novembre : ils étaient priés de désigner ceux d'entre eux qui voudraient s'adjoindre aux commissaires que nommerait le directoire pour suivre l'opération demandée par le ministre. « La distinction, disait la lettre, avec laquelle la chambre de commerce de Rouen a rempli dans tous les temps ses importantes et honorables fonctions, les grands services qu'elle a rendus à la chose publique, le zèle infatigable qui a toujours caractérisé chacun de ses membres, lui assurent dans l'opinion publique la première de toutes les récompenses, celle d'avoir fait constamment et persévéramment le bien de ses concitoyens et de laisser après elle un long souvenir de ses utiles et bienfaisants travaux. » Tous les administrateurs composant le directoire du département de la Seine-Inférieure avaient signé : C. Herbouville, Gueudry, Fouquet, L. Vieux, C. Rondeaux, Thieullen, de Cormeille, Levavasseur l'aîné.

Le 18 avril les syndics de la chambre de commerce adressèrent au directoire du département la réponse suivante :

« Messieurs,

« Votre lettre du 21 mars dernier, à laquelle étoit joint un imprimé de celle que vous adressoit le ministre de l'intérieur le 27 novembre, nous invite de

(1) Carton 35, 15ᵉ liasse.

choisir parmi nous ceux qui voudroient bien s'adjoindre aux commissaires que vous nommerez pour suivre les opérations relatives aux archives de la chambre de commerce.

« Nous avons en conséquence jeté les yeux sur MM. Willart, Dufour, B. Dupont, de Montmeau, Le Noble, Delespine père, Le Locu père et L. Hurard. Leur attachement à la compagnie, dont ils ont toujours si bien mérité, leur zèle pour l'avantage du commerce et le désir de lui être encore utile, s'il est possible, dans ce nouveau travail, ne leur ont pas permis de refuser. Assurés de trouver en vous, Messieurs, les mêmes sentiments, les mêmes vues du bien public, ils ne peuvent que se féliciter d'y coopérer avec des administrateurs aussi éclairés que vous l'êtes.

« Nous avons cru, Messieurs, devoir vous indiquer encore une personne qui pourroit être employée très utilement à la recherche des papiers, et fort capable d'y apporter toute l'intelligence et l'exactitude nécessaires, c'est M. Yvelin, secrétaire de l'octroy. Il nous a toujours paru digne à tous égards de la plus juste confiance.

« Nous sommes avec respect,

« Les syndics de la chambre de commerce : Chapais, Willart, Prosper Quesnel, Behic, L.-P. Midy, Le Couteulx, A.-A. Le Breton, Ch. Dufour, B. Dupont, de Montmeau, Lefebvre le jeune, E. Midy, Le Noble, L. Quesnel, Ch. Delespine, Le Locu, L. Hurard, L. Beaudoüin. »

Les archives consulaires étaient restées confiées à la garde de Pierre-Salomon Yvelin, secrétaire de la direction de l'octroi des marchands et des feux et phares, et de Jacques-Jean Saffrey, secrétaire de la chambre de commerce. Ils furent officiellement constitués gardiens des titres et pièces ayant appartenu à la chambre de commerce, à l'octroi des marchands et à l'administration des phares, par l'inventaire des biens meubles et immeubles de ces anciennes compagnies, dressé par le district de Rouen le 8 ventôse an II (26 février 1794).

Le 17 fructidor an II (3 septembre 1794), le directoire du département de la Seine-Inférieure avait chargé un de ses membres, Jacques-Pierre Grandin, de surveiller l'apport et le dépôt au département de ces papiers. Le 29 fructidor (15 septembre 1794) cet administrateur se transporta au tribunal de commerce séant dans l'emplacement où étaient réunis lesdits papiers, situé rue Nationale (ci-devant rue de l'Estrade), où étant arrivé, accompagné du citoyen Galli, chef de burrau des contributions du département, ils ont trouvé les citoyens Yvelin et Saffrey, gardiens des titres et pièces en question, lesquels leur ont ouvert différentes armoires de la ci-devant chambre de commerce, du ci-devant octroi et de l'ancienne administration des feux et phares.

Après avoir reconnu que les titres essentiels, ceux relatifs aux propriétés dont jouissaient l'ancienne juridiction consulaire, chambre de commerce et direction d'octroi, avaient été compris dans l'inventaire dressé le 8 ventôse, et que la presque totalité des papiers qui restaient à enlever, ne concernaient que l'administration de ces compagnies et pouvaient être regardés maintenant inutiles, puisque ces administrations, ainsi que les droits qu'elles étaient chargées de percevoir, étaient supprimés, ils se bornèrent à faire un état sommaire des papiers dont il s'agissait.

Le procès-verbal donne d'abord l'état des papiers concernant le ci-devant octroi des marchands de Rouen, puis celui des papiers concernant la régie et perception des droits de feux et phares; enfin l'état des papiers concernant la ci-devant chambre de commerce de Rouen, dont la teneur suit :

Vingt registres des délibérations de la ci-devant chambre de commerce.
Quatre livres de copies de lettres.
Un dictionnaire des traites manuscrit.
Un inventaire des pièces appartenantes à la chambre de commerce, rédigé le 28 novembre 1776, avec addition jusqu'au 31 décembre 1777.
Un alphabet dudit inventaire.
Un registre d'acquits à caution délivrés par la chambre de commerce pour primes accordées à la sortie des blancards, aux termes d'un arrêt du 20 septembre 1788.
Trente-huit cartons remplis de pièces relatives à l'administration de la chambre de commerce, dans chacun desquels cartons est un inventaire des pièces contenues dans chaque carton.

Il est d'observation que les numéros dont ces cartons sont timbrés annoncent qu'il devrait y avoir trente-neuf cartons, au lieu de trente-huit ; mais vérification faite sur l'inventaire général, dont est ci-dessus parlé, il a été reconnu qu'il ne devait réellement exister que trente-huit cartons, attendu qu'il n'y a point, suivant l'inventaire, de n° 35, et que c'est une faute de rédaction de cet inventaire qui a interrompu l'ordre des numéros, en inscrivant le nombre trente-six à la suite du nombre trente-quatre.

Un autre carton portant le n° 40, composé de quatre liasses d'écritures avec son inventaire particulier.

Un paquet composé de treize dossiers intitulé : objets divers.

Un autre composé de seize dossiers, ayant pour titre : pièces relatives au commerce des Indes et des colonies.

Un autre composé de vingt-neuf dossiers portant pour souscription : manufactures et fabriques de filature.

Un autre composé de vingt-un dossiers, concernant différentes perceptions de droits sur les marchandises.

Un autre composé de vingt-quatre dossiers intitulé : pièces concernant la navigation.

Un autre composé de cinquante-huit dossiers concernant différents mémoires sur le commerce.

Un autre composé de dix dossiers ayant pour suscription : pièces concernant les ports maritimes de Rouen, du Havre, etc.

Un autre paquet de lettres concernant le commerce des colonies.

Un autre paquet intitulé : députations du commerce et des manufactures auprès de l'assemblée nationale.

Un paquet composé de huit dossiers ayant pour objet l'hydrographie et les arts.

Un autre composé de trois dossiers concernant les espèces d'or et d'argent.

Un autre paquet composé de trois dossiers concernant les juridictions consulaires.

Un autre paquet intitulé : correspondance relative aux arrêts de surséance et sauf-conduits.

Un autre paquet composé de trois dossiers relatifs aux grains, bois et charbons.

Un autre paquet de pièces relatives à l'admission des navires étrangers aux colonies.

Un autre paquet ayant pour titre : objets divers à revoir et à mettre en règle.

Un autre paquet de pièces concernant la carue.

Un dossier de pièces concernant l'affaire de Planter et Buisson.

Un dossier de pièces relatives au traité de commerce de la France avec l'Angleterre.

Quinze paquets d'états d'inspection des manufactures.

Un paquet de cartes d'échantillons de teinture du citoyen Dambourney.

Quatre plans de la ville de Dieppe.

Un plan des chantiers de construction à Rouen.

Un tableau du commerce de la France avec la Baltique.

Et, enfin, plusieurs paquets de mémoires imprimés et instructions sur le commerce et les manufactures.

Et quelques autres paquets intitulés « pièces inutiles » et dont n'a été fait aucun examen ni description.

Un modèle de four à plâtre et un mémoire du citoyen Scanegatty (1).

Les pièces qui ont dû être comprises dans l'inventaire dressé le 8 ventôse an II (16 février 1794) par le district de Rouen, inventaire auquel fait allusion le procès-verbal que nous venons de citer du 29 fructidor an II (15 septembre 1794), ces pièces dont l'apport et le dépôt au département avait été confié le 17 fructidor an II (3 septembre 1794) par le Directoire au citoyen Jacques-Pierre Grandin, l'un de ses membres, où ont-elles été portées et déposées ? Nous n'en trouvons aucune constatation.

Après la reconstitution de la chambre de commerce, sous l'Empire (car la première page de la pièce porte le timbre de la chambre de commerce de Rouen avec l'aigle impériale), à une date qu'une donnée de la pièce elle-même permet de fixer après 1810, fut rédigé, apparemment par le secrétaire-archiviste de la chambre à cette époque, un cahier d'inventaire conservé aujourd'hui dans nos archives. Il est intitulé : *Inventaire des anciennes archives de la juridiction consulaire de Rouen et de la chambre de commerce de Normandie, reposées sous les combles du bâtiment consulaire.*

Il énumère ce que contient d'abord *la première salle à droite placée au-dessus de la salle d'audience du tribunal de commerce* : deux cent quarante-deux volumes de plumitifs et cent cinquante-six liasses diverses ; *dans la salle n° 2 au-dessus du grand escalier dans la partie est du bâtiment consulaire* : deux cent cinquante-huit volumes, soixante-trois boîtes, dix-sept cartons et un grand nombre de liasses, le tout, comme les pièces de la première salle, concernant la juridiction consulaire ; trois cent vingt-cinq registres de la perception des droits de l'octroi des marchands,

---

(1) « L'original de cet inventaire se trouve dans les archives départementales, rue Saint-Romain, et est compris dans un paquet de pièces ayant pour titre : *Département. Commerce. Chambre de commerce de Rouen. Octroi des marchands.* » (Note de l'archiviste de la chambre de commerce Mariette sur la copie qu'il en a faite le 6 octobre 1834 et qui se trouve au secrétariat de la chambre de commerce.)

avec deux cartons contenant les arrêts et édits qui concernent ledit octroi et diverses pièces de ses comptes; cent quatre-vingt-six registres de la perception des droits de feux, avec deux cartons de la comptabilité de ces droits.

Dans la salle n° 3, à la suite de la salle n° 1 : cent quarante-sept volumes de polices d'assurances maritimes sur deux rayons, avec six liasses d'arrêts, d'édits, d'imprimés ou de manuscrits divers, sept liasses de parchemins contenant des contrats ou des sentences; douze liasses de pièces diverses, deux cent cinquante-cinq livres de commerce, six livres d'échantillons, neuf liasses de connaissements, dix liasses de pièces intéressant des particuliers.

Cette masse de documents a émigré des combles du palais des Consuls : un bon nombre reposent au rez-de-chaussée dans l'obscur local des archives du tribunal de commerce; le département a recueilli sur les rayons clairs des siennes un lot de registres illisibles et qui paraissent sans intérêt, provenant de la juridiction consulaire, un carton de la comptabilité de l'octroi des marchands et les deux liasses de titres des acquisitions de la juridiction avec lesquels nous avons refait l'histoire de son bâtiment. Enfin les archives de la chambre de commerce actuelle possèdent les vingt volumes de délibérations de son aînée, d'où nous avons tiré le présent ouvrage et quarante-neuf cartons pleins de pièces originales et de vieux papiers, dont le classement n'est pas parfait ni la collection complète, bien qu'on ait pris soin d'écrire pour chaque carton un inventaire individuel de son contenu. Nous avons puisé dans les liasses qu'ils renferment quelque complément de notre analyse des registres.

Les trois derniers cartons, n°s 47, 48 et 49, se composent de pièces qui n'étaient pas renfermées et qui se trouvaient réunies en trois forts paquets portant pour étiquette : « Pièces faisant partie des archives de la chambre de commerce de Normandie, envoyés en brumaire an X (novembre 1801) au conseil de commerce par le préfet aux termes d'un arrêté du ministre de l'intérieur du 14 prairial an IX (1er juin 1800) et remises par M. Noël secrétaire dudit conseil au sieur Riaux archiviste de la chambre de commerce. »

Tout ce qui avait été porté des Consuls au département ne revint pas à son lieu d'origine. Un dessin des phares de la Hève, vus de la terre, est aujourd'hui conservé aux archives de la Seine-Inférieure, après avoir longtemps paré la muraille du cabinet du préfet. Il était, avant la dispersion des biens de la chambre, camarade de trois autres que notre compagnie a gardés et qui reproduisent, l'un les mêmes phares jumeaux de la Hève vus de la mer, et les deux autres ceux de l'Ailly et de Gatteville (Barfleur), également pris du même point de vue. L'obligeance du vénérable archiviste du département nous a permis de faire reproduire le dessin que possède son dépôt pour être joint à la reproduction des trois dessins de la chambre dans la publication que nous avons faite pour commémorer les travaux bienfaisants de l'ancienne chambre en écrivant l'histoire des phares établis et administrés par elle sur les côtes de la province de Normandie.

Fin de la chambre.

L'éloge de la chambre de commerce de Normandie et des différents services de toute la compagnie consulaire était fait, presque à la veille de sa disparition, par le président du directoire du district de Rouen, De Bonne (1), dans la réponse qu'il fit le 22 novembre 1790, au compliment de la compagnie venue rendre visite à la nouvelle administration.

« L'exacte justice, disait-il, nous avons presque dit l'infaillibilité de votre juridiction consulaire, la haute réputation dont jouit en France et même hors du royaume votre chambre de commerce, la direction de l'octroy des marchands dont vous administrez les produits avec autant de sagesse que d'économie ; toutes ces fonctions que vous réunissez et remplissez si dignement, nous rendent bien précieux les sentiments que vous venez témoigner au directoire du district.

« Les grands interets commerciaux, Messieurs, que vous connoissez si bien, que vous deffendez de même et pour lesquels vous avez sans cesse des députés auprès de nos législateurs, vous donnent des droits certains à la confiance et à la reconnoissance publique.

« C'est avec cette même confiance, Messieurs, que nous aurons recours à vos lumières, lorsque nous verrons soumises à notre discussion des matières sur lesquelles vos connoissances seront infiniment secourables (2). »

---

(1) Est-ce le De Bonne (Guillaume) qui fut second juge-consul de la juridiction en 1764 et syndic de la chambre de commerce en 1779-1780 ?
(2) Reg. des délib., XX, 176.

Déjà compromise alors par la substitution des tribunaux de commerce créés par le décret de l'Assemblée nationale du 16 août 1790, à la juridiction consulaire dont la chambre de commerce était solidaire, l'existence de celle-ci était encore plus menacée par l'esprit des législateurs du temps qui ne laissaient subsister ni congrégation, ni association, ni groupement quelconque en dehors des administrations de l'Etat. Déjà au mois de décembre 1790 (1), le directoire du département de la Somme, moins favorable aux représentants du commerce que le directoire du district de Rouen, avait pris un arrêté tendant à supplier l'Assemblée nationale de supprimer la chambre de commerce de Picardie. Ce vœu fut exaucé par l'abolition que fit le décret du 27 septembre 1791 de toutes les chambres de commerce du royaume.

Le 3 octobre 1791 (2), le prieur donnait à la chambre de commerce de Rouen lecture d'une lettre du secrétaire général du département, invitant la compagnie à se trouver ce jour, à sept heures du soir, par commissaires au directoire du département, pour des objets qui intéressaient la chambre. Les commissaires faisaient le surlendemain rapport de la conférence qu'ils avaient eue avec trois des administrateurs composant le directoire du département relativement à l'octroi des marchands et à l'administration et régie des phares. La chambre référa aux directeurs de l'octroi de ce qui regardait leur caisse. Quant à l'objet des phares et droits de feux, elle présenta deux jours après un mémoire qui donnait l'état des forces et des charges de la caisse et régie des feux et tendait à démontrer la nécessité de veiller non seulement à l'administration des phares, mais à la sûreté du paiement et à l'acquit des engagements d'emprunt qu'elle avait pris par contrats de constitution de rentes ou par promesses. Elle fit en même temps remise de tous les titres concernant les phares.

La chambre tint ensuite encore quelques assemblées pour donner lecture de la correspondance reçue, mais sans donner suite aux objets proposés autrement que par la décision de quelques parères. Elle examine, le 16 décembre 1791, le compte du syndic-trésorier Baudoüin pour l'année 1790, accusant, pour une recette de dix-sept mille huit cents livres, une dépense de trente-neuf mille sept cent quatre-vingt-sept livres trois sols, soit un excédent de vingt et un mille neuf cent quatre-vingt-sept livres trois sols, et le 16 avril 1792, elle clôt le registre de ses délibérations avec l'approbation du

(1) Reg. des délib., XX, 194.
(2) Ibid., XX, 263.

compte du même trésorier Baudoüin, accusant une recette de neuf mille sept cent cinquante-huit livres huit sols et une dépense de dix-huit mille huit cents livres sept sols, soit un excédent de neuf mille quarante et une livres dix-neuf sols, dont les dix syndics qui signent le dernier procès-verbal autorisent le comptable de compenser la somme sur les deniers fournis par les directeurs de l'octroi.

La chambre de commerce aurait voulu, dans la limite de ses moyens, pourvoir à la liquidation de l'octroi des marchands, dont elle avait eu l'administration et la régie. Le 30 décembre 1791 (1), après la signature des mandats qu'il demandait à la chambre pour régler les frais annuels du secrétariat, le syndic-trésorier Baudoüin avait exposé que la chambre était propriétaire de douze parties de rente sur le Roi par raison de la liquidation des offices et droits sur les cuirs par elle acquis des deniers de l'octroi des marchands en vertu de l'édit du mois de mars 1757; que les douze contrats de constitution de ces rentes étaient aux mains de MM. Le Couteulx et Cie, à Paris, pour en procurer annuellement la rentrée. Dans les circonstances actuelles, il lui paraissait convenable de rétablir dans les archives de la chambre les grosses desdits contrats. La chambre, partageant cet avis, fit rentrer ses titres qui montaient à la somme capitale de cent soixante-deux mille trois cent trente et une livres treize sols trois deniers, produisant, au denier vingt-cinq, six mille quatre cent quatre-vingt-treize livres cinq sols quatre deniers de rentes annuelles sujettes à la retenue du dixième.

Le prieur expose que la chambre de commerce n'a qu'une propriété précaire de ces contrats dont le produit de la recette des rentes était versé à la caisse de l'octroi; que vu la cessation des droits d'octroi (depuis le 1er mai 1791, d'après la loi du 25 février précédent), il n'existe plus à ladite caisse de fonds suffisants pour l'acquittement de ses engagements; que ces contrats ne peuvent être considérés que comme un des gages des créanciers de l'octroi; qu'il semble naturel d'aviser aux moyens de faire passer aux directeurs de l'octroi ou aux créanciers de cette direction les titres desdits contrats et les facultés nécessaires pour en assurer aux uns ou aux autres la propriété ou le pouvoir d'en faire l'aliénation à l'acquit et décharge de la direction dudit octroi.

La compagnie, prenant en considération l'exposé du prieur, a arrêté que

---

(1) Reg. des délib., XX, 275.

M. Pierre-Louis Baudoüin, syndic-trésorier de la chambre de commerce, est autorisé à faire, au nom des prieur, juges-consuls et syndics de la chambre de commerce, la vente et cession desdits contrats de la manière la plus convenable, après et ainsi qu'il en sera délibéré, s'il y a lieu, par MM. les directeurs de l'octroi, à l'effet d'employer le produit de ladite vente à l'acquittement des dettes dudit octroi ; que néanmoins la présente délibération n'aura son effet qu'après qu'elle aura été homologuée par MM. les administrateurs composant le directoire du département, auxquels elle sera présentée ; arrête en outre que les grosses desdits contrats seront provisoirement remises aux directeurs de l'octroi pour être déposés à la caisse dudit octroi (1).

Le directoire du département n'homologua pas la délibération ; il fit part à la chambre des motifs qui s'y opposaient : le seul parti à prendre dans les circonstances présentes était de déposer ces contrats à la caisse de l'octroi. L'Assemblée nationale devant s'occuper incessamment de la situation de l'octroi, pourvoirait dans sa sagesse à la vente et à l'emploi de ces rentes.

La chambre de commerce était dépossédée de son dernier avoir. C'était bien la fin.

(1) Reg. des délib., XX, 278.

TABLEAU CHRONOLOGIQUE DES SYNDICS

ÉPOQUE DE LA NOMINATION	NOM ET PRÉNOMS	FONCTION	FONCTIONS ANTÉRIEURES
1700. 5 août.	Mesnager (Nicolas).	Député au Conseil de commerce.	
1703. 28 juillet.	Le Baillif (David).	Prieur, août 1702.	Proc. synd., janvier 1700; 1ᵉʳ Consul. août 1701.
NOTA. — La juridiction élue en 1702, parvenue à la fin de son exercice, composa encore la première assemblée de la Chambre de commerce avec les cinq syndics nommés dans l'assemblée générale de ce jour.	Lallemant (Richard).	1ᵉʳ Consul, août 1702.	Procureur syndic, janvier 1701.
	Deschamps (Charles).	2ᵐᵉ Consul, août 1702.	
	Bizault (Martin).	Proc. syndic, janv. 1703.	
	Le Gendre (Thomas).	Syndic.	Inspecteur général du commerce.
	Asselin le jeune (Nicolas), écuyer.	Syndic.	Conseiller secrétaire du Roi, maison et couronne de France et de ses finances.
	Debors (René).	Syndic.	Proc. synd., janvier 1678; 1ᵉʳ Consul, août 1679; Prieur, août 1680.
	Bouette (Daniel).	Syndic.	2ᵐᵉ Consul, août 1689.
	Marye (Nicolas).	Syndic.	Proc. synd., janvier 1665; 1ᵉʳ Consul, août 1666; Prieur, août 1667.
1703. 11 août.	Lallemant (Richard).	Prieur, élu le 7.	Proc. synd., janvier 1701; 1ᵉʳ Consul, août 1702.
	Lange.	1ᵉʳ Consul, élu le 7.	Procureur syndic, janvier 1702.
	Planterose (François).	2ᵐᵉ Consul, élu le 7.	
1704. 15 janvier.	Dumont (Louis).	Proc. synd., élu le 8.	
12 août.	Lange.	Prieur, élu le 5.	Proc. synd., janvier 1702; 1ᵉʳ Consul, août 1703.
	Bizault (Martin).	1ᵉʳ Consul, élu le 5.	Procureur syndic, janvier 1703.
	Marye (Estienne).	2ᵐᵉ Consul, élu le 5.	
31 déc.	Judde le père (Claude).	Syndic.	2ᵐᵉ Consul, juillet 1676.
	Judde le fils (Nicolas).	Syndic.	2ᵐᵉ Consul, août 1700.
	Le Baillif (David).	Syndic.	Prieur, août 1702.
1705. 14 janvier.	Mustellier (Joseph).	Proc. synd., élu le 13.	
12 août.	Bizault (Martin).	Prieur, élu le 4.	Proc. synd., janvier 1703; 1ᵉʳ Consul, août 1704.
	Dumont (Louis).	1ᵉʳ Consul, élu le 4.	Procureur syndic, janvier 1704.
	Planteroze (Thomas).	2ᵐᵉ Consul, élu le 4.	
31 déc.	Formont l'aîné (Louis).	Syndic.	Proc. synd., janvier 1686; 1ᵉʳ Consul, août 1687; Prieur, août 1688.
	Le Planquois (Nicolas).	Syndic.	2ᵐᵉ Consul, août 1681.
1706. janvier.	Cecile (Mellon).	Proc. synd., élu le 12.	
4 août.	Dumont (Louis).	Prieur, élu le 4.	Proc. synd., janvier 1704; 1ᵉʳ Consul, août 1705.
	Mustellier (Joseph).	1ᵉʳ Consul, élu le 4.	Procureur syndic, janvier 1705.
	Taillet (Pierre).	2ᵐᵉ Consul, élu le 4.	

ÉPOQUE DE LA NOMINATION	NOM ET PRÉNOMS	FONCTION	FONCTIONS ANTÉRIEURES
1706. 30 déc.	Pelletier.	Syndic.	
	Hellot (Pierre).	Syndic.	Prieur, juillet 1690.
	Bizault le père.	Syndic.	Prieur, juillet 1691.
1707. 12 janvier.	Le Page (Louis).	Proc. synd., élu le 11.	
21 janvier. A la place de défunt Bizault le père, qui n'a pas siégé.	Le Baillif (Philippe).	Syndic.	2me Consul. juillet 1690.
1707. 8 août.	Mustellier (Joseph).	Prieur, élu le 6.	Proc. synd., janvier 1705 ; 1er Consul, août 1706.
	Cecile (Mellon).	1er Consul, élu le 6.	Procureur syndic, janvier 1706.
	De la Rue (Jacques-Estienne).	2me Consul, élu le 6.	
31 déc.	Rolland (Jacques).	Syndic.	Prieur, août 1692.
	Guymonneau (Guillaume).	Syndic.	2me Consul, août 1692.
1708. 19 janvier.	Desuslamare (Pierre).	Proc. synd., élu le 10 janvier.	
13 août.	Cecile (Mellon).	Prieur, élu le 7 août.	Proc. synd., janvier 1706 ; 1er Consul. août 1707.
	Le Page (Louis).	1er Consul, élu le 7 août.	Procureur syndic, janvier 1707.
	Le Moyne (Estienne).	2me Consul, élu le 7 août.	
31 déc.	Ellye (Romain).	Syndic.	Prieur, juillet 1694.
	Campion (Thomas).	Syndic.	2me Consul, juillet 1693.
	Le Boullenger (Robert).	Syndic.	Prieur, juillet 1696.
1709. 14 janvier.	Pommeraye (Nicolas).	Proc. synd., élu le 8 janvier.	
5 août.	Le Page (Louis).	Prieur, élu le 30 juillet.	Proc. synd., janvier 1707 ; 1er Consul, août 1708.
	Desuslamare (Pierre).	1er Consul, élu le 30 juillet.	Procureur syndic, janvier 1708.
	Belard (Nicolas).	2me Consul, élu le 30 juillet.	
31 déc.	Planteroze (Pierre).	Syndic.	Prieur, juillet 1697.
	Desgroisille (Jean).	Syndic.	2me Consul, juillet 1696.
1710. 20 janvier.	Godebeu (Georges).	Proc. synd., élu le 14 janvier.	
23 mai. A la place de défunt P. Planteroze.	Cabeuil (Nicolas).	Syndic.	2me Consul, juillet 1697.
1710. 4 août.	Desuslamare (Pierre).	Prieur, élu le 29 juillet.	Proc. synd., janvier 1708 ; 1er Consul, juillet 1709.
	Pommeraye (Nicolas).	1er Consul, élu le 29 juillet.	Procureur syndic, janvier 1709.
	L'Héritier (Pierre).	2me Consul, élu le 29 juillet.	
31 déc.	Rondel (Guillaume).	Syndic.	Prieur, août 1700.
	Hargault (Jacques).	Syndic.	2me Consul, août 1699.
	Turgis (Jean).	Syndic.	Prieur, août 1701.
1711. 19 janvier.	Le Planquois (Nicolas).	Proc. synd., élu le 13 janvier.	

TABLEAU CHRONOLOGIQUE DES SYNDICS

ÉPOQUE DE LA NOMINATION	NOM ET PRÉNOMS	FONCTION	FONCTIONS ANTÉRIEURES
1711. 8 août.	Pommeraye (Nicolas).	Prieur, élu le 29 juillet.	Proc. synd., janvier 1709; 1er Consul, juillet 1710.
	Godeheu (Georges).	1er Consul, élu le 29 juillet.	Procureur syndic, janvier 1710.
	Le Picard (Nicolas).	2me Consul, élu le 29 juillet.	
31 déc.	Judde (Claude).	Syndic.	2me Consul, juillet 1676; Syndic, décembre 1704.
	Le Conteulx des Aubris (Jean-Estienne).	Syndic.	2me Consul, août 1701.
1712. 18 janvier.	Marlot (Denis).	Proc. synd., élu le 12 janvier.	
24 mai. A la place de Nicolas Mesnager.	Le Baillif l'aîné (David).	Député au Conseil de commerce.	Prieur, août 1702; Syndic, décembre 1704.
1712. 8 août.	Godeheu (Georges).	Prieur, élu le 3 août.	Proc. synd., janvier 1710; 1er Consul, juillet 1711.
	Le Planquois (Nicolas).	1er Consul, élu le 3 août.	Procureur syndic, janvier 1711.
	Le Conteulx le jeune (Antoine).	2me Consul, élu le 3 août.	
29 déc.	Debors (René).	Syndic.	2me Consul, juillet 1703.
	Hellot (Pierre).	Syndic.	Prieur, août 1680; Syndic, 28 juillet 1703.
	Lallemant (Richard).	Syndic.	Prieur, août 1703.
1713. 23 janvier.	Cannel (Jean).	Proc. synd., élu le 20 janvier.	
7 août.	Le Planquois (Nicolas).	Prieur, élu le 1er août.	Proc. synd., janvier 1711; 1er Consul, août 1712.
	Marlot (Denis).	1er Consul, élu le 1er août.	Procureur syndic, janvier 1712.
	Bordier (Charles).	2me Consul, élu le 1er août.	
30 déc.	Bouette (Daniel).	Syndic.	2me Consul, août 1689; Syndic, 28 juillet 1703.
	Deschamps (Charles).	Syndic.	2me Consul, août 1702.
1714. 15 janvier.	Le Conteulx de la Noraye (Barthélemy).	Proc. synd., élu le 9 janvier.	
3 mai. A la place de défunt Deschamps (Charles).	Lange.	Syndic.	Prieur, août 1704.
1714. 6 août.	Marlot (Denis).	Prieur, élu le 31 juillet.	Proc. synd., janvier 1712; 1er Consul, août 1713.
	Cannet (Jean).	1er Consul, élu le 31 juillet.	Procureur syndic, janvier 1713.
	Huey (Jean).	2me Consul, élu le 31 juillet.	
31 déc.	Marye (Nicolas).	Syndic.	Prieur, août 1667; Syndic, 28 juillet 1703.
	Planterose (François).	Syndic.	2me Consul, août 1703.
	Bizault (Martin).	Syndic.	Prieur, août 1705.
1715. 14 janvier.	Fossard (Pierre).	Proc. synd., élu le 14 janvier.	
29 avril. A la place de défunt Le Baillif (David).	Godeheu (Georges).	Député au Conseil de commerce.	Prieur, août 1712.
1715. 2 juillet. A la place de défunt Bizault (Martin).	Le Baillif (Philippe).	Syndic.	2me Consul, juillet 1690; Syndic, janvier 1707.

TABLEAU CHRONOLOGIQUE DES SYNDICS

ÉPOQUE DE LA NOMINATION	NOM ET PRÉNOMS	FONCTION	FONCTIONS ANTÉRIEURES
1715. 16 juillet.	Guillebon (Claude-Jacques).	Procur. syndic.	
30 juillet. Le 1er Consul, J. Cannet, était décédé.	Le Couteulx de la Noraye.	Prieur, élu le 29 juillet.	Procureur syndic, janvier 1714.
	Fossard (Pierre).	1er Consul, élu le 29 juillet.	Procureur syndic, janvier 1715.
	Chapais (François).	2me Consul, élu le 29 juillet.	
1715. 31 déc.	Rolland (Jacques).	Syndic.	Prieur, août 1692; Syndic, décembre 1707.
	Guymonneau (Guillaume).	Syndic.	2me Consul, août 1692; Syndic, décembre 1707.
	Marye (Estienne).	Syndic.	2me Consul, août 1704.
1716. 18 janvier.	Le Marchant (Jean-Jacques).	Proc. synd., élu le 14 janvier.	
4 août.	Fossard (Pierre).	Prieur, élu le 28 juillet.	Proc. synd., janvier 1715; 1er Consul, juillet 1715.
	Guillebon (Claude-Jacques).	1er Consul, élu le 28 juillet.	Procureur syndic, juillet 1715.
	Chenu.	2me Consul, élu le 28 juillet.	
31 déc.	Ellye (Romain).	Syndic.	Prieur, juillet 1694; Syndic, décembre 1708.
	Campion (Thomas).	Syndic.	2me Consul, juillet 1694; Syndic, décembre 1704.
1717. 19 janvier.	Testart (Jean).	Proc. synd., élu le 13 janvier.	
2 août.	Guillebon (Claude-Jacques).	Prieur, élu le 27 juillet.	Proc. synd., juillet 1715; 1er Consul, août 1716.
	Le Marchant (Jean-Jacques).	1er Consul, élu le 27 juillet.	Procureur syndic, janvier 1716.
	Davoult (Louis).	2me Consul, élu le 27 juillet.	
31 déc.	Rondel (Guillaume).	Syndic.	Prieur, août 1700; Syndic, décembre 1710.
	Le Couteulx des Aubris (Jean-Estienne).	Syndic.	2me Consul, août 1701; Syndic, décembre 1711.
	Dumont (Louis).	Syndic.	Prieur, août 1706.
1718. 17 janvier.	Moulin (Nicolas).	Proc. synd., élu le 11 janvier.	
4 août.	Le Marchant (Jean-Jacques).	Prieur, élu le 1er août.	Proc. synd., janvier 1716; 1er Consul, juillet 1717.
	Testart (Jean).	1er Consul, élu le 1er août.	Procureur syndic, janvier 1717.
	Guymonneau (Jacques).	2me Consul, élu le 1er août.	
31 déc.	Planteroze (Thomas).	Syndic.	2me Consul, août 1705.
	Taillet (Pierre).	Syndic.	2me Consul, août 1706.
1719. 6 février.	Gueroult (André).	Proc. synd., élu le 31 janvier.	
7 août.	Testart (Jean).	Prieur, élu le 1er août.	Proc. synd., janvier 1717; 1er Consul, août 1718.
	Moulin (Nicolas).	1er Consul, élu le 1er août.	Procureur syndic, janvier 1718.
	Midy (Toussaint).	2me Consul, élu le 1er août.	
30 déc.	Cécile (Mellon).	Syndic.	Prieur, août 1708.
	De la Rue (Jacques-Estienne).	Syndic.	2me Consul, août 1707.
	Le Page (Louis).	Syndic.	Prieur, août 1709.

TABLEAU CHRONOLOGIQUE DES SYNDICS 359

ÉPOQUE DE LA NOMINATION	NOM ET PRÉNOMS	FONCTION	FONCTIONS ANTÉRIEURES
1720. 15 janvier.	*Hucy* (Charles).	Proc. synd., élu le 9 janvier.	
5 avril. A la place de Godeheu (Georges).	*Pasquier* (Louis), écuyer.	Député au Conseil de commerce.	
1720. 13 août.	*Moulin* (Nicolas).	Prieur, élu le 6 août.	Proc. synd., janvier 1718; 1ᵉʳ Consul, août 1719.
	Gueroult (André).	1ᵉʳ Consul, élu le 6 août.	Procureur syndic, janvier 1719.
	France (Guillaume).	2ᵐᵉ Consul, élu le 6 août.	
31 déc.	*Le Moyne* (Estienne).	Syndic.	2ᵐᵉ Consul, août 1708.
	Desuslamare (Pierre).	Syndic.	Prieur, août 1710.
1721. 20 janvier.	*Marquet* (Pierre).	Proc. synd., élu le 14 janvier.	
8 août.	*Gueroult* (André).	Prieur, élu le 5 août.	Proc. synd., janvier 1719; 1ᵉʳ Consul, août 1720.
	Hucy (Charles).	1ᵉʳ Consul, élu le 5 août.	Procureur syndic, janvier 1719.
	Prevel (Nicolas).	2ᵐᵉ Consul, élu le 5 août.	
31 déc.	*Pommeraye* (Nicolas).	Syndic.	Prieur, août 1711.
	Godeheu (Georges).	Syndic.	Prieur, août 1712; Député, 29 avril 1715 jusqu'au 5 avril 1720.
	Le Picard (Nicolas).	Syndic.	2ᵐᵉ Consul, août 1711.
1722. Janvier.	*Huré* (François-Barthélemy).	Proc. synd., élu le 13 janvier.	
8 août.	*Hucy* (Charles).	Prieur, élu le 4 août.	Proc. synd., janvier 1720; 1ᵉʳ Consul, août 1721.
	Marquet (Pierre).	1ᵉʳ Consul, élu le 4 août.	Procureur syndic, janvier 1721.
	Rolland (Jacques).	2ᵐᵉ Consul, élu le 4 août.	
31 déc.	*Le Planquois* (Nicolas).	Syndic.	Prieur, août 1713.
	Le Conteulx (Antoine).	Syndic.	2ᵐᵉ Consul, août 1712.
1723. 21 janvier.	*Desportes* (Nicolas-Louis).	Proc. synd., élu le 12 janvier.	
11 août.	*Marquet* (Pierre).	Prieur, élu le 3 août.	Proc. synd., janvier 1721; 1ᵉʳ Consul, août 1722.
	Huré (François-Barthélemy).	1ᵉʳ Consul, élu le 3 août.	Procureur syndic, janvier 1722.
	De Lavigne (Charles).	2ᵐᵉ Consul, élu le 3 août.	
31 déc.	*Bordier* (Charles).	Syndic.	2ᵐᵉ Consul, août 1713.
	Le Conteulx de la Noraye (Barthélemy).	Syndic.	Prieur, juillet 1715.
	Fossard (Pierre).	Syndic.	Prieur, juillet 1716.
1724. 14 janvier.	*Baudouin* (Jacques).	Proc. synd., élu le 11 janvier.	
9 août.	*Huré* (François-Barthélemy).	Prieur, élu le 1ᵉʳ août.	Proc. synd., janvier 1722; 1ᵉʳ Consul, août 1723.
	Desportes (Nicolas-Louis).	1ᵉʳ Consul, élu le 1ᵉʳ août.	Procureur syndic, janvier 1723.
	Hellot (Lucien-Alexand.-César).	2ᵐᵉ Consul, élu le 1ᵉʳ août.	

TABLEAU CHRONOLOGIQUE DES SYNDICS

ÉPOQUE DE LA NOMINATION	NOM ET PRÉNOMS	FONCTION	FONCTIONS ANTÉRIEURES
1724. 30 déc.	*Hellot* (Pierre).	Syndic.	Prieur, juillet 1690; Syndic, décembre 1706; Syndic, décembre 1712.
	Rolland (Jacques).	Syndic.	Prieur, août 1692; Syndic, décembre 1715.
1725. 24 janvier.	*Lallemant* (Nicolas).	Proc. synd., élu le 24 janvier.	
17 août.	*Desportes* (Nicolas-Louis).	Prieur, élu le 1ᵉʳ août.	Proc. synd., janvier 1723; 1ᵉʳ Consul, août 1724.
	Baudouin (Jacques).	1ᵉʳ Consul, élu le 1ᵉʳ août.	Procureur syndic, janvier 1724.
	Taillet (Eustache).	2ᵐᵉ Consul, élu le 1ᵉʳ août.	
31 déc.	*Campion* (Thomas).	Syndic.	2ᵐᵉ Consul, juillet 1693; Syndic, décembre 1708; Syndic, décembre 1716.
	Rondel (Guillaume).	Syndic.	Prieur, août 1700; Syndic, décembre 1710; Syndic, décembre 1717.
	Le Couteulx des Aubris.	Syndic.	2ᵐᵉ Consul, août 1701; Syndic, décembre 1711; Syndic, 1717.
1726. 26 janvier.	*Prier* (Joseph).	Proc. synd., élu le 16 janvier.	
2 août.	*Baudouin* (Jacques).	Prieur, élu le 30 juillet.	Proc. synd., janvier 1724; 1ᵉʳ Consul, août 1725.
	Lallemant (Nicolas).	1ᵉʳ Consul, élu le 30 juillet.	Procureur syndic, janvier 1725.
	Guymonneau (Antoine).	2ᵐᵉ Consul, élu le 30 juillet.	
31 déc.	*Lallemant* (Richard).	Syndic.	Prieur, août 1703; Syndic, décembre 1712.
	Planteroze l'aîné (François).	Syndic.	2ᵐᵉ Consul, août 1703; Syndic, décembre 1713.
1727. 17 janvier.	*Ellye* (Romain).	Proc. synd., élu le 17 janvier.	
9 août.	*Lallemant* (Nicolas).	Prieur, élu le 5 août.	Proc. synd., janvier 1725; 1ᵉʳ Consul, juillet 1726.
	Prier (Joseph).	1ᵉʳ Consul, élu le 5 août.	Procureur syndic, janvier 1726
	Cabanil (Nicolas).	2ᵐᵉ Consul, élu le 5 août.	
31 déc.	*Marye* (Estienne).	Syndic.	2ᵐᵉ Consul, août 1704; Syndic, décembre 1715.
	Planteroze le jeune (Nicolas).	Syndic.	2ᵐᵉ Consul, août 1705; Syndic, décembre 1715.
	Taillet (Pierre).	Syndic.	2ᵐᵉ Consul, août 1706; Syndic, décembre 1718.
1728. 15 janvier.	*Bebie* (Joseph).	Proc. synd., élu le 14 janvier.	
12 août.	*Prier* (Joseph).	Prieur, élu le 3 août.	Proc. synd., janvier 1726; 1ᵉʳ Consul, août 1727.
	Ellye (Romain).	1ᵉʳ Consul, élu le 3 août.	Procureur syndic, janvier 1727.
	Deschamps (Charles).	2ᵐᵉ Consul, élu le 3 août.	
31 déc.	*Cecile* (Mellon).	Syndic.	Prieur, août 1706; Syndic, décembre 1719.
	De La Rue (Jacques-Estienne).	Syndic.	2ᵐᵉ Consul, août 1707; Syndic, décembre 1719.
1729. 14 janvier.	*Amaury* (Jean).	Proc. synd., élu le 13 janvier.	
12 août.	*Ellye* (Romain).	Prieur, élu le 13 janvier.	Proc. synd., janvier 1727; 1ᵉʳ Consul, août 1728.
	Bebie (Joseph).	1ᵉʳ Consul, élu le 13 janvier.	Procureur syndic, janvier 1728.

TABLEAU CHRONOLOGIQUE DES SYNDICS

ÉPOQUE DE LA NOMINATION	NOM ET PRÉNOMS	FONCTION	FONCTIONS ANTÉRIEURES
1729. 12 août.	*Dambourney* (Alexandre).	2ᵐᵉ Consul, élu le 13 janvier.	
31 déc.	*Le Page* (Louis).	Syndic.	Prieur, août 1709; Syndic, décembre 1719.
	Le Moyne (Estienne).	Syndic.	2ᵐᵉ Consul, août 1708; Syndic, décembre 1720.
	Desuslamare (Pierre).	Syndic.	Prieur, août 1710; Syndic, décembre 1720.
1730. 18 janvier.	*Rondel* (Jean-Martin).	Proc. synd., élu le 17 janvier.	
18 août.	*Bebic* (Joseph).	Prieur, élu le 8 août.	Proc. synd., janvier 1728; 1ᵉʳ Consul, août 1729.
	Amaury (Jean).	1ᵉʳ Consul, élu le 8 août.	Procureur syndic, janvier 1729.
	Canivet (Nicolas).	2ᵐᵉ Consul, élu le 8 août.	
30 déc.	*Pommeraye* (Nicolas).	Syndic.	Prieur, août 1711; Syndic, décembre 1721.
	Godcheu (Georges).	Syndic.	Prieur, août 1712; Député, avril 1715-avril 1720; Syndic, décembre 1721.
1731. 10 janvier.	*Botereau* (Jacques).	Proc. synd., élu le 9 janvier.	
1ᵉʳ août.	*Amaury* (Jean).	Prieur, élu le 31 juillet.	Proc. synd., janvier 1729; 1ᵉʳ Consul, août 1730.
	Rondel (Jean-Martin).	1ᵉʳ Consul, élu le 31 juillet.	Procureur syndic, janvier 1730.
	Bous (Antoine).	2ᵐᵉ Consul, élu le 31 juillet.	
31 déc.	*Le Picard* (Nicolas).	Syndic.	2ᵐᵉ Consul, août 1711; Syndic, décembre 1721.
	Le Planquois (Nicolas).	Syndic.	Prieur, août 1713; Syndic, décembre 1722.
	Le Couteulx (Antoine).	Syndic.	2ᵐᵉ Consul, août 1712; Syndic, décembre 1722.
1732. 19 janvier.	*Le Noble* (Robert).	Proc. synd., élu le 9 janvier.	
7 mai. A la place de défunt Rondel (Jean-Martin)	*Botereau* (Jacques).	1ᵉʳ Consul, élu le mai.	Procureur syndic, janvier 1731.
1732. 2 juillet.	*De Saint-Aubin* (Henry-Franç.)	Proc. synd., élu le 1ᵉʳ juillet.	
30 juillet.	*Botereau* (Jacques).	Prieur, élu le 29 juillet.	Proc. synd., janvier 1731; 1ᵉʳ Consul, mai 1732.
	Le Noble (Robert).	1ᵉʳ Consul, élu le 29 juillet.	Procureur syndic, janvier 1732.
	De la Rocque (Benoist).	2ᵐᵉ Consul, élu le 29 juillet.	
31 déc.	*Bordier* (Charles).	Syndic.	2ᵐᵉ Consul, août 1713; Syndic, décembre 1723.
	Le Couteulx de la Noraye (Barthélemy).	Syndic.	Prieur, juillet 1715; Syndic, décembre 1723.
1733. 15 janvier.	*Rondel* (Romain).	Proc. synd., élu le 9 janvier.	
7 août.	*Le Noble* (Robert).	Prieur, élu le 4 août.	Proc. synd., janvier 1732; 1ᵉʳ Consul, juillet 1732.
	De Saint-Aubin (Henry-Franç.)	1ᵉʳ Consul, élu le 4 août.	Procureur syndic, juillet 1732.
	Maillard (Louis).	2ᵐᵉ Consul, élu le 4 août.	
31 déc.	*Chapais* (François).	Syndic.	2ᵐᵉ Consul, juillet 1715.
	Davoult (Louis).	Syndic.	2ᵐᵉ Consul, août 1717.
	Testart (Jean).	Syndic.	Prieur, août 1719.

ÉPOQUE DE LA NOMINATION	NOM ET PRÉNOMS	FONCTION	FONCTIONS ANTÉRIEURES
1734. 25 janvier.	Levavasseur l'aîné (Pierre-Jacques).	Proc. synd., élu le 10 janvier.	
29 juillet.	De Saint-Aubin (Henry-Franç.)	Prieur, élu le 27 juillet.	Proc. synd., juillet 1732; 1ᵉʳ Consul, août 1733.
	Rondel (Romain).	1ᵉʳ Consul, élu le 27 juillet.	Procureur syndic, janvier 1733.
	Cecile (François).	2ᵐᵉ Consul, élu le 27 juillet.	
31 déc.	Guymonneau (Jacques).	Syndic.	2ᵐᵉ Consul, août 1718.
	Moulin (Nicolas).	Syndic.	Prieur, août 1720.
1735. 15 janvier.	Paynel (Pierre-Louis).	Proc. synd., élu le 11 janvier.	
5 août.	Rondel (Romain).	Prieur, élu le 3 août.	Proc. synd., janvier 1733; 1ᵉʳ Consul, août 1734.
	Levavasseur l'aîné (Pierre-Jacques).	1ᵉʳ Consul, élu le 3 août.	Procureur syndic, janvier 1734.
	Basire (Alexandre).	2ᵐᵉ Consul, élu le 3 août.	
29 déc.	Gueroult (André).	Syndic.	Prieur, août 1721.
	France (Guillaume).	Syndic.	2ᵐᵉ Consul, août 1720.
	Pasquier (Louis).	Syndic.	Député, avril 1720.
1736. 9 février.	Midy (Louis).	Proc., synd. élu le 7 février.	
14 août.	Levavasseur l'aîné (Pierre-Jacques).	Prieur, élu le 7 août.	Proc. synd., janvier 1734; 1ᵉʳ Consul, août 1735.
	Paynel (Pierre-Louis).	1ᵉʳ Consul, élu le 7 août.	Procureur syndic, janvier 1735.
	Dupont (Jacques).	2ᵐᵉ Consul, élu le 7 août.	
31 déc.	Prevel (Nicolas).	Syndic.	2ᵐᵉ Consul, août 1721.
	Rolland le fils (Jacques).	Syndic.	2ᵐᵉ Consul, août 1722.
1737. 18 janvier.	Lezurier (Louis).	Proc. synd., élu le 15 janvier.	
7 août.	Paynel (Pierre-Louis).	Prieur, élu le 30 juillet.	Proc. synd., janvier 1735; 1ᵉʳ Consul, août 1736.
	Midy (Louis).	1ᵉʳ Consul, élu le 30 juillet.	Procureur syndic, février 1736.
	Lefebvre (Guillaume).	2ᵐᵉ Consul, élu le 30 juillet.	
31 déc.	De Lavigne (Charles)	Syndic.	2ᵐᵉ Consul, août 1723.
	Rolland le père (Jacques).	Syndic.	Prieur, août 1692; Syndic, décembre 1713
	Le Couteulx des Aubris (Jean-Estienne).	Syndic.	2ᵐᵉ Consul, août 1701; Syndic, décembre 1711; Syndic, décembre 1717.
1738. 31 janvier.	Desnoyers (Jean-Baptiste-Paul).	Proc. synd., élu le 14 janvier.	
13 août.	Midy (Louis).	Prieur, élu le 5 août.	Proc. synd., février 1736; 1ᵉʳ Consul, juillet 1737.
	Lezurier (Louis).	1ᵉʳ Consul, élu le 5 août.	Procureur syndic, janvier 1737.
	De Bray (Pierre).	2ᵐᵉ Consul, élu le 5 août.	
31 déc.	Marye (Estienne).	Syndic.	2ᵐᵉ Consul, août 1704; Syndic, décembre 1715; Syndic, décembre 1727.
	Taillet (Pierre).	Syndic.	2ᵐᵉ Consul, août 1706; Syndic, décembre 1718; Syndic, décembre 1727.

TABLEAU CHRONOLOGIQUE DES SYNDICS 363

ÉPOQUE DE LA NOMINATION	NOM ET PRÉNOMS	FONCTION	FONCTIONS ANTÉRIEURES
1739. 14 janvier.	Jore (Antoine).	Proc. synd., élu le 13 janvier.	
12 août.	Lexurier (Louis).	Prieur, élu le 4 août.	Proc. synd., janvier 1737 ; 1ᵉʳ Consul, août 1738.
	Desnoyers (Jean-Baptiste-Paul).	1ᵉʳ Consul, élu le 4 août.	Procureur syndic, janvier 1738.
	Roudel (Jean-Baptiste).	2ᵐᵉ Consul, élu le 4 août.	
31 déc.	De La Rue (Jacques-Estienne).	Syndic.	2ᵐᵉ Consul, août 1707 ; Syndic, décembre 1719 ; Syndic, décembre 1728.
	Le Page (Louis).	Syndic.	Prieur, août 1709 ; Syndic, décembre 1719 ; Syndic, décembre 1729.
	Pommeraye (Nicolas).	Syndic.	Prieur, août 1711 ; Syndic, décembre 1721 ; Syndic, décembre 1730.
1740. 14 janvier.	Desnoyers (Pierre).	Proc. synd., élu le 12 janvier.	
17 août.	Desnoyers (Jean-Baptiste-Paul).	Prieur, élu le 9 août.	Proc. synd., janvier 1738 ; 1ᵉʳ Consul, août 1739.
	Jore (Antoine).	1ᵉʳ Consul, élu le 9 août.	Procureur syndic, janvier 1739.
	Le Moyne (Pierre).	2ᵐᵉ Consul, élu le 9 août.	
31 déc.	Le Picard (Nicolas).	Syndic.	2ᵐᵉ Consul, août 1711 ; Syndic, décembre 1721 ; Syndic, décembre 1731.
	Le Planquois (Nicolas).	Syndic.	Prieur, août 1713 ; Syndic, décembre 1722 ; Syndic, décembre, 1731.
1741. 11 janvier.	Lecointe (Pierre).	Proc. synd., élu le 10 janvier.	
2 août. A la place de défunt Lecointe (Pierre).	Grossemy (Joseph).	Proc. synd., élu le 1ᵉʳ août.	
1741. 9 août.	Jore (Antoine).	Prieur, élu le 8 août.	Proc. synd., janvier 1739 ; 1ᵉʳ Consul, août 1740.
	Desnoyers (Pierre).	1ᵉʳ Consul, élu le 8 août.	Procureur syndic, janvier 1740.
	Le Vavasseur (Louis).	2ᵐᵉ Consul, élu le 8 août.	
28 déc.	Le Coutenlx (Antoine).	Syndic.	2ᵐᵉ Consul, août 1713 ; Syndic, décembre 1722 ; Syndic, décembre 1731.
	Bordier (Charles).	Syndic.	2ᵐᵉ Consul, août 1713 ; Syndic, décembre 1723 ; Syndic, décembre 1732.
	Le Coutenlx de la Noraye (Barthélemy).	Syndic.	Prieur, juillet 1715 ; Syndic, décembre 1723 ; Syndic, 1732.
1742. 17 janvier.	Le Bourg (Jean-V.-Nicolas).	Proc. synd., élu le 16 janvier.	
8 août.	Desnoyers (Pierre).	Prieur, élu le 31 juillet.	Proc. synd., janvier 1740 ; 1ᵉʳ Consul, août 1741.
	Grossemy (Joseph).	1ᵉʳ Consul, élu le 31 juillet.	Procureur syndic, août 1741.
	Blondel (Michel).	2ᵐᵉ Consul, élu le 31 juillet.	
31 déc.	Chapais (François).	Syndic.	2ᵐᵉ Consul, juillet 1715 ; Syndic, décembre 1733.
	Testart (Jean).	Syndic.	Prieur, août 1719 ; Syndic, décembre 1733.
1743. 16 janvier.	Dupuis (Nicolas-Lambert).	Proc. synd., élu le 15 janvier.	

ÉPOQUE DE LA NOMINATION	NOM ET PRÉNOMS	FONCTION	FONCTIONS ANTÉRIEURES
1743. 7 août.	Grossemy (Joseph).	Prieur, élu le 30 juillet.	Proc. synd., août 1742 ; 1ᵉʳ Consul, juillet 1742.
	Le Bourg (Jean-V.-Nicolas).	1ᵉʳ Consul, élu le 30 juillet.	Procureur syndic, janvier 1742.
	Midy (Pierre).	2ᵐᵉ Consul, élu le 30 juillet.	
31 déc.	Moulin (Nicolas).	Syndic.	Prieur, août 1720; Syndic, décembre 1734.
	France (Guillaume).	Syndic.	2ᵐᵉ Consul, août 1720; Syndic, décembre 1735.
	Rolland le fils (Jacques).	Syndic.	2ᵐᵉ Consul, août 1722; Syndic, décembre 1736.
1744. 3 janvier. A la place de défunt France (Guillaume).	De Lavigne (Charles).	Syndic.	2ᵐᵉ Consul, août 1723; Syndic, décembre 1737.
1744. 15 janvier.	Bordier le fils (Charles-Nicol.).	Proc. synd., élu le 14 janvier.	
20 avril. A la place de défunt De Lavigne (Charles)	Baudouin (Jacques).	Syndic.	Prieur, juillet 1726.
1744. 12 août.	Le Bourg (Jean-V.-Nicolas).	Prieur, élu le 4 août.	Proc. synd., janvier 1742; 1ᵉʳ Consul, juillet 1743.
	Dupuis (Nicolas-Laurent).	1ᵉʳ Consul, élu le 4 août.	Procureur syndic, janvier 1743.
	Mouquet (Louis).	2ᵐᵉ Consul, élu le 4 août.	
31 déc.	Lallemant (Nicolas).	Syndic.	Prieur, août 1727.
	Prier (Joseph).	Syndic.	Prieur, août 1728.
1745. 13 janvier.	Behic (Joseph).	Proc. synd., élu le 12 janvier.	
24 mars. A la place de défunt Baudouin (Jacques).	Cabeuil (Nicolas).	Syndic.	2ᵐᵉ Consul, 1727.
1745. 4 août.	Dupuis (Nicolas-Laurent).	Prieur, élu le 3 août.	Proc. synd., janvier 1743 ; 1ᵉʳ Consul, août 1744.
	Bordier (Charles-Nicolas).	1ᵉʳ Consul, élu le 3 août.	Procureur syndic, janvier 1744.
	Le Couteulx (Barthélemy-Félix).	2ᵐᵉ Consul, élu le 3 août.	
31 déc.	Ellye (Romain).	Syndic.	Prieur, août 1729.
	Deschamps (Charles).	Syndic.	2ᵐᵉ Consul, 1728.
1746. 19 janvier.	Chapais (Jean-Bapt.-François).	Proc. synd., élu le 18 janvier.	
3 août.	Bordier (Charles-Nicolas).	Prieur, élu le 2.	Proc. synd., janvier 1744 ; 1ᵉʳ Consul, août 1745.
	Behic (Joseph).	1ᵉʳ Consul, élu le 2.	Procureur syndic, janvier 1745.
	Canivet le fils (Nicolas).	2ᵐᵉ Consul, élu le 2.	
31 déc.	Dambourney (Alexandre).	Syndic.	2ᵐᵉ Consul, août 1729.
	Amaury (Jean).	Syndic.	Prieur, août 1731.
	Canivet le père (Nicolas).	Syndic.	2ᵐᵉ Consul, août 1730.
1747. 18 janvier.	Midy du Perreux (Nicolas).	Proc. synd., élu le 17 janvier.	
12 août.	Behic (Joseph).	Prieur, élu le 8 août.	Proc. synd., janvier 1745 ; 1ᵉʳ Consul, août 1746.

TABLEAU CHRONOLOGIQUE DES SYNDICS

ÉPOQUE DE LA NOMINATION	NOM ET PRÉNOMS	FONCTION	FONCTIONS ANTÉRIEURES
1747. 12 août.	Chapais (Jean-Bapt.-François).	1ᵉʳ Consul, élu le 8 août.	Procureur syndic, janvier 1746.
	Le Bourg (Pierre).	2ᵐᵉ Consul, élu le 8 août.	
31 déc.	Bous (Antoine).	Syndic.	2ᵐᵉ Consul, août 1731.
	Botereau (Jacques).	Syndic.	Prieur, juillet 1732.
	Le Noble (Robert).	Syndic.	Prieur, août 1733.
1748. 31 janvier.	Boisjouvin (Jacques).	Procur. syndic.	
31 juillet.	Chapais (Jean-Bapt.-François).	Prieur, élu le 30 juillet.	Proc. synd., janvier 1746; 1ᵉʳ Consul, août 1747.
	Midy Duperreux (Nicolas).	1ᵉʳ Consul, élu le 30 juillet.	Procureur syndic, janvier 1747.
	Bordier (Robert).	2ᵐᵉ Consul, élu le 30 juillet.	
31 déc.	De Saint-Aubin (Henry-Franç.)	Syndic.	Prieur, août 1734.
	Rondel (Romain).	Syndic.	Prieur, août 1735.
1749. 15 janvier.	Bigot (Jean-Baptiste).	Procur. syndic.	
30 juillet.	Midy Duperreux (Nicolas).	Prieur, élu le 29 juillet.	Proc. synd., janvier 1747; 1ᵉʳ Consul, juillet 1748.
	Boisjouvin (Jacques).	1ᵉʳ Consul, élu le 29 juillet.	Procureur syndic, janvier 1748.
	Marye (Estienne).	2ᵐᵉ Consul, élu le 29 juillet.	
31 déc.	Cecile (François).	Syndic.	2ᵐᵉ Consul, août 1734.
	Payuel (Louis).	Syndic.	Prieur, août 1737.
	Dupont (Jacques).	Syndic.	2ᵐᵉ Consul, août 1736.
1750. 14 janvier.	Guillebon l'aîné (Claude).	Procur. syndic.	
29 juillet.	Boisjouvin (Jacques).	Prieur, élu le 28 juillet.	Proc. synd., janvier 1748; 1ᵉʳ Consul, juillet 1749.
	Bigot (Jean-Baptiste).	1ᵉʳ Consul, élu le 28 juillet.	Procureur syndic, janvier 1749.
	Midy (Louis-Pierre).	2ᵐᵉ Consul, élu le 28 juillet.	
31 déc.	Midy (Louis).	Syndic.	Prieur, août 1738.
	Le Couteulx des Aubris (Jean-Estienne).	Syndic.	2ᵐᵉ Consul, août 1701; Syndic, décembre 1711; Syndic, décembre 1717; Syndic, décembre 1737.
1751. 20 janvier.	Boby (Dominique).	Procur. syndic.	
11 août.	Bigot (Jean-Baptiste).	Prieur, élu le 10 août.	Proc. synd., janvier 1749; 1ᵉʳ Consul, juillet 1750.
	Guillebon (Claude).	1ᵉʳ Consul, élu le 10 août.	Procureur syndic, janvier 1750.
	Imambert (Jacques).	2ᵐᵉ Consul, élu le 10 août.	
31 déc.	Taillet (Pierre).	Syndic.	2ᵐᵉ Consul, août 1706; Syndic, décembre 1715; Syndic, décembre 1727; Syndic, décembre 1738.
	Le Page (Louis).	Syndic.	Prieur, août 1709; Syndic, décembre 1719; Syndic, décembre 1729; Syndic, décembre 1739.
	Le Picard (Nicolas).	Syndic.	2ᵐᵉ Consul, août 1711; Syndic, décembre 1721; Syndic, décembre 1730; Syndic, décembre 1740.
1752. 19 janvier.	Le Breton (Antoine-Adrien).	Procur. syndic.	
2 août.	Guillebon (Claude).	Prieur, élu le 1ᵉʳ août.	Proc. synd., janvier 1750; 1ᵉʳ Consul, août 1751.
	Boby (Dominique).	1ᵉʳ Consul, élu le 1ᵉʳ août.	Procureur syndic, janvier 1751.

TABLEAU CHRONOLOGIQUE DES SYNDICS

ÉPOQUE DE LA NOMINATION	NOM ET PRÉNOMS	FONCTION	FONCTIONS ANTÉRIEURES
1752. 2 août.	Le Conteulx (Antoine).	2ᵐᵉ Consul, élu le 1ᵉʳ août.	
30 déc.	Le Planquois (Nicolas).	Syndic.	Prieur, août 1713; Syndic, décembre 1722; Syndic, décembre 1731; Syndic, décembre 1740.
	Le Conteulx le père (Antoine).	Syndic.	2ᵐᵉ Consul, août 1712; Syndic, décembre 1722; Syndic, décembre 1731; Syndic, décembre 1741.
1753. 19 janvier. A la place de Boby (Domin.), démissionnaire.	Le Breton (Antoine-Adrien).	1ᵉʳ Consul.	Procureur syndic, janvier 1752.
1753. 19 janvier.	Quillebeuf de Bethencourt (J.-Fr.), écuyer.	Procur. syndic.	
27 juin.	Hellot (Alexandre).	Procur. syndic.	
8 août.	Le Breton (Antoine-Adrien).	Prieur, élu le 7 août.	Proc. synd., janvier 1752; 1ᵉʳ Consul, janvier 1753.
	Quillebeuf de Bethencourt.	1ᵉʳ Consul, élu le 7 août.	Procureur syndic. janvier 1753.
	Boisjouvin (Jean-Baptiste).	2ᵐᵉ Consul, élu le 7 août.	
31 déc.	Le Conteulx de la Noraye (Barthélemy).	Syndic.	Prieur, juillet 1715; Syndic, décembre 1723; Syndic, décembre 1732; Syndic, décembre 1741.
	Rolland (Jacques).	Syndic.	2ᵐᵉ Consul, août 1722; Syndic, décembre 1736; Syndic, décembre 1743.
	Lallemant (Nicolas).	Syndic.	Prieur, août 1727; Syndic, décembre 1744.
	Price (Joseph).	Syndic.	Prieur, août 1728; Syndic, décembre 1744.
1754. 16 janvier.	Chevremont (Pierre).	Procur. syndic.	
31 juillet.	Quillebeuf de Bethencourt.	Prieur, élu le 30 juillet.	Proc. synd., janvier 1753; 1ᵉʳ Consul, août 1753.
	Hellot (Alexandre).	1ᵉʳ Consul, élu le 30 juillet.	Procureur syndic, janvier 1753.
	De Labarre le jeune (Pierre).	2ᵐᵉ Consul, élu le 30 juillet.	
16 nov. A la place de défunt Pasquier (Louis).	Behir (Joseph-David-Domin.).	Député.	Prieur, août 1747.
1754. 31 déc.	Cabanil (Nicolas).	Syndic.	2ᵐᵉ Consul, août 1727; Syndic, mars 1745.
1755. 22 janvier.	Le Conteulx de la Noraye (Antoine-Louis).	Procur. syndic.	
6 août.	Hellot (Alexandre).	Prieur, élu le 5 août.	Proc. synd., juin 1753; 1ᵉʳ Consul, juillet 1754.
	Chevremont (Pierre).	1ᵉʳ Consul, élu le 5 août.	Procureur syndic, janvier 1754.
	Guillebon (Jean).	2ᵐᵉ Consul, élu le 5 août.	
31 déc.	Ellye (Romain).	Syndic.	Prieur, août 1729; Syndic, décembre 1745.
	Deschamps (Charles).	Syndic.	2ᵐᵉ Consul, août 1728; Syndic, décembre 1745.
	Amaury (Jean.)	Syndic.	Prieur, août 1731; Syndic, décembre 1746.
	Bous (Antoine).	Syndic.	2ᵐᵉ Consul, août 1731; Syndic, décembre 1747.
1756. 14 janvier.	Le Vachier ou Vachier d'Andé (Henry-Joseph).	Procur. syndic.	
4 août.	Chevremont (Pierre).	Prieur, élu le 3 août.	Proc. synd., janvier 1754; 1ᵉʳ Consul, août 1755.
	Le Conteulx de la Noraye (Antoine-Louis).	1ᵉʳ Consul, élu le 3 août.	Procureur syndic, janvier 1755.

TABLEAU CHRONOLOGIQUE DES SYNDICS

ÉPOQUE DE LA NOMINATION	NOM ET PRÉNOMS	FONCTION	FONCTIONS ANTÉRIEURES
1756. 4 août.	Le Vavasseur (Pierre).	2ᵐᵉ Consul, élu le 3 août.	
31 déc.	Le Noble (Robert).	Syndic.	Prieur, août 1733; Syndic, décembre 1747.
	Rondel (Romain).	Syndic.	Prieur, août 1735; Syndic, décembre 1748.
1757. 24 janvier.	Testart (Jean), écuyer.	Procur. syndic.	
10 août.	Le Conteulx de la Noraye (Antoine-Louis).	Prieur, élu le 9 août.	Proc. synd., janvier 1755; 1ᵉʳ Consul, août 1756.
	Le Vachier (Henry-Joseph).	1ᵉʳ Consul, élu le 9 août.	Procureur syndic, janvier 1756.
	Lallemant fils (Richard-Gont.).	2ᵐᵉ Consul, élu le 9 août.	
31 déc.	Cecile (François).	Syndic.	2ᵐᵉ Consul, août 1734; Syndic, décembre 1749.
	Payuel (Louis).	Syndic.	Prieur, août 1737; Syndic, décembre 1749.
	Dupont (Jacques).	Syndic.	2ᵐᵉ Consul, août 1736; Syndic, décembre 1749.
1758. 18 janvier.	Bulande (Marin-Claude).	Procur. syndic.	
2 août.	Le Vachier (Henry-Joseph).	Prieur, élu le 1ᵉʳ août.	Proc. synd., janvier 1756; 1ᵉʳ Consul, août 1757.
	Testart (Jean).	1ᵉʳ Consul, élu le 1ᵉʳ août.	Procureur syndic, janvier 1757.
	Ribard (Jean-Philip.-Nicolas).	2ᵐᵉ Consul, élu le 1ᵉʳ août.	
30 déc.	Midy (Louis).	Syndic.	Prieur, août 1738; Syndic, décembre 1750.
	Lezurier (Louis).	Syndic.	Prieur, août 1739.
1759. 17 janvier.	Famin (Noël-Nicolas).	Procur. syndic.	
20 juin.	Bulande (Marin-Claude).	1ᵉʳ Consul.	Procureur syndic, janvier 1758.
A la place de défunt Testart (Jean).			
1759. 17 janvier.	Durand fils aîné (Robert).	Procur. syndic.	
1ᵉʳ août.	Bulande (Marin-Claude).	Prieur, élu le 30 juillet.	Proc. synd., janvier 1758; 1ᵉʳ Consul, juin 1759.
	Famin (Noël-Nicolas).	1ᵉʳ Consul, élu le 30 juillet.	Procureur syndic, janvier 1759.
	Méry (Louis).	2ᵐᵉ Consul, élu le 30 juillet.	
31 déc.	Rondel (Jean-Baptiste).	Syndic.	2ᵐᵉ Consul, août 1739.
	Jore (Antoine).	Syndic.	Prieur, août 1741.
	Le Moyne (Pierre).	Syndic.	2ᵐᵉ Consul, août 1740.
1760. 17 janvier.	Midy (Pierre-Nicolas).	Procur. syndic.	
13 août.	Famin (Noël-Nicolas).	Prieur, élu le 12 août.	Proc. synd., janvier 1759; 1ᵉʳ Consul, août 1759.
	Durand (Robert).	1ᵉʳ Consul, élu le 12 août.	Procureur syndic, juin 1759.
	Taillet (Pierre).	2ᵐᵉ Consul, élu le 12 août.	
31 déc.	Desnoyers (Pierre).	Syndic.	Prieur, août 1742.
	Grossemy (Joseph).	Syndic.	Prieur, août 1743.
	Blondel de Berthenonville (Michel).	Syndic.	2ᵐᵉ Consul, août 1742.
1761. 14 janvier.	Le Cornu (Pierre)	Procur. syndic.	
5 août.	Durand (Robert).	Prieur, élu le 4 août.	Proc. synd., juin 1759; 1ᵉʳ Consul, août 1760.
	Midy (Pierre-Nicolas).	1ᵉʳ Consul, élu le 4 août.	Procureur syndic, janvier 1760.

TABLEAU CHRONOLOGIQUE DES SYNDICS

ÉPOQUE DE LA NOMINATION	NOM ET PRÉNOMS	FONCTION	FONCTIONS ANTÉRIEURES
1761. 5 août.	Baudoüin l'aîné (Jacques).	2ᵐᵉ Consul, élu le 4 août.	
31 déc.	Le Bourg (Jean-V.-Nicolas).	Syndic.	Prieur, août 1744.
	Dupuis (Nicolas-Laurent).	Syndic.	Prieur, août 1745.
1762. 20 janvier.	Quesnel (Louis).	Procur. syndic.	
4 août.	Midy (Pierre-Nicolas).	Prieur, élu le 3 août.	Proc. synd., janvier 1760 ; 1ᵉʳ Consul, août 1761.
	Le Cornu (Pierre).	1ᵉʳ Consul, élu le 3 août.	Procureur syndic, janvier 1761.
	Lezurier fils (Louis).	2ᵐᵉ Consul, élu le 3 août.	
31 déc.	Monquet (Louis).	Syndic.	2ᵐᵉ Consul, août 1744.
	Bordier (Charles-Nicolas).	Syndic.	Prieur, août 1745.
	Behic (Joseph).	Syndic.	Prieur, août 1746 ; Député, 16 novembre 1747.
1763. 19 janvier.	Prevel (Nicolas).	Procur. syndic.	
10 août.	Le Cornu (Pierre).	Prieur, élu le 9 août.	Proc. synd., janvier 1761 ; 1ᵉʳ Consul. août 1762.
	Quesnel (Louis).	1ᵉʳ Consul, élu le 9 août.	Procureur syndic, janvier 1762.
	Le Vieux (Pierre).	2ᵐᵉ Consul, élu le 9 août.	
31 déc.	Canivet le fils (Nicolas).	Syndic.	2ᵐᵉ Consul, août 1746.
	Chapais (Jean-Bapt.-François.)	Syndic.	Prieur, août 1748.
	Le Bourg (Pierre).	Syndic.	2ᵐᵉ Consul, août 1747.
1764. 18 janvier.	Deschamps fils aîné (Alexandre-Félix).	Procur. syndic.	
2 août.	Quesnel (Louis).	Prieur, élu le 30 juillet.	Proc. synd., janvier 1762 ; 1ᵉʳ Consul, août 1763.
	Prevel (Nicolas).	1ᵉʳ Consul, élu le 30 juillet.	Procureur syndic, janvier 1763.
	De Bonne (Guillaume).	2ᵐᵉ Consul, élu le 30 juillet.	
31 déc.	Midy Duperreux (Nicolas).	Syndic.	Prieur, juillet 1749.
	Bordier (Pierre-Robert).	Syndic.	2ᵐᵉ Consul, juillet 1748.
1765. 27 mars.	Le Boucher (Nicolas).	Proc. synd., élu le 15 janvier.	
31 juillet.	Prevel (Nicolas).	Prieur, élu le 30 juillet.	Proc. synd., janvier 1763 ; 1ᵉʳ Consul, juillet 1764.
	Deschamps (Alexandre-Félix).	1ᵉʳ Consul, élu le 30 juillet.	Procureur syndic, janvier 1764.
	Boisjouvin fils (Jean-Baptiste).	2ᵐᵉ Consul, élu le 30 juillet.	
31 déc.	Boisjouvin (Jacques).	Syndic.	Prieur, juillet 1750.
	Marye (Estienne).	Syndic.	2ᵐᵉ Consul, juillet 1749.
	Bigot (Jean-Baptiste).	Syndic.	Prieur, août 1751.
1766. 15 janvier.	Havard (Jean-Baptiste-Joseph).	Procur. syndic.	
6 août.	Deschamps (Alexandre-Félix).	Prieur, élu le 5 août.	Proc. synd., janvier 1764 ; 1ᵉʳ Consul, juillet 1765.
	Le Boucher (Nicolas).	1ᵉʳ Consul, élu le 5 août.	Procureur syndic, janvier 1765.
	Mabien (Pierre-Louis).	2ᵐᵉ Consul, élu le 5 août.	
31 déc.	Cabeuil (Nicolas).	Syndic.	2ᵐᵉ Consul, août 1727 ; Syndic, mars 1745 ; Syndic, décembre 1754.

TABLEAU CHRONOLOGIQUE DES SYNDICS

ÉPOQUE DE LA NOMINATION	NOM ET PRÉNOMS	FONCTION	FONCTIONS ANTÉRIEURES
1766. 31 déc.	*Amaury* (Jean).	Syndic.	Prieur, août 1731; Syndic, décembre 1745; Syndic, décembre 1755.
1767. 21 janvier.	*Planter* (Pierre).	Procur. syndic.	
28 juillet.	*Midy* (Louis-Pierre).	Syndic (charge nouvelle).	2ᵐᵉ Consul, août 1750.
Syndics modernes nommés en conséquence de l'arrêt du Conseil du 23 avril 1767.	*Guillebon de Newilly* (Claude), écuyer.	Syndic (charge nouvelle).	Prieur, août 1752.
1767. 5 août.	*Le Boucher* (Nicolas).	Prieur.	Proc. synd., janvier 1765; 1ᵉʳ Consul, août 1766.
	Hurard (Jean-Baptiste-Joseph).	1ᵉʳ Consul.	Procureur syndic, janvier 1766.
	Lequesne (Marin).	2ᵐᵉ Consul.	
31 déc.	*Bons* (Antoine).	Syndic.	2ᵐᵉ Consul, août 1731; Syndic, décembre 1747; Syndic, décembre 1755.
	Le Noble (Robert).	Syndic.	Prieur, août 1733; Syndic, décembre 1747; Syndic, décembre 1756.
	Isambert (Jean-Jacques).	Syndic.	2ᵐᵉ Consul, août 1751.
	Le Couteulx de Verclives (Antoine).	Syndic (charge nouvelle).	2ᵐᵉ Consul, août 1752.
1768. 20 janvier.	*Reverdun* l'aîné (Christophe).	Procur. syndic.	
26 avril.	*Rondel* (Romain).	Syndic.	Prieur, août 1735; Syndic, décembre 1748.
A la place de défunt Le Noble (Robert).			
1768. 3 août.	*Hurard* (Jean-Baptiste-Joseph).	Prieur.	Proc. synd., janvier 1766; 1ᵉʳ Consul, août 1767.
	Planter (Pierre).	1ᵉʳ Consul.	Procureur syndic, janvier 1767.
	Laisné (J.-Louis).	2ᵐᵉ Consul.	
31 déc.	*Dupont* (Jacques).	Syndic.	2ᵐᵉ Consul, août 1736; Syndic, décembre 1749; Syndic, décembre 1757.
	Midy (Louis).	Syndic.	Prieur, août 1738; Syndic, décembre 1750; Syndic, décembre 1758.
	Le Breton (Antoine-Adrien).	Syndic.	Prieur, août 1753.
	Boisjouvin (Jean-Baptiste).	Syndic.	2ᵐᵉ Consul, août 1753.
1769. 18 janvier.	*Midy* (Louis-Emmanuel).	Procur. syndic.	
2 août.	*Planter* (Pierre).	Prieur.	Proc. synd., janvier 1767; 1ᵉʳ Consul, août 1768.
	Reverdun (Christophe).	1ᵉʳ Consul.	Procureur syndic, janvier 1768.
	Collombel (Jacques).	2ᵐᵉ Consul.	
30 déc.	*Lezurier* père (Louis).	Syndic.	Prieur, août 1739; Syndic, décembre 1758.
	Rondel (Jean-Baptiste).	Syndic.	2ᵐᵉ Consul, août 1739; Syndic, décembre 1759.
	Hallot (Alexandre).	Syndic.	Prieur, août 1755.
	De Labarre (Pierre).	Syndic.	2ᵐᵉ Consul, août 1754.
1770. 17 janvier.	*Dufour* (Georges-Charles).	Procur. syndic.	
1ᵉʳ août.	*Reverdun* (Christophe).	Prieur.	Proc. synd., janvier 1768; 1ᵉʳ Consul, août 1769.
	Midy (Louis-Emmanuel).	1ᵉʳ Consul.	Procureur syndic, janvier 1769.
8 août.	*Garvey* (Robert).	2ᵐᵉ Consul.	
31 déc.	*Le Moyne* (Pierre).	Syndic.	2ᵐᵉ Consul, août 1740; Syndic, décembre 1759.
	Grossemy (Joseph).	Syndic.	Prieur, août 1743; Syndic, décembre 1760.
	Chevremont (Pierre).	Syndic.	Prieur, août 1756.
	Guillebon de Montmirail (Jean), écuyer.	Syndic.	2ᵐᵉ Consul, août 1755.
1771. 16 janvier.	*Dupont* (Jean-Bernard).	Procur. syndic.	
31 juillet.	*Midy* (Louis-Emmanuel).	Prieur.	Proc. synd., janvier 1769; 1ᵉʳ Consul, août 1770.
	Du Vergier (Pierre-Léon).	2ᵐᵉ Consul.	

24

ÉPOQUE DE LA NOMINATION	NOM ET PRÉNOMS	FONCTION	FONCTIONS ANTÉRIEURES
1771. 14 août.	Dufour (Georges-Charles).	1ᵉʳ Consul.	Procureur syndic. août 1770.
31 déc.	Blondel de Berthenouville (Michel).	Syndic.	2ᵐᵉ Consul, août 1742; Syndic, décembre 1760.
	Le Bourg (Jean-V.-Nicolas).	Syndic.	Prieur, août 1744; Syndic, décembre 1763.
	Le Conteulx de la Noraye (Antoine-Louis).	Syndic.	Prieur, août 1757.
	Le Vavasseur l'aîné (Pierre).	Syndic.	2ᵐᵉ Consul, août 1756.
1772. 13 janvier.	Deschamps (Charles-Jean-Bapt.-Prosp.).	Procur. syndic.	
5 août.	Dufour (Georges-Charles).	Prieur.	Proc. synd., janvier 1770; 1ᵉʳ Consul, août 1771.
	Dupont (Jean-Bernard).	1ᵉʳ Consul.	Procureur syndic, janvier 1771.
	Le Bouvier (Jacques-Nicolas).	2ᵐᵉ Consul.	
30 déc.	Bordier (Charles-Nicolas).	Syndic.	Prieur, août 1745; Syndic, décembre 1762.
	Bebie (Joseph).	Syndic.	Prieur, août 1746; Syndic, décembre 1762.
	Le Vachier d'Andé (Henry-Joseph).	Syndic.	Prieur, août 1758.
	Lallemant (Richard-Gontran).	Syndic.	2ᵐᵉ Consul, août 1757.
1773. 13 janvier.	De Montureau (Louis).	Procur. syndic.	
4 août.	Dupont (Jean-Bernard).	Prieur.	Proc. synd., janvier 1771; 1ᵉʳ Consul, août 1772.
	Deschamps (Prosper).	1ᵉʳ Consul.	Procureur syndic, janvier 1772.
	Lefebvre (Antoine-Elie).	2ᵐᵉ Consul.	
31 déc.	Canivet (Nicolas).	Syndic.	2ᵐᵉ Consul, août 1746; Syndic, décembre 1763.
	Chapais (Jean-Bapt.-François).	Syndic.	Prieur, août 1748; Syndic, décembre 1763.
	Ribord (Jean-Philippe-Nicolas).	Syndic.	2ᵐᵉ Consul, août 1758.
	Balande (Marin-Claude).	Syndic.	Prieur, août 1759.
1774. 12 janvier.	Le Picard (Jacques-Guillaume).	Procur. syndic.	
8 août.	Deschamps (Prosper).	Prieur.	Proc. synd., janvier 1772; 1ᵉʳ Consul, août 1773.
	De Montureau (Louis).	1ᵉʳ Consul.	Procureur syndic, janvier 1773.
	De Fontenay (Pierre-Nicolas).	2ᵐᵉ Consul.	
30 déc.	Le Bourg de la Serre (Pierre).	Syndic.	2ᵐᵉ Consul, août 1747, Syndic, décembre 1763.
	Midy Duperreux (Nicolas).	Syndic.	Prieur, juillet 1749; Syndic, décembre 1764.
	Famin (Noël-Nicolas).	Syndic.	Prieur, août 1760.
	Mary (Louis).	Syndic.	2ᵐᵉ Consul, août 1759.
1775. 18 janvier.	Chauvet (Jean-Louis).	Procur. syndic.	
2 août.	De Montureau (Louis).	Prieur.	Proc. synd., janvier 1773; 1ᵉʳ Consul, août 1774.
	Le Picard (Jacques-Guillaume).	1ᵉʳ Consul.	Procureur syndic, janvier 1774.
	Lefebvre (Henry-Victor).	2ᵐᵉ Consul.	
29 déc.	Boisjouvin l'aîné (Jacques).	Syndic.	Prieur, juillet 1750; Syndic, décembre 1765.
	Bordier (Pierre-Robert).	Syndic.	2ᵐᵉ Consul, juillet 1748; Syndic, décembre 1764.
	Durand (Robert).	Syndic.	Prieur, août 1761.
	Taillet (Pierre).	Syndic.	2ᵐᵉ Consul, août 1760.
1776. 17 janvier.	Le Noble (Emmanuel-Louis-Robert).	Procur. syndic.	
7 août.	Le Picard (Jacques-Guillaume).	Prieur.	Proc. synd., janvier 1774; 1ᵉʳ Consul, août 1775.
	Chauvet (Jean-Louis).	1ᵉʳ Consul.	Procureur syndic, janvier 1775.
	Midy du Bosqueroult (Nicolas).	2ᵐᵉ Consul.	
31 déc.	Marye (Estienne).	Syndic.	2ᵐᵉ Consul, juillet 1749; Syndic, décembre 1765.
	Dupont (Jacques).	Syndic.	2ᵐᵉ Consul, août 1736; Syndic, décembre 1749; Syndic, décembre 1757; Syndic, décembre 1768.

TABLEAU CHRONOLOGIQUE DES SYNDICS

ÉPOQUE DE LA NOMINATION	NOM ET PRÉNOMS	FONCTION	FONCTIONS ANTÉRIEURES
1776. 31 déc.	Baudouin l'ainé (Jacques).	Syndic.	2ᵐᵉ Consul, août 1761.
	Lezurier (Louis).	Syndic.	2ᵐᵉ Consul, août 1762.
1777. 15 janvier.	Quesnel fils (Louis).	Procur. syndic.	
6 août.	Chauvet (Jean-Louis).	Prieur.	Proc. synd., janvier 1775 ; 1ᵉʳ Consul, août 1776.
	Le Noble (Emmanuel-Louis).	1ᵉʳ Consul.	Procureur syndic, janvier 1776.
	Denel (Louis).	2ᵐᵉ Consul.	
30 oct.	Behic (Joseph).	Syndic perpétuel.	
8 nov. A la place de Behic (Joseph), démissionnaire.	Deschamps (Alexandre).	Député au Conseil de commerce.	Prieur, août 1766.
1777. 30 déc.	Roudel (Jean-Baptiste).	Syndic.	2ᵐᵉ Consul, août 1739; Syndic, décembre 1759; Syndic, décembre 1769.
	Blondel de Berthenouville (Michel).	Syndic.	2ᵐᵉ Consul, août 1742; Syndic, décembre 1760; Syndic, décembre 1771.
	Quesnel père (Louis).	Syndic.	Prieur, août 1764.
	Le Vieux (Pierre).	Syndic.	2ᵐᵉ Consul, août 1763.
1778. 14 janvier.	Jamet (Jean-Baptiste-Armand).	Procur. syndic.	
5 août.	Le Noble (Emmanuel-Louis).	Prieur.	Proc. synd., janvier 1776; 1ᵉʳ Consul, août 1777.
	Quesnel fils (Louis).	1ᵉʳ Consul.	Procureur syndic, janvier 1777.
	Garvey (Anthony).	2ᵐᵉ Consul.	
31 déc.	Le Bourg (Nicolas-Jean-V.).	Syndic.	Prieur, août 1744; Syndic, décembre, 1761; Syndic, décembre 1771.
	Canivet (Nicolas).	Syndic.	2ᵐᵉ Consul, août 1746; Syndic, décembre 1763; Syndic, décembre 1773.
	De Bonne (Guillaume).	Syndic.	2ᵐᵉ Consul, août 1764.
	Deschamps (Alexand.-Frédéric).	Syndic.	Prieur, août 1766; Député, 8 novembre 1777.
1779. 13 janvier.	Deschamps (Pierre).	Procur. syndic.	
4 août.	Quesnel fils (Louis).	Prieur.	Proc. synd., janvier 1777; 1ᵉʳ Consul, août 1778.
	Jamet (Jean-Baptiste-Armand).	1ᵉʳ Consul.	Procureur syndic, janvier 1778.
	Canivet (Armand).	2ᵐᵉ Consul.	
31 déc.	Chapais (Jean-Bapt.-François).	Syndic.	Prieur, juillet 1748; Syndic, décembre 1763; Syndic, décembre 1773.
	Le Bourg de la Serre (Pierre).	Syndic.	2ᵐᵉ Consul, août 1747 ; Syndic, décembre 1763 ; Syndic, décembre 1774.
	Maly Duperreux (Nicolas).	Syndic.	Prieur, juillet 1749; Syndic, décembre 1764; Syndic, décembre 1774.
	Leboucher (Nicolas).	Syndic.	Prieur, août 1767.
A la place de défunt Canivet (Nicolas).	Huvard (J.-B.-Joseph).	Syndic.	Prieur, août 1768.
1780. 20 janvier.	Bournisien Despréaux fils (Pierre).	Procur. syndic.	
2 août.	Jamet (Jean-Baptiste-Armand).	Prieur.	Proc. synd., janvier 1778; 1ᵉʳ Consul, août 1779.
	Deschamps (Pierre).	1ᵉʳ Consul.	Procureur syndic, janvier 1779.
	Delahaye (Etienne-Dominique).	2ᵐᵉ Consul.	
30 déc.	Bordier (Pierre-Robert).	Syndic.	2ᵐᵉ Consul, août 1742; Syndic, décembre 1764; Syndic, décembre 1775.
	Le Quesne (Pierre-Marin).	Syndic.	2ᵐᵉ Consul, août 1767.
	Planter (Pierre).	Syndic.	Prieur, août 1769.
1781. 17 janvier.	Taillet fils (Jean-Nicolas).	Procur. syndic.	
1ᵉʳ août.	Deschamps (Pierre).	Prieur.	Proc. synd., janvier 1779; 1ᵉʳ Consul, août 1780.

ÉPOQUE DE LA NOMINATION	NOM ET PRÉNOMS	FONCTION	FONCTIONS ANTÉRIEURES
1781. 1ᵉʳ août.	Bournisien Despréaux fils (Pierre).	1ᵉʳ Consul.	Procureur syndic. janvier 1780.
	Delespine (Charles).	2ᵐᵉ Consul.	
31 déc.	Boisjouvin (Jacques).	Syndic.	Prieur, juillet 1750; Syndic, décembre 1765; Syndic, décembre 1775.
	Midy (Louis-Pierre).	Syndic.	2ᵐᵉ Consul, juillet 1750; Syndic, juillet 1767.
	Guillebon de Neuilly (Claude).	Syndic.	Prieur, août 1752; Syndic, juillet 1767.
	Laisné (J.-Louis).	Syndic.	2ᵐᵉ Consul, août 1768.
	Reverdun l'aîné (Christophe).	Syndic.	Prieur, août 1770.
1782. 16 janvier.	Prevel (Nicolas-Jean-Baptiste).	Procur. syndic.	
25 janvier.	Collombel (Jacques).	Syndic.	2ᵐᵉ Consul, août 1769.
31 juillet.	Bournisien Despréaux fils (Pierre).	Prieur.	Proc. synd., janvier 1780; 1ᵉʳ Consul. août 1781.
	Taillet fils (Jean-Nicolas).	1ᵉʳ Consul.	Procureur syndic. janvier 1781.
	Gorlier fils (Jean-Charl.-Benoist-Joseph).	2ᵐᵉ Consul.	
31 déc.	Le Couteulx de Verclives (Antoine).	Syndic.	2ᵐᵉ Consul, août 1752; Syndic, décembre 1767.
	Midy (Louis-Emmanuel).	Syndic.	Prieur, juillet 1771.
	Dufour (Georges-Charles).	Syndic.	Prieur, août 1772.
1783. 22 janvier.	Midy de la Grainerais (Auguste-Louis-Eug.), écuy.	Procur. syndic.	
30 juillet.	Taillet (Jean-Nicolas).	Prieur.	Proc. synd., janvier 1781; 1ᵉʳ Consul, juillet 1782.
	Prevel (Nicolas-Jean-Baptiste).	1ᵉʳ Consul.	Procureur syndic, janvier 1782.
	Asselin (Jean-Baptiste).	2ᵐᵉ Consul.	
31 déc.	Le Breton (Antoine-Adrien).	Syndic.	Prieur, août 1753; Syndic, décembre 1768.
	Hellot père (Alexandre).	Syndic.	Prieur, août 1755; Syndic, décembre 1769.
	Chevremont (Pierre).	Syndic.	Prieur, août 1756; Syndic, décembre 1770.
	Dupont (Jean-Bernard).	Syndic.	Prieur, août 1773.
	Lefebvre l'aîné (Antoine-Elie).	Syndic.	2ᵐᵉ Consul, août 1773.
1784. 20 janvier.	Le Couteulx de Canteleu (Barthélemy).	Procur. syndic.	
4 août.	Prevel (Nicolas-Jean-Baptiste).	Prieur.	Proc. synd., janvier 1782; 1ᵉʳ Consul, juillet 1783.
	Midy de la Grainerais (Auguste-Louis-Eugène).	1ᵉʳ Consul.	Procureur syndic, janvier 1783.
	Le Loeu (Jean-Nicolas).	2ᵐᵉ Consul.	
31 déc.	Le Vavasseur (Pierre).	Syndic.	2ᵐᵉ Consul, août 1756; Syndic, décembre 1771.
	De Montmeau (Louis).	Syndic.	Prieur, août 1775.
	De Fontenay (Pierre-Nicolas).	Syndic.	2ᵐᵉ Consul, août 1774.
1785. 19 janvier.	Hellot fils (Alexandre).	Procur. syndic.	
18 avril.	Le Vachier d'Audé (Henry-Joseph).	Syndic.	Prieur, août 1758; Syndic, décembre 1772.
3 août.	Midy de la Grainerais (Auguste-Louis-Eugène).	Prieur.	Proc. synd., janvier 1783; 1ᵉʳ Consul. août 1784.
	Le Couteulx de Canteleu (Barthélemy).	1ᵉʳ Consul.	Procureur syndic. janvier 1784.
	Prevel (Alexandre).	2ᵐᵉ Consul.	
31 déc.	Lallemont (Richard-Gontran), écuyer.	Syndic.	2ᵐᵉ Consul. août 1757; Syndic, décembre 1772.
	Richard (Jean-Philippe-Nicolas).	Syndic.	2ᵐᵉ Consul, août 1758; Syndic, décembre 1773.
	Méry de l'Illers (Louis), écuyer.	Syndic.	2ᵐᵉ Consul, août 1759; Syndic, décembre 1774.

TABLEAU CHRONOLOGIQUE DES SYNDICS

ÉPOQUE DE LA NOMINATION	NOM ET PRÉNOMS	FONCTION	FONCTIONS ANTÉRIEURES
1785. 31 déc.	Le Picard (Jacques-Guillaume).	Syndic.	Prieur, août 1776.
	Lefebvre (Victor).	Syndic.	2ᵐᵉ Consul, août 1775.
1786. 18 janvier.	Jean de Bornainville (Jean-Pierre-Marin).	Procur. syndic.	
2 août.	Le Conteulx de Canteleu (Barthélemy).	Prieur.	Proc. synd., janvier 1784; 1ᵉʳ Consul, août 1785.
	Hellot (Alexandre).	1ᵉʳ Consul.	Procureur syndic, janvier 1785.
	Taillet (Athanase).	2ᵐᵉ Consul.	
30 déc.	Durand (Robert).	Syndic.	Prieur, août 1761; Syndic, décembre 1775.
	Midy du Bosgueroult (Nicolas).	Syndic.	2ᵐᵉ Consul, août 1776.
	Le Noble (Emmanuel-R.-L.).	Syndic.	Prieur, août 1778.
1787. 17 janvier.	Isambert l'aîné (Jean-Jacques).	Procur. syndic.	
1ᵉʳ août.	Hellot (Alexandre).	Prieur.	Proc. synd., janvier 1785; 1ᵉʳ Consul, août 1786.
	Jean de Bornainville (Jean-Pierre-Ursin).	1ᵉʳ Consul.	Procureur syndic, janvier 1786.
	Delespine fils (Charles-Louis).	2ᵐᵉ Consul.	
31 déc.	Le Bourg (Jean-V.-Nicolas).	Syndic.	Prieur, août 1744; Syndic, décembre 1761; Syndic, décembre 1772; Syndic, décembre 1778.
	Midy Duperreux (Nicolas).	Syndic.	Prieur, juillet 1749; Syndic, décembre 1764; Syndic, décembre 1774; Syndic, décembre 1779.
	Bordier (Pierre-Robert).	Syndic.	2ᵐᵉ Consul, juillet 1748; Syndic, décembre 1764; Syndic, décembre 1775; Syndic, décembre 1780.
	Lefebvre (Antoine-Elie).	Syndic.	2ᵐᵉ Consul, août 1773; Syndic, décembre 1783.
	De Montmeau (Louis).	Syndic.	Prieur, août 1775; Syndic, décembre 1784.
1788. 23 janvier.	Hurard (Louis).	Procur. syndic.	
22 octob.	Jean de Bornainville (Jean-Pierre-Ursin).	Prieur.	Proc. synd., janvier 1786; 1ᵉʳ Consul, août 1787.
	Isambert (Jean-Jacques).	1ᵉʳ Consul.	Procureur syndic, janvier 1787.
	Le Locu fils.	2ᵐᵉ Consul.	
31 déc.	Boisjouvin (Jacques).	Syndic.	Prieur, juillet 1750; Syndic, décembre 1765; Syndic, décembre 1775; Syndic, décembre 1781.
	De Fontenay (Pierre-Nicolas).	Syndic.	2ᵐᵉ Consul, août 1774; Syndic, décembre 1784.
	Le Picard (Jacques-Guillaume).	Syndic.	Prieur, août 1776; Syndic, décembre 1785.
1789. 21 janvier.	Chapais (André-François).	Procur. syndic.	
11 février. A la place de défunt Isambert (Jean-Jacques).	Hurard (Louis).	1ᵉʳ Consul.	Procureur syndic, janvier 1788.
1789. 10 juillet.	Willard (Louis-Ferdinand).	Procur. syndic.	
18 août.	Hurard (Louis).	Prieur.	Proc. synd., janvier 1788; 1ᵉʳ Consul, février 1789.
	Chapais (André-François).	1ᵉʳ Consul.	Procureur syndic, janvier 1789.
	Méry de Villers fils (Pierre-Louis), écuyer.	2ᵐᵉ Consul.	
30 déc.	Midy (Louis-Pierre).	Syndic.	2ᵐᵉ Consul, juillet 1750; Syndic, juillet 1767; Syndic, décembre 1781.
	Guillebon de Neuilly (Claude).	Syndic.	Prieur, août 1752; Syndic, juillet 1767; Syndic, décembre 1781.
	Le Conteulx de Verclives (Antoine), écuyer.	Syndic.	2ᵐᵉ Consul, août 1752; Syndic, décembre 1767; Syndic, décembre 1782.
	Lefebvre (Victor).	Syndic.	2ᵐᵉ Consul, août 1775; Syndic, décembre 1785.
	Midy du Bosgueroult.	Syndic.	2ᵐᵉ Consul, août 1776; Syndic, décembre 1796.

TABLEAU CHRONOLOGIQUE DES SYNDICS

ÉPOQUE DE LA NOMINATION	NOM ET PRÉNOMS	FONCTION	FONCTIONS ANTÉRIEURES
1790. 18 janvier. A la place de Bois-Jouvin (Jacques), démissionnaire à cause de son grand âge.	Le Breton (Antoine-Adrien).	Syndic	Prieur, août 1753 ; Syndic, décembre 1768 ; Syndic, décembre 1783.
1790. 28 janvier.	Baudoüin (Pierre-Louis).	Procur. syndic.	
4 août.	Chapais (André-François).	Prieur.	Proc. synd., janvier 1789 ; 1ᵉʳ Consul, août 1789.
	Willard (Louis-Ferdinand).	1ᵉʳ Consul.	Procureur syndic, juillet 1789.
	Quesnel (Prosper).	2ᵐᵉ Consul.	
27 déc.	Le Noble (Emmanuel-R.-L.).	Syndic.	Prieur, août 1778 ; Syndic, décembre 1786.
	Quesnel fils (Louis).	Syndic.	Prieur, août 1779.

TABLE ALPHABÉTIQUE DES SYNDICS

A

AMAURY (Jean), Procureur syndic, 14 janvier 1729; Premier Consul, 18 août 1730; Prieur, 1ᵉʳ août 1731; Inspecteur marchand, 23 décembre 1745; Syndic, 31 décembre 1746; Inspecteur marchand, 20 décembre 1752; Syndic, 31 décembre 1755; Syndic, 31 décembre 1766.
ASSELIN le jeune (Nicolas), Syndic, 28 juillet 1703.
ASSELIN (Jean-Baptiste), Second Consul, 30 juillet 1783.

B

BAUDOUIN (Jacques), Procureur syndic, 14 janvier 1724; Premier Consul, 17 août 1725; Prieur, 2 août 1726; Inspecteur marchand, 21 décembre 1743; Syndic, 20 avril 1744; † mars 1745.
BAUDOUIN l'aîné (Jacques), Second Consul, 5 août 1761; Inspecteur marchand, 22 décembre 1775; Syndic, 31 décembre 1776.
BAUDOUIN (P.-Louis), Procureur syndic, 28 janvier 1790.
BASIRE (Alexandre), Second Consul, 5 août 1755.
BEHIC (Joseph), Procureur syndic, 15 janvier 1728; Premier Consul, 12 août 1729; Prieur, 18 août 1730.
BEHIC (Joseph-David-Dominique), Procureur syndic, 13 janvier 1745; Premier Consul, 3 août 1746; Prieur, 12 août 1747; Député, 16 novembre 1754; Syndic, 31 décembre 1762; Syndic, 31 décembre 1772; Député démissionnaire, 29 août 1777; Syndic perpétuel par arrêt du Conseil du 10 juin 1777.
BELARD (Nicolas), Second Consul, 5 août 1709; Inspecteur marchand, 16 décembre 1720; † octobre 1721.
BIGOT (Jean-Baptiste), Procureur syndic, 15 janvier 1749; Premier Consul, 29 juillet 1750; Prieur, 11 août 1751; Inspecteur marchand, 21 décembre 1765; Syndic, 31 décembre 1765.
BIZAULT le père, Inspecteur marchand, 2 janvier 1706; Syndic, 30 décembre 1706; † (n'a pas siégé) janvier 1707.

BIZAULT (Martin), Procureur syndic, 23 juillet 1703 ; Premier Consul, 12 août 1704 ; Prieur, 12 août 1705 ; Syndic, 31 décembre 1714 ; † juin 1715.

BLONDEL DE BERTHENONVILLE (Michel), Second Consul, 8 août 1742 ; Inspecteur marchand, 24 décembre 1759 ; Syndic, 31 décembre 1760 ; Syndic, 31 décembre 1771 ; Syndic, 30 décembre 1777.

BOBY (Dominique), Procureur syndic, 20 janvier 1751 ; Premier Consul, 2 août 1752 ; Démissionnaire, janvier 1753.

BOISJOUVIN (Jacques), Procureur syndic, 31 janvier 1748 ; Premier Consul, 30 juillet 1749 ; Prieur, 29 juillet 1750 ; Inspecteur marchand, 24 décembre 1764 ; Syndic, 31 décembre 1765 ; Syndic, 29 décembre 1775 ; Syndic, 31 décembre 1781 ; Syndic, 31 décembre 1788 (démissionnaire au bout d'un an à cause de son grand âge).

BOISJOUVIN oncle (Jean-Baptiste), Second Consul, 8 août 1753 ; Inspecteur marchand, 24 décembre 1768 ; Syndic, 31 décembre 1768.

BOISJOUVIN fils (Jean-Baptiste), Second Consul, 31 juillet 1765.

BONS (Antoine), Second Consul, 1er août 1731 ; Inspecteur marchand, 22 décembre 1746 ; Syndic, 31 décembre 1747 ; Inspecteur marchand, 6 août 1753 ; Syndic, 31 décembre 1755 ; Syndic, 31 décembre 1767.

BORDIER (Charles), Second Consul, 7 août 1713 ; Inspecteur marchand, 18 décembre 1722 ; Syndic, 31 décembre 1723 ; Inspecteur marchand, 22 décembre 1731 ; Syndic, 31 décembre 1732 ; Inspecteur marchand, 22 décembre 1740 ; Syndic, 28 décembre 1741.

BORDIER le fils (Charles-Nicolas), Procureur syndic, 15 janvier 1744 ; Premier Consul, 4 août 1745 ; Prieur, 3 août 1746 ; Inspecteur marchand, 24 décembre 1761 ; Syndic, 31 décembre 1762 ; Syndic, 31 décembre 1772.

BORDIER (Pierre-Robert), Second Consul, 31 juillet 1748 ; Inspecteur marchand, 30 juillet 1764 ; Syndic, 31 décembre 1764 ; Syndic, 29 décembre 1775 ; Syndic, 30 décembre 1780 ; Syndic, 31 décembre 1787.

BOTEREAU (Jacques), Procureur syndic, 10 janvier 1731 ; Premier Consul, 7 mai 1732 ; Prieur, 30 juillet 1732 ; Inspecteur marchand, 22 décembre 1746 ; Syndic, 31 décembre 1747.

BOUETTE (Daniel), Syndic, 28 juillet 1703 ; Inspecteur marchand, 15 décembre 1712 ; Syndic, 30 décembre 1713.

BOURNISIEN-DESPRÉAUX le fils (Pierre), Procureur syndic, 20 janvier 1780 ; Premier Consul, 1er août 1781 ; Prieur, 31 juillet 1782 ; Inspecteur marchand, 24 décembre 1788.

BULANDE (Marin-Claude), Procureur syndic, 18 janvier 1758 ; Premier Consul, 20 juin 1759 ; Prieur, 1er août 1759 ; Dispensé de l'inspection, 23 décembre 1773 ; Syndic, 30 décembre 1773.

C

CABEUIL (Nicolas), Inspecteur marchand, 18 décembre 1709 ; Syndic, 23 mai 1710.
CABEUIL (Nicolas), Second Consul, 13 août 1727 ; Inspecteur marchand, 21 décembre 1744 ; Syndic, 24 mars 1745 ; Inspecteur marchand, 23 décembre 1751 ; Syndic, 31 décembre 1754 ; Syndic, 31 décembre 1766.
CAMPION (Thomas), Inspecteur marchand, 22 décembre 1707 ; Syndic, 31 décembre 1708 ; Inspecteur marchand, 12 décembre 1715 ; Syndic, 31 décembre 1716 ; Inspecteur marchand, 20 décembre 1724 ; Syndic, 31 décembre 1725.
CANIVET le père (Nicolas), Second Consul, 18 août 1730 ; Syndic, 31 décembre 1746.
CANIVET le fils (Nicolas), Second Consul, 3 août 1746 ; Inspecteur marchand, 2 août 1762 ; Syndic, 31 décembre 1763 ; Syndic, 30 décembre 1773 ; Syndic, 31 août 1778 ; † 1779.
CANIVET (Amand), Second Consul, 4 août 1779 ; Inspecteur marchand, 23 décembre 1787 ; † octobre 1788.
CANNET (Jean), Procureur syndic, 16 janvier 1713 ; Premier Consul, 6 août 1714 ; † ?.
CÉCILE le jeune (Meslon), Procureur syndic, janvier 1706 ; Premier Consul, 8 août 1707 ; Prieur, 13 août 1708 ; Inspecteur marchand, 15 décembre 1718 ; Syndic, 30 décembre 1719 ; Inspecteur marchand, 20 décembre 1727 ; Syndic, 31 décembre 1728.
CÉCILE l'aîné (François), Inspecteur marchand, 18 décembre 1709 ; † juin 1710.
CÉCILE (François), Second Consul, 29 juillet 1734 ; Inspecteur marchand, 24 décembre 1748 ; Syndic, 31 décembre 1749 ; Inspecteur marchand, 24 décembre 1754 ; Syndic, 31 décembre 1757.
CHAPAIS (François), Second Consul, 30 juillet 1715 ; Inspecteur marchand, 22 décembre 1732 ; Syndic, 31 décembre 1733 ; Inspecteur marchand, 22 décembre 1741 ; Syndic, 31 décembre 1742.
CHAPAIS (Jean-Baptiste-François), Procureur syndic, 19 janvier 1746 ; Premier Consul, 12 août 1747 ; Prieur, 31 juillet 1748 ; Inspecteur marchand, 21 décembre 1762 ; Syndic, 31 décembre 1763 ; Syndic, 30 décembre 1773 ; Syndic, 31 décembre 1779.
CHAPAIS (André-François), Procureur syndic, 21 janvier 1789 ; Premier Consul, 18 août 1789 ; Prieur, 4 août 1790.
CHAUVET (Jean-Louis), Procureur syndic, 18 janvier 1775 ; Premier Consul, 7 août 1776 ; Prieur, 6 août 1777.
CHENU, Second Consul, 4 août 1716.
CHEVREMONT (Pierre), Procureur syndic, 16 janvier 1754 ; Premier Consul, 6 août 1755 ;

Prieur, 4 août 1756 ; Inspecteur marchand, 30 juillet 1770 ; Syndic, 31 décembre 1770 ; Syndic, 31 décembre 1783 ; † avril 1785.

COLLOMBEL (Jacques). Second Consul, 2 août 1769 ; Inspecteur marchand, 30 juillet 1781 ; Syndic, 25 janvier 1782.

D

DAMBOURNEY (Alexandre), Second Consul, 12 août 1729 ; Inspecteur marchand, 23 décembre 1745 ; Syndic, 31 décembre 1746.

DAVOULT (Louis), Second Consul, 2 août 1717 ; Inspecteur marchand, 22 décembre 1732 ; Syndic, 31 décembre 1733.

DE BONNE (Guillaume), Second Consul ; 2 août 1764 ; Inspecteur marchand, 24 décembre 1777 ; Syndic, 31 décembre 1778.

DE BRAY (Pierre), Second Consul, 13 août 1738.

DE FONTENAY (Pierre-Nicolas), Second Consul, 3 août 1774 ; Inspecteur marchand, 2 août 1784 ; Syndic, 31 décembre 1784 ; Syndic, 31 décembre 1788.

DEHORS (René), Syndic, 28 juillet 1703 ; Inspecteur marchand, 17 décembre 1711 ; Syndic, 29 décembre 1712.

DE LABARRE le jeune (Pierre), Second Consul, 31 juillet 1754 ; Inspecteur marchand, 23 décembre 1769 ; Syndic, 30 décembre 1769.

DE LA HAYE (Dominique), Second Consul, 2 août 1780 ; Inspecteur marchand, 20 octobre 1788.

DE LA ROCQUE, Second Consul, 30 juillet 1732.

DE LA RUE (Jacques-Etienne), Second Consul, 8 août 1707 ; Inspecteur marchand, 15 décembre 1718 ; Syndic, 30 décembre 1719 ; Inspecteur marchand, 20 décembre 1727 ; Syndic, 31 décembre 1728 ; Inspecteur marchand, 20 décembre 1738 ; Syndic, 31 décembre 1739 ; † fin 1741.

DE LAVIGNE (Charles), Second Consul, 11 août 1723 ; Inspecteur marchand, 20 décembre 1736 ; Syndic, 31 décembre 1737 ; Inspecteur marchand, 21 décembre 1743 ; Syndic, 3 janvier 1744 ; † avril 1744.

DELESPINE le père (Charles), Second Consul, 1er août 1781 ; Inspecteur marchand, 3 août 1789.

DELESPINE le fils (Charles-Louis), Second Consul 1er août 1787.

DE MONTMEAU (Louis), Procureur syndic, 13 janvier 1773 ; Premier Consul, 3 août 1774 ; Prieur, 2 août 1775 ; Inspecteur marchand, 24 décembre 1783 ; Syndic, 31 décembre 1784 ; Syndic, 31 décembre 1787.

DENEL (Louis). Second Consul, 6 août 1777 ; Inspecteur marchand, 29 décembre 1786 ; † juillet 1787.

DESCHAMPS (Charles), Second Consul, août 1702 ; Inspecteur marchand, 15 décembre 1712 ; Syndic, 30 décembre 1713 ; † mai 1714.

DESCHAMPS (Charles), Second Consul, 12 août 1728 ; Inspecteur marchand, 24 mars 1745 ; Syndic, 31 décembre 1745 ; Inspecteur marchand, 31 juillet 1752 ; Syndic, 31 décembre 1755.

DESCHAMPS fils aîné (Alexandre), Procureur syndic, 18 janvier 1764 ; Premier Consul, 31 juillet 1765 ; Prieur, 6 août 1766 ; Député, 8 novembre 1777 ; Syndic, 31 décembre 1778.

DESCHAMPS (Charles-Jean-Baptiste-Prosper), écuyer, Procureur syndic, 15 janvier 1772 ; Premier Consul, 4 août 1773 ; Prieur, 3 août 1774.

DESCHAMPS (Pierre), Procureur syndic, 13 janvier 1779 ; Premier Consul, 2 août 1780 ; Prieur, 1er août 1781 ; Inspecteur marchand, 20 octobre 1788.

DESGROISILLES (Jean), Inspecteur marchand, 24 décembre 1708 ; Syndic, 31 décembre 1709.

DESNOYERS (Jean-Baptiste-Paul), Procureur syndic, 31 janvier 1738 ; Premier Consul, 12 août 1739 ; Prieur, 17 août 1740.

DESNOYERS (Pierre), Procureur syndic, 14 janvier 1740 ; Premier Consul, 9 août 1741 ; Prieur, 8 août 1742 ; Inspecteur marchand, 22 décembre 1758 ; Syndic, 31 décembre 1760.

DESPORTES (Nicolas-Louis), Procureur syndic, 21 janvier 1723 ; Premier Consul, 9 août 1724 ; Prieur, 9 août 1725.

DESUSLAMARE (Pierre), Procureur syndic, 11 janvier 1708 ; Premier Consul, 5 août 1709 ; Prieur, 4 août 1710 ; Inspecteur marchand, 16 décembre 1719 ; Syndic, 31 décembre 1720 ; Syndic, 31 décembre 1729.

DUFOUR (Georges-Charles), Procureur syndic, 17 janvier 1770 ; Premier Consul, 4 août 1771 ; Prieur, 5 août 1772 ; Inspecteur marchand, 29 juillet 1782 ; Syndic, 31 décembre 1782.

DUMONT (Louis), Procureur syndic, 15 janvier 1704 ; Premier Consul, 12 août 1705 ; Prieur, 4 août 1706 ; Syndic, 31 décembre 1717.

DUPONT (Jacques), Second Consul, 14 août 1736 ; Inspecteur marchand, 23 décembre 1749 ; Syndic, 31 décembre 1749 ; Inspecteur marchand, 23 décembre 1755 ; Syndic, 31 décembre 1757 ; Syndic, 31 décembre 1768 ; Syndic, 31 décembre 1776.

DUPONT (Jean-Bernard), Procureur syndic, 16 janvier 1771 ; Premier Consul, 5 août 1772 ; Prieur, 4 août 1773 ; Inspecteur marchand, 24 décembre 1782 ; Syndic, 31 décembre 1783.

DUPUIS (Nicolas-Laurent), Procureur syndic, 16 janvier 1743 ; Premier Consul, 12 août 1744 ; Prieur, 4 août 1745 ; Inspecteur marchand, 13 août 1760 ; Syndic, 31 décembre 1761.

Durand fils (Robert), Procureur syndic, 20 juin 1759 ; Premier Consul, 13 août 1760 ; Prieur, 5 août 1761 ; Inspecteur marchand, 29 décembre 1774 ; Syndic, 29 décembre 1775 ; Syndic, 30 décembre 1786.

Du Vergier (Léon), Second Consul, 31 juillet 1771.

E

Ellye (Romain), Inspecteur marchand, 22 décembre 1707 ; Syndic, 31 décembre 1708 ; Inspecteur marchand, 12 décembre 1715 ; Syndic, 31 décembre 1716.

Ellye (Romain), Procureur syndic, 17 janvier 1727 ; Premier Consul, 12 août 1728 ; Prieur, 12 août 1729 ; Inspecteur marchand, 21 décembre 1744 ; Syndic, 31 décembre 1745 ; Inspecteur marchand, 23 décembre 1751 ; Syndic, 31 décembre 1755.

F

Famin (Noël), Procureur syndic, 17 janvier 1759 ; Premier Consul, 1er août 1759 ; Prieur, 13 août 1760 ; Inspecteur marchand, 23 décembre 1773 ; Syndic, 30 décembre 1774.

Formont l'aîné (Louis), Inspecteur marchand, 3 janvier 1705 ; Syndic 31 décembre 1705.

Fossard (Pierre), Procureur syndic, 14 janvier 1715 ; Premier Consul, 30 juillet 1715 ; Prieur, 4 août 1716 ; Syndic, 31 décembre 1723.

France (Guillaume), Second Consul, 13 août 1720 ; Inspecteur marchand, 21 décembre 1734 ; Syndic, 29 décembre 1735 ; Inspecteur marchand, 22 décembre 1742 ; Syndic (n'a pas siégé), 31 décembre 1743 ; † janvier 1744.

G

Garvey (Robert), Second Consul, 8 août 1770.

Garvey (Anthony), Second Consul, 5 août 1778 ; Inspecteur marchand, 23 juillet 1787.

Godeheu (Georges), Procureur syndic, 20 janvier 1710 ; Premier Consul, 8 août 1711 ; Prieur, 8 août 1712 ; Député, 29 avril 1715 (jusqu'en avril 1720) ; Inspecteur marchand, 30 octobre 1721 ; Syndic, 31 décembre 1721 ; Dispensé de l'inspection, 22 décembre 1729 ; Syndic, 30 décembre 1730.

Gorlier fils (Jean-Charles-Benoist-Joseph), Second Consul, 31 juillet 1782 ; Inspecteur marchand, 2 août 1790.

Grossemy (Joseph), Procureur syndic, 2 août 1741 ; Premier Consul, 8 août 1742 ;

Prieur, 7 août 1743 ; Inspecteur marchand, 30 juillet 1759 ; Syndic, 31 décembre 1760 ; Syndic, 31 décembre 1770.

GUÉROULT (André), Procureur syndic, 6 février 1719 ; Premier Consul, 13 août 1720 ; Prieur, 8 août 1721 ; Inspecteur marchand, 21 décembre 1734 ; Syndic, 29 décembre 1735.

GUILLEBON (Claude-Jacques), Procureur syndic, 16 juillet 1715 ; Premier Consul, 4 août 1716 ; Prieur, 2 août 1717.

GUILLEBON DE NEUILLY l'aîné (Claude), écuyer, Procureur syndic, 14 janvier 1750 ; Premier Consul, 11 août 1751 ; Prieur, 2 août 1752 ; Inspecteur marchand, 24 décembre 1766 ; Syndic, 28 juillet 1767 ; Syndic, 31 décembre 1781 ; Syndic, 30 décembre 1789.

GUILLEBON DE MONTMIRAIL (Jean), écuyer, Second Consul, 6 août 1755 ; Inspecteur marchand, 24 décembre 1770 ; Syndic, 31 décembre 1770.

GUYMONNEAU (Guillaume), Inspecteur marchand, 22 janvier 1707 ; Syndic, 31 décembre 1707 ; Syndic, 31 décembre 1715.

GUYMONNEAU (Jacques), Second Consul, 4 août 1718 ; Inspecteur marchand, 21 décembre 1733 ; Syndic, 31 décembre 1734.

GUYMONNEAU (Antoine), Second Consul, 2 août 1726.

H

HARGAULT (Jacques), Inspecteur marchand, 18 juin 1710 ; Syndic, 31 décembre 1710.

HELLOT (Pierre), Inspecteur marchand, 2 janvier 1706 ; Syndic, 30 décembre 1706 ; Syndic, 29 décembre 1712 ; Inspecteur marchand, 20 décembre 1723 ; Syndic, 30 décembre 1724.

HELLOT le fils (Lucien-Alexandre-César), Second Consul, 9 août 1724.

HELLOT le père (Alexandre), Procureur syndic, 27 juin 1753 ; Premier Consul, 31 juillet 1754 ; Prieur, 6 août 1755 ; Inspecteur marchand, 31 juillet 1769 ; Syndic, 30 décembre 1769 ; Syndic, 31 décembre 1783.

HELLOT (Alexandre), Procureur syndic, 19 janvier 1785 ; Premier Consul, 2 août 1786 ; Prieur, 1er août 1787.

HUEY (Jean), Second Consul, 6 août 1714.

HUEY (Charles), Procureur syndic, 15 janvier 1720 ; Premier Consul, 8 août 1721 ; Prieur, 8 août 1722.

HURARD (Jean-Baptiste-Joseph), Procureur syndic, 15 janvier 1766 ; Premier Consul, 5 août 1767 ; Prieur, 3 août 1768 ; Inspecteur marchand, 24 décembre 1778 ; Syndic, 31 décembre 1779.

HURARD (Louis), Procureur syndic, 23 janvier 1788 ; Premier Consul, 11 février 1789 ; Prieur, 18 août 1789.

HURÉ (François-Barthélemy), Procureur syndic, 21 janvier 1722 ; Premier Consul, 11 août 1723 ; Prieur, 9 août 1724.

I J

ISAMBERT (Jean-Jacques), Second Consul, 11 août 1751 ; Inspecteur marchand, 3 août 1767 ; Syndic, 31 décembre 1767.

ISAMBERT l'aîné (Jean-Jacques), Procureur syndic, 17 janvier 1787 ; Premier Consul, 22 octobre 1708 ; † février 1789.

JAMET (Armand), Procureur syndic, 14 janvier 1778 ; Premier Consul, 4 août 1779 ; Prieur, 2 août 1780.

JOAN DE BORNAINVILLE (Jean-Pierre-Ursin), Procureur syndic, 18 janvier 1786 ; Premier Consul, 1er août 1787 ; Prieur, 22 octobre 1788.

JORE (Antoine), Procureur syndic, 14 janvier 1739 ; Premier Consul, 17 août 1740 ; Prieur, 9 août 1741 ; Inspecteur marchand, 23 décembre 1757 ; Syndic, 31 décembre 1759.

JUDDE le père (Claude), Syndic, 31 décembre 1704 ; Inspecteur marchand, 17 décembre 1710 ; Syndic, 31 décembre 1711.

JUDDE le fils (Nicolas), Inspecteur marchand,   décembre 1703 ; Syndic, 31 décembre 1704.

L

LAISNÉ (J.-Louis), Second Consul, 3 août 1768; Inspecteur marchand, 31 juillet 1780 ; Syndic, 31 décembre 1781.

LALLEMANT le père (Richard), Premier Consul, août 1702 ; Prieur, 11 août 1703 ; Inspecteur marchand, 17 décembre 1711 ; Syndic, 29 décembre 1712 ; Inspecteur marchand, 20 décembre 1725 ; Syndic, 31 décembre 1726.

LALLEMANT le fils (Nicolas), Procureur syndic, 24 janvier 1725 ; Premier Consul, 2 août 1726 ; Prieur, 13 août 1727 ; Inspecteur marchand, 3 janvier 1744 ; Syndic, 31 décembre 1744 ; Syndic, 31 décembre 1753.

LALLEMANT le fils (Richard-Gontran), écuyer, Second Consul, 10 août 1757; Inspecteur marchand, 21 décembre 1772 ; Syndic, 31 décembre 1772 ; Syndic, 31 décembre 1785.

LANGE, Premier Consul, 11 août 1703 ; Prieur, 12 août 1704 ; Inspecteur marchand, 14 décembre 1713 ; Syndic, 3 mai 1714.

Le Baillif (David), Prieur, août 1702; Inspecteur marchand, décembre 1703; Syndic, 31 décembre 1704; Député, 24 mai 1712 jusqu'en 1715; † 23 mars.

Le Baillif (Philippe), Inspecteur marchand, 21 décembre 1706; Syndic, 22 janvier 1707; Inspecteur marchand, 15 décembre 1714; Syndic, 2 juillet 1715.

Le Boucher (Nicolas), Procureur syndic, 27 mars 1765; Premier Consul, 6 août 1766; Prieur, 5 août 1767; Inspecteur marchand, 3 août 1778; Syndic, 31 décembre 1779.

Le Bourg (Jean-V.-Nicolas), Procureur syndic, 17 janvier 1742; Premier Consul, 7 août 1743; Prieur, 12 août 1744; Inspecteur marchand, 11 août 1760; Syndic, 31 décembre 1761; Syndic, 31 décembre 1771; Syndic, 31 décembre 1778; Syndic, 31 décembre 1787.

Le Bourg de la Serre (Pierre), Second Consul, 12 août 1747; Inspecteur marchand, 8 août 1763; Syndic, 31 décembre 1763; Syndic, 30 décembre 1774; Syndic, 31 décembre 1779.

Le Bouvier (Jacques-Nicolas), Second Consul, 5 août 1772.

Le Breton (Antoine-Adrien), Procureur Syndic, 19 janvier 1752; Premier Consul, 19 janvier 1753; Prieur, 8 août 1753; Inspecteur marchand, 1er août 1768; Syndic, 31 décembre 1768; Syndic, 31 décembre 1783; Syndic, 18 janvier 1790.

Le Cointe (Pierre), Procureur syndic, 11 janvier 1741; † juillet 1741.

Le Cornu (Pierre), Procureur syndic, 14 janvier 1761; Premier Consul, 4 août 1762; Prieur, 10 août 1763.

Le Couteulx des Aubris (J.-Est.), Inspecteur marchand, 17 décembre 1710; Syndic, 31 décembre 1711; Inspecteur marchand, 19 décembre 1716; Syndic, 31 décembre 1717; Syndic, 31 décembre 1725; Syndic, 31 décembre 1737; Syndic, 31 décembre 1750.

Le Couteulx (Antoine), Second Consul, 8 août 1712; Inspecteur marchand, 15 décembre 1721; Syndic, 31 décembre 1722; Inspecteur marchand, 20 décembre 1730; Syndic, 31 décembre 1731; Inspecteur marchand, 22 décembre 1740; Syndic, 28 décembre 1741; Syndic, 30 décembre 1752; † 1753.

Le Couteulx de la Noraye (Barthélemy), Procureur syndic, 15 janvier 1714; Premier Consul,   ; Prieur, 30 juillet 1715; Inspecteur marchand, 18 décembre 1722; Syndic, 31 décembre 1723; Inspecteur marchand, 22 décembre 1731; Syndic, 31 décembre 1732; Syndic, 28 décembre 1741; Syndic, 31 décembre 1753.

Le Couteulx (Barthélemy-Félix), Second Consul, 4 août 1745.

Le Couteulx de Verclives (Antoine), écuyer, Second Consul, 2 août 1752; Inspecteur marchand, 24 décembre 1767; Syndic, 31 décembre 1767; Syndic, 31 décembre 1782; Syndic, 30 décembre 1789.

Le Couteulx de la Noraye (Antoine-Louis), Procureur syndic, 22 janvier 1755;

Premier Consul, 4 août 1756; Prieur, 10 août 1757; Inspecteur marchand, 29 juillet 1771; Syndic, 31 décembre 1771.

Le Couteulx de Canteleu (Barthélemy), Procureur syndic, 20 janvier 1784; Premier Consul, 3 août 1785; Prieur, 2 août 1786.

Le Febvre (Guillaume), Second Consul, 7 août 1737.

Le Febure l'aîné (Antoine-Elie), Second Consul, 4 août 1773; Inspecteur marchand, 28 juillet 1783; Syndic, 31 décembre 1783; Syndic, 31 décembre 1787.

Le Febure le jeune (Victor), Second Consul, 2 août 1775; Inspecteur marchand, 1er août 1785; Syndic, 31 décembre 1785; Syndic, 30 décembre 1789.

Le Gendre (Thomas), Syndic, 28 juillet 1703.

Le Locu (Nicolas), Second Consul, 4 août 1784.

Le Locu fils, Second Consul, 22 octobre 1788.

Le Marchant (Jean-Jacques), Procureur syndic, 18 janvier 1716; Premier Consul, 2 août 1717; Prieur, 4 août 1718.

Le Moyne (Estienne), Second Consul, 13 août 1708; Inspecteur marchand, 16 décembre 1719; Syndic, 31 décembre 1720; Inspecteur marchand, 20 décembre 1728; Syndic, 31 décembre 1729.

Le Moyne (Pierre), Second Consul, 17 août 1740; Inspecteur marchand, 31 juillet 1758; Syndic, 31 décembre 1759; Syndic, 31 décembre 1770.

Le Noble (Robert), Procureur Syndic, 19 janvier 1732; Premier Consul, 2 juillet 1732; Prieur, 7 août 1733; Syndic, 31 décembre 1747; Inspecteur marchand, 24 décembre 1753; Syndic, 31 décembre 1756; Syndic, 31 décembre 1767; † 23 avril 1768.

Le Noble (Emmanuel-R.-L.), Procureur syndic, 17 janvier 1776; Premier Consul, 6 août 1777; Prieur, 5 août 1778; Inspecteur marchand, 31 juillet 1786; Syndic, 30 décembre 1786; Syndic, 27 décembre 1790.

Le Page (Louis), Procureur syndic, 12 janvier 1707; Premier Consul, 13 août 1708; Prieur, 5 août 1709; Syndic, 30 décembre 1719; Inspecteur marchand, 20 décembre 1728; Syndic, 31 décembre 1729; Inspecteur marchand, 20 décembre 1738; Syndic, 31 décembre 1739; Syndic, 31 décembre 1751; † 1753.

Le Picard (Nicolas), Second Consul, 8 août 1711; Inspecteur marchand, 15 décembre 1721; Syndic, 31 décembre 1721; Inspecteur marchand, 22 décembre 1729; Syndic, 31 décembre 1731; Inspecteur marchand, 22 décembre 1739; Syndic, 31 décembre 1740; Syndic, 31 décembre 1751.

Le Picard (Jacques-Guillaume), Procureur syndic, 12 janvier 1774; Premier Consul, 2 août 1775; Prieur, 7 août 1776; Inspecteur marchand, 24 décembre 1784; Syndic, 31 décembre 1785; Syndic, 31 décembre 1788; † fin 1790.

Le Planquois (Nicolas), Inspecteur marchand, 3 janvier 1705; Syndic, 31 décembre 1705.

Le Planquois (Nicolas), Procureur syndic, 19 janvier 1711 ; Premier Consul, 8 août 1712 ; Prieur, 7 août 1713 ; Inspecteur marchand, décembre 1721 ; Syndic, 31 décembre 1722 ; Inspecteur marchand, 20 décembre 1730 ; Syndic, 31 décembre 1731 ; Inspecteur marchand, 22 décembre 1739 ; Syndic, 31 décembre 1740 ; Syndic, 30 décembre 1752.

Le Quesne (Pierre-Marin), Second Consul, 5 août 1767 ; Inspecteur marchand, 2 août 1779 ; Syndic, 30 décembre 1780.

Levavasseur l'aîné (Pierre-Jacques), Procureur syndic, 25 janvier 1734 ; Premier Consul, 5 août 1735 ; Prieur, 14 août 1736.

Le Vavasseur (Louis), Second Consul, 9 août 1741.

Le Vavasseur l'aîné (Pierre), Second Consul 4 août 1756 ; Inspecteur marchand, 24 décembre 1771 ; Syndic, 31 décembre 1771 ; Syndic, 31 décembre 1784.

Le Vieux (Pierre), Second Consul, 10 août 1763 ; Inspecteur marchand, 5 août 1777 ; Syndic, 30 décembre 1777.

Lézurier le père (Louis), Procureur syndic, 18 janvier 1737 ; Premier Consul, 13 août 1738 ; Prieur, 12 août 1739 ; Inspecteur marchand, 23 décembre 1756 ; Syndic, 30 décembre 1758 ; Syndic, 30 décembre 1769.

Lézurier le fils (Louis), Second Consul, 4 août 1762 ; Inspecteur marchand, 5 août 1776 ; Syndic, 31 décembre 1776.

Lhéritier (Pierre), Second Consul, 4 août 1710.

M

Mahieu (Pierre-Louis), Second Consul, 6 août 1766.

Maillard (Louis), Second Consul, 7 août 1733.

Marlot (Denis), Procureur syndic, 18 janvier 1712 ; Premier Consul, 7 août 1713 ; Prieur, 6 août 1714.

Marquet (Pierre), Procureur syndic, 20 janvier 1721 ; Premier Consul, 8 août 1722 ; Prieur, 11 août 1723 ; Inspecteur marchand, 20 décembre 1735 ; † second semestre 1736.

Marye (Nicolas), Syndic, 18 juillet 1703 ; Inspecteur marchand, 14 décembre 1713 ; Syndic, 31 décembre 1714.

Marye (Estienne), Second Consul, 12 août 1704 ; Inspecteur marchand, 15 décembre 1714 ; Syndic, 31 décembre 1715 ; Inspecteur marchand, 20 décembre 1726 ; Syndic, 31 décembre 1727 ; Inspecteur marchand, 21 décembre 1737 ; Syndic, 31 décembre 1738.

Marye (Estienne), Second Consul, 30 juillet 1749 ; Inspecteur marchand, 29 juillet 1765 ; Syndic, 31 décembre 1765 ; Syndic, 31 décembre 1776.

Méry de Villers (Louis, écuyer), Second Consul, 1er août 1759 ; Inspecteur marchand, 1er août 1774 ; Syndic, 30 décembre 1774 ; Syndic, 31 décembre 1785.

Méry de Villers fils (Pierre-Louis, écuyer), Second Consul, 18 août 1789.

Mesnager (Nicolas), député, 1700-1712.
Midy (Toussaint), Second Consul, 7 août 1719.
Midy (Louis), Procureur syndic, 9 février 1736 ; Premier Consul, 7 août 1737 ; Prieur, 13 août 1738 ; Inspecteur marchand, 23 décembre 1749 ; Syndic, 31 décembre 1750 ; Inspecteur marchand, 31 juillet 1756 ; Syndic, 30 décembre 1758 ; Syndic, 31 décembre 1768.
Midy (Pierre), Second Consul, 7 août 1742.
Midy-Duperreux (Nicolas), Procureur syndic, 18 janvier 1747 ; Premier Consul, 31 juillet 1748 ; Prieur, 30 juillet 1749 ; Inspecteur marchand, 24 décembre 1763 ; Syndic, 31 décembre 1764 ; Syndic, 30 décembre 1774 ; Syndic, 31 décembre 1779 ; Syndic, 31 décembre 1787.
Midy (Louis-Pierre), Second Consul, 29 juillet 1750 ; Inspecteur marchand, 4 août 1766 ; Syndic, 28 juillet 1767 ; Syndic, 31 décembre 1781 ; Syndic, 30 décembre 1789.
Midy (Pierre-Nicolas), Procureur syndic, 17 janvier 1760 ; Premier Consul, 5 août 1761 ; Prieur, 4 août 1762.
Midy (Louis-Emmanuel), Procureur syndic, 18 janvier 1769 ; Premier Consul, 1er août 1770 ; Prieur, 31 juillet 1771 ; Inspecteur marchand, 23 décembre 1781 ; Syndic, 31 décembre 1782.
Midy du Bosgueroult (Nicolas), Second Consul, 7 août 1776 ; Inspecteur marchand, 24 décembre 1785 ; Syndic, 30 décembre 1786 ; Syndic, 30 décembre 1789.
Midy de la Grainerais (Auguste-Louis-Eugène, écuyer), Procureur syndic, 22 janvier 1783 ; Premier Consul, 4 août 1784 ; Prieur, 3 août 1785.
Moulin (Nicolas), Procureur syndic, 17 janvier 1718 ; Premier Consul, 7 août 1719 ; Prieur, 13 août 1720 ; Inspecteur marchand, 21 décembre 1733 ; Syndic, 31 décembre 1734 ; Inspecteur marchand, 22 décembre 1742 ; Syndic, 31 décembre 1743.
Mouquet (Louis), Second Consul, 12 août 1744 ; Inspecteur marchand, 3 août 1761 ; Syndic, 31 décembre 1762 ; † 1763.
Mustellier (Joseph), Procureur syndic, 20 janvier 1705 ; Premier Consul, 4 août 1706 ; Prieur, 8 août 1707.

P

Paykel (Louis), Procureur syndic, 15 janvier 1735 ; Premier Consul, 14 août 1736 ; Prieur, 7 août 1737 ; Inspecteur marchand, 24 décembre 1748 ; Syndic, 31 décembre 1749 ; Inspecteur marchand, 4 août 1755 ; Syndic, 31 décembre 1757.
Pasquier (Louis), Député, 5 avril 1720 (jusqu'à sa mort) ; Syndic, 29 décembre 1735 ; † 11 novembre 1754.

PELLETIER, Syndic, 30 décembre 1706.

PLANTER (Pierre), Procureur consul, 21 janvier 1767 ; Premier Consul, 3 août 1768 ; Prieur, 2 août 1769 ; Inspecteur marchand, 24 décembre 1779 ; Syndic, 30 décembre 1780.

PLANTEROSE (Pierre), Inspecteur marchand, 24 décembre 1708 ; Syndic, 31 décembre 1709 ; † mai 1710 (n'a pas siégé).

PLANTEROSE l'aîné (François), Second Consul, 4 août 1703 ; Inspecteur marchand, 3 mai 1714 ; Syndic, 31 décembre 1714 ; Inspecteur marchand, 20 décembre 1725 ; Syndic, 31 décembre 1726.

PLANTEROSE le jeune (Thomas), Second Consul, 12 août 1705 ; Inspecteur marchand, 15 décembre 1717 ; Syndic, 31 décembre 1718 ; Inspecteur marchand, 20 décembre 1726 ; Syndic, 31 décembre 1727.

POMMERAYE (Nicolas), Procureur syndic, 14 janvier 1709 ; Premier Consul, 4 août 1710 ; Prieur, 8 août 1710 ; Inspecteur marchand, 16 décembre 1720 ; Syndic, 31 décembre 1721 ; Inspecteur marchand, 22 décembre 1729 ; Syndic, 30 décembre 1730 ; Syndic, 31 décembre 1739.

PRÉVEL (Nicolas), Second Consul, 8 août 1721 ; Inspecteur marchand, 20 décembre 1735 ; Syndic, 31 décembre 1736.

PRÉVEL (Nicolas), Procureur syndic, 19 janvier 1763 ; Premier Consul, 2 août 1764 ; Prieur, 31 juillet 1765.

PRÉVEL l'aîné (Nicolas-Jean-Baptiste), Procureur syndic, 16 janvier 1782 ; Premier Consul, 30 juillet 1783 ; Prieur, 4 août 1784 ; Inspecteur marchand, 24 décembre 1790.

PRÉVEL (Alexandre), Second Consul, 3 août 1785.

PRIER (Joseph), Procureur syndic, 26 janvier 1726 ; Premier Consul, 13 août 1727 ; Prieur, 12 août 1728 ; Inspecteur marchand, 20 avril 1744 ; Syndic, 31 décembre 1744 ; Inspecteur marchand, 21 décembre 1750 ; Syndic, 31 décembre 1753.

Q

QUESNEL le père (Louis), Procureur syndic, 20 janvier 1762 ; Premier Consul, 10 août 1763 ; Prieur, 2 août 1764 ; Inspecteur marchand, 30 décembre 1776 ; Syndic, 30 décembre 1777.

QUESNEL le fils (Louis), Procureur syndic, 15 janvier 1777 ; Premier Consul, 5 août 1778 ; Prieur, 4 août 1779 ; Inspecteur marchand, 23 juillet 1787 ; Syndic, 27 décembre 1790.

QUESNEL (Prosper), Second Consul, 4 août 1790.

QUILLEBEUF DE BETHENCOURT (J.-Fr., écuyer), Procureur syndic, 19 janvier 1753 ; Premier Consul, 8 août 1753 ; Prieur, 31 juillet 1754.

R

REVERDUN (Christophe), Procureur syndic, 20 janvier 1768 ; Premier Consul, 2 août 1769 ; Prieur, 1er août 1770 ; Inspecteur marchand, 23 décembre 1780 ; Syndic, 31 décembre 1781 ; † 22 janvier 1782.

RIBARD (Jean-Philippe-Nicolas), Second Consul, 2 août 1758 ; Inspecteur marchand, 2 août 1773 ; Syndic, 30 décembre 1773 ; Syndic, 31 décembre 1785.

ROLLAND le père (Jacques), Inspecteur marchand, 21 décembre 1706 : Syndic, 31 décembre 1707 ; Inspecteur marchand, 4 juillet 1715 ; Syndic, 31 décembre 1715 ; Inspecteur marchand, 20 décembre 1723 ; Syndic, 30 décembre 1724 ; Inspecteur marchand, 20 décembre 1736 ; Syndic, 31 décembre 1737.

ROLLAND le fils (Jacques), Second Consul, 8 août 1722 ; Syndic, 31 décembre 1736 ; Syndic, 31 décembre 1743 ; Inspecteur marchand, 21 décembre 1750 ; Syndic, 31 décembre 1753.

RONDEL (Guillaume), Inspecteur marchand, 23 mai 1710 ; Syndic, 31 décembre 1710 ; Inspecteur marchand, 19 décembre 1716 ; Syndic, 31 décembre 1717 ; Inspecteur marchand, 20 décembre 1724 ; Syndic, 31 décembre 1725.

RONDEL (Jean-Marin), Procureur syndic, 18 janvier 1730 ; Premier Consul, 1er août 1731 ; † 9 avril 1732.

RONDEL (Romain), Procureur syndic, 15 janvier 1733 ; Premier Consul, 29 juillet 1734 ; Prieur, 5 août 1735 ; Inspecteur marchand, 21 décembre 1747 ; Syndic, 31 décembre 1748 ; Inspecteur marchand, 30 juillet 1754 ; Syndic, 31 décembre 1756 ; Syndic, 26 avril 1768.

RONDEL (Jean-Baptiste), Second Consul, 12 août 1739 ; Inspecteur marchand, 8 août 1757 ; Syndic, 31 décembre 1759 ; Syndic, 30 décembre 1769 ; Syndic, 30 décembre 1777.

S

SAINT-AUBIN (DE) (Henry-François), Procureur syndic, 2 juillet 1732 ; Premier Consul, 7 août 1733 ; Prieur, 29 juillet 1734 ; Inspecteur marchand, 21 décembre 1747 ; Syndic, 31 décembre 1748.

T

TAILLET (Pierre), Second Consul, 4 août 1706 ; Inspecteur marchand, 15 décembre 1717 ; Syndic, 31 décembre 1718 ; Syndic, 31 décembre 1727 ; Inspecteur marchand, 21 décembre 1737 ; Syndic, 31 décembre 1738 ; Syndic, 31 décembre 1751 ; † 1753.

TAILLET (Eustache), Second Consul, 17 août 1725.

TAILLET (Pierre), Second Consul, 13 août 1760 ; Inspecteur marchand, 31 juillet 1775 ; Syndic, 29 décembre 1775.

TAILLET fils, l'aîné (Nicolas-Jean), Procureur syndic, 17 janvier 1781 ; Premier Consul, 31 juillet 1782 ; Prieur, 30 juillet 1783 ; Inspecteur marchand, 24 décembre 1789.

TAILLET (Athanase), Second Consul, 2 août 1786.

TESTARD (Jean), Procureur syndic. 19 janvier 1717 ; Premier Consul, 4 août 1718 ; Prieur, 7 août 1719 ; Syndic, 31 décembre 1733 ; Inspecteur marchand, 22 décembre 1741 ; Syndic, 31 décembre 1742.

TESTARD (Jean), Procureur syndic, 24 janvier 1757 ; Premier Consul, 2 août 1758 ; † juin 1759.

TURGIS (Jean), Syndic, 31 décembre 1710.

V

VACHIER ou LE VACHIER D'ANDÉ (Henry-Joseph), Procureur syndic, 14 janvier 1756 ; Premier Consul, 10 août 1757 ; Prieur, 2 août 1758 ; Inspecteur marchand, 3 août 1772 ; Syndic, 31 décembre 1772 ; Syndic, 18 avril 1785.

W

WILLART (Louis-Ferdinand), Procureur syndic, 10 juillet 1789 ; Premier Consul, 4 août 1790.

TABLE DES MATIÈRES

Avant-propos 5

Chapitre I. — Origine de la consultation du commerce 9

I. Premiers besoins du gouvernement de consulter le commerce. Commission royale de 1601. Chambre de commerce de 1629. Conseil du 3 août 1664. Édit de septembre 1664. Arrêt du Conseil du 29 juin 1700 : Conseil royal du commerce. — II. Arrêt du 30 août 1701 : chambres particulières de commerce. Constitution des chambres selon les usages des lieux et conformément aux délibérations des communautés des marchands de chaque ville.

Chapitre II. — Formation de la chambre de commerce de Normandie à Rouen 17

I. La compagnie consulaire de Rouen. L'assemblée du 7 septembre 1701 vote les fonds pour l'entretien du député au conseil de commerce et pour celui de la chambre de commerce de Rouen. L'assemblée du 4 octobre vote la constitution de la chambre et les droits à établir pour fournir les fonds d'entretien. Arrêt du 19 juin 1703 constitutif de la chambre de commerce de Rouen. Tarif des droits sur les marchandises et octroi des marchands. — II. Première élection de syndics dans l'assemblée du 23 juillet 1703. Système adopté pour le recrutement de la chambre : ordre du tableau. Préséance. Nomination d'un secrétaire de la chambre. Assemblée d'installation présidée par l'intendant le 11 août. Avis circulaire de l'avènement de la chambre. Composition de l'assemblée électorale. — III. Opposition de la communauté des marchands à l'enregistrement de l'arrêt du 19 juin. La cour des aides donne un arrêt de surséance à la perception des droits. Arrêt du conseil du 18 septembre. Enregistrement pur et simple de l'arrêt du 19 juin à la cour des aides le 4 octobre.

Chapitre III. — Le député au Conseil royal de commerce 31

Rôle du député. — I. Nicolas Mesnager, 5 août 1700-31 décembre 1711. Pendant ses missions en Espagne, l'intérim est fait par l'un ou l'autre de ses collègues. Employé par le roi aux négociations de la paix, il remet ses fonctions de député. — II. David Le Baillif, 1er juillet 1712-23 mars 1715. — III. Georges Godeheu, 1er mai 1715-1er mai 1720. — IV. Louis Pasquier, 1er mai 1720-11 novembre 1754. Augmentation des appointements du député. Sa prétention d'être reconnu membre de la chambre de commerce. Son action dans la contestation entre le duc de Bourbon et la chambre de commerce à propos de la vicomté de l'eau de Rouen. La chambre se plaint que le député néglige les affaires du commerce. Quelques difficultés au sujet du payement de ses appointements et à propos des honoraires des assemblées de la chambre. — V. Joseph Béhic, 1er décembre 1754-29 octobre 1777. Ses députations antérieures. Apologie de Godeheu. Après 23 ans de collaboration assidue, il demande que le Roi agrée qu'il donne sa démission et lui accorde une marque de sa satisfaction. L'arrêt du Conseil du 10 juin 1777 qui lui délivre une pension de 3,000 livres sur l'octroi des marchands dit que le Roi accepte sa démission. Contestation sur cette rédaction. Lettre de Necker. Démission de Béhic entre les mains de la chambre de commerce. Il devient syndic de la chambre à vie. La chambre reçoit la collection de ses papiers et la met dans ses archives. — VI. Alexandre Deschamps, 8 novembre 1777-1791. Arrêt du Conseil du 12 septembre 1779 qui fait un règlement pour l'élection des députés du commerce. Mémoire des six corps de marchands de Paris, 23 août 1784. Demande d'augmentation d'appointements : le ministre accorde 2,000 livres sans consulter la chambre. — VII. Convocation des États-Généraux : le commerce demande d'y envoyer des députés. La chambre nomme des commissaires pour correspondre avec les députés du bailliage. Elle envoie des députés extraordinaires auprès de l'Assemblée nationale. Leur action est commune avec celle du député au Conseil du commerce remplacé par un comité des manufactures et du commerce. La députation cesse d'exister après la suppression de l'octroi des marchands.

Chapitre IV. — Composition de la chambre et son recrutement........... 79

I. La composition est modifiée plusieurs fois dans le cours de chaque année. *Interstice* du procureur syndic. Ordre d'ancienneté pour la nomination des syndics : le *tableau*. — II. Observations de M. de Trudaine sur les inconvénients du tableau. — III. Mémoire de la chambre pour justifier l'ordre du tableau. — IV. L'arrêt du 23 avril 1767, qui augmente le nombre des syndics, réforme le tableau. — V. Difficultés faites par la chambre à l'exécution de l'arrêt. Nouveau tableau des anciens et des modernes.

Chapitre V. — La compagnie et ses assemblées générales................ 99

I. Composition de la *compagnie*. Objets de ses assemblées ordinaires : élection des syndics et des inspecteurs marchands des manufactures de toiles. — II. Objets des assemblées extraordinaires : confection du tableau ; taxe sur les marchandises ; octrois rachetés par le corps des marchands ; offices de voituriers par eau. — III. Diverses consultations générales. Privilèges de diligences par eau ; jonction de l'Oise à la Somme. Paquebots entre la France et ses colonies. — IV. Querelle avec le duc de Bourbon à cause de la Vicomté de l'eau. Arrêt du conseil du 6 mars 1722. Déclaration du 24 octobre 1724. Placet au Roi du 2 septembre 1726. Décision des commissaires du 29 mai 1729. — V. Questions relatives aux conditions générales du commerce : lettres de change ; additions à l'ordonnance de 1673 ; comptes en banque ; diminution du prix des marchandises ; juridiction et jurisprudence ; usages du commerce ; discipline des communautés. — VI. Remplacement du secrétaire de la chambre. — VII. Droit de vingt sols sur les soudes et bois de teinture. Emprunt pour le rachat des offices des cuirs. Contribution à la reconstruction de la Romaine. Chantiers de construction. Soulagement de la misère publique. — VIII. Etablissement des phares sur les côtes de Normandie. Droits de feux. — IX. Création du Champ-de-Foire. Corderie. — X. Occasions extraordinaires et solennités : suppression et rétablissement du parlement de Rouen. Visite de Louis XVI à Rouen.

Chapitre VI. — Le bâtiment consulaire.................. 129

I. Première installation de la juridiction. Acquisition de la première maison rue de l'Estrade, 1577, 1586. Seconde acquisition, 1623. — II. Agencement des locaux après cet agrandissement. Il subsiste jusqu'à la création de la chambre de commerce. Usage en commun après 1703. Crédit de 15,000 livres ouvert par l'arrêt du 8 août 1713 : achat de la maison Cuillier, 18 décembre 1713, pour loger l'octroi des marchands. Achat de la maison Bézuquet, 26 novembre 1717. — III. Plan de la juridiction et du terrain des Consuls, 26 avril 1718. Projet Jarry. Délibération du 12 octobre 1719. — IV. Délibération du 12 octobre 1731. Requête du 10 décembre 1732. Procès-verbal Martinet, 18 décembre 1732. Placet du 9 janvier 1733. Démarches à Paris. Requête du 2 septembre 1733. Nouveau procès-verbal Martinet. Nouvelles démarches à Paris. Visite de la juridiction par Blondel. Arrêts des 22 décembre 1733 et 6 février 1734. — V. Acquisition pour le compte du Roi le 27 mars 1734 des maisons Roger, Varin, Caille, Leduc, Martin. — VI. Projet et devis Blondel. Adjudication le 27 mai à Pillet. — VII. Installation provisoire de la juridiction et de la bourse aux Cordeliers, et des autres services dans une maison louée. Démolition des vieux bâtiments. — VIII. Réception des nouveaux ouvrages, 8 mai 1741. Distribution des services dans le nouveau bâtiment. Ouvrages par augmentation. Total de la dépense. Droits de contrôle. — IX. Fléchissement des planchers. Procès-verbal Martinet, 12 mars 1745. Ordonnance du 24 septembre. Protestation de Pillet. Requête des prieur et consuls. Décision du contrôleur général, 28 janvier 1746. Procès-verbal des deux experts, 10 mars 1747. Requête de la juridiction. Défense de Pillet. Sa condamnation. Adjudication des ouvrages de réparation à Letellier, 19 mai 1747. Réception des ouvrages, 9 septembre 1750. — X. Œuvres d'art que reçoit encore la maison consulaire jusqu'en 1791. — XI. La Bourse découverte. Son emplacement. Sa clôture. Sa destruction.

CHAPITRE VII. — Octroi des marchands.................................. 175

I. Tarif du 19 juin 1703. Appointements du député. Frais de la chambre. Arriéré à solder. Compte du syndic trésorier. — II. Vaine opposition au tarif. Régie de la chambre de commerce. Organisation de la recette. Perception partant du 1er juillet 1703 arrêtée en juin 1704. — III. Droit sur les soudes et les bois de teinture. Même receveur. Perception à Rouen et dans les ports de Normandie. Offices de contrôleurs des poids et mesures. Rétablissement des droits du tarif de 1703. Jonction du tarif de 1703 et du droit sur les soudes. La chambre décide de prendre l'octroi au nom du commerce. Adjudication du 24 octobre 1705 confirmée par l'arrêt du Conseil du 21 novembre. — IV. Directeurs de l'octroi. Caractère de cette régie. Durée de la perception prorogée indéfiniment pour de nouveaux services. Rachats d'offices : édit de mars 1710, arrêts du Conseil des 27 janvier 1711, 28 janvier 1712, 8 août 1713, 20 août 1715, 21 décembre 1715, 27 février 1719, 18 décembre 1725. — V. Dépenses d'utilité publique : lazaret du Hoc, la Romaine, les deux portes de la Haranguerie et de la Vicomté, le bâtiment consulaire. Réduction à 20 sols du droit sur les soudes. Achats de grains, arrêts du Conseil des 29 novembre 1740, 18 janvier 1752, 5 décembre 1768. Autres contributions : maître autel de la cathédrale, collège des jésuites, réparations du pont de bateaux, dépenses de casernement, réjouissances publiques, reconstruction de l'hôtel de ville. — VI. Rachat des offices des cuirs : arrêt du Conseil du 22 juin 1756, édit de mars 1757. Propriété des offices de courtiers, arrêt du 6 janvier 1768. Inspecteurs des manufactures. Pensions et gratifications diverses. — VII. Encouragements au commerce. Cherté du blé. — VIII. La Seine plus navigable : épis flottants de Magin. Expérience à Quillebeuf. Procès-verbal des commissaires. Délibération et mémoire de la chambre. — IX. Magasin de sauvetage à Quillebeuf. — X. Chantiers de construction de navires, arrêt du Conseil, 15 septembre 1768. — XI. Soulagement de la misère publique. Garantie d'une souscription de 500,000 livres, 1768. Hiver de 1770-1771. Travaux publics. Phares sur les côtes de Normandie. — XII. Ensemble des charges de l'octroi. Moyenne du produit. — XIII. Compétition contre l'octroi des marchands; souci du gouvernement à son égard. Recherche de réforme du tarif. — XIV. Les huit sols pour livre. Requête de la chambre. Refus du contrôleur général. Nouveau mémoire de la chambre. Obstination du ministre. — XV. Entreprises

26

contre l'octroi. Dépense présentée par les directeurs. — XVI. L'octroi menacé, 1787. Réduction à 5 sols du droit sur les soudes et les bois de teinture, 1er février, 25 avril 1789. Suppression de l'octroi des marchands, 1er mai 1791. Suppression des chambres de commerce. - XVII. Liquidation des rentes sur les cuirs.

CHAPITRE VIII. — Budget de la chambre 251

I. Premier établissement des fonds mis à la disposition de la chambre de commerce. Syndic trésorier. Dans les premiers temps le secrétaire est comptable. A partir de 1713, le procureur syndic est annuellement nommé syndic trésorier. Reddition annuelle du compte. — II. Insuffisance des fonds disponibles. Palliatif provisoire : Augmentation de deux mille livres encore insuffisante. Ordonnance de l'intendant pour solder l'excédent de dépenses. — III. En 1733, demande d'augmentation nouvelle de deux mille cinq cents livres. Négociation à Paris. Résistance de l'intendant du commerce et du contrôleur général. Nouveau mémoire en 1735, nouvelles démarches : même résistance. — IV. La question est reprise en 1745. Arriéré soldé en 1749 par les ordonnances de l'intendant. Aucune augmentation régulière. Nouvelles ordonnances en 1753, en 1758. Arrêt du 23 avril 1767. Augmentation de dix-huit cents livres à cause de trois syndics en plus. — V. Eclaircissements demandés en 1791 par le directoire du département.

CHAPITRE IX. — Inspection des manufactures 263

Fleurets-Blancards visités et marqués à la halle de Rouen, exportés à Cadix pour les Indes occidentales. — Règlements de Colbert. Règlement du 24 décembre 1701. Inspecteurs marchands des manufactures de toiles. Leur nomination dans l'ordre du tableau des anciens prieurs et consuls. Dispenses exceptionnelles. — Agrandissement de la halle aux toiles. — Inspecteurs royaux des manufactures établis par Colbert. Etats semestriels des manufactures présentés à la chambre de commerce. Plainte d'un inspecteur. Mésintelligence sourde. — Nouvelle plainte d'un inspecteur. Lettre du contrôleur général à l'intendant, sévère pour la chambre (11 décembre 1730). — La chambre se justifie. Mémoire de la chambre. Mémoire Godeheu. Paix rétablie. — Nouvelle lettre du contrôleur général (10 décembre 1731) donne lieu à nouvelle explosion. Résistance obstinée du secrétaire de la chambre aux ordres du prieur. — La délibération du 22 décembre rétablit l'entente avec les inspecteurs. — Inspecteur au marché de Saint-Georges : arrêt du 13 mars 1731. — La chambre s'oppose vainement à la création de sous-inspecteurs. Inspecteur général Holker. Remplacement de l'inspecteur Vastel au marché de Saint-Georges. — Médaille d'or refusée à un inspecteur qui la sollicite (1763). Médaille d'or offerte à l'inspecteur Godinot (1765). — Lettre du contrôleur général Terray. Négligence des inspecteurs (1774). Leur maintien mis en question (1788).

CHAPITRE X. — Divers épisodes 299

I. Commerce des colonies au début de la guerre de Sept-Ans. Armement pour la course projetée à Rouen en 1756. — II. Dire de la chambre de commerce de Rouen à l'enquête faite en faveur du commerce par le ministère Choiseul, en 1766.

CHAPITRE XI. — Le secrétaire et les archives de la chambre 327

Le secrétaire. 1. Ses fonctions. Claude Carnay, secrétaire, 28 juillet 1703. Intérim par le greffier Panel, puis par le commis Saint-Paul, 1712-1717. Le valet de la chambre. Delaunay, secrétaire, août 1717. —

II. Contestation entre le secrétaire et le prieur. — III. Choulle nommé secrétaire par l'intendant, 21 avril 1733. Remise des archives par Delaunay. — IV. La chambre rétablit son droit de choisir son secrétaire en nommant Jore, 2 novembre 1740 ; nomination approuvée par le contrôleur général. Inventaire des archives. Jore chargé de la perception de l'indult. Pension à Jore démissionnaire par raison d'âge, 1773. — V. Baraguey, secrétaire, 28 juillet 1773. Traitement augmenté à cause de la création des phares. — IV. Saffrey, dernier secrétaire de la chambre, 7 octobre 1778. Augmentation d'appointements. Liste des secrétaires, 1703-1791. —*Les archives*. 1715, mise en ordre des papiers. Archives au domicile du secrétaire jusqu'à l'occupation du nouveau bâtiment consulaire. Inventaire dressé par Delaunay lors de son remplacement, 1733. — Inventaire au départ de Choulle, 1741. Registre sommier des délibérations, par Jore. Inventaire général lors de sa retraite, transcrit sur le registre des délibérations, 1774. Nouveau classement par Baraguey, également transcrit, 1776. Gratification spéciale de Baraguey. Papiers du député Béhic, 1782. Suppression des chambres de commerce, 1791. Circulaire du ministre de l'intérieur Delessart. Lettre du directoire du département de la Seine-Inférieure. Réponse des syndics. Yvelin et Saffrey, gardiens des archives de la chambre. Procès-verbal du 29 fructidor an II (15 septembre 1794). Cahier d'inventaire rédigé vers 1810. État actuel des anciennes archives. — *Fin de la chambre*. Compliment de M. de Bonne. Vœu du directoire du département de la Somme. Communication du directoire du département de la Seine-Inférieure. La chambre remet l'administration des phares et la caisse des feux ainsi que les titres de rentes de l'octroi des marchands.

Tableau chronologique des syndics 355

Table alphabétique des syndics 375

Tableau de la présentation des prieurs, juges consuls et syndics de la chambre de commerce de Normandie au roi Louis XVI, lors de sa présence à Rouen, le 28 juin 1786, par le peintre Lemonnier.

Jetons d'argent pour les honoraires des assemblées de la chambre.

Médailles d'or remises aux syndics et au député à leur sortie d'exercice.

PLANS

Planche   I. — Acquisitions successives de la juridiction consulaire.
Planche II. — Surface occupée par la juridiction en 1718.
Planche III. — Bâtiment consulaire en 1718 (rez-de-chaussée).
Planche IV. — Bâtiment consulaire en 1718 (premier étage).
Planche   V. — Bâtiment consulaire en 1718 (deuxième étage).
Planche VI. — Bâtiment consulaire en 1718 (troisième étage).

PLANS

Planche I. Acquisitions successives de la juridiction consulaire.

Planche II. Surface occupée par la juridiction en 1718.

Planche III. Bâtiment consulaire en 1718 (Rez-de-chaussée)

Planche IV. Bâtiment consulaire en 1718 (Premier étage)

Planche V. Bâtiment consulaire en 1718 (Deuxième étage).

Planche VI. Bâtiment consulaire en 1718 (Troisième étage).

PLANCHE I

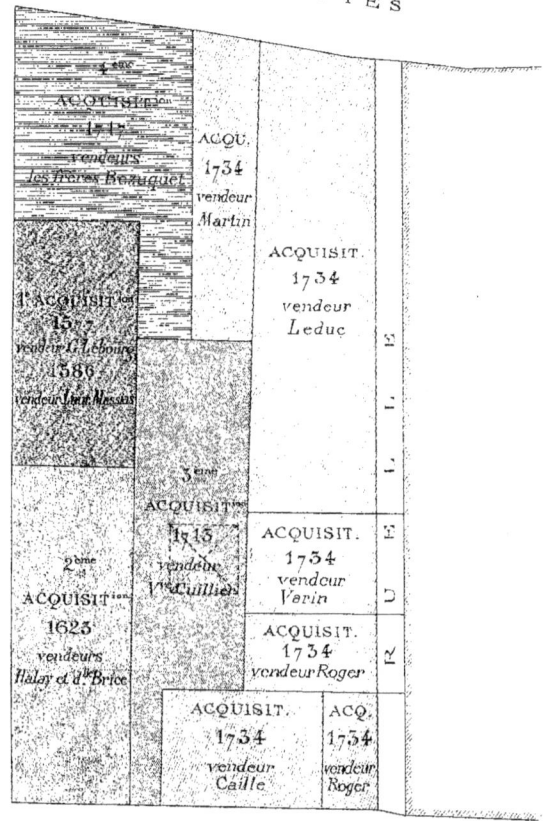

PLAN DES ACQUISITIONS SUCCESSIVES DE LA JURIDICTION CONSULAIRE

PLANCHE II

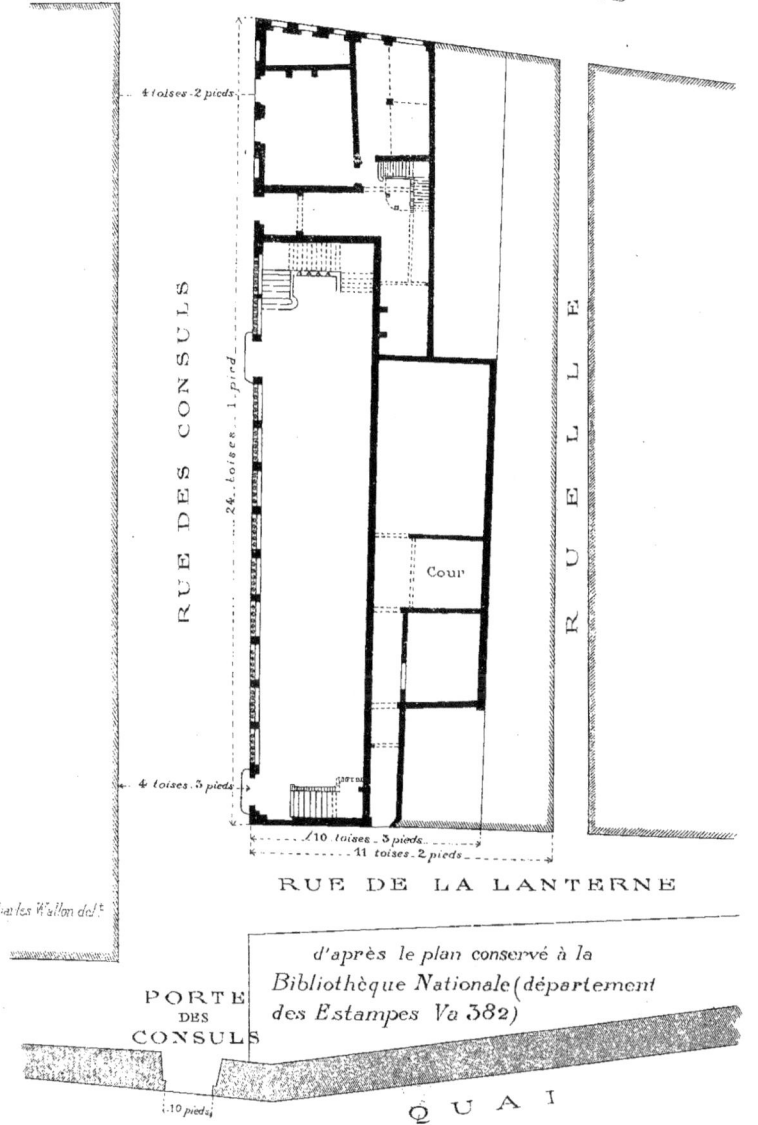

SURFACE OCCUPÉE PAR LA JURIDICTION
EN 1718

PLANCHE III

1. Bourse des Marchands
2. Bureau de l'Octroi
3. Cour
4. Bâtiment de la Juridiction
5. Passage commun
6. Maison dépendante de la Juridiction
7. Maison à acquérir
8. Maison à acquérir

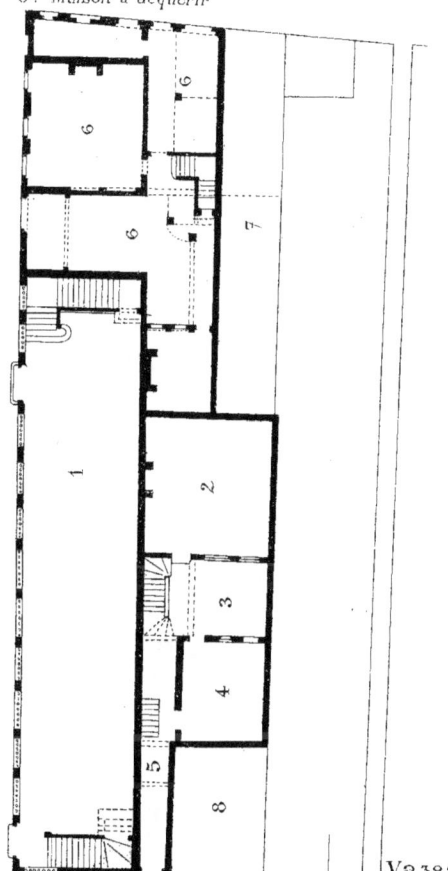

PLAN DU BATIMENT CONSULAIRE EN 1718
REZ-DE-CHAUSSÉE

PLANCHE IV

1. Grande Salle d'audience
2. Parquet
3. Chambre du Conseil
4. Chambre de l'Assemblée générale
5. Greffe
6. Buvette
7. Corridor
8. Chambre

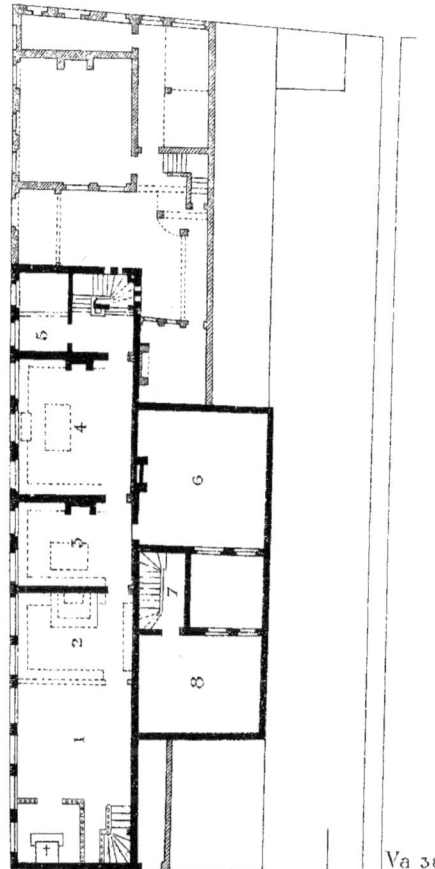

PLAN DU BATIMENT CONSULAIRE EN 1718
PREMIER ÉTAGE

PLANCHE V

1. Chambre   4. Cabinet   7. Chambre
2. Chambre   5. Corridor   8. Corridor
3. Chambre   6. Cabinet   9. Grenier

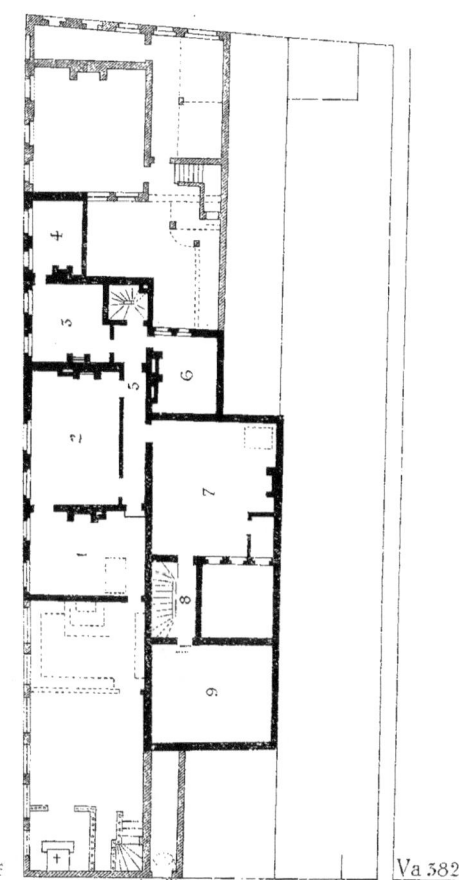

PLAN DU BATIMENT CONSULAIRE EN 1718
DEUXIEME ÉTAGE

PLANCHE VI

1. Grenier ou sont les archives
2. Cabinet
3. Chambre
4. Chambre en galetas
5. Corridor
6. Grenier

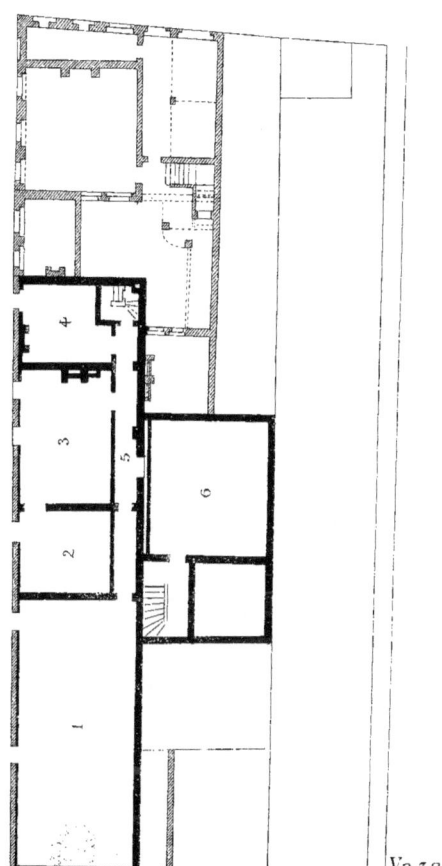

PLAN DU BATIMENT CONSULAIRE EN 1718
TROISIÈME ÉTAGE

www.ingramcontent.com/pod-product-compliance
Lightning Source LLC
Chambersburg PA
CBHW060547230426
43670CB00011B/1725